辉煌交通

丛书主编◎欧国立

建党百年

看中国交通运输发展

邮政篇

胡　凯主　编

徐　婧等编写

中国财经出版传媒集团

经济科学出版社
Economic Science Press

图书在版编目（CIP）数据

建党百年看中国交通运输发展．邮政篇/胡凯主编；徐婧等编写．—北京：经济科学出版社，2021.5（2021.10 重印）
（辉煌交通）
ISBN 978 - 7 - 5218 - 2564 - 0

Ⅰ.①建… Ⅱ.①胡…②徐… Ⅲ.①邮政运输 - 交通运输史 - 中国 Ⅳ.①F512.9

中国版本图书馆 CIP 数据核字（2021）第 096744 号

责任编辑：杨 洋 赵 岩
责任校对：齐 杰
版式设计：陈宇琰
责任印制：范 艳 张佳裕

辉煌交通
建党百年看中国交通运输发展
邮政篇
胡 凯 主 编
徐 婧 等编写
经济科学出版社出版、发行 新华书店经销
社址：北京市海淀区阜成路甲 28 号 邮编：100142
总编部电话：010 - 88191217 发行部电话：010 - 88191522
网址：www.esp.com.cn
电子邮箱：esp@esp.com.cn
天猫网店：经济科学出版社旗舰店
网址：http://jjkxcbs.tmall.com
北京季蜂印刷有限公司印装
710×1000 16 开 18 印张 230000 字
2021 年 8 月第 1 版 2021 年 10 月第 2 次印刷
ISBN 978 - 7 - 5218 - 2564 - 0 定价：79.00 元
（图书出现印装问题，本社负责调换。电话：010 - 88191510）

辉煌交通
建党百年看中国交通运输发展丛书编委会

总序

2017年10月31日，习近平总书记带领中共中央政治局常委专程赴浙江嘉兴瞻仰南湖红船。抚今追昔，习近平总书记感慨："小小红船承载千钧，播下了中国革命的火种，开启了中国共产党的跨世纪航程。"[①] 中国共产党，就是从这小小交通工具出发，驶过百年光辉征程，阔步走向中华民族伟大复兴的。从建党开始，交通就与党和国家的命运紧紧联系在了一起。百年来，中国共产党始终围绕中华民族复兴和中国人民幸福发展交通运输事业，实现了中国交通运输的历史性跨越，有力支撑了中华民族从站起来、富起来向强起来的伟大飞跃。

一、新民主主义革命时期：从不自主到自主——中国共产党领导人民夺回交通权，实现人民交通为人民

2019年1月17日，习近平总书记在天津港码头考察时强调，经济要发展，国家要强大，交通特别是海运首先要强起来[②]。这一重要论断思想深刻、内涵丰富，是对交通与强国关系的历史性总结和规律性认识。交通是强国之基、兴国之要。近代，中华民族的耻辱始于海上，海上交通权的丧失加快了清政府丧权辱国的速度。晚清的政界、学界已普遍认识到，"凡一国之盛衰，在于制海权之得失""能主管海上贸易，即能主管世界之富源"。自第一次鸦片战争始，西方列强凭借坚船利炮，从海上打开了中国国门，强迫签署了一

---

① 《习近平：铭记党的奋斗历程时刻不忘初心　担当党的崇高使命矢志永远奋斗》，人民网，2017年11月1日。

② 《习近平：稳扎稳打勇于担当敢于创新善作善成　推动京津冀协同发展取得新的更大进展》，人民网，2019年1月19日。

系列不平等条约，我国的重要港口经营权、江海运输权、铁路修筑权悉被列强所扼，以图疯狂掠夺。1842 年中英《南京条约》约定了五口通商；1858 年《天津条约》约定增开十处通商口岸，外国商船和军舰可以在长江口岸自由航行。1885 年《中法新约》明确中国以后修铁路要找法国人商办。清政府虽开展洋务运动兴办轮船招商局、铁路等实业，然其腐朽至极，已无法阻止国势日衰。1910 年爆发的保路运动，导火索就是反对清政府将川汉、粤汉铁路名为收归“国有”、实则拱手让与列强的卖国行径，由此也成为辛亥革命的前奏。民国时期，当选大总统的袁世凯在 1912 年宣布“统一路政”，把各省已经建成和正在兴建的铁路全部收归国有，用以抵借外债，形成了帝国主义掠夺中国铁路路权的第二次高潮，4 年间列强夺得路权多达 13000 多公里。彼时的交通实质已是列强之交通、权贵之交通，而非中华之交通、人民之交通。

交通是一面镜子，能够折射出一个深刻道理：封建主义、资本主义救不了中国。要解决中国发展进步问题，必须找到能够指导中国人民进行反帝反封建革命的先进理论，必须找到能够领导中国社会变革的先进力量。1921 年 7 月，中国工人阶级先锋队——中国共产党的诞生，是开天辟地的大事，深刻改变了近代以来中华民族发展的方向和进程，深刻改变了中国人民和中华民族的前途和命运，深刻改变了世界发展的趋势和格局。从交通领域来看，在革命战争的洪流中，中国共产党组织领导广大海员和铁路、港口工人，先后参加香港中国海员大罢工、京汉铁路工人大罢工、省港大罢工等一系列重要工人运动，给盘踞在中国大地上的帝国主义和封建主义以沉痛打击。在全民族抗日的浪潮中，中国共产党把交通线作为抗战的生命线，粤汉铁路、长江航运、滇缅公路、驼峰航线、中印输油管道等重要交通线路堪称抗日战争不同时期的“生命通道”，“铁道游击战”“水上游击战”等多种经典战法痛击了日寇。在建设无产阶级革命政权的探索中，中国共产党高度重视交通运输，在中央苏区、抗日根据地、中央解放区建立后，先后成立专门的交通运输管理机构，发动民众修桥铺路、运送物资、支援前线。随着解放战争节节胜利，铁路、公路、水路、航空、邮政也逐步回到人民手中。

这一时期，中国交通最大的变化是从“不自主”走向“自主”。在中国共产党领导下，恢复了国家主权，使中国交通开始走向自主、自足、自强的道路。

二、社会主义革命和建设时期：从自主到自立——交通逐步发展，有力支撑了中华民族“站起来”

新中国成立之初，山河重整、百废待兴，中国交通虽走上自主发展之路，但还远远不能自立。现代意义的交通设施、设备几乎无法国产，铁路仅有2.18万公里，公路仅有8.07万公里，内河航道处于自然状态，民航只有7条国内航线，不少地区的邮政还靠马运人扛，交通运输基础十分薄弱，远不能满足恢复生产和社会主义建设的需要。

以毛泽东同志为主要代表的中国共产党人十分重视交通运输事业发展。早在1948年人民解放战争即将胜利之时，毛泽东就指出：“而恢复和发展工业生产和农业生产则需要有较好的组织工作……首先是解决交通运输和修理铁路、公路、河道的问题。”① 1954年9月，周恩来根据党中央和毛泽东的指示，在第一届全国人民代表大会一次会议《政府工作报告》中提出：“如果我们不建设起强大的现代化的工业、现代化的农业、现代化的交通运输业和现代化的国防，我们就不能摆脱落后和贫困，我们的革命就不能达到目的。”这是我们党第一次提出“四个现代化”，其中就包括了“现代化的交通运输业”。为适应经济发展需求，1973年周恩来总理发出了“三年改变港口面貌”的号召，国务院成立了以粟裕为组长、谷牧为副组长的港口建设领导小组，极大地推进了港口建设进程。在中国共产党的领导下，“一五”

① 《毛泽东选集》第四卷，人民出版社1991年版，第1348页。

期间，中国交通开创了若干自主创新“第一次”。1952 年新中国第一台蒸汽机车“解放型”机车出厂，1954 年第一架国产初教 – 5 型教练机首飞成功，1956 年第一辆“解放”牌汽车试制成功，1958 年第一艘万吨远洋货轮下水。随着国家投资向交通运输不断倾斜，交通基建和运输规模不断扩大。到 1978 年，铁路营业总里程达到 4.6 万公里，公路达到 78.36 万公里，全国主要港口泊位数达到 735 个，民航国际航线达到 8 条，国内航线也增加到 123 条，国家交通大动脉逐步打通，有力支撑了社会主义建设。

这一时期，中国交通最大的变化是从“自主”走向“自立”。在中国共产党的领导下，推进了我国现代交通运输业的发展，有力支撑了中华民族“站起来”。

三、改革开放和社会主义现代化建设新时期：从自立到自足——基本建成交通大国，有力支撑中华民族“富起来”

改革开放初期，随着经济社会快速发展，交通运输供给短缺问题开始凸显，买票难、乘车难、运输难，压港压货成为常态，交通运输严重滞后于经济社会发展，形成瓶颈制约。

以邓小平同志为主要代表的中国共产党人，推动交通运输解放思想、放开搞活。邓小平同志提出“先把交通、通信搞起来，这是经济发展的起点”“我赞成加强基础工业和农业。基础工业，无非是原材料工业、交通、能源等，要加强这方面的投资，要坚持十到二十年，宁肯欠债，也要加强。这也是开放，在这方面，胆子要大一些，不会有大的失误。多搞一点电，多搞一点铁路、公路、航运，能办很多事情。”① 在党的领导下，交通运输行业率先放开搞活。1979 年 1 月 31 日，中央批复同意了由广东省、交通部联合报送的《关于我驻香港招商局在广东宝安建立工业区的报告》，同年 7 月蛇口工

① 《邓小平文选》第三卷，人民出版社 1993 年版。

业区成立，打响了改革开放的开山第一炮。在党的领导下，“有水大家行船，有路大家走车”“贷款修路、收费还贷”“以港养港，以收抵支”等创新政策陆续推出，交通运输市场化进程明显加快，供给不足问题得到初步缓解。

以江泽民同志为主要代表的中国共产党人，推动交通运输抓住机遇、加快发展。江泽民同志在党的十五大报告中提出：“特别要改善居住、卫生、交通和通信条件，扩大服务性消费。”在党的十六大报告中提出：“继续加强基础设施建设”“走新型工业化道路”“实施西部大开发战略”。在党的领导下，铁路开展建设大会战，1997 年起 5 年间实现四次铁路大面积提速。应对 1998 年亚洲金融危机，国家实施扩大内需战略，推动交通基础设施加快发展，交通基础设施瓶颈制约得到明显改善。

以胡锦涛同志为主要代表的中国共产党人，推动交通运输与时俱进、科学发展。胡锦涛同志在党的十七大报告中提出：“加强基础产业基础设施建设，加快发展现代能源产业和综合运输体系。”在党的领导下，伴随着中国加入 WTO，交通“大部制”改革深入推进，综合交通运输发展驶入快车道。至 2012 年底，我国高铁营业里程达 0.94 万公里，居世界第一；高速公路通车里程达 9.6 万公里，超越了美国，居世界第一；初步形成干支衔接的水运网，民用机场体系基本成型，乡设所、村通邮总体实现，交通运输对国民经济的瓶颈制约得到总体缓解。

这一时期，中国交通最大的变化是从“自立”走向“自足”。在中国共产党的领导下，我国交通运输实现了从“瓶颈制约”到“初步缓解”再到“总体缓解”的历史性突破，有效解决了交通运输“够不够”的问题，基本建成了交通大国，有力支撑了中华民族“富起来”。

四、中国特色社会主义新时代：从自足向自强——聚焦解决交通运输“好不好”的问题，加快建设交通强国，奋力支撑中华民族“强起来”

党的十八大以来，中国特色社会主义进入新时代，社会主要矛盾发生变化，交通运输发展重心从解决“有没有”“够不够”的问题，转向解决“好不好”的问题，需要在交通大国的基础上加快建设交通强国。

以习近平同志为核心的党中央高度重视交通运输发展，习近平总书记多次对交通运输工作作出重要论述，强调“加快建设交通强国”“建好、管好、护好、运营好农村公路”，等等，这为交通运输的发展提供了科学指引，推动新时代交通运输发展取得了历史性成就。截至2020年底，全国铁路营业总里程达14.6万公里，是新中国成立初期的6.7倍，其中高铁3.8万公里，居世界第一。全国公路通车里程520万公里，是新中国成立初期的63.3倍，其中高速公路16.1万公里，居世界第一。铁路、高速公路对城区常住人口20万以上城市的覆盖率均超过95%。全国内河航道通航里程12.8万公里，居世界第一，其中高等级航道1.6万公里；城市轨道交通运营里程7354.7公里，居世界第一。港口货物吞吐量世界排名前10的港口中，中国占7席；旅客吞吐量世界排名前10的机场中，中国占7席，境内民用颁证通航机场340个，民航运输机场已覆盖92%的地级市；邮政实现乡乡有网点、村村直通邮，我国综合立体交通基础设施网络初步形成。更令我们自豪的是，港珠澳大桥、北京大兴国际机场等一批超级工程震撼世界，“复兴号”动车组、C919大飞机等大国重器闪耀全球，网约车、共享单车、网络货运等新业态蓬勃发展，中国路、中国桥、中国港、中国高铁成为亮丽的“中国名片”。正如习近平总书记在庆祝改革开放40周年大会上所讲，“公路成网，铁路密布，高坝矗立，西气东输，高铁飞驰，巨轮远航，飞机翱翔，天堑变通途”。

这一时期，中国交通最大的变化是从“自足”迈向“自强”。在以习近平同志为核心的党中央坚强领导下，我国交通运输在“基本适应”的基础上向“适度超前”迈进了一大步，并开启了加快建设交通强国的新征程，有力支撑了实现党的第一个百年奋斗目标，正为实现党的第二个百年奋斗目标不懈奋斗。

栉风沐雨、薪火相传。站在建党百年的历史新起点上，回看这一波澜壮阔的发展历程，中华大地改天换日，中国交通沧桑巨变，孙中山先生在《建国方略》中提出的“10 万英里的铁路和 100 万英里的公路，疏浚现有运河和开挖新的运河……开辟全新的北方、东方、南方三大商用港口，从这些港口出发的铁路将远抵西藏、新疆、蒙古和满洲”的宏伟设想，在中国共产党的领导下变为了现实。我们用 70 年特别是改革开放 40 多年的时间，建立了现代综合交通运输体系，对比发达国家已经实现了局部赶超，成功走出了一条具有中国特色的交通运输发展道路。我们还将继续努力，实现到 2035 年基本建成交通强国、到 21 世纪末全面建成人民满意、保障有力、世界前列的交通强国目标。

在中国共产党一百周年华诞之际，我们谨以此套丛书展现我国百年交通发展奋斗历程及深刻启示，诠释在中国共产党领导下中国交通运输事业所发生的翻天覆地的变化。丛书分为七册，分别为：综合交通运输篇、铁路篇、公路篇、水运篇、民航篇、城市交通篇、邮政篇。丛书由国家信息中心、国家发展改革委综合运输研究所、交通运输部科学研究院、北京交通大学、长安大学、上海海事大学、大连海事大学、中国民航大学、中国民航管理干部学院、山东财经大学、华北水利水电大学、内蒙古财经大学、国家邮政局发展研究中心、中国铁路经济规划研究院有限公司等单位专家学者共同编写。丛书编纂过程中，有幸得到“老交通”智库老部长顾问团的指导，在此表示深深的感谢！

《辉煌交通·建党百年看中国交通运输发展》
丛书编委会
2021 年 5 月

前言

2021 年是中国共产党成立 100 周年，也是建设交通强国的起始之年，站在新时代的坐标点，我们不忘初心，牢记使命。百年来，中国共产党始终围绕中华民族复兴和中国人民幸福来谋划交通运输发展，交通运输事业取得了辉煌成就，有力支撑了中华民族从站起来、富起来向强起来的伟大飞跃。

邮政是一个古老而新兴的行业，“邮”指通信方式和组织，“政”指由国家政权进行管理。数千年来，绝大多数邮政系统为政府运行。伴随着中国共产党的百年奋斗史，邮政由中国革命事业的重要组成部分，逐步发展成为国家战略性基础设施和社会组织系统之一，成为国脉所系、发展所需、民生所依。

本书作为《辉煌交通·建党百年看中国交通运输发展》丛书之一，以时间为线条，展现中国共产党成立以来邮政行业发展的历史脉络。

全书共五章，按照时间顺序编撰成册。

第一章为革命战争时期的邮政。1921 年，中国共产党成立，随之建立了革命根据地和解放区邮政组织。在中华人民共和国成立之前长达 20 多年的外侵与内战日子里，邮政临危不乱，维系了最大范围的国内、国际通邮，抚慰了千百万离散民众，为国家统一凝聚了广泛人心。1948 年底，正在西柏坡指挥淮海战役、平津战役的毛泽东主席，亲笔为筹办中的《人民邮电》报题写了报头。自那一刻起，“人民邮电”这四个苍劲有力的大字便成为邮电人光荣而神圣的名字。

第二章为新中国邮政的建立与发展（1949 ~ 1978 年）。中华人民共和国的成立，开创了中国邮政事业的新纪元，1949 年 11 月，中国人民政治协商会议第一届全国委员会第一次会议授权设立邮电部，主管全国邮电工作。1950 年 1 月，邮电部成立邮政总局，全国除台湾等部分地区外，各地普遍建立了统一的分级邮政机构。为配合经济建设和文化建设，邮政总局积极发展邮政业务，提高为人民服务的效能，增加收入，争取自给自足。在全行业大兴“为人民服务”的五六十年代，乡邮和边疆邮务得到大力开拓，川藏、青藏汽车邮路相继开通，少数民族地区的邮局网点增加了数倍，邮政事业发展日益繁荣。

第三章为改革开放与邮政业的跨越式发展（1978～2012 年）。党的第十一届三中全会之后，工作重点转移到经济建设上来，邮政发展局面发生了极大转变。自 1980 年起，邮政部门陆续开办和恢复了特快专递业务、邮政储蓄业务、贺年明信片业务、广告函件业务等，在邮电企业统一承包经营的基础上开创了邮政所承包、乡邮投递段承包及报刊零售承包等经营方式，邮政服务的质量、经济效益、劳动生产率等均有了较大提高。1998 年邮电系统实现分营，邮政作为国民经济一个独立部门开始运行。2007 年，邮政实现了政企分开，重组国家邮政局，组建中国邮政集团公司。2009 年，修订后的《中华人民共和国邮政法》颁布实施，邮政和快递企业获得更大的市场发展空间，多种所有制并存、多元主体竞合、多层次服务共生的邮政市场发展格局初步形成。

第四章为建设与小康社会相适应的现代邮政业（2012 年至今）。党的十八大以来，在以习近平同志为核心的党中央领导下，邮政业实现了迈入邮政大国的历史性跨越。行业建成了点多线长面广的基础网络，建制村全部实现直接通邮，快递网点基本实现乡镇全覆盖。全行业业务总量、业务收入年均增速在全球邮政业中处于领先，2020 年包裹快递突破 800 亿件，连年稳居世界第一，对全球快递包裹业务增长贡献超过 50%。全行业年支撑制造业产值超过 1.2 万亿元，带动工业品下乡和农产品进城销售超过 1.5 万亿元，对一二三产业支撑更加有力，在打赢脱贫攻坚战、应对重大突发事件、实施国家重大战略等方面取得一批重要成果，为打通大动脉、畅通微循环做出了积极贡献。

第五章迈上邮政强国建设新征程。党的十九大明确了全面建成社会主义现代化强国的发展蓝图，作出建设交通强国的重大战略部署。建设邮政强国是交通强国的重要组成部分，全行业肩负着加强农村邮政等基础设施建设、打造具有全球竞争力的邮政快递核心枢纽、建立通达全球的寄递服务体系、加快快递扩容增效和数字化转型等重要任务。站在新的历史起点上，全行业必须更加紧密地团结在以习近平同志为核心的党中央周围，在习近平新时代中国特色社会主义思想指导下，充分发挥邮政业基础性先导性作用，为交通强国建设提供重要动力和有力支撑。

本书由国家邮政局发展研究中心胡凯副主任担任主编，主要编写成员有徐婧、李慧、兰艳丽、朱丽、彭彬、王岳含、胡萍萍、袁慧、熊伊雪、赵海茹、李浩、周蕊、潘迪、刘江。本书编写过程中得到了行业专家孙康、王国栋的大力支持和帮助，值此付梓之际，谨向所有关心支持本书编写工作的同仁表示衷心感谢，向中国共产党百年华诞表示衷心的祝贺！

由于笔者水平有限，书中难免有疏漏和错误之处，恳请各位专家同行与广大读者不吝斧正。

目录

Contents

第一章

革命战争时期的邮政

从1921年中国共产党成立，到1949年中华人民共和国成立，在长达20多年的外国侵略与解放战争中，中国共产党领导的革命根据地和解放区高度重视邮政通信建设，建立的革命战争时期的邮政组织是中国革命事业的重要组成部分，是战时通信的重要手段，为新中国人民邮政的发展奠定了坚实的基础，积累了宝贵的经验。在这个历史时期，邮政走过了不寻常的发展道路，见证了中国社会的灾难与中国人民的奋斗历程，也是中国邮政最为深刻、影响长远的变革史。

第一节　党内秘密交通通信

党内秘密交通网的建立，对中央加强与各地党组织的联系，指挥革命斗争，起了重要作用。这种秘密交通一直持续到全国解放，为中国革命事业立下了不朽的功勋。

一、党内秘密交通“生命线”

党在领导革命运动的早期，就十分重视通信工作。1924年5月，中央扩大执行委员会决议规定，中央组织部下设“交通”职务，负责发送秘密宣传品。1925年中央组织部在工作计划中，明确设一名交通员，负责筹划秘密输送党的宣传品和函件，担任中央各机关间及中央与所在地地委间的交通。1925年中共中央发出第二十八号通告《关于建立健全党内交通问题的通告》，指出：“党在秘密行动之下，使本党的印刷物传布到党的群众和深入党外的群众中去，是非常重要的工作。这种工作在组织上的重要等于人身上的血脉，血脉之流滞影响于人的生死”。[1]

各地下党组织设立的出售中共中央出版物的营业部或书店，须与交通员建立关系，向书店转递或投邮党的书报刊物必须经过交通员认可方才寄去；各地交通联络地址或交通员变更要及时报告中央组织部交通员；各地交通员要与中共中央交通员保持直接通讯联系，定期互相报告接送的文件和书报刊物数字、交流通信技术、约定联系暗语和符号。

党内交通和邮政是两种不同性质、不同职能、不同作用和不同名称的通信机构。党内交通是只为党政军免费服务的内部机构，不公开或半公开，其主要任务是传递信息、情报，护送干部，运送重要物资等。国统区党的秘密交通站是地下工作者与上级联系、接受指示、任务和交接情报的据点。

二、党内秘密交通历经考验

截至 1927 年 7 月，全国建立了比较普遍的交通网，党的全部文件传递工作基本上就是通过这一渠道进行的。但大革命失败后，原来的交通网被破坏得七零八落，即使有的幸免于难，也大多因为党的工作突然转入地下，而无法联系上组织，不得不陷入停顿之中。因此，中共中央和各个根据地以及各个根据地之间的联系便显得异常困难起来，在这种情况下，中国共产党除了重建地下交通外，还开展了多种多样的联系方式。

1928 年 4 月 16 日下午，中央秘书处内埠交通科负责人张宝泉，到一个秘密联系点与中央政治局常委罗亦农接头时被捕。由于他身上带着几份党内信件，敌人认定他是“奇货”，用一种叫“九尾猫”的酷刑审

---

① 胡雅萍：《中国共产党的地下交通》，载《保密工作》2013 年第 10 期。

讯他。随后被引渡到国民党上海龙华监狱。特务机关用“老虎凳”、灌辣椒水等更加残酷野蛮的刑具，强迫他供出党的机密。张宝泉始终大义凛然，坚贞不屈，以“不知道”三个字回答敌人。国民党反动派得不到我们党的机密情况，在最后一次拷问时，竟用3把刺刀、7发子弹将张宝泉杀害。1928年6月中共中央出版的《布尔什维克》第22期，以《革命党人的一个好楷模——张宝泉同志》为标题刊载了他的事迹[①]。同年7月，中共中央秘书处写了一篇题名为《纪念张宝泉同志》的烈士材料，要求大家以“拼命工作”纪念这位忠勇的先锋战士，永远不能忘记这位毫无畏惧的转达党及各方面信息的英雄烈士[②]。

1929年春，红四军进军赣南和闽西，为了加强联系，各地陆续建立了地下交通站，秘密传递信息。这种方法，根据地内部还可以公开进行，但是在经过国统区时，往往要由武装交通队护送，武装交通队的主要任务就是传递文件和信息，以及接送来往干部，保护必需的物资运输等。同时，作为交通站的补充，还建立了广泛的群众性的通信网，如递步哨、渡口哨、马哨等简便的传递方法[③]。

第二节　苏区邮政

苏区邮政是指在中国20世纪20年代的第二次国内革命战争时期，由

① 《誓言永恒——张宝泉烈士》，鹤山政府网，2017年12月13日。

② 《老一辈党的秘书工作者的忠诚故事》，海南区党建网，2020年7月15日。

③ 周俊红：《试述闽赣两省赤色邮政的建立和发展》，载《保定师范学校学报》2005年第3期。

中国共产党创立、领导、建设的新型人民邮政的总称，由于这个时期中国共产党创建和领导的革命根据地为“红色区域”（以下简称“红区”）或“苏维埃区域”（以下简称“苏区”），故称革命根据地邮政为苏区邮政。

一、苏区邮政的两个时期

苏区邮政分为赤色邮政和苏维埃邮政两个时期①。

赤色邮政时期（1930～1931 年）：1927 年 4 月，中国共产党在武汉召开了第五次全国代表大会。大会认真分析了国内外形势，针对严峻斗争局面，果断地做出了广泛建立革命根据地和工农政权（苏维埃政权），组织农工武装斗争，开展土地革命的战略决策。围绕这一战略决策，在随后的八七会议决定中，中央明确提出了要建立从中央到县的全国性交通网，其主要任务是传递党的文件、护送党的干部、运送物资和党的经费等。随着中国共产党领导的湘赣、赣东北、湘鄂西、湘鄂赣等革命根据地的相继建立和发展，为适应武装斗争的需要，赣西南、赣东北、闽西、湘赣、湘鄂西、鄂豫皖等创办了地区性人民邮政。为了区别国民党统治的“国统区”邮政、邮票，苏区邮政的机构名称、邮票铭记均冠以“赤色”字样，称“赤色邮政”“赤色邮票”。赤色邮政互不隶属，属于地区性的人民邮政。

中央苏区时期（1931 年 5 月 1 日以后）：中央苏区革命根据地是 1929 年 3 月由毛泽东、朱德等中国共产党领导人在瑞金、宁都、会昌、宁化、龙岩等 20 余个县建立起的较为稳定的苏维埃政权区域。1931 年 11 月苏维

① 许庆发：《正确认识苏区邮政——浅谈〈对中华苏维埃邮政的再认识〉》，载《中国集邮报》2013 年第 37 期。

埃中央政府成立后，为了对全国苏维埃政府和苏维埃邮政的实施统一管理，中华苏维埃共和国临时中央政府决定整顿和统一中央苏区邮政，建立中华苏维埃邮政总局，统一管理苏区邮政，撤销各地赤色邮政，停用“赤色邮票”，各省成立邮政管理局，统一使用“苏维埃邮政”邮票。1932年5月1日，中华苏维埃共和国邮政总局成立，总局内设秘书处、邮务处、管理科、印刷所等机构，直接领导江西、福建、湘赣、闽赣等苏区邮政管理局和瑞金县邮局。1935年1月由于工农红军撤离中央苏区，邮政总局在于都小密解散。1935年10月，中央红军到达陕北后，建立中华苏维埃共和国临时中央政府西北办事处。11月，西北办事处设立中华苏维埃西北邮政管理局，管理陕北苏区邮政，发行“中华苏维埃邮政”邮票。

二、各地方赤色邮政发展

中央革命根据地未形成前，赣南、闽西两省就各自创办了自己的邮政，成立了管理机构赤色邮政总局或赤色交通总局，并各自发行邮票，制定通邮办法和细则。随着根据地的建立，各个根据地相应建立地方苏区赤色邮政①。

赣东北苏区邮政。赣东北革命根据地创立于1926年，根据中央指示，1929年赣东北苏维埃政府在政府内设立了交通局，各县设交通科，区设交通干事或交通股，乡有递哨。1930年6月与闽北革命根据地合并成立赣东北特区苏维埃政府，同年8月成立赣东北赤色邮政总局，次年发行并使用了“江西东北邮政”邮票。1931年11月特区苏维埃政府改建为赣东北省苏维埃政

① 马修毅:《中央苏区的赤色邮政建设》，载《福建党史月刊》1990年第1期。

府，邮政总局随之称为赣东北省赤色邮政总局。1932 年 12 月赣东北省苏维埃政府改名为闽浙赣苏维埃政府。闽浙赣苏区是当时革命根据地中建立苏维埃政府邮政最早、发行邮票最多、邮政管理机构和规模最完善、邮递线路最长的苏维埃邮政区域。

赣东北省赤色邮票如图 1－1 所示。

图 1－1　赣东北省赤色邮票（银币，面值 2 分）

资料来源：邮票目录网。

闽西苏区邮政。闽西革命根据地始建于 1929 年 2 月，1930 年成立闽西苏维埃政府，同年 5 月在龙岩县建立闽西交通总局（含邮政），并在县、乡设立分局、站等机构。除办理邮政业务外，还开办了书报发行与汇款等业务；10 月发行、使用了赤色邮政邮票（见图 1－2）。由于该根据地多次受到国民党军队的“清剿”，交通总局随该区苏维埃政府机关经常辗转，邮政业务时断时续。闽西苏维埃政府在中华苏维埃共和国中央临时政府成立后，于 1932 年 3 月改为福建省苏维埃政府，交通总局也随即更名为福建省交通总局，其管理体制和担负的邮政任务基本没有变化。

图 1－2　闽西赤色邮票（铜币，面值 1 元、4 元）

资料来源：邮票目录网。

湘鄂西省苏区邮政。湘鄂西省革命根据地是 1929 年秋创建的，1930 年 4 月，成立鄂西五县联县苏维埃政府，同时建立鄂西赤色邮务总局。同年 10 月，鄂西苏维埃政府更名为湘鄂西苏维埃联县政府，邮务总局也随之更改为湘鄂西赤色邮务总局。1931 年 12 月，湘鄂西苏维埃联县政府改建为湘鄂西省苏维埃政府后，邮务总局随之更改为湘鄂西省赤色邮务总局。湘鄂西省赤色邮票如图 1－3 所示。

图 1－3　湘鄂西省赤色邮票（银币，面值 1 元）

资料来源：邮票目录网。

赣西南苏区邮政。1930 年 3 月由赣南、赣西、湘赣三个革命根据地中的一部分合并而成赣西南革命根据地，统称赣西南特区苏维埃政府，同时成立赣西南赤色邮政总局，隶属特区政府交通运输部。总局内设邮务、通信、财务、秘书等科股。邮政主要开办平信、单挂双挂号、快信、特别快信、印刷品和包裹寄递。1930 年 5 ~6 月发行并使用了“赣西南赤色邮政”邮票（见图 1 –4），这是中华苏维埃邮政的第一套邮票。1930 年 11 月，特区政府改为江西省苏维埃政府，邮务总局也更改为江西省赤色邮务总局，各县设县局，下设支局，乡以下设路站代办所、信柜。1932 年 5 月中央政府统一苏维埃邮政后，江西省赤色邮务总局改名为江西省邮政管理局。

图 1 –4　赣西南赤色邮票（银币，面值 1 分、3 分、8 分）

资料来源：邮票目录网。

湘赣边省苏区邮政。湘赣边省革命根据地是根据中共中央苏区中央局为统一领导苏区工作指示精神，于 1931 年 8 月将原属赣西南苏维埃特区一部分即赣江以西地区划分后，中华赤色邮政湘赣边省总局成立，同年 9 月发行并使用了“湘赣边省赤色”邮票（见图 1 –5）。

图1-5 湘赣边省赤色邮票（银币，面值1分、2分、8分）

资料来源：邮票目录网。

陕甘宁苏区邮政。陕北革命根据地成立于1932年陕西榆林地区。当时陕北苏维埃政府设交通总站，邮递通信工作由递哨和传山哨负责，主要担任党政机关内部的通信任务。1935年5月成立陕北苏维埃邮政管理局。同年10月，中央红军到达陕北后，在原中共西北工作委员会的基础上建立中华苏维埃共和国中央临时政府西北办事处，同年11月在瓦窑堡设立中华苏维埃西北邮政管理总局（又称中华苏维埃西北邮政总局），履行苏维埃中央政府邮政管理职能，下设省、县邮局；同年12月初，发行、使用了“中华苏维埃邮政”邮票（见图1-6）。

三、苏区邮政通信网络

中华苏维埃共和国临时中央政府邮政总局成立后，为了满足苏区党、政、军、民日益增长的通信需求，中华苏维埃政府提出“着力把省局、县局、分局等邮政机构联系起来，逐步构成较为完整的苏区通信网络”。为此，中央邮政总局于1932年先以瑞金为起点，局所间的距离，主要干线30~40里，支线为60~80里，按军事重心与交通要道，以瑞金和长汀为

图 1－6　苏维埃邮票（银币，面值半分、1 分、3 分、5 分、8 分、1 角、3 角）

资料来源：邮票目录网。

中心，共开设 6 条邮路干线，即瑞金—宁都—广昌、瑞金—胜利—兴国—万泰、瑞金—会昌—寻邬—安远、瑞金—长汀、长汀—上杭—永定、长汀—新泉—龙岩，同时还开设了其他邮路支线。同年 7 月又设立特别快递班次干线邮路 15 条。次年，中央邮政总局又开辟了从闽浙赣省到瑞金的 2 条邮路。至此，瑞金到江西、福建、闽赣、闽浙赣、粤赣都开通了直达邮路，保证了中央苏区邮路的畅通。以闽西根据地为例，1930 年，闽西交通总局成立后，先后开辟了以龙岩为中心的 4 条干线邮路，即龙岩长汀瑞金，龙岩上杭武平，龙岩湖雷永定，龙岩漳平永洋。之后，闽西交通总局改为“福建省邮务管理局”，又开辟了以长汀为中心的 6 条干线邮路，即长汀石城广昌甘竹，长汀河田新泉，长汀宁化安远建宁，兆征童坊连城，兆征南阳旧县永定，兆征新泉古田龙岩小池。“每条邮线配备递信员二人，每天两班对开。”① 土地革命战争时期，其他根据地也大多设有自己的邮线。

中央苏区赤色邮政建立了统一而且相对稳定的邮路，邮路干线和支线，按军事重心与交通要道分设，邮政工作人员每日分班次定时、定点往来投递，重要信函均需办理挂号手续，详细登记，以备考查。遇有急件，随到随送，使区内邮件往来畅通，改变了苏区初创时期消息不能及时传递，首尾不能相顾的状况，做到“敏捷传达各方消息，使工农红军相互呼应”②。由于当时处于战争环境，根据地大多位于山区，交通闭塞，物资极度匮乏，赤色邮政并没有先进的运邮工具，即便是中央邮政总局，其交通设备也十分简单，既没有车，也没有马，送邮件全靠步行，主要的邮运工具多是扁担、麻布袋、箩筐等。

---

① 北京市邮政管理局文史中心：《全国各级政协文史资料：邮电史料》（中），北京燕山出版社 1995 年版，第 809 ~ 811 页。

② 邱明：《为闽西苏区开辟畅通的赤色邮路》，载《炎黄春秋》2017 年第 8 期，第 34 ~ 36 页。

四、苏区邮政业务开办

赤色邮局开办之初，仅办理平信、单双挂号信和快信业务，根据革命事业发展的需要，后来又增加了包裹、汇兑和报刊发行等业务。有些苏区赤色邮局开办的邮政业务种类则更多，如江西省苏区赤色邮政办理的业务不仅包括上述诸项，还扩展到书籍、布告、通知等项邮递业务，而统一后的中华苏维埃邮政则开办了普通邮件（包括普通信函、新闻报纸、书籍印刷物等）、挂号邮件、快递邮件、特别快递、包裹、银信[①]等业务，基本涵盖了此前各苏区的业务范围。

同时，赤色邮政还办有专门业务。例如，苏区赤色邮局除了收寄信件、包裹等普通邮件外，还开设有“特别快递”业务，而有资格交寄这种快信的，只有苏区中央局、中央政府、中央军委、总政治部，省委、省政府及省军区这样的单位，一般人不能寄送“特别快信”，而能收寄这种信的也只有中央邮政总局、省邮政管理局、中心县邮局。快递信件是“专为党政设立的，都是机密文件、机要信件，其他人不能邮寄特别快信。同时，规定特别快信一到就送，有时邮递员走光了，局长就亲自出发，准时送到；还规定邮递员每小时要走十里，不得有误”[②]。红军长征后，中国共产党在陕北建立了中华苏维埃西北邮政管理局，为适应军事斗争需要，仍开办有特别快信业务。这种业务贯穿于赤色邮政发展的整个历史过程，“自始至终为革命斗争服务，并在充分利用过程中不断加以改进，确保了

① “银信”也称“侨批”，是指近代海外华侨通过海内外民间机构，汇寄至国内连带家书或简单附言的汇款和领取包裹的凭证，是信、汇合一的载体。

② 中国人民政治协商会议湖南省株洲市委员会文史资料研究委员会：《株洲文史》（第 11 辑），1987 年，第 126 页。

军事通信需要，起到了代替有线电报和长途电话的作用，配合红军在反‘围剿’战争中作出了重大贡献”①。

苏区赤色邮政革命给予报刊发行工作很多便利，主要是在收寄手续方面，如《红色中华》等报刊实行邮资总付的办法，按重量计费、不贴邮票，以加快报刊的收寄速度；对革命报刊收取低廉邮费，甚至给予减免。这些举措明显扩大了革命报刊的发行量。据统计，到 1934 年，苏区多数报刊发行量在 20000 份以上，其中，苏维埃中央政府机关报《红色中华》的发行数更是高达 45000 份之多。②

五、苏区邮政的免费和低资费政策

赤色邮政机构初建时，并不收寄群众邮件，主要传递苏区党、政、军公文与红军家信。当时既没有颁布邮政章程，也未发行邮票，邮件全部免费寄送。以闽西根据地为例，1930 年初，中国共产党创建该根据地之后，曾将那里的国民党中华邮局改名为交通局，用中华邮局的邮票与邮戳寄信。同年 5 月，闽西苏维埃政府“整顿邮务”，决定不再使用中华邮政的邮票和邮戳，但其当时仍未发行自己的邮票，故闽西交通局仍免费收寄邮件。除闽西根据地外，井冈山、赣东北等其他根据地也是如此。

随着苏维埃政权的稳固和苏区邮政基础设施的完善，赤色邮政业务逐步

① 江西省邮电管理局：《华东战时交通通信史料汇编：中央苏区卷》，人民邮电出版社 1995 年版。

② 毛泽东在第二次全国苏维埃代表大会的报告中阐述道：“苏区群众文化运动的迅速发展，我们看到报纸的发行也可以知道。中央苏区已有大小报刊 34 种，其中如《红色中华》从 3000 份增加到 45000 份以上，《青年实话》发行 28000 份，《斗争》只在江西苏区每期至少要销售 27100 份，《红星》17300 份。”

向民众开放，并将苏区党、政、军机关的免费邮件取消，保留了为广大红军指战员提供免费邮件。1931 年 11 月，中华苏维埃第一次全国代表大会通过了“中国工农红军优待条例”，规定红军与其家属通信，由直属机关盖章，不贴邮票可寄回家，红军家属寄信给红军，可由当地政府盖章，也不用贴邮票。苏维埃政府的这项法令很快在各苏区执行。1931 年底，江西省苏维埃政府颁布了该省的“赤色邮政暂行章程”，规定“凡现役红军指挥员，战斗员及其家属，无论寄信件包裹等，均予免费之优待”。1932 年，苏区邮政统一后，“中华苏维埃邮政暂行章程”保留了“免费邮件”业务，并对其做出专门规定，红军战斗员、指挥员与其家属通信及邮寄包裹，经红军政治机关检查，盖有“红军信件免贴邮票”之戳者，红军家属寄给红军的家信和包裹，经当地政府检查，盖有“红军家属信件免贴邮票”之戳者，都可免费投递。除红军家信可以免费外，邮局公信也可以免费寄送①。

赤色邮政除开办了为苏区党、政、军服务的“免费邮件”业务外，还实行低资费政策。实行这样的低资费政策，一方面是由于当时交寄邮件的多为苏区党、政、军等机关，需要减轻其负担；另一方面也是为了以低资费吸引苏区民众投寄邮件。根据《华东战时交通通信史料汇编》记载及当时邮政人员的回忆，赣西南、湘赣、江西等苏区赤色邮政的平信资费皆为 3 分；赣东北苏区则初定平信资费为 3 分，后来又明确提出“资费的规定以较反动统治下的邮务局更少为标准”，遂将该区赤色邮政的平信邮寄费由 3 分改为 2 分。其他根据地赤色邮政也大多实行低资费政策。中央苏区邮政统一后，这种低资费政策得以延续。

---

① 蔡火娣：《中央苏区赤色邮政探略》，载《百家论坛》2017 年 7 月第 1 卷，第 318 ~ 319 页。

六、苏区邮政运行

苏区邮政创立后尽管有过一段快速发展时期，却存在着一个困扰其成长的关键问题，即经营管理主要靠政府财政拨款维持，经济上长期不能自立。直到1933年以后，苏维埃政府制定了一系列财务制度，苏区邮政才有盈余。

一方面，实行统收统支政策。首先苏维埃政府集中统一邮政收入，用贴邮票的方式控制赤色邮政收入，是苏维埃政府管理邮政经济的一个重要举措。1932年5月1日实施的《中华苏维埃邮政暂行章程》明确规定，各省邮政管理局每3个月向中央邮政总局领邮票1次，各县赤色邮政局每月向其所属的省邮政管理局领邮票1次，分局与代办所则按照自己能销售邮票的限度，到县邮局领取；各级邮局所领邮票，应照价缴费到中央邮政总局或抵扣其每月应领经费。即便是苏区特色的邮政业务——“银信”（在挂号信内附寄银钱钞票，以代替汇兑），也不收取现金汇费，而是在付足挂号费的基础上，再增贴相应金额的邮票作为汇费。这样的规定，旨在要求各级邮政机构必须将邮票收入上缴，不得截留或挪用，以便由中央集中统一管理和支配。

另一方面，统一邮政开支，并严格控制支出。苏区赤色邮政统一后，从中央邮政总局至地方各分局的邮政支出经费均由中央内务人民委员部统一拨给。各级赤色邮局的一切开支，必须逐月编制出预算并报上级邮局审核，最后转送邮政总局或中央内务人民委员部核拨经费。为了控制开支，减轻赤色邮政经济负担、增加战争经费，苏区赤色邮政开展了节省运动和反浪费斗争。节省运动主要包括：为革命战争节省一钱一物，节省办公经费和个人工资；发动邮政工人做义务劳动，不要加班费与双倍工资等。

1932 年，江西邮务工人首先自觉放弃了连续工作半年可以休息两周的权利，要求一年内既不休息也不领加班工资，其他苏区的邮务工人遂纷起响应。据 1934 年 5 月 18 日出版的《红色中华》报道：仅根据闽、赣两省的不完全统计，“两省邮务工人平均每月自动节省达千元左右，为支援革命战费作出了较大贡献”。同时，中央邮政总局成立后，要求各级邮局反对贪污浪费现象，派人深入基层巡视检查。统收统支财务制度的实行，免费邮件的减少，以及节省运动和反贪污浪费斗争的开展，改善了苏区赤色邮政经济状况。至 1933 年 12 月，中央邮政总局财务收支相抵后，还盈余 300 多元，实现扭亏为盈，结束了赤色邮政经济多年以来收不抵支的被动局面①。

七、苏区邮政本质特征

在中国共产党的领导下建立的、在革命战争环境中成长的赤色邮政，其首要任务就是为党领导的革命事业服务，它的性质与任务，不同于一般的邮政业务，不仅传递一般邮件，还必须配合革命形势的发展，适应革命斗争的需要，为夺取革命胜利服务。赤色邮政成立之初，中共及苏维埃政府主要用其传递党政军机密文件和公文信函，有些赤色邮局初期甚至不对外营业。苏区邮政以其特殊的方式，宣传红军和苏区的存在，不仅关系苏区建设与民生，而且关乎苏维埃革命大业之安危。因此，苏区赤色邮政与中华邮政具有明显的不同特征。

苏区邮政是具有红色基因的邮政。在中国共产党的领导下，从人民群众反帝国主义反封建反官僚资本主义的紧迫需求和呼唤中逐步创造出了苏

① 江西省邮政管理局编：《华东战时交通通信史汇编：中央苏区卷》，人民邮电出版社 1995 年版。

区邮政。红色基因就是中国共产党以革命为本质，为了信仰和理想而敢于奋斗、不怕牺牲的精神。苏区赤色邮政在中国共产党的领导与关心下建立和发展起来的，是中国共产党革命事业的重要组成部分。赤色邮政是中国共产党成立之初，服务于党的革命事业，经常为党政军传递公文乃至机密文件，属于党的重要部门之一。因此，中华苏维埃邮政总局及其下属的各省邮政管理局不仅设立党、团及工会组织以加强对苏区邮政工作的政治领导，而且对从业人员的政治素质有严格要求。首先，要保持邮务工作者队伍的纯洁，邮局人员政治上要绝对可靠。其次，邮务工作者要能够坚守工作岗位，严守机密，做到人在信件在，若遗失信件将会受到严格的纪律处分。最后，对不重视赤色邮政或者破坏赤色邮政者，苏维埃会给予惩处。赣西南特委曾为此发出通告："谁破坏了赤色邮政或不积极帮助很好地建立起来，不但要受党的责罚，而且要公开接受政权机关的处理。"①

苏区邮政具有广泛的人民性。苏区赤色邮政员工来自工农群众，甚至为人民子弟兵提供免费邮件。赤色邮政寄送的邮件中不少是苏区党政军的机密文件，故需要邮政员工对苏维埃事业绝对忠诚，既要将邮件及时送达目的地，又不能私拆邮件，泄露党政军机密，或借此进行不法勾当。因此，苏区赤色邮政招录的邮员不但需要当地政府或群众团体担保，而且应是体力强健，没有不良嗜好的忠诚革命工农。1932 年 6 月，湘赣省举行该省第一次县邮局长联席会议并做出决议，要求彻底改造本省各级赤色邮局员工的成分，坚决清洗其中消极怠工、腐化者及阶级异己分子，选择积极、刻苦、耐劳的贫苦工农群众到邮局工作②。

① 《赤色邮政简章》及《工作大纲》严正警告："谁破坏了赤色邮政或不积极帮助很好的建立起来，不但要受党的责罚，而且要公开接受政权机关的处理。"

② 胡中升：《赤色邮政特征新论》，载《重庆邮电大学学报（社会科学版）》2018 年第 1 期。

第三节 中 华 邮 政

中华邮政的建立早于苏区邮政。1912 年 1 月 1 日中华民国建立，受政权更迭的变化，大清邮政更名为中华邮政，按照中华民国的政府机构设置，在交通部下设邮政总局，管理全国邮政事务。中华邮政不再服务于清朝的封建体制，而是以民主共和制度下的邮政面貌服务于公众。“九一八”事变以后和中国抗日战争时期，东北、华北、华中、华南等广大地区邮政组织受到严重破坏，特别是 1941 年太平洋战争爆发以后，这些地区邮政全部陷于日本侵略者手中。1949 年新中国成立后，中华邮政组织随同国民党政府迁往台湾，部分设施由解放区邮政接收。

一、中华邮政的中心局和局所建设

1914 年初，中华邮政将大清邮政以口岸为中心建立的邮区改为基本上按省行政区设置邮区，邮务管理局设在省城，原来各类邮局改设为一等、二等、三等局，大力发展邮寄代办所和信柜。这样，在邮政系统内就形成了三个层次的管理体系，最高层次是邮政总局，中间层次是各邮区的邮政管理局，第三层次是管理局下面的一等、二等、三等局和支局。

中华邮政初设时，1911 年全国邮界、副邮界总局达到 49 处，各类局所达到 6250 处，邮路总长达到 19 万公里，进出口函件量已达到 4.2 亿件。中华邮政成立以后的 1913 年，邮局数目增至 1321 处，十二年之间增设

1157处①，增加8倍有余。邮制变更，局所增加益速。到1921年，全国有邮政局所11033处，八年间增加2709处，是中华邮政局所发展最快的时期。1922年后，局所的增加渐形迟缓。1926年，全国邮政局所12224处，五年间仅增917处②。1927～1928年，一方面由于解放战争爆发，邮务停顿；另一方面由于收入锐减，政府厉行缩紧政策，大批邮政局所停办，反呈式微现象。1928年后，邮政部门极力在不妨碍业务的原则下，努力扩展，局所总数自1929年起又复增加。1934年交通部召集邮政会议，议决扩充内地及边疆邮务。两年间开设邮局264处，仅1935年就增加181处，为邮政设立后所罕见③。

二、中华邮政的邮路拓展

中华邮政建立初期，我国汽机交通工具缺乏，邮差邮运线几乎维持国内各处甚至边疆区域，如内蒙古、新疆、西藏等各地交通。全国邮差线路在1912年为187000余公里，1921年增至367000余公里，1929年增至391000余公里，1931年增至394000余公里，1936年增至436000余公里④。邮差邮路为人工运邮方法，分为步差、自行车差、骑差、马车差、手车差等。步差在全国各地为邮政普遍使用，马车差只在华北使用。等到公路逐渐建立后，自行车差和手车差也逐渐被使用，骑差只用在山区和沙漠地带以及道路崎岖的地方。中华邮政在拓展邮路时注意从实际出发，因

---

① 王希祥：《我国邮政局所发展之趋势及今后应取之方针》，载《交通杂志》1936年第1期，第37页。

② 张樑任：《民国丛书第二编·中国邮政》（中卷），上海书店出版社1990年版。

③ 王希祥：《我国邮政局所发展之趋势及今后应取之方针》，载《交通杂志》1936年第1期。

④ 陈墨士：《我国邮政业务的进程》，载《现代邮政》1948年第二卷第四期。

地制宜，除利用现代交通工具，如火车、轮船、汽车、飞机外，还大量利用木帆船、骡马、骆驼，严寒地区甚至用狗拉雪橇。

航船邮路是利用轮船及民船带运邮件，但只限沿海及长江流域、珠江流域各省。抗战前因内地水路交通发展，航船线里程也在逐年拓展。

铁路开通以后，邮政充分利用铁路运能来增加邮递速度。1905 年全国铁路邮路为 8350 华里，1908 年为 12500 华里，1912 年增至 18000 华里，1921 年为 21200 华里，1934 年增至 28400 华里①。

汽车引进中国的历史较迟，但很快就被邮政采用。1917 年，上海、天津两处利用汽车以及汽动脚踏车运邮，后推广于津京沪汉北平诸地，但仅属本地规划之路线，还没有长途汽车。1922 年以后，吉林、黑龙江、山西、河北、浙江各省汽车事业蓬勃发展，邮局与汽车公司订立合同，运寄邮件，汽车邮路由此诞生。1936 年，运邮汽车开始行驶长途。

1920 年以前，我国航空事业主要用于军事方面。自 1922 年 8 月 4 日起至 9 月 11 日止，航空署曾于北京至北戴河开办航线，专载乘客及邮件。1923 年夏季，又在北京、天津两地，开办航行事务，载运乘客及邮件。1925 年北京航空署筹设西北航空线，久无成议。“此外各地虽有试航，顺带邮件者”，但都属临时性质。1928 年交通部积极筹划开辟航线，购置飞机，于 1929 年航行沪蓉线之京沪段载运邮件，我国又增设一种航空邮路。1930 年中美合办的中国航空公司成立，陆续开办沪蜀、沪平、沪粤三条邮路。1931 年中德合办欧亚航空公司，先后开辟沪满、沪新等邮路。航空邮路从 1930 年的 7200 余华里，逐渐拓展，到 1934 年增至 23000 余华里②。

---

①② 张樑任：《民国丛书第二编·中国邮政》（中卷），上海书店出版社 1990 年版。

三、中华邮政的业务开发

中华邮政的业务范围比较广，种类繁多，包括邮讯传递、财货流通、邮政代办业务。邮讯传递为邮政的中心任务，带有独占性质，即各类邮件的收寄分递；财货流通虽不是邮政的独占业务，但重要性并不亚于邮讯传递，即包裹、储金、汇兑、简易人寿保险等业务；邮政代办业务主要有邮传电报、代售印花及代订书籍、刊物等。

邮件寄递作为邮政的基本业务，随着邮政局所的普及、邮路的延长而迅猛发展。邮件寄递数量，“自民元至二十一年六月（二十会计年度）蒸蒸日上”①，并不受1927年邮局及邮线停滞的影响。仅1932年情势不佳，邮件寄递数量稍有减少。1933年及1934年邮政完成统一后，邮件寄递数量“又复猛烈增加”。

除寄递邮件外，中华邮政还开办了各种业务：1912年开办了收寄商务传单、保险信函业务；1913年开办了代售印花税票业务；1914年创设了火车行动邮局；1918年开办兑换国际回信邮票券业务；1919年开办邮政储金业务。由于邮政是国营事业，信誉较高，稳定可靠。北洋政府时期，曾经出现过几次金融风潮，存户纷纷向银行挤兑。唯独邮政储金未发生动摇，且此项业务发展也比较快。

交通部为便利内地人民购置书报、传达文化，于1934年先后制定《邮局代订刊物新闻纸办法》《邮局代购书籍章程》《代购书籍申请登记》等各项规则，“凡邮局通汇之局所，均可依照章程，委托邮局代购报章书

---

① 周谷城：《民国丛书第二编》，上海书店出版社1990年版。

书籍”[①]。

由于我国幅员辽阔，交通不便，内地金融极感阻滞。为便利公众汇款，1935 年 4 月起，各区小款汇票，先后实行联区通汇。到 1936 年底，全国开办小款汇兑的邮政代办所达 10173 处[②]。1935 年我国将简易人寿保险定为国营事业，由邮政机关代办，公布简易人寿保险法并制定详细规章。同年 12 月，即“先在上海、南京、汉口储金汇业局开办”。1936 年 3 月，又在上海、江苏、浙江、安徽、江西、湖北、湖南七区邮政管理局及所属的一等局，同时开办。1935 年 3 月邮政总局为发展邮务，通饬各邮区实施邮政会议所定，扩充边远及整理内地的邮务。各邮区将代办所改升三等局；西宁及宁夏两二等局，升为一等局。各邮区代收货价事务，已推广至办理汇兑事务，各局保险包裹事务，亦推广及长途汽车已通之处；邮政总局决定从 4 月 1 日起，暂时在已通轮船、铁路之处，创办轻便包裹。

四、中华邮政扭亏为盈

自海关试办邮政开始，邮政亏损部分就由海关垫支。邮传部接收邮政时，海关共垫关平银 184 万余两，此款在 1925 年底已全部还清。1912 年中华邮政成立当年仍亏损 49 万元[③]。中华邮政在财务上实行一套严格的管理制度，财权高度集中于邮政总局，各邮区管理局只有支付零用款的权

---

① 秦孝仪：《革命文献（第 78 辑）·抗战前国家建设史料交通建设》，中国国民党中央委员会党史委员会 1979 年版。

② 胡婷、陈艳君：《旧中国中华邮政的统一与发展述论（1912－1937）》，载《黄山学院学报》2005 年第 7 卷第 4 期。

③ 何纵炎、王开节：《邮政六十周年纪念刊》，沈云龙主编：《近代中国史料丛刊续编》（第九十三辑），文海出版社 1974 年版，第 140 页。

限；每个邮区有个会计长管理财务工作，并建立了稽核制度和视察制度；努力增长业务收入，严格控制经济开支，坚决反对贪污浪费和营私舞弊，因此邮政的收支状况逐年好转。1915 年邮政经济转入佳境，年有盈余，除付还海关垫款外，还能自置资产，此年邮政收入为 679 万元，支出为 655 万元，开始扭亏为盈。以后随着收入的增加，特别是邮政储金存款“大部分运用于最优生息事业”①，对邮政增加赢利起了决定性作用。尤其是 1922 ~ 1926 年，每年有三四百万元的余利，是邮政发展的黄金时代。当时既没有汇兑的收入，邮政本身可收支相抵，甚至反有盈余。1924 年邮政收入 2325 万元，支出 2050 万元，盈余 275 万元，以后最高盈余年份曾达到 400 万元②。

第四节　抗日根据地邮政

抗日战争爆发后，中国共产党领导的八路军、新四军深入敌后开创抗日根据地，各根据地的交通邮政通信组织相继建立。

起初，党政军机关多是自建交通，自管、自用。晋察冀边区，1937 年 11 月曾一度在五台、阜平一带创办了临时邮政。1938 年，陕甘宁边区撤销邮政管理局，建立通信站。同年，山东建立了交通总站；1940 年冀南区创建了抗日邮政总局和专、县抗日邮局，后又改为交通组织。1941 年，晋绥边区的晋西北交通总站改为交通总局，下设交通分局、交通局或站。冀

① 《中国邮政开办 120 周年传邮万里　国脉所系》，载《国家人文历史》2016 年第 6 期。

② 胡婷：《中华邮政（1912 - 1949）财务管理制度研究》，载《民国档案》2013 年第 2 期，第 100 页。

南、太行、太岳联合办事处交通总局改为晋冀鲁豫边区交通总局，辖太岳、冀南、冀鲁豫交通局，直接领导太行区各专县交通公局和交通局。1942年，成立山东省战时邮务总局，辖鲁中、鲁南、滨海、胶东、清河战时邮务管理局和127个县战时邮局。1942年8月《解放日报》发表“加强通讯交通”的社论，指出“它是革命事业中必不可少的工作之一，在战时更有其重要性”①。

在各级政府努力下，通信站有了很大发展，到日本投降前夕，陕甘宁边区共有干线邮路8条，支线12条，总长达2500公里。延安每天收寄信件3000多件，书报180千克左右，都能及时运出，有力地配合了边区的工作②。1943年，成立了中国共产党北方分局交通处，统一了党政军及书店、报社、公安的交通。1944年成立了晋察冀边区交通总局，辖冀晋、冀察、冀中、冀热辽区的交通组织。华中根据地设苏中、盐埠、淮南、皖中交通总站。抗战胜利后，各根据地的交通组织先后都改为邮政，并随着八路军、新四军的胜利反攻，接管了大批新解放城镇的邮政机构。

第五节　解放区邮政

中国人民解放战争期间，随着革命形势的发展，解放区邮政不断扩大。1946年，陕甘宁边区通讯站、陕甘宁边区邮政管理局（后改为西北邮政管理总局）。同年，东北邮电管理总局在哈尔滨成立，1948年迁到沈阳，

---

① 《加强通讯交通》，载《解放日报》1942年第446期。

② 岳本勇：《论陕甘宁根据地邮政事业的精神及其指导意义》，载《青年科学》2014年第10期。

辖黑龙江、松江、吉林、辽东、辽西、热河省和旅大区邮电管理局。1947年，晋察冀边区所属的热河、冀东、冀热察省区划归东北后，成立了冀察热辽军邮总局。1948年晋察冀边区邮政管理局和晋察鲁豫边区邮政务管理总局在石家庄合并成立华北邮政总局。总局迁入北平后，将10个邮区划为北平、天津、山西、平原4个邮区。同年，山东省邮政管理局改为华东财办邮政电管理总局，进入上海后，改为华东邮政管理总局，辖山东、江苏、安徽、浙江、福建及上海邮区。同年，以豫西、鄂西北解放区邮政为基础，成立了中原邮政管理局，进入武汉后，改为华中邮政管理局，辖湖北、湖南、江西邮区。

1948年12月，正是解放战争进入战略决战的关键时期，毛主席在西柏坡一边指挥着淮海战役、平津战役，一边谋划着新中国的宏伟蓝图。百忙之中，他应邮电工作者的热切期盼，亲笔为筹办中的《人民邮电》报题写了报头。自那一刻起，“人民邮电”这四个苍劲有力的大字便成为邮电人光荣而神圣的名字。

第六节　国共两区通邮

战争年代，中国共产党一贯主张国共两区互相通邮，以便利人民通信。中华邮政有识之士和众多职工也很赞同，并为之努力。早在1929年，设在苏区的中华邮政就受到保护，使两区人民通信正常进行。中共闽西特委和各级苏维埃政府以及红四军纵队司令部，都先后做出过“保护交通，保护邮局，保护邮工权益”的决议，并发出通知作为纪律严格执行。

倡导国共两区通邮，是中国共产党的一贯主张。抗日战争初期，中国共产党曾提出国共两区通邮的号召，当时国民党政府和中华邮政中的有识之士，都积极拥护和响应，希望两区人民能早日实现互通书信往来。但是，这一主张受到国民党当局的种种阻挠。1939 年春，国民党军邮在陕甘宁边区政府的支持下，成立了军邮视察处，负责领导军邮局和中华邮局。为了保持通信畅通，疏通解放区和国统区的通信往来，八路军经常派军队护送国统区邮务人员，护送中华邮政的邮件、票款和公物等，通过敌人的封锁区和警戒线。1940 年，周恩来为中华邮政第三军邮视察段总视察林卓午写了“传邮万里，国脉所系”的题词①。1941 年底，林卓午等到延安商谈通邮和寻求帮助，受到毛泽东主席接见，并拟定了通邮协定。1942 年 1 月，中共中央书记处发出《关于处理邮政务问题的指示》，公布了《十八集团军关于邮务问题的通令》，重申保护中华邮政的政策。各根据地机关部队认真执行指示和命令，帮助这些地区的中华邮政解决困难，正常工作，沟通两区的通信联系。苏区和根据地的部分交通邮政局所还为中华邮政代售邮票、收转和投递邮件，中华邮政人员还为交通邮政人员传授邮政业务知识。

1945 年 8 月日本投降后，随着解放区和国统区地域的变化，国共两区通邮在新形势下出现许多新问题。国民政府根本不考虑国共两区通邮问题。中国共产党和人民政府一如既往的坚持主张两区通邮，保护中华邮政在解放区的正常业务活动，针对当时的情况采取了两种方法解决通邮问题②：一是解放区内允许中华邮政和人民邮政并存，向国统区寄信贴中华邮政邮票，由中华邮局寄递；二是主动与国统区中华邮政协商

① 《中华邮政彻底实现大一统 传邮万里国脉所系遍华夏（1912 年—1948 年）》，人民网，2015 年 11 月 7 日。

② 刘葆：《中国邮政史上的特殊时期》，载《邮政研究》1996 年第 1 期，第 27 页。

通邮。

1946年，北平军调处执行部谈判通邮问题虽未达成协议，但不少地方自行互相通邮。1949年初，全国解放在即，国民党统治临近土崩瓦解，南京政府才勉强提出“试办国共两区通邮”。随着全国解放区的发展壮大，人民群众要求全国通邮的愿望日益强烈。1949年由于两区通邮势在必行，双方均有诚意，于4月15日双方即达成通邮协议。然而，就在4月27日南北通邮协定正式签字的当天，国民党政府行政院作出决定：“对中共通邮、电、汇兑一律停止”。中华邮政总局也发来电报称：“奉部谕，通邮只宜在口头协议，不可签署文件。”[①] 致使全国性的通邮协定成为空文，但利用秦皇岛与上海（后中国香港）间之海轮带运两区来往邮件。不久，中国人民解放军渡江战役打响，中华邮政被人民接管，两区人为阻隔的通邮问题成为历史。

第七节 邮权回归

邮权是国家主权不可分割的组成部分。当国家主权受到侵犯，邮权也会受到威胁，同样，当邮权受到威胁，或由其他势力控制，国家主权也会受到威胁。在半殖民地半封建社会时，中国邮权落到外人手中，没有专门的邮政管理机关，一直附属于西方列强控制的海关。为了夺回中国邮权，撤销列强在华所设的“客邮”，中国经历了长期艰难而复杂的斗争过程。

---

① 庞培法：《1949年国共双方举办通邮通汇始末》，载《石油大学学报（社会科学版）》1989年第2期。

在抗日战争胜利后，在中国共产党领导下中国人民取得新民主主义革命胜利，打败国民党反动政府，赶走帝国主义，建立新中国以后，邮权才彻底收回。

一、“客邮”的由来和本质

“客邮”是鸦片战争后，英、法、美、日、德、俄六国在我国领土上非法设立的邮局总称，直译“外国邮局”①，是对中国侵略的方式之一。“客邮”始于清乾隆、嘉庆年代，是为了满足旅居中国的洋人传递邮件需要开办的。当时“西人来华贸易者日众，聚集闽粤，每于趸船上及贸易监督驻所悬一信箱，备侨民之通信，是为信箱（postale）名称见于吾国之始”②，也称担负邮政功能的“船舶邮局”。这些信箱或“船舶邮局”就是列强侵犯中国邮权的最早尝试。鸦片战争前，外商在华贸易仅限广州一地。1834 年，英国商务监督纳皮尔（William John Napier）在广州沙面驻所开办了一个所谓“英国邮局”，免费为英国侨胞传递信件，直接隶属英国邮政总局领导。这是在中国最早出现的“客邮”。

1842 年《南京条约》签订后，英国在香港开设“香港英国邮局”，并以“中国没有邮政机构”的借口③，在中国五处通商口岸私设邮局，并派驻各通商口岸的英国领事为各处英国邮局代理人，直属于伦敦英国邮政总局。昏庸愚昧的清政府不但没提出异议，反而称之为“客邮”。1858 年签订的《天津条约》中清政府规定为各国驻京大臣设公文专差传递外交文

---

① 晏星：《中华邮政发展史》，商务印书馆 1994 年版。

② 楼祖诒：《中国邮驿发达史》，上海书店出版社 1991 年版，第 338 页。

③ 刘亚中：《试论“客邮”》，载《淮北煤师院学报》1989 年第 4 期。

书，为帝国主义列强后来在领事馆设立邮局提供条约做合法掩护。继英国之后，其他列强以“利益均沾”为借口，纷纷在华开办了本国的邮局或邮政机构。

“客邮”本质不仅是帝国主义侵略中国主权的一种方式，也是英、美、日等西方列强对中国资本输出的一条新途径，事实上控制了中国国际邮件甚至国内邮件业务的管理权和经营权。

二、“客邮”的类型

随着西方列强势力的扩张，“客邮”在华开设范围不断扩大，开始以外国贸易聚集的闽粤地区为主，从趸船上及贸易监督驻所悬挂信箱，到沿海口岸开设本国分支机构，日后逐渐深入到内地，甚至边远地区。“客邮”开设的类型也多种多样，有政府机构设置的，也有私人设的，有的是直接设置邮局，有的是代办所，有的只是一个信箱，名称说法各不相同①。不同“客邮”经营业务范围不同，包括各种邮件、包裹、保险信、汇兑以及代订报纸等。总体来看，“客邮”主要有以下四种类型。

书信馆或邮局。1863 年上海英租界工部局董事会设立的“上海工部局书信馆”是最早的工部局邮局。通商口岸内市政机构工部局所设立的本地邮局以投书寄信为名，从事邮票印制与发行。

私人开办的邮局。它是私人办的，不归任何机构领导，开办邮局的大部分是外国投资商、冒险家，以资本利益最大化为原则随意在中国境内开办形形色色的邮局，其目的并不是寄送邮件，从事邮政主业，主要是进行邮票非法投机活动，搜刮中国人民大批钱财。

---

① 刘亚中：《试论“客邮”》，载《淮北煤师院学报（社会科学版）》1989 年第 4 期，第 53 页。

洋人直属邮局。外国列强政府通过它们的外交部直接在中国领土设立邮局，直接隶属于本国邮政总局。英国政府在各通商口岸所设的领事邮政代办所，隶属于英国邮政总局，就是直属邮局的一种形式。在中国未加入万国邮联之前，这种直属邮局就充当着中国与其他国家联系的主渠道和对外联络的代理人。这些邮政局通常主要经营邮件、汇兑和储金。

战地邮局。帝国主义国家在中国通商口岸、租界等地方驻扎的军队附近设的邮局，数量少，其主要是为他们的军队传递信息、交换公文等原因而开设，仅有少量对外界开放业务，主要是英国在京、津两地2所，日本的野战邮局7处、野战通信所1处。

无论哪种类型的“客邮”，由于来往邮件使用各国自己的国家邮袋装运，不用经过中国海关检查，不受中国政府的监管和控制，常常被别有所图的人利用，成为不法分子走私贩毒的途径。据1902年海关报告，几天之内就从上海“客邮”内查出价值五百余两的走私小包，内装吗啡、珍珠、首饰、钟表、药材等①。

三、“客邮”撤销过程

为了撤销“客邮”，中国历届政府几次作出了不同程度的努力。腐败软弱的清政府在“客邮”开办的过程中，虽多次提出异议，但都因无力制止西方列强设置“客邮”的行为，更无法撤销“客邮”。第一次世界大战爆发以后，无产阶级革命力量日益壮大，帝国主义国家内部矛盾重重，为了抢占殖民地各帝国主义国家之间也是矛盾重重。尤其是俄国“十月革命”的成功既打乱了帝国主义侵华部署，也耗费了精力，无暇顾及在华

① 刘波：《清末“客邮”的产生与影响》，载《云南社会科学》2013年第4期，第170页。

“客邮”的发展，“客邮”设置也日益放缓。同时随着“客邮”侵犯中国主权行为越来越猖狂，中国邮政受到了市场上和经济上巨大的损失，撤销“客邮”的呼声越来越大。

清政府一些洋务派官吏如李鸿章、薛福成、张之洞等纷纷上书，倡议开办国家邮政，以此迫使“客邮”裁撤，挽回中国主权。当大清邮政创办以后，大清政府采取了一系列措施，例如邮资限制，拒绝承认日本在南京、镇江设的邮局等，但是“客邮”不减反增，这一次的努力效果甚微。

第一次世界大战后，中国作为战胜国参加巴黎和会。中国代表在会上提出八项希望条件，其中包括撤销“客邮”，但英、法、美、意、日、俄帝国主义操纵会议，对中国政府的正当要求置若罔闻。中国虽为战胜国一方，但主权不完整的中国并不享有战胜国的待遇，任列强重新调整分配其在华的利益。西方列强将德国侵占的中国山东的权益转交给了日本，这激起了中国人民的极大愤怒，这一外交失败直接促成了“五四”反帝反封建的爱国运动的爆发。五四运动让世界各国看到了中国人民维护主权的强大力量，促进了“客邮”的撤销。

1920 年 10 月，第七届万国邮政联盟大会在西班牙首都马德里召开，中国政府再次为撤销“客邮”做努力。当时中国派交通部邮政司兼邮政总局局长为全权代表，在赴会途经英、法、美三国时，曾向该国邮政当局提出希望撤销其在华“客邮”，在大会上中国再次提出撤邮要求。但“该会议以为该项‘客邮’撤销问题系属各本国外交部权限以内之事，并未有所决定”。

1921 年，中国外交部正式照会英、美、法、日四国，要求它们撤邮。同年，在华盛顿召开的太平洋及远东问题讨论会上，中方代表施肇解读了中国“撤销客邮案”，表明各国在华“客邮”是非法的。经过多次磋商，在华设邮的美、英、法三国不同程度地表示赞同撤销“客邮”，但仍要求维持外人操纵中国邮政现状。日本以在中国的日侨多为借口反对撤销“客邮”。1922 年 2 月 1 日，华盛顿会议终于通过了“撤销客邮决议案”。该议案规定在 1922 年底以前，撤销列强在华“客邮”，而日本在旅大地区以及南满铁路沿线的邮局和英国在西藏地区的邮局例外。德国在华邮局因为第一次世界大战中国与德国断交而停止营业，乃至撤销，后来多为日本所占。俄国在十月革命后，国民党政府与其断绝外交关系，其在中国的邮局也随之先后关闭、撤销。日本撤销在东北地区的“客邮”是在 1945 年抗战胜利后。英国在我国西藏地区所设的邮局到 1955 年才由印度政府将其权利交还中国[①]。至此“客邮”侵犯中国主权的邮政形式才彻底消失。

① 易伟新：《略论晚清“客邮”》，载《益阳师专学报》2000 年第 2 期。

第二章

新中国邮政的建立与发展
（1949～1978年）

中华人民共和国的成立，开创了中国邮政事业的新纪元。1949 年 11 月，中国人民政治协商会议第一届全国委员会第一次会议授权设立邮电部，主管全国邮电工作。1950 年 1 月，邮电部成立邮政总局，全国除我国台湾等部分地区外，各地普遍建立了统一的分级邮政机构。为配合经济建设和文化建设，邮政总局积极发展邮政业务，提高为人民服务的效能，增加收入，争取自给自足。在全行业大兴“为人民服务”的五六十年代，乡邮和边疆邮务得到大力开拓，川藏、青藏汽车邮路相继开通，少数民族地区的邮局网点增加了数倍，邮政事业发展日益繁荣。

第一节　中国邮政事业开启新纪元

1949 年 11 月 1 日，邮电部正式成立，采取“统一领导、分别经营、垂直系统”的体制，邮电部下设邮政总局，行业实行垂直管理。1949 年 12 月邮电部主持召开第一次全国邮政会议，讨论并解决邮政的组织体系、邮政经营方针及业务发展问题，对行政、业务和财务等事项作出了规定。会议确定“中国人民邮政”名称，邮色仍为绿色。1950 年 1 月邮政总局正式成立。全国邮电实行统一按部、大区[①]、省、县（市）四级管理，行署所在地的县（市）局担负中心局或指挥局的作用，后又调整演变为邮电部—省（自治区、直辖市）邮电管理局—县邮电局为主体的三级管理体制。这一调整不仅较好地适应了邮电系统的领导管理体系，精减管理环节，缩减管理成本，而且协调了邮电部门与地方政府的利益关系，从而促

① 新中国成立初期，在地方设置了东北、华东、中南、西北、西南五个大行政区（简称“大区”）。

进邮政事业的发展。

一、加快建设邮政局所

新中国成立之初，中国人民邮政根据各地政治、经济、文化发展和人口密度、邮政业务需要等实际情况，以合理布局、方便用户为标准，采取以自办为主和组织社会力量代办相结合的方针建设邮政局所。其一是邮政代办所。邮政部门委托社会组织或个人代办邮政业务，设立邮政代办所。邮政代办所是邮电企业在农村中的最基层服务组织，通常办理出售邮票、收寄平信、挂号信和包裹、收订报刊等业务，较大的邮政代办所办理汇兑业务，还负责一定范围内的邮件、报刊投递任务。设立邮政代办机构是对邮政部门自设机构和自编力量的补充，是利国便民的重要举措。其二是邮政自办局所。新中国成立后，自办局所主要是发展县、市以下邮政分支机构，从 1950 年开始逐年增设邮政分支机构。如表 2－1 所示，1949～1953 年，邮电自办局所从 4868 处发展到 6076 处，增长 24.8%。1953 年起，为配合国家对资本主义工商业进行社会主义改造，邮电部决定对由私人承办的邮政代办机构进行有计划、有步骤的整顿，推动城市中的代办所在特定时期内收回自办。

表 2－1　　1949～1953 年全国邮电所数　　单位：处

年份	邮电局所总数		自办局所总数		代办所总数
		设在农村的		设在农村的	
1949	26328	/	4868	463	21460
1950	36975	/	5225	471	31720
1951	43753	/	4924	462	38829

续表

年份	邮电局所总数		自办局所总数		代办所总数
		设在农村的		设在农村的	
1952	49541	/	5176	1208	44365
1953	51649	/	6076	1798	45573

资料来源：国家统计局：《中国运输邮电事业的发展：1949 年至 1987 年运输邮电统计资料汇编》，中国统计出版社 1989 年版。

二、邮路不断拓展

为发挥邮政通信在经济恢复与发展中的重要作用，1949 年全国首次邮政会议上明确提出了邮路建设规划，通过邮政自办与交通运输部门承运相结合的方式逐步建设发展邮路。中央人民政府把交通、水利和农业确定为经济建设工作中的重点，在建设投资上给予切实支持。如表 2－2 所示，1949 年底时，全国 70 余万公里邮路中，使用机动运输工具的仅 9 万多公里，绝大部分邮路靠马车、木船、自行车、牲畜等运邮；步班邮路占全国邮路总长度 60% 以上。到 1950 年，全国邮路比 1936 年增加 38%。1954 年和 1957 年开通的四川成都经昌都至拉萨、青海至西藏的总长达 2286 公里的自办汽车邮路，结束了那里畜力驮运邮件的历史。新中国成立后近十年时间里，我国铁路邮路、航空邮路、汽车邮路以及非机动车运输邮路均有跨越式发展。

表 2－2　　1949～1957 年全国邮路总里程　　单位：公里

年份	邮路总长度	机动运输工具邮路				机动车运输工具邮路
		合计	航空	铁路	汽车	
1949	706046	95489	1424	19967	44224	610557
1950	863070	124147	8772	20756	52899	738923

续表

年份	邮路总长度	机动运输工具邮路				机动车运输工具邮路
		合计	航空	铁路	汽车	
1951	1107422	126661	7853	21713	64213	980761
1952	1289727	141667	10293	22725	73824	1148060
1953	1514748	162546	11290	23067	91197	1352202
1954	1639958	173588	11860	24766	105111	1466370
1955	1739436	209349	14128	26946	129702	1530087
1956	1811332	361149	32177	57685	225497	1450183
1957	2222620	420003	39405	62416	268026	1802617

注：邮路总长度包括农村投递线路。

资料来源：国家统计局：《中国运输邮电事业的发展：1949 年至 1987 年运输邮电统计资料汇编》，中国统计出版社 1989 年版。

新中国成立初期，中国邮政技术较为落后，工作效率低，劳动条件差。后经广大邮政职工的努力，邮政技术装备有较大改善。在邮政运输方面，除依靠提供容间吨位的运输手段外，还大量地采用各种机动运输工具。在一、二级邮政干线上，有邮政自备的火车邮厢、汽车、轮船，也有交通运输部门提供的容间吨位；市内运输大都使用邮政自办汽车；县内运输，有些委托交通运输部门汽车承运，有些使用自备汽车、摩托车、自行车，还有步班、船班及马班运输等。中国的邮政运输，以铁道为主，水陆空综合利用。至 1956 年，中国已逐步形成了三级邮政运输网。一是全国干线邮路，又称一级干线邮路，它以北京为中心，水陆空综合利用并联通各省、市、自治区；二是省内邮路，又称二级干线邮路，它以省会或自治区首府为中心，以铁路、公路为主要交通工具，联通境内各县市；三是市内、县内邮路，即县市邮政（电）局与其所属各支局所之间的邮政运输网络。至 1978 年，全国邮路总长度达到 486. 33 万公里，较 1949

年增长约 7 倍[①]。

三、邮政资费和业务

新中国成立初，华北、华东、东北、西北等地区都使用各自地区自己发行的货币，而邮政业务种类和资费标准，一般由各区根据实际情况自行决定，各大邮区之间的邮政业务种类不尽相同，同一种业务的资费标准也不一致。截至 1949 年底全国邮政业务仅有函件、包件、汇票等种类，全年人均函件量仅 1.1 件[②]。具有盈利能力的邮政通信企业不能继续依赖国家补贴，与其他产业部门一样，进行成本收支的经济核算，朝“企业化”方向发展，诸多为满足军需的邮政企业必须进行业务转型。在建立全国范围内邮政管理机构的基础上调整邮政业务势在必行。自 1950 年起，中国的邮政业务除恢复办理函件、包裹和汇兑业务外，还增加报刊发行业务和各种邮政代理业务。

第二节　邮政和电信的体制改革

新中国成立前的邮政和电信一直是分开经营的。“邮电合一”这一措施是在中央召开的各大行政区邮电局长会议上，由邮电部决定的。1998 年 3 月邮电分营，标志着近 50 年“邮电合一”体制的结束。1998 年 4 月 28

① 资料来源：《中国统计年鉴 1981》。

② 叶美兰：《中国邮政通史》，商务印书馆 2017 年版，第 391 页。

日，国家邮政局正式挂牌成立，为信息产业部管理的国家局。

一、邮政和电信的第一次合并

1949 年 10 月 19 日，中央人民政府委员会第三次会议通过决议任命朱学范为邮电部部长，王诤为副部长；中共中央任命王诤为邮电部党组书记。1949 年 11 月 1 日，中央人民政府邮电部正式设立，揭开了人民邮电事业的新篇章。

中华人民共和国成立之初，对于幅员辽阔、百废待兴的中国来说，各级政权建设和经济文化建设，以及各项民主改革，都亟须邮电通信来传达政令、沟通联系、指导工作，而中华人民共和国成立之前遗留的是支离破碎的邮电网络和残缺不全的通信设施。当时，25% 的县没有邮政局，90% 的县没有电信设施，全国仅有 31 万门市内电话，2000 多条长话电路。①

邮政和电信经过短暂的分管阶段以后，根据苏联专家的建议，政务院决定对邮政和电信企业实行中央集中统一的领导体制。邮电部成立之初，采取“统一领导、分别经营、垂直系统”的体制，建立邮电合一、垂直领导的管理体制，部内成立邮政总局、电信总局，各自垂直领导所属的各级邮政、电信企业。这是中国历史上，第一次邮政和电信合并。

1950 年 6 月，中央人民政府政务院财政经济委员会批准了《邮电部组织条例》。该条例确定了邮电部五项基本任务：第一，对全国国营邮电事业之企划（企业规划）、经营与督导（军邮、军用电信与铁道通信除外）；第二，对国家法律许可范围之内之私营电信、专用电信、业余无线电信与学术研究性的电信实行管制；第三，组织、经营与管理对国外的邮政、电

① 鲁之玉、于致田、张伯义：《王诤传》，电子工业出版社 1998 年版。

信通信；第四，统一管理航务电信网；第五，举办邮电业务的各种事业及附属事业。条例明确了邮电部直接组织通信和经营管理的原则。

1950 年 7 月，邮电部召开各大行政区邮电管理局局长会议，讨论新的管理体制方案。会议认为："邮政和电信是全国性的国营企业，是社会主义性质的经济，只有高度集中管理，才能有计划地适应国家整个经济发展的需要。"因此，邮电部决定实行邮政、电信企业行政管理领导的合一，即在邮电部统一领导下，部内实行专业分工，大区邮电管理局以下，除省会城市分别设立邮政局、电信局外，各地均合并设立邮电局，全国形成"部—大区管理局—省管理局—邮电局"的四级管理体制（大区撤销后改为三级管理）。到 1951 年，各省（市）先后完成邮政和电信的合并工作，并成立了各省（市）邮电管理局。东北地区是我国最早实行邮电合一的地区，早在 1947 年 6 月东北邮电会议就决定了邮政与电信合并。[①]

1952 年底"邮电合一"的组织工作顺利完成，结合邮电网路的恢复与建设，增加了服务网点。其中，与 1949 年相比，邮电局所从 2.6 万处增加到 4.9 万处，电报服务点增加了 85%，农村局所增加了 160%，人民群众用邮更加便捷，经营上实现扭亏为盈[②]。

1953 年后，为了加强各级地方政府对邮电工作的领导，实行邮电部与地方政府的双重领导，业务和干部管理以邮电部为主。这一邮电管理体制一直延续了 40 余年，对我国邮电通信的建设和发展起了重要的历史作用。

1954 年 9 月，中华人民共和国邮电部正式成立。

1958 年，邮电部门提前完成第一个五年计划后，广大邮电职工正加紧实施《一九五六年至一九六七年十二年邮电科学技术发展远景规划纲要》

① 翟宽：《新编集邮词典》，北京出版社 1993 年版，第 22 页。

② 鲁之玉、于致田、张伯义：《王诤传》，电子工业出版社 1998 年版。

之时，一场声势浩大的“大跃进”运动在全国范围内掀起。以高指标、瞎指挥、浮夸风和“共产风”为主要标志的“左”倾错误在邮电部门也泛滥起来，给邮电事业造成了损失。同年6月，邮电部迫于当时中央国营工业企业纷纷下放的形势，不顾通信组织和管理具有全程全网不可分割的特点，仓促向国务院提出了改变邮电管理体制的报告，比照工业企业下放的办法，把邮电企业下放给地方政府。① 7月1日，经中央批准，各省、市、自治区（北京市除外）邮电管理局下放地方，实行以省市区为主的邮电部和省市区双重领导。1958年，人民公社成立，全国县以下邮电系统全部划归当地政府管理，归口交通运输。②

1960年7月，苏联政府背信弃义，撕毁合同。1957年2月中苏签订的《邮电科学合作议定书》停止执行，这给起步期的新中国邮电发展带来不利影响。1961年，邮电部坚决贯彻执行党中央提出的对国民经济实行“调整、巩固、充实、提高”的方针，经过三年调整，邮电事业得到恢复和发展。③ 1962年1月1日，经党中央批准，邮电管理权限上收，除西藏自治区仍以地方为主外，全国邮电企业实行邮电部和各省、市、自治区双重领导，业务以邮电部为主的管理体制。

二、邮政和电信的第一次分营

1964年，第三届全国人民代表大会宣布调整国民经济的任务已基本完成，国民经济将进入一个新的发展时期。1966年春，邮电部门总结了新中

---

① 《历史经验表明国家必须有效监管通信业》，中国信息产业网，2008年3月22日。

② 《百年沉浮的中国通信》，搜狐网，2018年6月25日。

③ 《当代中国》丛书编辑委员会：《当代中国的邮电事业》，当代中国出版社2020年第1版，第39页。

国17年来的通信发展建设的经验，认为邮电部门内部关系已经理顺，通信与建设、科研、教育等各方面的工作秩序已恢复正常，计划加快通信现代化建设的步伐，更好地为国民经济的发展服务。但是，1966年5月“文化大革命”开始，邮电事业发展的进程不得不被推迟。①

1967年，邮政电信分家，邮政归交通，电信归军区。1967年8月，党中央、国务院、中央军委决定对邮电部实行军管，由邮电部军管会领导全国邮电工作。1969年6月，国务院和中央军委通知撤销邮电部，分别成立中华人民共和国邮政总局、中华人民共和国电信总局，从上到下实行邮电分设。邮政总局属国务院领导，由铁道、交通、邮政合并后的交通部管理；电信总局由军委总参谋部通信兵部管理。北京长途电信局直属电信总局领导，北京市内电话局改称北京市电信局，实行以中国人民解放军北京卫戍区为主与北京市革命委员会双重领导。各省、市、自治区邮电部门下放地方，撤销邮电管理局和邮电局，分别设立省、地、市、县邮政局和电信局。上述领导体制的重大改变，由邮电部军管会、铁道部军管会、交通部军管会、军委通信兵部于1969年12月1日交接完毕。12月31日，邮电部军管会结束工作，邮电部正式撤销，邮政、电信正式分开。

从公布的《国务院、中央军委转发铁道部、交通部、邮电部军管会、通信兵部关于邮电体制改革的意见》中可以看出，此次邮电体制的改革，就是将电信、邮政从中央到基层分开，电信划归军队领导，邮政与铁道、交通部门合并。

《关于邮电体制改革的意见》主要内容如下：

---

① 《当代中国》丛书编辑委员会：《当代中国的邮电事业》，当代中国出版社2020年第1版，第51页。

周恩来1967年6月10日关于将邮电部的电信部分划归军队领导，邮政部分与铁道、交通部合并的指示，是以毛泽东为首的党中央的英明决策，是斗、批、改的重大步骤。

第一，电信、邮政从中央到基层都分开。凡属电信系统的事业、企业单位和人员、设备统归军队；凡属邮政系统的事业、企业单位和人员、设备统归交通部门。这样做，统一了全国电信网的建设和管理，有利于战备和保密，有利于邮件的迅速传递。按照上述分法，划归军队领导的事业、企业单位近三万个，职工约二十万人，各种电台五千八百余部，长途干线十五万杆公里，县以下线路一百五十七万杆公里，国际电路一百一十条（直通三十六个国家）；与交通部门合并的邮政职工约二十万人，邮路总长一百四十万公里，火车邮厢二百辆，邮政汽车一千七百余辆①。

第二，邮电部撤销后，电信部分成立一个电信总局，管理电信业务，归通信兵部领导，为便于对外联系，称“中华人民共和国电信总局”；邮政部分成立一个邮政总局，管理邮政业务，与铁道、交通部合并。北京市长途电信局划归电信总局直接领导；北京市市内电话局改为北京市电信局（统管北京市属各区、县的电信业务），划归北京卫戍区和北京市革命委员会领导，以北京卫戍区为主。

第三，省以下各级邮电部门撤销后，电信部分成立电信局（冠以行政区地名），实行由省军区、军分区、县（市）人民武装部和各级革命委员会的双重领导，以军事部门为主；邮政部分与交通部门合并，实行由省、市、自治区和铁、交、邮合并后的部的双重领导，以省、市、自治区为主。基层单位一律成立邮局。各省、市、自治区的机要通讯局划归各省、

① 资料来源：《国务院、中央军委转发铁道部、交通部、邮电部军管会、通信兵部关于邮电体制改革的意见》。

市、自治区革命委员会交通部门直接领导。邮电基层营业点从方便群众出发，可以合署营业，可以互相代办业务；在不增加人员和基建的原则下，也可以分开营业。各级电信、邮政分开的具体问题，由当地革命委员会和军事部门协商办理。

第四，电信系统归军队领导后，其性质是军队领导下的事业、企业单位，实行半军事化管理。为了更好地用毛泽东思想统帅一切，进一步加强党对电信系统的领导，建议建立党委制，设政治委员。今后电信总局和各省、市、自治区以下的电信、邮政基本建设计划、财务计划、劳动工资计划、物资供应计划等，从1970年起，分别纳入中央和各级革命委员会的各项计划。属全国性的长途地下电缆、微波通信网建设列入国防通信工程，经费和物资由国家专案解决。

1970年1月1日，邮电部撤销。邮政系统划归交通部领导，全国邮政工作实行了由邮政总局统一领导的体制，邮政指挥调度保持了集中统一。

1971～1973年这一时期，邮政事业得到一定发展，增建了生产用房，增加了火车邮厢和邮运汽车，还新建了邮政专用摩托车厂和邮政机械厂。由于受到电信系统领导体制、改组电信企业和事业单位的影响，邮电部直属的科研、设计、施工、教育、工业和出版等单位，有的被撤销，有的被搬迁，有的被拆散，使邮电科研、教育、出版工作几乎停摆；邮电设计、施工也陷于半停顿状态，使邮电事业的发展遭受较大影响。①

三、邮政和电信的第二次合并

邮电部撤销后，对开展业务工作和对外交往都带来许多不便，邮电为

① 《当代中国》丛书编辑委员会：《当代中国的邮电事业》，当代中国出版社2020年版，第54页。

经济建设的服务作用有所削弱。邮政、电信分开，增加了机构人员，也不方便服务广大群众。因此，中央重新考虑将邮政从交通部划出来，电信与邮政合并，恢复邮电部。1973 年 5 月 23 日，国务院、中央军委下达《关于调整邮电体制问题的通知》。5 月 31 日，军队停止对电信总局的领导关系，邮政总局从交通部划出。6 月 1 日，邮电部恢复，邮政和电信第二次合并，统一由邮电部管理。

邮电部的恢复，在全国广大邮电干部职工中引起热烈的反响。从各省、自治区、直辖市邮电管理局到各地、市、县邮电局，都比较顺利地得到了恢复。同时，邮电科学研究院、邮电部设计院等单位也相继恢复。

如图 2 -1 所示为 20 世纪六七十年代的邮电局。

图 2 -1　20 世纪六七十年代的邮电局

资料来源：《中国通信的百年沉浮》，凤凰网，2019 年 10 月 10 日。

1973 年邮电再次合一后，全国恢复了以邮电部为主的邮电管理体制，同时规定各省、区、市邮电管理局由省、区、市革命委员会领导，地、市、县邮电局由省、区、市邮电管理局和地、市、县革命委员会双重领导，邮电各项计划实行中央和省、区、市两级管理。

为了发挥中央与地方两个积极性，根据“调整、改革、整顿、提高”的方针，邮电部于1979年4月向国务院提出《关于调整邮电管理体制问题的请示报告》。国务院批准了请示报告，明确规定：“邮电通信是党和国家的神经系统，是国民经济的先行部门，它具有全程全网、联合作业的特点。为了有利于国家通信网的统一规划和建设，有利于通信的统一指挥调度，有必要对邮电管理体制进行调整，实行邮电部和省、市、自治区双重领导，以邮电部为主”。

经国务院批准的邮电部《关于调整邮电管理体制问题的请示报告》，在调整邮电管理体制方面，其主要内容包括如下方面：

（1）邮电部对全国邮电工作实行统一管理。省、市、自治区邮电管理局实行以邮电部为主和省、市、自治区双重领导；地、市、县邮电局实行以省、市、自治区邮电管理局为主和地、市、县双重领导；县、市以下邮电分支机构由县、市邮电局直接领导。

（2）邮电部门党的工作由地方党委负责；思想政治工作以地方为主；干部管理以邮电系统为主。对邮电系统的干部、工人，邮电部可根据需要，在全国范围内进行调配；省级邮电管理局可在所辖范围内进行调配。

（3）国家通信网发展规划，通信指挥调度、业务方针政策和规章制度、技术政策、技术体制和技术标准、资费标准和邮资凭证印制发行，以及国际通信等邮电业务工作，由邮电部统一管理，自上而下地建立通信指挥系统，加强全国邮电通信的统一指挥调度。

（4）邮电业务、基本建设、劳动工资、财务收支、工业生产、物资供应、科技发展、院校招生等计划，以及邮电各项资金，均由邮电部统一管理。

（5）县至公社的地方国营农村电话的各项计划，纳入省、市、自治区计划，由省、市、自治区邮电管理局设置专门机构，加强管理，实行独立核算。公社以下集体所有制农村电话，由公社自建自用，自负盈亏；邮电部门在通信技术、业务管理上，予以指导和帮助。

实践证明，这种管理体制既符合邮电通信全程全网联合作业、社会化大生产的要求，有利于国家邮电主管部门对全国邮电网统一规划布局，统一技术业务管理，统一指挥调度和经济上的统一核算，又符合邮电机构遍布城乡、点多面广、服务地方的要求，有利于地方党政部门对当地邮电事业的领导和支持，有利于调动各方面的积极性，这就把必要的集中统一和因地制宜结合起来，促进了邮电事业的发展。

四、邮政和电信的第二次分营

1997 年，邮电部决定在全国实施“邮电分营”。如图 2－2 所示为位于北京长安街的原邮电部。

图 2－2　位于北京长安街的原邮电部

资料来源：《中国通信行业的合并重组发展史》，搜狐网，2018 年 8 月 30 日。

新中国成立以来，我国邮电经营体制经历分分合合、合合分分的变化，从满足国家总的管理体制和适应社会经济发展的要求来看，是历史的必然。分是国家政策的需要，合也是时代提出的要求。但由于邮政、电信通信本身的差异，邮电合营体制的弊端始终存在，属性的差异加大凸显了均衡发展的矛盾，重电轻邮制约了邮政的发展。随着整个通信行业规模的扩大，通信技术手段的进步，这种体制的弊端更加暴露无遗。因此，促进了邮电分营和邮政的改革与发展。①

邮政与电信在信息载体和承担经营任务等方面存在差异。邮政服务具有普遍性和广泛性，邮政通信具有一定的公共属性，必须承担一定的政策性业务。因此，邮政通信必须始终将社会效益放在第一位，把部门经济效益放在第二位，也就是说邮政尚不能完全按一般企业的要求来经营。从当时的经济发展水平来看，电信尚不能为所有用户持续地提供服务，只能是部分地区、部分人使用的服务，即电信可以不承担或较少承担国家的政策义务。由于上述原因，邮电经营的差异主要表现为邮政、电信的投资规模、劳动生产率水平等相差悬殊，邮政、电信的生产方式、经营目标和方针政策不同。

五、邮电分营的实践效果

邮政、电信由上至下彻底分营既是客观要求，又是自身所需，具有历史的必然性和社会现实性。随着社会主义市场经济体制的建立和运行，邮电分营以后，在国家相关政策的引导下，按照社会主义市场经济体制改革的要求，放开手脚，持续开发新业务、新产品，拓展服务领域，不断满足人们日益增长的邮电通信需要。就当时的运行情况来看，电信整体经济效益较好，人均业务收入水平远高于邮政。邮政拥有覆盖最广的服务网络，服务地域、用户群体等均高于电信。邮电分营后，邮政充分利用自己的优势，加强经营管理，特别是开源节流，改善服务质量，不断拓展市场。

---

① 吴先锋：《邮电分营的理论探讨》，载《邮电企业管理》1998 年第 5 期，第 18～20 页。

我国邮政在服务网络持续下沉、业务规模不断扩大、经济效益持续提高，改革开放不断深化、发展环境持续优化、企业活力充分激发，服务质量不断改善、品牌形象日益彰显，员工收益不断增长、企业凝聚力显著增强，科技创新不断推进、技术水平迭代更新、竞争实力大幅提升。[①]

第三节　中国邮政业务四大板块

中华人民共和国成立之初，各大邮区之间业务种类不尽相同，且对同一种业务所实行的资费标准也不一致。当时，在华北、华东、东北、西北等解放区，都有自己发行的货币，业务种类和资费标准，一般都由各解放区根据实际情况自行决定。与此同时，1949 年底全国邮政业务仅有函件、包件、汇票等种类，人均函件量仅 1.1 件，全年邮政业务总量和收入仅 1.35 亿元、6208.4 万元。[②] 这种状况不利于邮政事业自身发展，也不利于国家的统一，因而亟待转型改变。

图 2－3 为第一次全国邮政会议代表合影。

根据第一次全国邮政会议精神，从 1950 年起在全国统一邮政业务经营种类，恢复办理各种函件、包裹和汇兑业务，并经中央人民政府政务院批准开办报纸发行业务。此外，还在全国统一办理的代理业务中开办征询服务、代售印花税票、代购货物、商务传单（代发广告）等业务。1952 年，“邮发合一”体制开始实行，报刊发行成为邮政重要业务之一，大多省份

① 《邮电分营 20 年，中国邮政极大解放和发展了生产力》，载《中国邮政报》2019 年 1 月 15 日。

② 杨海荣：《邮政概论》（第二版），邮电大学出版社 2004 年版。

图 2－3　第一次全国邮政会议代表合影

资料来源：方冀：《方寸之中话邮政——第一次全国邮政会议》，载《中国邮政》1990 年第 1 期。

提出“村村有报看，校校有报读”的目标。1953 年，邮政开办期刊发行业务。20 世纪 50 年代初期，各项邮政业务得到了迅速恢复和发展，函件、包裹、汇兑业务量和报纸期刊发行量大幅度增长，农村邮政得到了较大发展，对我国政治、经济、文化、教育的建设和发展起到了积极的支持作用。

但由于缺乏经验，不少地方在发展业务、增加收入中存在着单纯任务观点和单纯盈利观点，有些地区盲目发展代购业务，有些地区强行推销邮筒邮票，还有些地区用强迫命令的方式收订报刊。根据党中央的指示，邮电部于 1953 开始纠正业务经营中的偏向。1954 年，第三次全国省（区、市）邮电管理局长会议提出过渡时期邮电部门的基本任务，即为不断增长的工农业生产、商品交流和人民物质文化生活的需要服务，并为国防服务。此后，邮政部门不再积极开展经营活动，很少开发新的业务种类，大部分代理业务陆续停办。

1955 年，为了改造私营集邮商、扩大新中国在世界范围内的影响和更好地促进集邮活动的开展，邮电部成立了中国集邮总公司，开始办理集邮业务。

1957年4月，普通机要邮件和军人书信、部队报刊全部转交邮政办理，邮政随即成立机要通信组织。军人免资信件一律由所在部队加盖三角形“免费军事邮件”戳记，交由普通邮局办理（军人免资信件于1969年取消）。同时，北京机要通信处成立，年收发量将近200万件①。1958年，北京市开办市内机要文件互寄业务，并承接部分党刊的发行。

1960年，为保证粮、布票等安全寄递，创办特种挂号信函。20世纪60年代至70年代，邮电部门主要强调“只算政治账，不算经济账”，故进一步停办了代收货价、货样、国内邮政回执、存局候领、集邮等业务，甚至取消了查询费等合理收取的费用。

经过几次调整，邮政部门在社会主义探索时期形成了函件、包裹、汇兑和报刊发行（“函、包、汇、发”）四项主要业务，并统一了资费标准，适应了当时人民群众的通信需要。

一、函件业务

1949年12月，第一次全国邮政会议提出“统一全国邮政业务种类”的提案，会后邮政总局即参照提案，把国内函件按性质统一调整为八类：信函、明信片；新闻稿件；新闻纸；印刷品；贸易契；商品传单；瞽者文件；货样。各类函件按处理手续和运递方式的不同，又分为平常、挂号、航空、快递、保价等，按邮寄区域分为本埠和外埠两种。随着社会主义建设的发展，为适应人们不断增长的物质文化需要和方便群众，邮电部又对函件业务进行了多次调整，包括停办国内快递函件业务、取消新闻纸业务、停办国内存证信函业务等。20世纪50年代后期，我国函件业务简化

---

① 杨海荣：《邮政概论》（第二版），北京邮电大学出版社2004年版。

为四类，即信函、明信片、印刷品和盲人读物。

随着社会主义建设的发展，人民文化水平的提高和社会交往的日益频繁，函件业务量发展较快。如图 2 - 4 所示，1949 年函件业务量只有 5.99 亿件。1954 年即突破 10 亿件，1959 年突破 20 亿件。20 世纪 60 年代以来，我国进入艰难曲折中全面建设社会主义时期，党和国家有过一些徘徊和挫折，函件业务量增速放缓，甚至出现一定的负增长情况。20 世纪 70 年代以后，随着党和国家的工作重点转移到社会主义建设，函件业务量恢复上升态势，于 1978 年达到 28.35 亿件，为 1949 年的 4.7 倍。

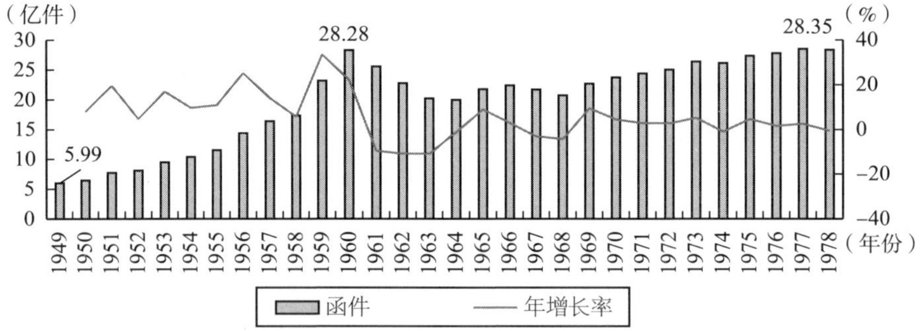

图 2 - 4　1949 ~ 1978 年函件业务量与年增长率

资料来源：国家统计局工业交通司：《中国工业交通能源 50 年统计资料汇编 1949 - 1999（邮电篇）》，中国统计出版社 2001 年版。

二、包 裹 业 务

新中国成立时，各地包裹分类和名称不完全相同，大体上包括包裹、小包和图书小包，还有小型包裹、加大包裹等名称。邮电部成立后，将国内包裹业务统称为“包件业务”，按照重量划分为包裹和小包两种：不逾 15 公斤的称为小包，超过 15 公斤的称为包裹，包裹每件重量最高以 50 公斤为限。小包邮寄的物品主要是个人交寄的物品，包裹寄递的物品则一般为工商企业的物品。包件业务按收寄对象分为个人、零星、大宗三种包件。按处理手续和承担责任，邮局收寄时分为保价包裹和代收货价包裹。1950 年 7 月，为配合发展文化教育事业，邮电部取消了图书小包业务，改作印刷品交寄。同年 9 月，为满足人民寄递急需物品、特别是急用药品的需要，开办了快递小包业务，每件限重 500 克，寄递时限与处理手续都与函件相同。1953 年 7 月，根据“邮政包裹业务应以寄递普通小包为主”的精神，将包裹限重改为与小包相同，并取消小包的名称，一律称为包裹。从此，国内包件只分包裹和快递小包两类，可作航空、保价、代收货价邮件寄递，也可附寄回执和存局候领。

随着国民经济的发展、人民交往的日趋频繁和人民生活水平的提高，包裹业务有很大的发展。如图 2 – 5 所示，1949 年包裹业务量仅为 277. 1 万件，到 1960 年实现 4818. 8 万件，为 1949 年的 17. 39 倍。同样，20 世纪 60 年代包裹业务出现一定下滑，但在 20 世纪 70 年代恢复高速增长。1978 年，包裹业务量达到 7400. 5 件，为 1949 年的 26. 71 倍。

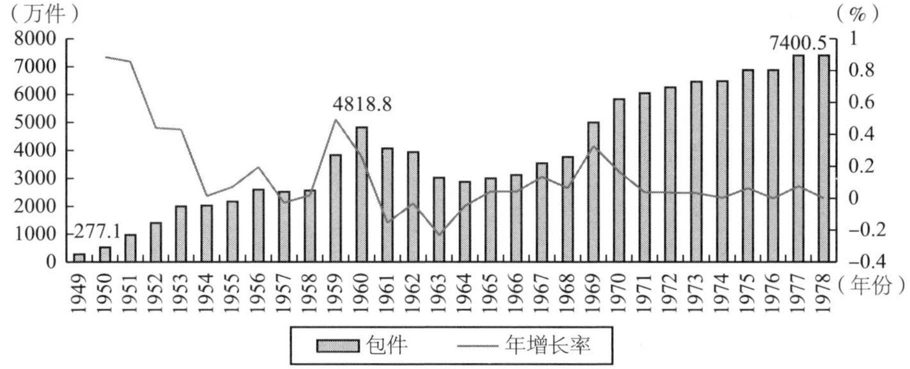

图 2 – 5　1949 ~ 1978 年包裹业务量与年增长率

资料来源：国家统计局工业交通司：《中国工业交通能源 50 年统计资料汇编 1949 – 1999（邮电篇）》，中国统计出版社 2001 年版。

三、邮政汇兑和储蓄业务

新中国成立后，人民邮政继续办理汇兑业务。国家对银行与邮政汇兑业务的分工，提出了以下原则，即“银行应以工商企业汇兑为发展方向，邮局应以个人汇兑为发展方向”。1949 年 12 月，中央财政经济委员会决定“邮政汇兑以办理小额汇款为主，经银行同意，在某些地区与城市可将汇额扩大”，邮政即遵循这一原则从事经营。

1949 年至 1951 年 2 月，邮政自行经营汇兑业务。由于银行机构的设立还未普遍，邮政汇兑业务的经营范围较宽，汇款额亦无限制，除现金管理各单位（包括军政机关、公营企业、合作社）的公款汇兑必须由银行办理外，其他一切汇兑，不分对象、不限数额，邮局与银行均可承办，未设银行的地点的公款汇兑，邮局也可办理。

自 1950 年 11 月起，银行普遍降低汇率，邮局主要办理个人小额汇兑，按银行汇率收取的汇费不能维持成本。为此，中国人民银行和邮电部邮政总局共同研究，决定金融业汇兑统一由银行办理，并决定自 1951 年 3 月起，将原来由邮局、银行分别经营汇兑业务，改为双方密切结合、整体经营，邮局原来独立办理的汇兑业务，改为受银行委托的代理业务，邮政汇兑仍以邮局名义对外经营，但在业务政策、经营方法上受银行的指导，业务收入不敷成本部分，由银行贴补。

1953 年 1 月，鉴于国家金融结构已发生了变化，中国人民银行总行和邮电部决定自当年 3 月起，将银行与邮局的汇兑业务恢复为各自分别独立经营，并对双方分工原则进行调整，即工商业汇款一律到银行承办，个人汇款则由邮局承办。

新中国邮政按 1949 年 11 月政务院财政经济委员会的决定，接管了中华邮政的储金汇业局，在中国人民银行统一指导下开展业务。1950 年，根据中财委的指示，撤销储金汇业局，将储蓄业务改变为邮局的代理业务。1953 年 9 月，储蓄业务全部划归为银行办理，停办邮政储蓄业务。

随着国民经济的发展，我国邮政汇兑业务量有较快的发展。据统计，1950 年，全国开发汇票张数和金额分别为 915 万张和 4262 万余元，到国民经济恢复时期的最后一年即 1952 年，开发汇票即达 3282 万张，金额达 8069 万余元，与 1950 年相比，汇票张数增加了 259%，金额增加了 89%①。

四、报刊发行业务

新中国成立后，报刊在宣传国家的方针政策、加强政府与人民的联系、组织和推动各项工作方面发挥着十分重要的作用。1949 年 12 月，全国报纸经理会议和第一次全国邮政会议决定吸取老解放区的经验，将报纸发行工作交由邮局办理。第一次全国邮政会议《关于报刊发行问题的决议》指出，“报纸杂志发行为人民邮政重要业务之一，凡邮局力量所能担负的地区，各政府报刊出版机关尽先全部交给邮政发行”，并明确规定了报刊社和邮局各自的分工和责任，确定由出版机关付给邮局相当于报刊定价的 20% ~40% 的发行费②。从此，报刊发行工作即成为邮政部门的主要业务，即邮局发行报纸，称为“邮发合一”。

1950 年 2 月 13 日，人民日报社与邮电部邮政总局签订了《关于报纸发行工作的协定》，自 3 月 1 起将发行工作全部交由邮局办理，并将报社的发行组织逐级与邮局合并。以后，各地和各部门出版的报纸，也陆续交邮局发

---

① 《邮政汇兑——走过百年》，载《邮电商情》1999 年第 1 期，第 68 页。

② 杨海荣：《邮政概论》（第二版），北京邮电大学出版社 2004 年版。

行。1952 年 12 月 28 日，邮电部与出版总署颁发《关于改进出版物发行工作的联合决定》，决定将原由各书店发行的杂志也全部移交邮局办理。新华书店的期刊发行部门也与邮局合并。至此，全国范围内的“邮发合一”宣告完成。

实行“邮发合一”的业务体制，是当代中国邮政的一大特点，报刊具有很强的时间性，需要最迅速、最普遍地与读者见面。邮政部门点多、线长、面广，局所星罗棋布，网路四通八达，是理想的发行渠道，能有力地促进报刊发行工作。如图 2－6 所示，1950 年报纸发行为 140 种，每期发行 219 万份到 1952 年末增为 236 种；1957 年报刊发行增至 3027 种，每期发行 3260 万份。报刊发行费率由报社自办发行或委托私营派报社和报贩经销时的 40% ~50% 降低到 25%。1978 年，报刊年期发数达到 11250 万份，为 1949 年 299. 6 万份的 37. 55 倍①。

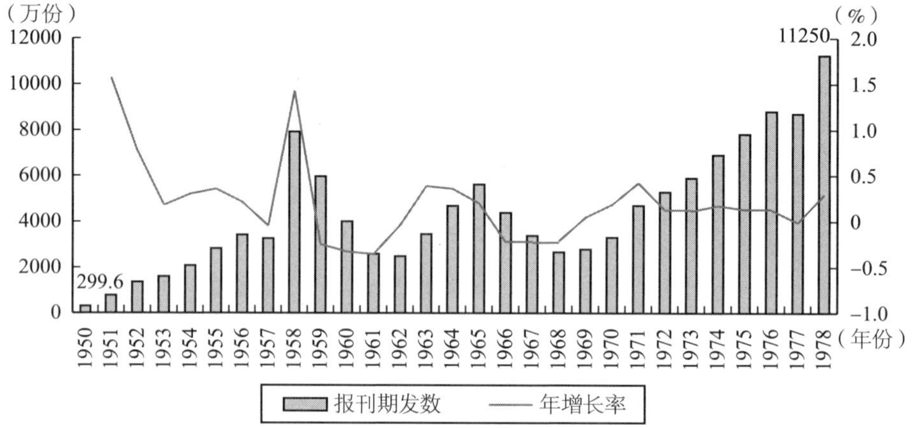

图 2－6　1950 ~ 1978 年包裹业务量与年增长率

资料来源：国家统计局工业交通司：《中国工业交通能源 50 年统计资料汇编 1949 – 1999（邮电篇）》，中国统计出版社 2001 年版。

① 夏天俊：《迈向现代化的伟大历程——中国报纸印刷业 60 年来的发展巨变》，载《中国报业》2009 年第 10 期，第 14 ~ 75 页。

综上所述，在这一时期，经过多次调整，邮电部门创造出的一系列有效的经营管理经验，使得全国邮电总收入稳步增长，而这些经验对我国邮电事业的后期改革也有所裨益。自“一五计划”至“文化大革命”前，经过不断探索和调整，国家邮政网络持续发展，邮政业务稳步提高，对国民经济恢复和建设产生了不容忽略的影响。

第四节　重返世界邮政大家庭

在新中国成立后的最初日子里，由于美国政府采取敌视中国的政策，虽说中国任命了一大批出席各种国际会议的代表，但是这些代表都无法起程赴会，只有万国邮政联盟是一个例外。

1874 年，邮政总联盟在瑞士伯尔尼成立。1878 年，邮政总联盟改名为万国邮政联盟。1948 年 7 月，万国邮政联盟成为联合国的一个专门机构。凡是联合国会员国均可自动声明参加，非联合国会员国的主权国家需有2/3以上的会员国赞成方可加入。中国于 1914 年 3 月 1 日加入万国邮政联盟。1950 年 5 月 5 日，周恩来致电联合国秘书长赖伊和万国邮政联盟执行及联络委员会秘书长（简称秘书长）赫斯，告以中国已派邮政总局局长苏幼农为代表，出席该委员会在瑞士举行的蒙特罗会议，并要求驱逐国民党当局的所谓代表出会①。

根据苏联代表和瑞士代表的建议，万国邮政联盟执行及联络委员会于 1950 年 5 月 15 日以秘密投票方式通过中华人民共和国的代表为中国出席

① 宗道一：《1950 年新中国在万国邮政联盟打开缺口》，共产党员网，2014 年 12 月 8 日。

蒙特罗会议的唯一合法代表。国民党当局的代表遂被逐出会议。万国邮政联盟秘书长赫斯于16日将这一决定正式通知周恩来，并请中国方面电告苏幼农局长到达的日期。

在1950年5月24日的会议上，苏幼农代表中国政府指出："在去年（1949年）10月1日我政府成立之后，我外交部周恩来部长即电告联合国，声明我中央人民政府是唯一代表中国及中国人民的合法政府，并要求必须把国民党反动残余集团的所谓代表从各个国际组织和会议中驱逐出去，随后对联合国许多专门组织的会议也发出同样的要求。我政府的这种要求是完全合理而且是必需的，不幸一部分国家代表对中华人民共和国参加这些会议多方阻挠，使国际间的合作受到阻碍。必须指出，万国邮政联盟是在这方向推进了一步的第一个国际组织。"

但是，当会议讨论《万国邮政公约》时，中国代表有关将公约中"中国"改为"中华人民共和国"的提议被会议以10票对3票否决。苏联、捷克斯洛伐克和荷兰投了赞成票。

1950年12月5日，苏幼农奉中央人民政府之命，致电伯尔尼万国邮政联盟国际局局长赫斯（兼任）：中国人民邮政当局自即日起接受1947年在巴黎签订之万国邮政公约、汇兑协定、保价信函和箱匣协定、包裹协定、代收货价邮件协定及公约和各该协定之随附细则，唯其中包裹及代收货价邮件两项业务暂时停办。

然而，仅仅过了六天，赫斯却节外生枝，致电苏幼农：万国邮政联盟执行及联络委员会与国际航空运输协会商谈的联席会议将于1951年1月22日在开罗召开，中国代表权问题需待开罗会议决定。

1951年1月25日，当苏幼农步入开罗万国邮政联盟执行及联络委员会会场时，他的视线里立即映出了几名中国人的"图像"——那是美国代表团撑腰支持的国民党驻埃及"使馆"的几名官员。苏幼农心里明白：一场没有硝烟的斗争已经不可避免了，一场国共海外较量暗暗开始了。

苏幼农当即在会上发表声明：“这一事实再一次地指明了一小撮坚持与四亿七千五百万中国人民为敌的美国独占资本家的代表们，固执地企图阻挠中华人民共和国在所有国际组织中取得合法的地位，并阻挠中华人民共和国与上述组织之间的合作，甚至于在像万国邮政联盟这样一个纯技术性的机构中也是如此……”①

苏幼农继而斥责美国代表引为借口的联合国大会1950年12月14日的决议案称：“至于1950年12月14日联合国大会所通过的关于会员国代表权的决议，本身即是非法的，因为这个决议违反了联合国宪章中所规定的尊重各国的政治独立与自主的原则。事实上，上述决议的通过是美国代表团非法操纵的结果，因此它是非法和无效的。此外，这个决议是在没有中华人民共和国代表的参加下和在中华人民共和国已与万国邮政联盟建立正式关系之后非法通过的。本会对于这个决议根本没有什么可以讨论的，并且不应为这些政治阴谋所影响。”②

美国关于承认国民党代表为中国“代表”的提案被大多数国家否决，苏联代表承认中华人民共和国代表为合法代表的提案获得通过。然而，一波未平，一波又起。在美国政府挟持与操纵之下，万国邮政联盟国际局置中华人民共和国邮政总局代表已成为万国邮政联盟中的合法代表的事实于不顾，竟于1951年3月8日发出通知函，将国民党当局与中华人民共和国邮政总局相提并论而征求各会员国对中国在万国邮政联盟中代表权的意见。

1951年4月21日，万国邮政联盟国际局通知，此次征求意见的结果：在86个会员国中，包括美国及其追随者在内的33国支持国民党集团，23

①② 资料来源：《万国邮政公约》。

国赞成中华人民共和国，其他 30 个会员国弃权或不作答复。

1951 年 5 月 13 日，苏幼农致电万国邮政联盟提出严正抗议：万国邮政联盟竟企图借此荒谬无理的非法根据，剥夺我四亿七千五百万中国人民在该联盟中已经确定了的合法权利。这是中华人民共和国邮政当局绝对不能接受而必须坚决反对的。

万国邮政联盟不顾新中国邮政当局的屡次抗议与警告，拒绝中华人民共和国代表参加 1951 年 5 月 21 日在瑞士圣加棱召开的万国邮政联盟执行及联络委员会会议。鸠占鹊巢，国民党集团的代表非法占据了中华人民共和国的合法席位。

为此，苏幼农于 1951 年 5 月 20 日再次致电万国邮政联盟执行及联络委员会秘书长赫斯并转执行及联络委员会各会员国，向万国邮政联盟提出严正抗议，并郑重声明："中华人民共和国邮政总局是中国的唯一合法邮政当局，万国邮政联盟有不可推诿的责任邀请我国邮政总局参加此次会议；而万国邮政联盟的一切会议，包括此次圣加棱会议在内，如果没有中华人民共和国邮政当局的代表参加与同意，或竟容纳了中国国民党反动残余集团的代表参加，则其一切决议将是非法的，因而也是无效的"。

1951 年 5 月 21 日的会议，在美国代表的操纵下，不顾苏联与捷克斯洛伐克等国代表的极力反对，通过了剥夺中华人民共和国在万国邮政联盟的代表权的决议。

1951 年 5 月 31 日，苏幼农致电万国邮政联盟提出强烈抗议："万国邮政联盟剥夺中华人民共和国邮政当局合法代表权的行为违背了全世界 3/4 人口与占 1/4 的中国人民间互相沟通的普遍利益，破坏了作为万国邮政公约之基础的国际合作的起码原则，因此把一个自称为纯粹技术性的国际组织降低为美帝国主义的可耻工具；美国及其仆从国家与万国邮政联盟当局应对由此而产生的一切后果负完全责任"。

自1951年5月之后，中华人民共和国就与万国邮政联盟断绝了一切往来。1952年5月14日，第13届万国邮政联盟大会在比利时布鲁塞尔举行。万国邮政联盟坚持其固有立场，继续拒绝中华人民共和国派代表与会，容纳国民党集团的代表参加。周恩来于5月17日致电大会，通知任命邮政总局苏幼农局长为出席本届大会首席代表，并要求大会立即驱逐国民党当局的非法代表，结果可想而知。

直到中华人民共和国恢复了在联合国合法席位后，万国邮政联盟于1972年4月13日通过决议，承认中华人民共和国为唯一合法代表。5月8日，时任外交部部长姬鹏飞通知万国邮政联盟，中国决定参加万国邮政联盟。

第五节　邮票发行与时代印记

邮票的设计、印制和发行工作是新中国邮政事业的一个重要组成部分。新中国成立七十多年以来，先后历经新中国成立初期、“文化大革命”时期、改革开放时期，其间发行了大量邮票。总体来说，这些题材广泛、内容丰富的邮票在设计、印刷等方面取得了长足的进步，不仅反映出社会主义建设的伟大成果、中华民族优秀的文化遗产、伟大祖国的壮丽山河与珍贵的动植物资源，也反映出新中国在社会主义道路上所遭受的创伤和曲折过程。1949～1978年的邮票发行与邮票艺术可以分为两个阶段。

一、第一阶段，奠基发展期（1949～1966年）

中华人民共和国成立初期中国社会的形态与性质都发生了质的变化，

为巩固新生的共和国政权，邮票设计紧密围绕国际国内发生的政治事件，巩固社会主义阵营，发展社会主义经济、文化建设等主题，在设计观念、表现方式、印制水平方面都得到了较大发展，特别是对民族风格的探索取得了可喜的成绩，开始呈现出中国邮票设计的独特风貌，但随着中华人民共和国成立初期社会主义建设的发展，邮票设计也受到“左”倾思想的影响而开始出现转折。

中华人民共和国的邮票事业是在继承解放区人民邮政和接管改造国民政府中华邮政的基础上发展起来的。在这 17 年的发展中，邮票的设计、印制和邮票发行的品种、数量都取得了令人瞩目的成绩。从中国邮票设计艺术整体的时间轴来看，这一时期是中国邮票设计艺术的探索时期，大致可划分为以下三个小阶段：

1949 年下半年至 1956 年上半年为统一、开创期。中华人民共和国在成立之初，邮政主管部门于 1949 年 10 月 8 日发行了中华人民共和国第一套全国通用邮票《庆祝中国人民政治协商会议第一届全体会议》并逐步停止了原各解放区各自发行的区票，邮政总局规定各地自印和加印的邮票截至 1950 年 7 月 1 日停售，至此实现了邮票发行工作历史性的统一。从 1950 年下半年开始，邮政总局开始制订年度邮票发行计划，组建邮票专业设计和雕刻队伍，邮票艺术质量逐步趋于稳定，为共和国邮票设计的发展奠定了坚实的基础。1956 年 7 月 1 日邮电部邮政总局邮票发行局成立，邮票选题的日益丰富带来邮票设计面貌的多样，邮票设计中的民族风格开始显现，单色雕刻版印刷进入全盛时期。邮票事业经过十年较为顺利的发展，从 1960 年开始，邮票选题百花齐放，邮票设计群体表现出旺盛的创造力，邮票设计中的民族风格开始凸显，加之专业化的北京邮票厂投入生产，中国邮票设计艺术呈现出生机勃勃的景象。1964 年至 1966 年上半年为转折期。在意识形态领域“左”倾错误思想的影响下，邮票的选题范围开始缩小，设计中出现概念化、公式化的倾向，画面也开始呈现面貌单一的趋势。

从1950年邮票管理科的成立，到1952年以邮票管理科为基础设置的邮票处，直至1956年邮政总局邮票发行局的成立，中华人民共和国的邮票发行工作逐渐步入了稳定发展的时期，特别是邮票发行局的成立将邮票发行的各个环节连为一体，对于加强邮票选题的统一规划，培养专业化的设计队伍，提高邮票设计的水平及雕刻质量，都起到十分重要的作用。邮票设计室是隶属于邮票发行局的一个部门，其成员由专业邮票设计师组成，承担着大部分邮票的设计工作。这一时期的专业邮票设计师主要有孙传哲、万维生、刘硕仁、吴建坤、韩象琦、张克让、陈晓聪、卢天骄、张绥芝、潘可明。这些人均具有美术专业背景，有着扎实的绘画功底，进入邮票专业设计领域后更是不断努力探索邮票设计规律，为中华人民共和国成立时期的邮票设计做出了巨大贡献。

1949～1959年，邮政主管部门发行的邮票主要在京沪两地的多家印刷厂印制。主要有商务印书馆、大东书局上海印钞厂、北京人民印刷厂、上海市印刷一厂、上海人民印刷厂、上海大业印刷公司等，其中北京人民印刷厂和上海市印刷一厂为主要承印单位，邮票印刷以雕刻版、胶版为主。1959年9月25日，中国第一座新型的专业化邮票印刷厂——北京邮票厂建成并投产，开始承担邮政主管部门发行的邮票印制任务。北京邮票厂有次将影写版印刷工艺应用于中国的邮票印制当中，还在个别邮票中采用影雕混合版印刷工艺，标志着中国的邮票印制水平迈入了一个新的时期。

这一时期邮票印制的特点如下：

（1）铭记。中华人民共和国成立初期的邮票先后出现“中华人民邮政”和“中国人民邮政”两种铭记。其中由华北邮政总局发行的纪1、纪2、纪3三套纪念邮票使用了“中华人民邮政”作为铭记，其余则使用

“中国人民邮政”作为铭记。从1950年7月1日发行的“（纪4）中华人民共和国开国纪念”邮票开始，“中国人民邮政”便作为中华人民共和国的邮票铭记，直到1991年，沿用了41年。

（2）志号。即以简单明了、一目了然的数字形式标明邮票的顺序、发行年份、全套枚数等信息。无论票幅、构图以及画面内容如何变化，志号均安排在邮票的下方，这一固定的排列方式具有很强的识别性，使众多不同的邮票具有了秩序感。

（3）幅面。矩形是邮票最常见的形式，矩形的形状特征表现在长宽比例上，从矩形的长宽比例关系可分为横幅、竖幅、方形三种形式，这三种形式不仅是清代、民国及解放区邮票的票幅形式，也是中华人民共和国成立初期乃至今天邮票的主要票幅形式。有的邮票增大了票幅的长宽比例关系，形成类似于中国画的“横幅”或“立轴”。

（4）图案。中华人民共和国成立时期邮票中的图案以人物、动植物、建筑、风景、文物等形象为主，但相比较而言，和平鸽、国旗、天安门这三种图案多次出现在邮票中。

（5）民族风格。邮票表现主题中反映出中华民族的自然风光、文化遗产、社会环境、风土人情等民族特色，在表达方式、表现手法、表现工具上均具有各自的特点，将传统装饰纹样、民间艺术、中国画等中华民族丰富多彩的艺术形式用于邮票设计中。

（6）走出国门。第六次社会主义国家邮电部长会议于1965年6月21日在中国召开。根据第五次国家邮电部长会议的决议由中国负责向第六次会议的各成员国提供邮票设计图稿并负责同题材邮票的组织发行工作。这项特殊的邮票设计任务为中国提供了向世界展示设计水平的机会，中国的设计图案首次出现在十几个国家发行的邮票中，具有重大意义和深远影响。

（7）特种邮票。第一套特种邮票是1951年10月1日发行的国徽邮票。与纪念邮票不同，特种邮票不必严格遵循发行日期，设计和印制的时间相对宽裕，为邮票的风格形式提供了更为广阔的空间，出现了以体现民族艺术风格为设计题材的系列邮票——“伟大的祖国”。系列邮票“伟大的祖国”一共发行了五组，在开创了新中国系列邮票先河的同时，对以后邮票题材的开掘及邮票设计中民族风格的形成均产生了较大的影响。

二、第二阶段，曲折期（1966～1978年）

邮票事业在“文化大革命”期间遭到严重破坏，志号历经了从取消到恢复的混乱局面，重点表现领袖、工农兵形象及样板戏，画面多以当时社会广为流传的摄影作品、宣传画为主，呈现出强烈的“文化大革命”美术风格。

中国邮政部门在“文化大革命”期间受到了猛烈的冲击，邮票发行工作受到了严重的干扰和破坏。当时唯一公开发行的《集邮》刊物被迫于1966年7月停刊，中国集邮公司也于1967年停业。“文化大革命”初期，中华人民共和国成立17年以来中国邮票工作所取得的辉煌成就被否定，邮票志号被取消，代之以“文”字邮票。1967年8月实行军管，随后邮票发行局被撤销。1970年1月，邮电部被撤销，邮票工作由原邮政、铁道、交通三部合并成立新的交通部管理，同年8月开始发行编号邮票。1971年国民经济开始逐步恢复，邮票发行局和邮电部也分别于1972年和1973年被恢复，编号邮票的题材有所拓宽，但仍具有一定的“左”倾色彩。“文化大革命”结束后的两年，邮票设计题材较之前呈现多样化面貌，邮票工作虽有起色，但也处于徘徊中前进的局面。

北京邮票厂在“文化大革命”中虽然受到严重的冲击，但仍然能够坚持采用影写版和雕刻版方法印制邮票。20 世纪 70 年代初，国内一些大型印刷厂已经成功地采用了分色蒙版工艺。上海华丽铜版纸厂在“文化大革命”期间研制出高光邮票纸，这种纸张的印刷效果具有网纹完整清晰、色彩艳丽明快、层次细腻丰满的特点。“文化大革命”结束后的两年里，北京邮票厂与清华大学合作，于 1977 年 12 月研制成功照相连拍机、磷光油墨，照相连拍机的精度高于 20 世纪 50 年代进口的外国设备。分色蒙版工艺、高光邮票纸和照相连拍机的使用支撑和促进了我国邮票印制水平的提高，也体现出科技人员对邮票印制技术的不断探索与追求。

这一时期邮票印制的特点如下：

（1）志号。从取消邮票志号而产生的“文”字邮票到编号邮票、再到恢复纪（J）、特（T）邮票志号是这一时期志号的变化过程，也是中国邮票史上志号变化最为频繁的一个时期。邮电部于 1967 年 3 月 31 日下达《关于取消纪、特邮票编印志号的通知》文件，决定从 1967 年 4 月 20 日发行的“战无不胜的毛泽东思想万岁”邮票上开始取消志号，将此套邮票编为“文 1”，以后以此类推。由于“文”字邮票在每枚邮票上无法注明套的编号、枚的序号、每套邮票有几枚组成以及发行年份给邮票的发行管理带来诸多不便，交通部决定从 1970 年 8 月 1 日发行的“革命现代京剧《智取威虎山》”邮票开始实行编号邮票，即统一从 1 号编起，每种邮票编一个号码，累计顺编。1973 年邮票发行局恢复后，决定将原志号中的“纪”和“特”分别改为其汉语拼音的第一个字母“J”和“T”，取消总图号，其他保留。

（2）设计。“文”字邮票面貌“红色调、大票幅”，设计形式和表现方式较为单一，图案以毛主席头像、工作照为主图，或与文字（毛主席语录）相呼应。“文化大革命”中期的邮票题材和内容逐渐丰富，有几套邮票设计手法和表现形式也开始注重艺术性，最为突出的是装饰性设计手法的运用，即运用中性色、黑色或白色勾勒图案的外轮廓，突出画面主体形象的同时又能取得图底色彩关系的协调。自1970年起，邮票设计存在公式化问题，直接选用样板戏剧照以及家喻户晓的宣传画、美术作品，虽然使得邮票设计呈现简单化面貌，但在当时的政治背景下，这也是邮票设计工作者免于政治风波的唯一途径。

从1976年10月粉碎“林彪、江青集团”至1978年12月党的十一届三中全会之前的两年间，全国各族人民在中国共产党的带领下进行整顿，工农业生产得到了恢复和发展，社会各条战线出现了全新面貌。在邮政工作方面，这两年发行邮票数量逐渐增多，邮票质量呈现越来越好的发展态势，邮票设计的表现手法、艺术风格等均有很大的改进和提高。

客观来看，“文”字邮票在图像、色彩、字体等建立起一套规范化、标准化的“视觉形象识别系统”，以极强的视觉效应向中国人民和世界宣传国家形象。“视觉形象识别系统”设计（也称VI设计）是20世纪90年代从西方设计界引进中国，是CI（企业形象设计）系统中的重要组成部分。仅从设计艺术的角度出发，可以说在西方的VI设计传入中国之前，中国就曾在邮票设计领域产生过类似VI的一种独特的设计语言，集中体现在“文”字邮票的设计中。

党的十一届三中全会召开后中国开始进入一个崭新的历史发展时期，在社会主义现代化建设和改革开放的时代背景下邮票事业开始迅猛发展。1979年6月9日，邮电部将中国邮票公司、邮电部邮票发行局、北京邮票厂合并成立新的中国邮票公司，同年8月9日将中国邮票公司正式定名为“中国邮票总公司”，全面负责有关邮票发行工作的所有业务，包括邮票的选题、设计、印刷、发行等各项工作。为解决邮票管理体制上政企职责不明确给邮票事业进一步发展所产生的不利影响，邮电部决定将邮票发行与集邮业务分开并于1985年7月1日分别设立邮票发行局和中国集邮总公司，这是按照政企分开的要求所进行的一次管理体制的改革。1990 年 2 月 9 日，邮电部再次调整邮票发行和集邮管理的体制和机构，将邮票发行局和中国集邮总公司合并组建新的中国邮票总公司，邮政总局行使邮票管理的行政职能，负责拟定邮票的方针政策、选题、发行计划和图稿评审工作。

从 20 世纪 90 年代初开始，国家在经济领域进一步实行改革开放政策，面对新的竞争与挑战，中国邮政的改革势在必行，邮政部门开始调整运营机制，改变观念，接纳新事物。从 1992 年发行的第一套邮票开始，将以前邮票上使用的“中国人民邮政”铭记字样改为“中国邮政”，同时在票面上增加英文“CHINA”字样。1994 年 1 月，邮电部决定将北京邮票厂划归邮票发行局管理，在北京邮票厂现有的基础上成立邮票印制局，负责邮票的编辑和设计工作。1998 年 3 月，在邮电部和电子工业部的基础上组建信息产业部，下设国家邮政局主管全国邮政企业以及全国邮政行业。1999 年 4 月 5 日，国家邮政局第一届邮票图稿评议委员会成立。

进入 21 世纪后，互联网与电子商务的迅速普及，进一步推动传统邮政向现代邮政过渡，邮政管理体制出现新的变化，邮票印制管理职能有所调整。从 2000 年开始，邮票设计全部面向社会征稿，邮票设计群体进一步扩大，更多的社会美术工作者、平面设计师参与邮票设计。2009 年 6 月 16 日，邮票印制局下发《关于〈邮票图稿管理规定〉的通知》，更加调动邮票设计者的积极性。邮票印制技术也不断进步、更新，更多新版式、新材质、新技术的邮票问世。

第三章

改革开放与邮政业的跨越式发展
（1978～2012 年）

党的第十一届三中全会之后，工作重点转移到经济建设上来，邮政发展局面发生了极大转变。自1980年起，邮政部门陆续开办和恢复了特快专递业务、邮政储蓄业务、贺年明信片业务、广告函件业务等，在邮电企业统一承包经营的基础上开创了邮政所承包、乡邮投递段承包及报刊零售承包等经营方式，邮政服务的质量、经济效益、劳动生产率等均有了较大提高。

第一节　邮政体制改革不断深化

现代邮政的深层次改革涉及以下三个方面：一是体制改革，实行“两个分离”，即政府监管职能与通信服务职能分离、普遍服务运营与商业性运营分离。二是结构调整，一方面是总体结构的调整；另一方面是产品结构的调整。三是完善邮政法制体系。[①]

一、邮政管理体制改革的三个阶段

邮政体制随着社会经济体制改革和社会经济的发展不断变化，改革开放以后，我国社会经济进入高速增长阶段，邮政体制改革步伐明显。

社会经济体制改革为邮政体制改革指明了方向。1978年12月，中国开始实行的对内改革、对外开放的政策。1980年8月18日，邓小平在中央政治局扩大会议上发表了题为《党和国家领导制度的改革》的讲话，为

① 北京市邮政管理局全国邮委学术工作部：《中国邮政改革与发展研究》，人民出版社2004年版，第228～230页。

新时期中国政治体制的改革指明了方向。2012 年 3 月 14 日，温家宝在北京回答记者有关政治体制改革的问题时表示，不仅要进行经济体制改革，而且要进行政治体制改革，特别是党和国家领导制度的改革。

20 世纪 90 年代后，由于技术进步、市场变化、政策调整使我国邮政外部环境发生了很大变化，再加上邮政政企合一的经营管理体制不能适应国民经济迅速向市场经营体制转变的大环境，邮政机构设置照政府机构模式套设以及经营机制、财务核算体制不适应市场化，服务内容、方式落后，对市场竞争反应冷漠等诸多内部原因，邮政逐渐面临巨大的困难，全国邮政业务经营性亏损逐年增加，市场占有率逐年下降，人才匮乏，邮政改革势在必行。

1998 年开始我国邮政领域走上了不断深化的改革之路，主要经历了邮电分营、政企分开、健全三级监管体系三个阶段的改革。

第一个阶段——邮电分营。1998 年的国务院机构改革撤销了邮电部，在邮电部和电子工业部的基础上组建信息产业部，国家邮政局为其下属部门，为副部级单位。邮政、电信实现了分开经营，邮政开始独立运营，成为国民经济的一个独立部门。从省以下直到基层，邮政与电信全部分开，邮政独立运营。省、区、市成立邮政局，受国家邮政局直接领导，并管辖本省、区、直辖市范围内所有邮政机构。地、市、县及以下分支机构全部成为邮政单设局、所。

这次改革仍然保留了政企合一的模式。按照国务院三定方案，国家邮政局兼有企业和政府管理两项职能，所属机构分为两部分，行业管理司、邮资票品司、国际合作司等属于政府职能的管理机构；网路运行部、公众服务部等属于企业经营管理机构。同时还设立若干直属专业经营管理部门邮政储汇局、邮政速递局等，以及支撑部门如邮政科学研究院、石家庄干部培训中心、邮政文史中心等。

第二个阶段——政企分开。我国邮政长期实行政企合一的体制，在计划经济时期发挥了重要的作用，特别是对邮政网的不断扩大、普遍服务职能的实施提供了有力的保证。但是进入市场经济之后，这一体制已经越来越不能适应新的变化。邮政多项业务遇到激烈的市场竞争，普遍服务受到冲击，行业管理难以开展，邮政市场很不规范。由于两种性质不同的职能集于一身，往往顾此失彼，或措施倒错，结果政府职能未能加强，企业职能也很难适应市场。

2001 年，我国加入世界贸易组织，新一轮多边贸易谈判也正在进行，邮政的市场开放问题已经提上日程。未来的市场竞争将会越来越激烈，而中国邮政的行政型体制、条块分割、混合经营、零打碎敲，显然缺乏强大的市场竞争力，无法与进入我国的专业化程度极高的外资企业相抗衡。如不进行体制改革，将企业职能分离出来适应现代企业制度，实行专业化的规模经营，提高市场竞争力，必然造成竞争性业务市场份额的不断缩小，严重影响邮政事业的健康发展。当时来看，中国邮政实行政府职能与企业职能的分离，不但必要，而且十分迫切。①

2005 年国务院下发《邮政体制改革方案》，要求邮政实行政企分开，改革的基本思路是：实行政企分开，加强政府监管，完善市场机制，从机制和制度上保障普遍服务和特殊服务，确保通信安全；改革邮政主业和邮政储蓄管理体制，促进邮政业向信息流、资金流和物流“三流合一”的现代邮政业方向发展，提高企业竞争力。通过改革，建立企业独立自主经营、政府依法监管的邮政体制，进一步促进我国邮政事业的发展。

全面实现政企分开。根据国务院《邮政体制改革方案》，2007 年 1 月

① 北京市邮政管理局全国邮委学术工作部：《中国邮政改革与发展研究》，人民出版社 2004 年版，第 126～223 页。

重新组建的国家邮政局和中国邮政集团公司正式挂牌成立，国家邮政局承担邮政行业的监督管理职能，为信息产业部管理的国家邮政监管机构；中国邮政集团公司经营各类邮政业务，成为大型国有企业。

按照《国务院办公厅关于印发省（区、市）邮政监管机构设置主要职责和人员编制规定的通知》要求，组建31个省（区、市）邮政管理局。根据国务院深化邮政体制改革的精神和部署，重新组建的国家邮政局积极推动出台《国务院办公厅关于完善省级以下邮政监管体制的通知》，组建了357个省级以下邮政监管机构，填补了监管机构空白，监管体系建设工作取得了显著成效。为进一步深化政企分开改革、完善邮政监管体制，全国各市县原邮政局陆续更名为邮政分公司，基层政企分开得到深化和加强。2007年9月，西藏自治区邮政公司挂牌，标志着全国31个省（区、市）的政企分开改革完成。

2008年9月，国务院实施大部制机构改革，根据《国务院关于部委管理的国家局设置的通知》，设立国家邮政局（副部级），为交通运输部管理的国家局。邮政剥离了政府监管职能以后，其企业性质应该明确定为国有独资企业，政府为唯一出资者。邮政网为国家公用网，属于社会基础设施，由政府投资建设。①

新组建的国家邮政局进一步转变职能，强化和落实政府监管责任，健全邮政监管体系，促进行业健康发展。充分发挥中央和地方两个积极性，进一步明确和强化地方人民政府在邮政管理方面的责任。结合交通运输大部门体制改革，适应邮政业与交通运输业联系日益紧密、不断加深融合的实际，加强邮政管理部门与地方交通运输部门的协作，促进发挥综合运输

---

① 北京市邮政管理局全国邮委学术工作部：《中国邮政改革与发展研究》，人民出版社2004年版，第183页。

体系的整体效能。

改革邮政主业和邮政储蓄管理体制。为完成邮政储蓄改革目标，中国邮政集团公司控股的中国邮政储蓄银行于2007年成立，并于2016年9月上市。2009年修订施行的《中华人民共和国邮政法》明确了快递企业的合法地位，同时规定邮政普遍服务业务与竞争性业务应当分业经营。为落实邮政法的制度安排，邮政企业对快递等竞争性业务与邮政普遍服务业务实施了分业经营、分账核算，由中国邮政集团公司控股的中国邮政速递物流股份有限公司（EMS）于2010年组建成立。国家邮政局随后出台了《关于促进邮政服务创新发展的若干意见》等政策性文件和一系列改革举措，持续推动企业改革进程，完善现代化管理制度。

第三个阶段——三级监管体系形成。在2005年的邮政体制改革下，中央重组国家邮政局，并设立由其垂直管理的31个省（区、市）邮政管理局，履行行业管理和市场监管等职责。2012年的《国务院办公厅关于完善省级以下邮政监管体制的通知》对邮政管理体制进行了调整。将之前的由中央垂直管理调整为中央和地方双重管理、以中央为主，省（区、市）、市（地）以及县邮政管理局由上级邮政管理部门与所在地人民政府双重管理，邮政业务、机构编制、干部、财务等以上级邮政管理部门管理为主，主要负责人兼任同级交通运输部门副职领导，其任免需征得当地党委、政府同意。由此，建立健全了政府依法监管、权责关系明确、上下运转顺畅的国家邮政管理体制，为促进新时期邮政业的发展提供体制保障。

根据《国务院办公厅关于完善省级以下邮政监管体制的通知》设置市（地）一级邮政管理局。在27个省（区）按照市（地）行政区划设置332个市（地）邮政管理局，在4个直辖市和海南省（除海口市、三亚市）跨区域设置25个邮政监管派出机构。市（地）邮政管理局全面履行邮政行业管理职能，依法对本行政区域的邮政普遍服务和邮政市场实施监督管理，重点开展了邮政普遍服务设施普查、邮件时限监测、邮政普遍服务法定业务开办专项检查、快递车辆通行与末端投递政策制定、快递绿色通道建设、快递园区建设、快递网点标准化建设等工作，并取得新进展、新突破。初步建立适应三级邮政管理要求的干部人事管理机制，完成三级办公自动化系统建设和安全监管信息系统，三级财务管理工作进一步制度化、规范化。

☞ **专栏3－1**

浙江省义乌市作为全球小商品采购和流通中心，联结全国20多万家制造企业，与219个国家和地区有贸易往来，已成为全国主要内陆港之一。义乌电子商务发展迅猛，已经成为促进义乌邮政业发展的重大驱动力，2012年“双11”义乌快件量超过100万件。2014年全国首个县级邮政管理机构义乌邮政管理局成立。这不仅是我国邮政体制改革的重要成果，也标志着我国县级邮政监管体制改革进入一个新阶段。义乌邮政管理局的揭牌成立可谓正当其时，顺应了邮政业的发展需要，标志着邮政管理触角首次直接延伸到了县级城市，壮大了基层邮政监管队伍，增强了监管力量，有利于营造县级城市良好的行业发展环境，有利于规范引导邮政快递企业合法诚信经营，加强行业安全监管，进而促进当地邮政行业稳步健康发展。更为重要的是，义乌局的组建是对邮政管理体制改革的一次重要尝试和有益探索，对全国其他条件成熟的县级城市设立邮政监管（派出）机构，壮大行业基层监管队伍，增强邮政市场监管力量极具示范意义。

伴随着交通运输大部门体制改革，促进综合交通运输体系的发展成为大交通部的主要职责。一体化的综合交通运输体系对提高运输业和物流业的运输效率、降低运输成本起到事半功倍的协调作用。由此，综合运输体系的构建给邮政业发展带来了新的契机，我国邮政业发展进入了历史上的新时期。如表3－1所示，为三级邮政管理体系演变历程。

表3－1　　三级邮政管理体系演变历程

时间	实践
1986年12月	新中国第一部邮政法——《中华人民共和国邮政法》颁布，中国的邮政事业正式有了属于自己的法律，自1987年1月1日起施行
1988年11月	国家机构编制委员会原则批准《邮电部“三定”方案》
1990年11月	国务院发布《中华人民共和国邮政法实施细则》
1994年2月	国务院批准《邮电部职能配置、内设机构和人员编制方案》，把邮政总局从邮电部机关行政序列中分离出来，改为企业局，统一经营全国邮政通信网，承担普遍服务的义务
1998年	中国邮政事业迎来了一项重大体制改革——邮政与电信分离，开始独立运营
1998年4月	国家邮政局正式挂牌，刘立清任第一任国家邮政局局长。12月底邮电分营完毕，邮政独立运行体制形成
1998年4月	《邮电分营工作指导意见》发布并生效
1999年1月	全国各省（区、市）邮政局全部挂牌，中国邮政作为我国国民经济体系中的重要部门，正式开始独立运营
2005年7月	温家宝主持召开国务院常务会议，讨论并原则通过邮政体制改革方案，并于8月19日以正式文件下发。这标志着我国邮政体制改革工作，开始步入具体实施操作阶段。 《邮政体制改革方案》的核心是“一分开、两改革、四项措施”。政企分开——重新组建国家邮政局，在各省（区、市）设立邮政管理局；组建中国邮政集团公司。两改革——改革邮政主业；改革邮政储蓄，成立中国邮政储蓄银行，由中国邮政集团公司控股。四项措施——建立普遍服务机制、完善特殊服务机制、强化安全保障机制、改革价格形成机制
2005年8月	《国务院关于印发邮政体制改革方案的通知》发布
2006年8月	国务院批准实行“政企分开”，成立中国邮政集团公司。 8月28日，《国务院关于组建中国邮政集团公司有关问题的批复》发布

续表

时间	实践
2009 年	修订后的《中华人民共和国邮政法》于 2009 年 10 月 1 日起正式施行
2012 年	《国务院办公厅关于完善省级以下邮政监管体制的通知》，明确将设置市（地）一级邮政管理局，由中央垂直管理调整为中央和地方双重管理、以中央为主

资料来源：笔者根据《中国邮政报》的中国邮政大事记整理而得。

随着改革的不断深化，邮政行业发展的内生动力得到了激发和释放。2012 年，全年全行业继续保持平稳较快发展。全年邮政行业业务总量完成 2036. 8 亿元，同比增长 26. 7% 。全年邮政行业业务收入（不包括邮政储蓄银行直接营业收入）完成 1980. 9 亿元，同比增长 26. 9% 。快递业务快速增长。全年全国规模以上快递服务企业业务量完成 56. 9 亿件，同比增长 54. 8% ；快递业务收入完成 1055. 3 亿元，同比增长 39. 2% 。民营快递企业发展迅速。全年国有快递企业业务量完成 13 亿件，实现业务收入 299. 1 亿元；民营快递企业业务量完成 42. 9 亿件，实现业务收入 638. 7 亿元；外资快递企业业务量完成 1 亿件，实现业务收入 117. 5 亿元。国有、民营、外资快递企业业务量市场份额分别为 22. 8% 、75. 4% 和 1. 8% ，业务收入市场份额分别为 28. 4% 、60. 5% 和 11. 1% 。全年平均每一营业网点服务面积为 100. 4 平方公里；平均每一营业网点服务人口为 1. 4 万人。人均函件量为 5. 2 件，每百人订有报刊量为 11. 4 份。邮政城区每日平均投递 2 次，农村每周平均投递 5 次①。

① 资料来源：《2012 年邮政行业发展统计公报》。

二、中国邮政运营机制的改革

邮电分营之初，中国邮政仍保留政府管理职能，两种职能混在一起，导致其运营机制不能适应社会主义市场经济和社会发展的需要。在政府管理职能剥离出去以后，邮政作为国有企业，其经济运营的机制必然要进行一系列改革。

按照通信服务业的客观规律运营。邮政属于第三产业，即服务业。《服务贸易总协定》对服务业的分类将邮政列入通信服务类，这是决定邮政应实行何种运营机制的前提。中国邮政2000年仍存在计划经济物质生产运营方式的痕迹，采用下达计划指标，重视产量产值、收入、利润的完成进度，紧密联系内部分配等办法，作为衡量工作好坏的主要标准。对于邮政服务产品适应社会需求、提高服务质量、方便群众用邮、获得用户满意等缺乏明确具体的衡量标准，无法进行实际考核。在邮政竞争性业务的运营中，与竞争对手比，很难以服务取胜。运营机制比较死板、不灵活，往往陷于被动。因此，邮政作为通信服务业要实现稳定、持续发展，必须突破传统的运营模式，按照通信服务业的特性建立新的运营机制。

充分发挥网络经济的特性。邮政是一个以实物运递网为主的网络经济体系。邮政的运营活动都要通过网络进行，网络是邮政开展各项服务活动的基础，而邮政进行以实物为载体的信息传递和物品的传递都具有全程全网的特点，邮政的竞争优势即在于全网。因此，邮政运营要发挥全网优势，转变各地零打碎敲、各自为战的运费模式，搞规模经营和专业化经营，减少浪费，降低成本，提高经济效益，提高市场竞争能力。

普遍服务与竞争性业务分开运营。邮政普遍服务属于政府公共服务性质，根据普遍服务要求建设起来的邮政设施属于社会公用基础设施，邮政普遍服务各项业务的运营是以保障人民通信权利、满足全社会通信要求为目标，因此不进行市场运作，不追求利润。政府对于此类业务的运营实行免税、财政补贴、投资建设等政策。在邮政集团内部从上到下组成经营普遍服务业务的相对独立系统，机构、人员、财务、物资等都单独设立、单独核算，与竞争性业务之间的关系实行相互经济结算。邮政企业经营的竞争性业务不承担普遍服务职能，按专业如储蓄、物流、快递等分别自主经营、参与市场竞争、自负盈亏，所获得的利润补贴普遍服务的政策性亏损。在邮政集团内部分别设立若干专业子公司，其运营机构实行专业化经营，可与国内外其他企业合资合作联合经营，由邮政集团控股。条件具备时进行股份制改造，按专业重组资产上市。

三、推进邮政管理部门“放管服”改革

根据国务院“放管服”改革总体部署，国家邮政局结合行业实际，制定实施具体方案，健全相关制度，完善配套设施，切实转变政府职能，优化营商环境，进一步激发市场活力和产业创造力。具体在以下四个方面有所作为：

第一个方面，落实依法行政。为积极落实党中央、国务院有关决策部署，根据邮政业法律、行政法规、部门规章的规定，结合相关文件，国家邮政局编制了邮政行政管理权力清单、责任清单和市场准入负面清单，并指导推进省级邮政管理机构“三张清单”的编制工作。编制“三张清单”，遵循了权责法定、简政放权、便民高效、公开透明、动态管理的原则，实现了“清权、确权、配权、晒权、制权”，促进了邮政行政改革、强化了依法行政理念、增强了邮政管理部门依法行政能力。

第二个方面，推进简政放权。制定《邮政行政许可工作服务规范》，

细化约束许可审批行为，主动接受社会监督，明确各项邮政行政许可不搞培训、不收行政费用。出台《国家邮政局关于规范和改进邮政行政审批工作深入推进简政放权放管结合职能转变的实施方案》《国家邮政局关于印发推进简政放权放管结合优化服务改革工作方案的通知》，推动“放管服”改革落地。

根据国务院关于取消和调整一批行政审批项目等事项的决定，修订《集邮市场管理办法》，将集邮票品集中交易市场许可改为备案制，将集邮票品网络交易纳入监管；将撤销邮政普遍服务营业场所和停止办理或限制办理邮政普遍服务业务和特殊服务业务的“两项审批”权限下放至市（地）邮政管理局；出台《经营邮政通信业务审批工作细则（试行）》，进一步优化经营邮政通信业务审批；出台《邮政行政许可中介服务事项处理意见》，取消仿印邮票图案及其制品审批中涉及的材质鉴定中介服务事项。

为进一步激发市场活力，《快递业务经营许可管理办法》《快递业务经营许可注销管理规定》等文件出台，规范许可审批流程，完善快递业务经营许可的准入和退出机制。发布《快递业务经营许可工作优化方案》和《国家邮政局关于加强快递业务经营许可审批工作若干问题的通知》等文件，简化快递业务经营许可手续，实现许可全流程网上办理，申请材料由22项减为9项，审批流程由8个环节精简为6个，审批时限由法定45天压缩至承诺25天，分支机构审核权限下放至市（地）邮政管理局，有效减轻了企业负担。提升快递末端网点管理能力，出台《快递末端网点备案登记实施办法（试行）》，配合发改委落实相关改革意见，充分发挥末端网点的开放性，进一步释放市场活力。

第三个方面，加强事中事后监管。党的十八大以来，国家邮政局不断强化对邮政企业、快递企业监督管理，着力完善制度体系。先后制修订《邮政普遍服务监督管理办法》《快递市场管理办法》《邮政行业安全监督管理办法》[①]《邮政业安全生产设备配置规范》《快递安全生产操作规范》等多个部门规章和标准。出台《邮政行政处罚程序规定》《邮政行政处罚程序操作指引》《邮政行政处罚裁量基准》，严格规范邮政行政处罚行为。出台《邮政管理部门随机抽查工作细则》，深入贯彻落实“双随机一公开”要求，规范行政执法行为，及时公开执法信息。建立申诉与执法检查的衔接制度，完善行政处罚与刑事司法衔接机制。下发《关于加强跨区域协作监管的通知》《国家邮政局关于邮政普遍服务行政执法工作若干问题的指导意见》，创新事中事后监管方式。

出台《禁止寄递物品管理规定》《邮件快件收寄验视规定（试行）》等规范性文件，开展实名收寄政策第三方评估，建立邮政局牵头，综治、公安和国家安全等部门共同参与的工作机制，推动落实收寄验视、实名收寄、过机安检三项制度。

开展快递经营地域清理整顿、市场清理整顿等专项行动，进一步规范企业经营行为。探索建立邮政业信用体系，加大诚信管理。编制发布中国快递发展指数，引导行业健康发展。定期发布快递服务满意度调查结果和重点地区快递服务时限测试结果，推动快递服务质量稳步提升。规范末端投递服务，提高末端投递服务水平。开展快递示范城市创建工作，推动快递业更好服务经济社会发展。

第四个方面，优化服务能力。落实“互联网+政务服务”要求，对邮政管理系统网站重新设计优化，建立网上办理许可审批申请通道。协调电商、快递企业建立“错峰发货、均衡推进”的业务旺季服务保障机制，有

① 《邮政业寄递安全监督管理办法》已于2019年12月18日经第30次部务会议通过，自2020年2月15日起施行。交通运输部于2011年1月4日以交通运输部令2011年第2号公布、2013年4月12日以交通运输部令2013年第6号修改的《邮政行业安全监督管理办法》同时废止。

效破解“双 11”等电商促销期间的快递“爆仓”“积压”难题，在最高日业务量达到 2.5 亿件的情况下，依然有效保障了快递服务平稳有序运行。

推动出台符合业情的“营改增”政策，落实《关于将铁路运输和邮政业纳入营业税改征增值税试点的通知》要求，实现了行业新旧税制的平稳转换。积极与国家工商总局①沟通协调，推动快递企业营业执照“一照多址”政策落地。争取中央财政资金支持电子商务与物流快递协同发展试点工作。

积极服务企业快件通关工作，指导跨境电商综试区所在地的省市两级邮政管理部门与地方海关、商检、口岸办等部门密切工作联系。推进和完善新闻体制建设，组建中国邮政快递报社，发行《中国邮政快递报》《快递杂志》，积极宣传行业发展成果、引导社会舆论。加强国家邮政局发展研究中心建设，构建服务支撑体系。建立健全统计制度，掌握行业底数，服务管理决策。联合教育部出台关于加快发展邮政行业职业教育的指导意见，深化产教融合、推动校企合作。

第二节　全面推进依法治邮

党的十八大报告提出，把“法治政府基本建成”作为全面建成小康社会的重要目标之一。习近平总书记在中央政治局第四次集体学习时强调，要全面贯彻落实党的十八大精神，以邓小平理论、“三个代表”重

① 2018 年 3 月，根据第十三届全国人民代表大会第一次会议批准的国务院机构改革方案，将国家工商行政管理总局的职责整合，不再保留国家工商行政管理总局。

要思想、科学发展观为指导，全面推进科学立法、严格执法、公正司法、全民守法，坚持依法治国、依法执政、依法行政共同推进，坚持法治国家、法治政府、法治社会一体建设，不断开创依法治国新局面。在依法治国大背景下，国家邮政局明确提出全面加强法治邮政建设的工作目标。

一、依法治邮的意义

依法治邮是深入贯彻依法治国方略的需要。依法治国，建设社会主义法治国家，既是宪法规定的重要原则，也是党领导人民治理国家的基本方略。全面加强法治邮政建设是贯彻依法治国方略对邮政业和邮政管理部门的最基本要求。面对邮政业改革发展的新形势新任务，要综合运用多种手段，解决行业发展中出现的突出问题，处理错综复杂的利益关系，其中最重要、最迫切、最根本的就是依靠法治。

依法治邮是建设现代邮政业的必由之路。党的十八大报告突出强调，全面建成小康社会，必须“坚决破除一切妨碍科学发展的思想观念和体制机制弊端，构建系统完备、科学规范、运行有效的制度体系，使各方面制度更加成熟更加定型”。全面加强法治邮政建设，既是建成与小康社会相适应的现代邮政业的重要内容和目标，又是完成这一历史任务的动力和根本保障。建成与小康社会相适应的现代邮政业，要求将法治作为促进邮政业改革发展的基本方式和根本保障，通过制度上的供给、导向和创新，解决无着快件处理、“最后一公里”服务能力建设等影响行业发展的制度瓶颈问题和各种利益关系调整问题。把邮政业改革发展建立在制度化的基础之上，纳入法治化运行的轨道。

依法治邮是落实政府职能转变的重要举措。党的十八大报告对深化行政体制改革提出了明确要求：“要按照建立中国特色社会主义行政体制目标，深入推进政企分开、政资分开、政事分开、政社分开，建设职能科学、结构优化、廉洁高效、人民满意的服务型政府。”国务院要求，政府职能向创造良好发展环境、提供优质公共服务、维护社会公平正义转变。深化行政体制改革、转变政府职能是全面建成小康社会的必然要求和重要条件。

依法治邮是解决行业管理突出问题的有效手段。目前邮政管理部门依法行政工作存在的问题还很多，与现代邮政业的需求和党的十八大精神的更高要求还不完全适应。依法行政观念意识有待进一步提高，要提高领导干部和工作人员法治思维和能力；进一步完善邮政法律法规体系，纠正手段单一、执法水平不高，重实体、轻程序的现象，解决监督和制约机制还不够健全，法制工作力量相对薄弱，特别是省、市管理机构层面，缺少专门的法制工作机构和人员的问题。建立健全依法行政长效机制，全面加强法治邮政建设。

二、邮政业法制化进程

党的十一届三中全会之后，为服务全面改革开放，原邮电部自 1981 年开始着手起草邮政法。1986 年 12 月 2 日，《中华人民共和国邮政法》经过第六届全国人大常委会第十八次会议表决通过，1987 年 1 月 1 日起施行。1986 年邮政法确立了“人民邮政为人民”的根本宗旨，邮政企业应当为用户提供迅速、准确、安全、方便的邮政服务。1990 年公布的《中华人民共和国邮政法实施细则》对法律进一步细化，对邮政基础设施规划建设、信报箱设置、邮政设施拆迁重建作出规定。1992 年 6 月 1 日，《国内邮件处理规则》发布施行。1999 年，国家邮政局对原《国内邮件处理规则》进行了重大修改，并在同年 2 月 1 日起开始施行。1999 年 6 月，《集邮市场管理办法》颁布实施。集邮市场的管理从此有法可依，集邮市场的经营与管理纳入了法制化的轨道。2001 年，新《国内邮件处理规则》自 3 月 1 日起正式施行，这是对 1992 年 6 月 1 日开始实施的《国内邮件处理规则》的一次改进。之后，《国际邮件查询处理办法》《其他邮政发往我国港澳台地区邮件处理和收费办法》《邮政通信企业报刊发行业务会计核算办法》相继发布。

2009 年邮政法的修订是从 1999 年 4 月开始的，原国家邮政局进行了大量调查研究及论证工作，对邮政法作了初步修改。自 2001 年 2 月开始，信息产业部与原国家邮政局多次研究，借鉴国外一些邮政立法的成功经验，进一步确定了修改工作的指导思想和基本原则，作了数次修改后，征求国务院 43 个部委及直属机构的意见，并将多数意见吸收在修改草案中，使修改内容进一步深化。2002 年 4 月经信息产业部部务会议讨论通过，将《中华人民共和国邮政法（修改稿）》上报国务院。2003 ~ 2008 年，全国人大常委会多次将邮政法修订列入立法计划。

2005 年 8 月国务院《邮政体制改革方案》通过后，国务院法制办会同原信息产业部、国家邮政局以及新组建的交通运输部等部门，根据国务院《邮政体制改革方案》，在反复征求全国人大财经委、全国人大常委会法工委、发展改革委、财政部、公安部、国家安全部、商务部等 16 个有关部门、单位，上海、广东等 20 个地方人民政府，邮政企业、快递企业、专家、用户等各方面意见的基础上，借鉴其他国家好的经验和做法，进行了较为全面的研究修改，形成了《中华人民共和国邮政法（修订草案）》。

2008 年 10 月 6 日，国务院常务会议讨论并原则通过。2008 年 10 月 24 日，《中华人民共和国邮政法（修订草案）》提请十一届全国人大常委会第五次会议进行了初次审议，会后向社会公开征求意见。在认真研究了常委会组成人员、中央和地方有关部门以及社会各界意见的基础上，全国人大常委会对《中华人民共和国邮政法（修订草案）》进行了修改。2009 年 4

月20日，十一届全国人大常委会第八次会议再次审议《中华人民共和国邮政法（修订草案）》，根据常委会组成人员的审议意见进一步进行了修改，4月24日，《中华人民共和国邮政法》经第十一届全国人民代表大会常务委员会第八次会议，以146票赞成、4票反对，4票弃权顺利地通过。同日胡锦涛以第12号主席令予以公布，自2009年10月1日起施行。①

新邮政法对邮政业发展与监管进行了全新的制度安排。以法律的形式明确提出了邮政普遍服务的概念，建立了较为完善的邮政普遍服务保障制度。针对寄递主体多元化的市场变化，确立了快递业务经营许可制度，使民营快递企业拥有了参与快递市场经营的合法身份。中国邮政业拥有了邮政企业和快递企业两大市场主体。

历经20多年数易其稿的新邮政法终于出台，对于行业发展来说，具有划时代的意义。

此外，为了推进依法治邮，国家邮政局还依法实施邮政行政审批，积极开展邮政行政执法，认真做好行政复议、行政应诉工作。行政复议工作发挥了化解行政争议、增强执法能力的重要作用。建立行政执法资格管理制度，规范邮政行政处罚程序，划分管理部门层级职责，加强邮政法制宣传教育等。

三、依法治邮的成效

行业法治环境逐步优化。为深入贯彻邮政法，加快完善配套规章制度，国家邮政局相继出台了《邮政普遍服务监督管理办法》等8个部门规

① 张毅、贾玉平：《我国〈邮政法〉修订的背景、历程和主要内容》，载《邮政研究》2009年第25期，第45～48页。

章，细化了普遍服务、快递服务、行业安全、标准管理、行业统计等方面的具体管理制度。由于施行了《国家邮政局规章起草和规范性文件制定程序规定》，行业管理和监管的制度建设越来越规范化，并紧随邮政业改革发展形势和工作实践的深入得到进一步完善。

邮政地方立法成效明显。政企分开不久，就相继出台邮政地方性法规21部，地方政府规章6部，将邮政法的原则规定与地方实际相结合，增强了邮政法的可操作性和实效性，突出了邮政业服务地方经济社会发展的特色。湖南、云南、四川等省份的邮政条例规定，提供邮政普遍服务的邮政营业场所、邮件处理场所用地由政府划拨。陕西、新疆、江西、内蒙古、海南、广西、甘肃、上海、福建等省份，通过地方立法明确了快递车辆通行便利政策。一些地方为建立邮政法贯彻落实工作协调机制，制定了专门的规范性文件。

经过不懈努力，以邮政法为主干，由行政法规、地方性法规、部门规章、地方政府规章等多个层次法律规范构成的邮政法律法规体系基本形成。邮政业改革发展总体上做到了有法可依、有规可循，良好的行业法制环境初步形成，为建成与小康社会相适应的现代邮政业奠定了坚实基础。

邮政法制工作取得一系列成就，对确立社会主义市场经济下政府依法监管、企业自主经营的邮政新体制、实现邮政业又好又快发展具有明显的促进作用。中国邮政集团公司建立的邮政网络是世界规模较大的邮政网络，已经进入世界500强。快递服务按照邮政法规定的“鼓励竞争、促进发展”的原则，加快市场机制建设，形成了多种所有制并存、多元主体竞合、统一开放、竞争有序的市场格局。

全面推进依法治邮，建设法治邮政是一项系统工程，不是一蹴而就的事，不单是邮政管理部门的事，与用户与企业休戚相关，具有长期性、连续性、全局性，需要整个行业付出长期艰苦努力。

第三节　邮政基础设施网络建设

邮政基础设施是重要的通信基础设施，是国家基本公共服务设施的重要组成部分。改革开放以来，在中国共产党的正确领导下，经过各方面坚持不懈的共同努力，邮政基础设施建设取得了重大进展，形成了以邮政枢纽设施为核心，以邮政营业网点为基础，以运输网、信息网为依托，以信报箱、村邮站为终端的覆盖城乡、联通世界的邮政服务网络。

改革开放以来，国家增加了对邮政的投资，给予了优惠政策，全国邮政营业网点的面貌发生了巨大变化。1978～2012 年，邮政行业发展经历了三个重要阶段，与之相对应，邮政营业网点的数量在不同阶段也发生相应的变化。如图 3－1 所示，第一个阶段：邮电合一时期（1978～1998 年），

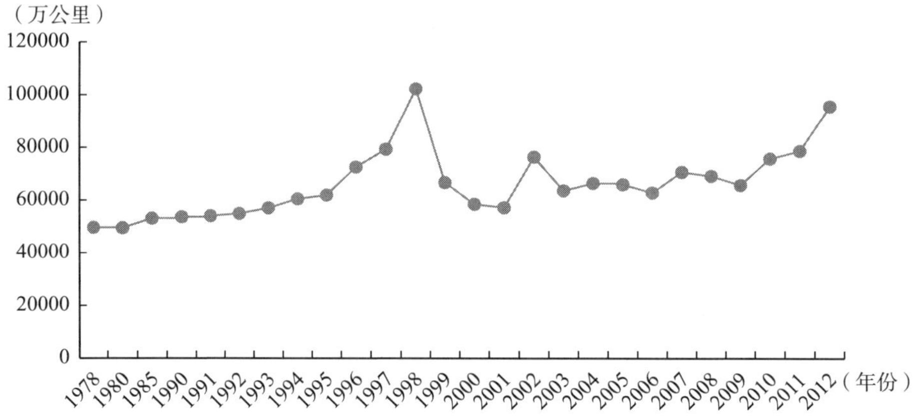

图 3－1　全国邮政营业网点数

资料来源：国家统计局网站。

邮政营业网点数量逐年增加，但增速相对缓慢，在1998年达到顶峰，达到10.2万处；第二个阶段：邮电分营、邮政政企合一时期（1998～2006年），邮政营业网点数量总体呈下降趋势，2001～2004年数量有小幅上涨；第三个阶段：邮政政企分开时期（2006～2012年），邮政营业网点数量从2010年起开始上升并保持稳定，2012年达到9.5万处。

一、邮政营业网点

1978～2012年，我国平均每一邮政营业网点服务面积和服务人口缩减，服务水平大幅提升。如表3－2所示，1978年，全国平均每一邮政营业网点服务人口为1.94万人、服务面积193.5平方公里；2012年，平均每一营业网点服务人口为1.42万人，平均每一营业网点服务面积为100.4平方公里，人民群众用邮便捷性显著提高。

表3－2　　邮政通信服务水平

年份	平均每一营业网点服务面积（平方公里）	平均每一营业网点服务人口（万人）	平均每人每年发函件数（件）	平均每百人每年订报刊数（份）	已通邮的行政村比重（%）
1978	193.5	1.94	2.95	11.7	
1980	194.1	1.98	3.36	16.7	96.5
1985	180.8	1.97	4.48	28.8	96.3
1990	179.0	2.13	4.82	17.6	96.4
1995	155.1	1.95	6.61	18.0	
2000	135.3	1.77	6.40	16.4	
2005	145.6	1.97	5.66	11.2	99.0
2006	152.9	2.09	5.50	11.2	99.4

续表

年份	平均每一营业网点服务面积（平方公里）	平均每一营业网点服务人口（万人）	平均每人每年发函件数（件）	平均每百人每年订报刊数（份）	已通邮的行政村比重（%）
2007	135.9	1.90	5.30	9.9	98.4
2008	138.8	1.90	5.60	11.9	98.5
2009	146.2	2.03	5.66	10.4	98.8
2010	126.8	1.77	5.52	12.8	99.0
2011	122.0	1.71	5.50	11.1	98.0
2012	100.4	1.42	5.22	11.4	99.1

资料来源：国家统计局网站。

2010 年后邮政营业网点数量的增加主要得益于国家的高度重视。受主客观条件限制，“十一五”期末，我国仍有占全国总数约 1/4 的乡镇没有邮政营业网点，为促进邮政普遍服务均等化水平提升，满足农村地区人民的用邮需求，自 2010 年起，国家先后实施空白乡镇局所补建、西部和农村地区邮政普遍服务基础设施改造工程。“十二五”期间，实现邮政营业网点在乡镇的全覆盖，邮政服务网络覆盖范围更广、服务深度延伸，对于保障农村通邮，更好地服务农村经济发展和农民生产生活需要奠定了基础。同时，邮政基础设施面貌进一步改善，服务功能更加完善，服务能力进一步增强。

二、邮件处理中心

邮件处理中心在一定意义上代表着一个国家邮政通信和邮政技术的发展水平。邮件处理中心的建设是国家邮政现代化的重大举措。我国邮件处理中心始建于 20 世纪 70 年代初，1980 年 7 月 1 日正式公布全国划分的邮区，首次划分的邮区有 280 个，后来调整为 236 个，经进一步网路调整优化，压缩为 201 个，其中一级邮区中心 7 个、二级邮区中心 70 个、三级邮区中心 124 个①。随着邮政业务量的增加，邮政服务综合处理平台建设进一步加强，部分中心局城市邮件综合处理和转运场地、全国信息中心等项目建设加快推进，邮件处理中心的新建、改建和迁建，邮件处理中心设备更新，邮政处理工艺设备改造进一步加快，邮政枢纽设施的布局逐步优化，功能得以提升，全网通信效率进一步提高。

随着我国改革开放的不断深化，国际邮政业务迅速发展。为了适应这种变化，减少经转环节，加速出口国际邮件运递，邮政管理部门和邮政企业积极推进国际邮件互换局和交换站建设。国际邮件互换局是与国外邮政机构有直接封发交换邮件总包关系的邮局，负责向指定的国外互换局封发国际邮件总包和接收、开拆处理外国发来邮件总包。互换局均兼有经转局和验关局的业务功能。国际邮件交换站是负责与国外邮政或邮政的代理运输机构进行国际邮件总包交换的部门。国际邮件必须经由国际邮件互换局封成邮件总包，交由国际邮件交换站与外国的交换站（或通过交通部门）进行交换。国际邮件互换局和交换站是邮件进出口的重要通道，对促进国际贸易发展、更好服务跨境电商具有重要意义。截至 2012 年底，全国国际邮件互换局（交换站）达到 59 个②。与此同时，邮政企业不断加强重点国际口岸场地改造、增设自动化分拣设备和邮件总包传输设备，国际邮件处理能力和邮件快速通关能力不断提升。

---

①② 资料来源：国家邮政局发展研究中心网站。

三、邮　　路

改革开放后，我国的邮路特别是农村和边疆地区的邮路，有了很大增长，形成了一个利用多种运输工具、贯穿全国城乡纵横交错的网络。如图3－2所示，全国邮路总长度（单程）从1985年之后，呈现逐步增长的趋势。1978年全国邮路总长度（单程）为486.3万公里，2012年底全国邮路总长度（单程）达到585.5万公里，增长了20.4%。全国邮政邮路总条数从2001年的2.1万条增长至2012年的2.4万条，增长了14.3%①。

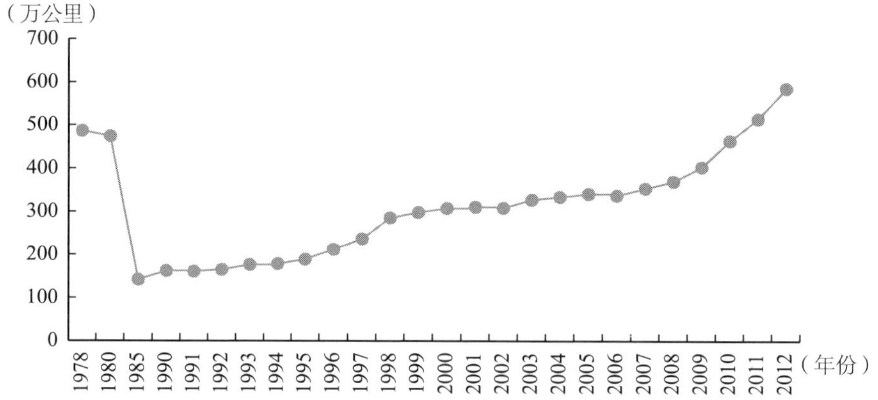

图3－2　1978～2012年全国邮路总长度（单程）

资料来源：国家统计局官网。

1978～1997年，汽车邮路和铁路邮路长度（单程）基本保持稳定，1998年航空邮路开通，之后航空邮路、汽车邮路和铁路邮路长度（单程）呈现逐年增长趋势（见图3－3）。

① 资料来源：国家邮政局发展研究中心网站。

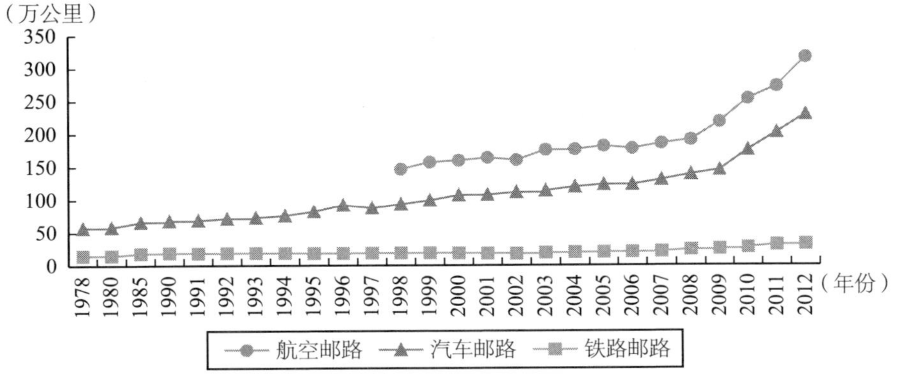

图 3－3　1978～2012 年各类邮路长度（单程）

资料来源：国家统计局官网。

四、末端设施

随着城镇化建设不断加快，人民群众的用邮需求日益增加，而信报箱建设和管理滞后于经济发展整体水平。国家邮政局于 2008 年启动“村邮户箱”工程，并联合相关部门出台了一系列信报箱建设标准和规范，逐步推进城镇居民楼房、住宅区信报箱的建设、更新和补建工作。2012 年 8 月 1 日，《住宅设计规范》国家标准正式实施，信报箱设置纳入强制性条文，初步建立了住宅信报箱建设的国家标准体系。“十二五”时期，全国新建城镇住宅楼信报箱覆盖率由 70% 增至 90% 以上[①]，在保障人民群众安全、方便、快捷用邮，提高城乡邮政服务水平方面发挥了应有的作用。北京、天津、河北、上海、江苏、浙江、福建、湖南、广东、广西、四川、贵州等省份还积极推动信报箱向服务智能化方向发展。

网购普及和电商包裹的迅速发展，使得用户接收各类物品型邮件（含

① 资料来源：国家邮政局发展研究中心网站。

快件，下同）数量越来越多，传统信报箱已难以适应时代发展，不能满足人民群众用邮需求。邮政管理部门积极创新智能信包箱等新型邮政设施的建设运营机制，鼓励相关企业开发邮政服务智能终端与应用服务，对减轻邮政末端投递压力，提升“最后一公里”投递效率，解决用户取件与投递时间不对等、传统代收模式个人信息安全等问题，都发挥了积极作用。

在村邮站方面，各级邮政管理部门积极争取政策支持和专项资金保障，推动将“村邮户箱”工程纳入当地民生工程，努力探索村邮站建设模式与运营保障长效机制，采取新建村邮站、依托农家书屋、三农服务站或邮件接转点等多种方式，着力推进村邮站建设。通过各方持续不懈的努力，村邮站建设取得了重大进展，村邮站建设与运营长效机制实现了新的突破，在建设数量、覆盖范围和服务功能等方面都取得了显著提升。随着经济社会发展和人民群众用邮需求的变化，村邮站的服务功能延伸，服务内容不断叠加，不仅可以为村民提供信报邮件接收服务，还可以为村民提供小额取款、代缴费以及“村邮乐购”等综合便民服务，真正让村民们享受到购物、销售、生活、金融、创业“五不出村”的便利。

邮筒（箱）是指邮政企业设置的供用户投放信件的专用容器，是邮政通信网的组成部分，是邮局营业窗口收寄平信业务功能的延伸，是邮政向社会提供服务的最基本、最重要的服务设施。如图 3－4 所示，1978～2000 年，我国邮筒（箱）数量呈现逐年增长趋势，2000 年达到 23.9 万个。自 2000 年以来，受函件业务量下降的影响，我国邮筒（箱）数量总体呈显著下降趋势，这也是世界邮政发展的趋势。截至 2012 年底，全国拥有邮政信筒信箱 15 万个。

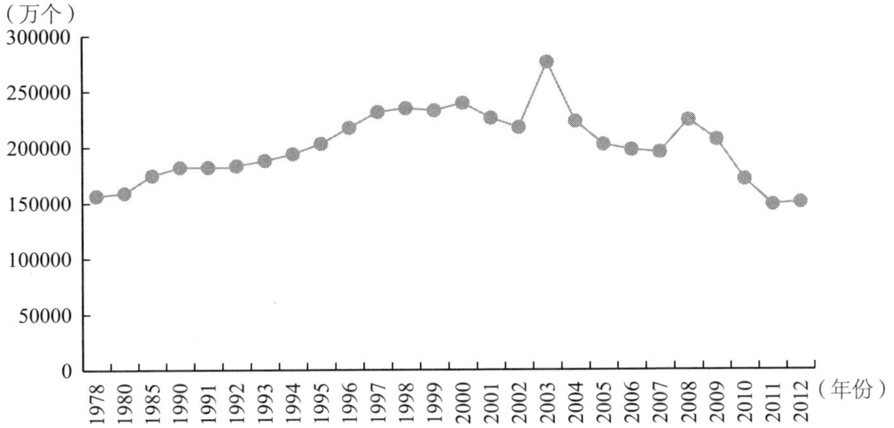

图 3-4　1978～2012 年全国邮筒（箱）数量

资料来源：国家统计局网站。

邮政报刊亭是设在公共场所带有邮政企业标识的以零售报刊为主的邮政设施，是报刊发行业务中零售报刊的主要方式之一，主要集中在大中城市。改革开放以来，随着网络信息技术的日新月异，各种新兴媒体形式不断涌现，报刊的读者数量不断下降，直接导致了零售发行量的下滑。我国邮政报刊亭数量也呈逐年减少趋势。

在中国共产党的正确领导下，邮政管理部门以人民用邮需求为出发点和落脚点，着力推动邮政企业加快构建邮政综合服务平台体系，拓展邮政服务领域，延伸服务内涵，通过“多站合一”将三农服务站、便民服务站、村邮站整合为综合便民服务平台，叠加代开税务发票、代办便民缴费等代办业务。为城乡居民提供多样化的邮政便民服务，服务民生能力进一步增强。

第四节　邮政公共服务均等化

新中国成立三十年后，我国农村人口增长了一倍，但邮政服务点却只增加了 50%。城乡邮政普遍服务水平极为不均衡。改革开放以来，我国邮政基础设施建设取得了重大进展，城乡邮政公共服务均等化水平不断提高，取得了突出的成绩。

1979 年 5 月，邮电部根据中共中央 4 月提出“调整、改革、整顿、提高”的方针①，制定《邮电部三年调整规划纲要》。经过三年调整，邮电部门大力发展了局所、邮路等硬件设施，邮政生产用房增加 13 万多平方米，超计划 30%；干线邮政运输能力也有所提高，火车邮厢与邮运汽车分别增长 12% 和 7%②，邮政公共服务均等化能力得到初步提高。1980 年邮电部和国家城市建设总局联合发出《关于城市规划要结合考虑邮电通信建设的通知》，次年又召开全国城市邮政通信工作座谈会，主要内容有：（1）在大城市，城市邮政建设纳入城市建设规划，在居民小区统建邮政局所。（2）在工况、林区继续执行邮政与使用单位联合建设服务网点。（3）继续在城市中与大型饭店、宾馆及涉外专用大楼合作，建立邮政服务点。（4）地方政府统筹安排，有计划地增设邮亭、报刊亭，方便群众用邮。（5）发展邮票代售处，普及信箱、信筒和农村信报站。

1982 年初，中共中央、国务院作出《关于国营工业企业进行全面整顿

① 杨泰芳：《当代中国的邮电事业》，当代中国出版社 1993 年版，第 81 ~ 90 页。
② 叶美兰：《中国邮政通史 · 下篇》，商务印书馆 2017 年版，第 532 页。

的决定》，邮政企业的整顿工作由此进入建设性的新阶段，邮政普遍服务水平不断提高。1978 年前后，农村平均 100 平方公里不到一个乡邮员，200 平方公里没有一个支局所[①]。1978 ~ 1986 年，邮政企业积极改善城乡邮政服务设施。为解决农村邮件报刊“收不上来、送不下去”的难题，1983 年全国农村通信工作会议决定“自办与委办相结合，充分利用社会力量”的重大方针。除大力增加自办局所、自编投递人员外，采取多种形式发至委代办，并实行邮路、局所承包。并在之后进一步推行谁举办、谁经营、谁受益的原则，支持农民举办邮政服务，推动农村邮政发展。

“六五”期间，邮电部增加对邮政基础设施建设的投资，至 1985 年底，全国邮电局所达 5. 3 万处。1986 年全国农村代办所达到 1. 3 万处，其中私人经办达 3010 处，全国农村信报站已发展到 22 万余处[②]。1977 ~ 1986 年全国邮电局所由 49586 处增至 52777 处，自办局所由 37556 处增为 38818 处，代办局所由 12030 处增为 13959 处（见表 3 – 3）。

表 3 – 3　　1977 ~ 1986 年全国邮电局所数　　单位：处

年份	邮电局所总数		自办局所总计		代办局所合计
		农村局所		设在农村	
1977	49586	43260	37556	31517	12030
1978	49623	43071	37795	31637	11828
1979	49647	43041	37961	31762	11686
1980	49471	42772	38201	31926	11270
1981	49570	42648	38305	31855	11265
1982	49727	42558	38531	31864	11196

① 叶美兰：《中国邮政通史 · 下篇》，商务印书馆 2017 年版，第 535 页。
② 姜希河：《中国邮政简史》，商务印书馆 1999 年版，第 156 页。

续表

年份	邮电局所总数		自办局所总计		代办局所合计
		农村局所		设在农村	
1983	50162	42720	38671	31818	11491
1984	51463	43778	38785	31721	12678
1985	53107	45017	38829	31673	14278
1986	52777	44517	38818	31417	13959

资料来源：国家统计局工业交通司：《中国运输邮电事业的发展：1949～1987年运输邮电统计资料汇编》，中国统计出版社1989年版，第177页。

1983年3月，针对邮件、电报丢失损毁、积压延误和贪污挪用票款、抽拿报刊以及通信服务方面存在的问题，邮电部决定在全国深入开展群众性的通信服务质量大检查。至1986年底，各邮电部门派出14万人次到基层企业调查研究，共检查2000多个县邮电局，占县局总数的97.5%；检查了近4万个分支机构，占总数的94.5%；走访了600多万用户①，通过开展检查，邮政服务建设进一步向着经常化、规范化、制度化方向发展，全国邮政普遍服务水平得到提升。

随着1986年《中华人民共和国邮政法》、1990年《中华人民共和国邮政法实施细则》陆续颁布，国家邮政的通信业和公共事业主体地位有了进一步的法律规范。1988年，为解决邮政网点少小破旧的现状和更新邮政生产用品用具的需求，邮电部每年下拨一两亿元的局所维护费和几千万元的低值易耗品专用费用，改善了乡镇邮政局所的落后状况。1991年，全国已有74.5%的乡镇设置了邮电服务局、所，设在农村的邮电局所达到44313个，占全国局所总数的82.2%，农村自办邮电所较1949年增长65.5倍。

① 姜希河：《中国邮政简史》，商务印书馆1999年版，第174页。

"八五"期间，全国邮电局所发展迅速，1998年电子化邮电局局所达到8000个[1]，全国邮电局所达到102225处（见表3-4）。

表3-4　　1978～1998年全国邮政通信服务水平

年份	邮电局所总数（处）	平均每一营业网点服务面积（平方公里）	平均每一营业网点服务人口（万人）	平均每人每年发函件数（件）	平均每百人每年订报刊数（份）	已通邮的行政村比重（%）
1978	49623	193.5	1.94	2.95	11.7	
1980	49471	194.1	1.98	3.36	16.7	96.5
1985	53107	180.8	1.97	4.48	28.8	96.3
1990	53629	179.0	2.13	4.82	17.6	96.4
1995	61898	155.1	1.95	6.61	18.0	
1998	102225	93.9	1.22	5.27	18.4	

资料来源：国家统计局工业交通司：《中国工业交通能源50年统计资料汇编1949-1999（邮电篇）》，中国统计出版社2001年版。

1998年4月28日，中国邮政开始独立运行。为支持邮政发展，国家财政提出"8531"补贴方案（即1999～2002年四年间，分别给予邮政80亿元、50亿元、30亿元、10亿元补贴）[2]。对此，1999年国家邮政局提出"三年扭亏，五年步入良性循环"的奋斗目标。经过三年努力奋斗，邮政圆满地实现了全行业扭亏，不但扭转了独立运行前长期亏损和效益下滑的不利局面，而且突破了传统模式，转变了经营观念。

同时，中国邮政继续大力推进中心局分发体制，推动邮运网效能跃

① 吴基传：《中国通信发展之路》，新华出版社1997年版，第42页。

② 本刊编辑部：《裂变　再裂变——中国邮政改革实录》，载《决策与信息：财经观察》2006年第11期，第12～13页。

升，形成了以201个邮区中心为邮件集散单元的转运格局。为提高邮政普遍服务的服务质量，自2000年9月1日起，中国邮政实现了国内信函、包裹、印刷品等邮件的全面提速。提速后省会城市之间的函件时间平均加快1～2天，包裹、印刷品时限平均加快2～4天，各类邮件妥投时限准时率达到90%以上[①]。从2000年7月1日起，全国基本实现了省会城市城区普通包裹直投到户；10月1日起，全国又实现了县以上城市城区邮购包裹投递到户。邮件提速和包裹投递到户，受到了社会广泛赞誉。

“十五”期间，中国邮政保持持续增长，业务总量和业务收入年均增长率分别达到7.2%和5.6%，分营初期全行业严重亏损的状况得到改善[②]。到2005年，邮政通信能力进一步提高，行邮专列行邮专列运输往返利用率平均保持在80%以上，将邮件干线运输时间平均缩短了1～3天。报刊提速覆盖面进一步扩大。中国邮政对640种发行量较大的报刊实施了新一轮提速，北京、上海、南京等城市周边地区的畅销报刊提前了6～24小时上市或妥投。[③]

2007年，全国邮政服务设施保持稳定，农村邮政服务水平有所提高。在国家政策的大力支持下，中国邮政加大邮政通信网络建设，建设邮政实物运递网，以建设现代化邮政网路，满足邮政业务发展需要为目标，基本形成了一个连接城乡、覆盖全国、通往世界，综合利用航空、铁路、汽车等运输手段，拥有先进信息传输平台的立体实物传递网路（见表3－5）。

---

① 刘立：《中国邮政技术进步的现状与对策研究》，载《南京邮电大学学报（社会科学版）》2002年第1期，第18～22页。

② 周焕德、何莉：《中国邮政绘就“十一五”蓝图》，载《中国邮政》2006年第1期。

③ 资料来源：《中国统计年鉴2006》。

表 3-5　　　2003~2006 年邮政通信服务水平指标和数值

指标	2003 年	2004 年	2005 年	2006 年
平均每一邮政局所服务面积（平方公里）	148.8	142.4	145.6	152.9
平均每一邮政局所服务人口（万人）	2.02	1.95	1.97	2.09
平均每人每年发函件数（件）	8.08	6.41	5.66	5.50
平均每百人每年订报刊数（份）	12.9	11.4	11.2	11.2
设有邮政局所的乡镇比重（%）	82.8	82.4	83.8	76.2
已通邮的行政村比重（%）	97.98	97.73	98.96	99.40

资料来源：国家邮政局计划财务部发布《2003~2006 年邮政发展统计公报》。

随着城市化建设不断加快，人民群众的用邮需求日益增加，我国“十一五”规划中明确要加大政策扶持力度，提高邮政普遍服务和特殊服务能力的任务，通过西部和农村地区邮政基础设施建设专项，逐步改善西部和农村地区邮政设施落后的面貌。2009 年 10 月 1 日起正式实施新《中华人民共和国邮政法》以保障邮政普遍服务作为首要的立法宗旨，满足广大人民群众使用邮政服务的基本需求。以《中华人民共和国邮政法》为基础，《邮政普遍服务监督管理办法》《邮政普遍服务标准》等相配套的邮政业法律法规体系初步形成，行业规划、政策、标准等陆续出台，为邮政业发展创造了良好环境，对邮政普遍服务均等化水平提出了更高要求。

“十一五”期末，我国仍有占全国总数约 1/4 的乡镇没有邮政普遍服务局所，为促进邮政普遍服务均等化水平提升，满足农村地区人民的用邮需求，自 2010 年起，国家先后实施“乡乡设所村村通邮”、西部和农村地区邮政普遍服务基础设施建设工程，对于保障农村通邮，更好地服务农村经济发展和农民生产生活需要奠定了基础，有力推动了邮政普遍服务水平的提升（见表 3-6）。

表 3－6　　平均每一营业网点服务情况

年份	平均每一营业网点服务面积（平方公里）	平均每一营业网点服务人口（万人）	平均每人每年发函件数（件）	平均每百人每年订报刊数（份）	已通邮的行政村比重（%）
2005	145.6	1.97	5.66	11.2	99.0
2006	152.9	2.09	5.50	11.2	99.4
2007	135.9	1.90	5.30	9.9	98.4
2008	138.8	1.90	5.60	11.9	98.5
2009	146.2	2.03	5.66	10.4	98.8
2010	126.8	1.77	5.52	12.8	99.0
2011	122.0	1.71	5.50	11.1	98.0
2012	100.4	1.42	5.22	11.4	99.1

资料来源：《中国统计年鉴 2012》。

第五节　现代快递业的萌芽与成长

全球范围的快递业起源于 20 世纪 60 年代的美国，其主要功能包裹运送服务是由古老的邮政送信业务发展而来，美国经济的高速增长为现代快递业的诞生培育了土壤，随着美国经济的发展，经济规模不断扩大，工商业高度发达，各州之间的经济交流日益密切，一系列对快递业务有巨大需求的经济部门不断成长和扩大，催生了快递业的诞生。

中国的快递历史可以追溯到 100 年前的快信——清朝邮局当时也面临民间邮局的竞争，信件递送效率不佳，因此在 1905 年，推出快信制度，并且设计以“飞龙”为造型的绿色邮票。为了让经手的人可以管控流程，快信邮票设计为一张四小联，每经过一手，就撕下一枚，贴上快信邮票的信件，不需要在转运的过程中停顿，邮票还可以当作负责送信的专差的报酬，起初快信制度只有天津、上海、北京三地实施，后来推广到长江流域及南方大邮局，四联设计让这张邮票面积比传统邮票大上好几倍，一度成为最大的邮票。快信制度一直延续到民国初年，图样改为飞雁，1916 年废止。

一、现代快递的基本概念、特征和分类

1. 基本概念

按照世界贸易组织的部门分类表，速递服务的基本定义为：“除国家邮政当局提供的服务以外，由非邮政速递公司利用一种或多种运输方式提供的服务，包括提取、运输和递送信函和大小包裹的服务，无论目的地在国内或国外。这些服务可利用自有或公共运输工具来提供”。世界贸易组织《服务贸易分类表》将快递服务（速递服务）分成两部分：多种形式的快递服务和其他快递服务。

按《中华人民共和国邮政法》（2012 年 10 月 26 日施行）的定义，快递是指在承诺的时限内快速完成的寄递活动。寄递，是指将信件、包裹、印刷品等物品按照封装上的名址递送给特定个人或者单位的活动，包括收寄、分拣、运输、投递等环节。

2. 现代快递的特征

快递是现代服务业的重要组成部分，在便利民众生活、服务社会生产和推动经济社会发展等方面，发挥着越来越重要的基础性作用。现代快递具备时限性、安全性、便捷性、差异性、网络化、信息化的特征。

（1）快递服务最明显的特征就是时限性，要求在承诺的时限内快速完成，按照《快递服务》国家标准对快递时限提出了明确要求，同城快递服务时限不超过 24 小时，国内异地不超过 72 小时，港澳台快递服务时限不超过 6 个工作日，并对国际快递服务时限进行了约定。

（2）安全性是用户选择快递服务考虑的主要因素之一，是快递服务的重要特征之一。快递安全性主要体现在两个方面：快递操作流程的安全性和快递服务对象的安全性。快递服务是融合信息交流、物品递送、资金流通等多种功能于一体的复合型新兴服务业，具有通信功能，宪法规定公民的通信自由和通信秘密受法律的保护，快递企业要尽可能采取措施确保快件本身安全。快递服务安全性还体现在寄递的物品要符合邮政管理部门及相关部门的规定，禁寄物品不得寄递，已经寄递的物品要按国家相关规定进行处理。

（3）快递服务提供的是“门到门”“桌到桌”的服务，便捷性是快递服务的主要特征之一。随着快递市场的细分，快递服务的便捷性大大提高，现在，用户只需通过电话或者网络下单，就能享受到快递上门服务。快递产品多样化和快递服务个性化，快递增值服务产品层出不穷，代收货款、签单返还等为电商提供了便利。

（4）快递差异性主要体现在两个方面：一是随着我国快递服务的发展和快递市场的细分，快递产品种类更加丰富，当日递、次晨达、次日递等服务项目不断涌现，满足了消费者对于快递服务的差异化需求。二是快递企业适时开办网上下单、代收货款等增值服务，适应了电子商务、网络购物快速发展的需求。

（5）网络是快递经营的基础，是快递服务能力的重要体现。为了保证快递投递速度和投递质量，提供快递服务的企业必须具有一个资源完善且运转高效的网络体系，网络覆盖范围能够满足大部分消费需求。网络覆盖率一般与当地经济发展水平密切相关，根据国家邮政局资料显示，2012年，全国快递营业网点已达8.9万处，快递服务网络已通达国内县级以上城市和港澳台地区，连通世界大部分国家。国内重点快递企业在直辖市和省会城市网点覆盖率达到95%以上，省辖市网点覆盖率达到88.9%以上，部分快递企业的服务已深入农村乡镇。

（6）快递从揽收环节开始到投递结束，都离不开信息技术对其的支撑。信息技术的广泛应用和快递业务规模的扩大，快递服务信息化特征日益明显。当前快递企业应用较多的信息技术主要有掌上电脑（personal digital assistant，PDA）、全球定位系统、物联网技术、云计算、RFID技术、条码技术、企业资源计划（enterprise resource planning，ERP）等。信息技术、第三方支付和移动支付在快递领域得到应用，支撑了快递服务领域的拓展，提高了快递企业的服务能力和服务效率，促进了快递服务转型升级。

3. 现代快递的分类

按照不同的标准，快递服务分类不同。

按内件性质划分，快递服务可分为信件类快件和物品类快件。信件类快件是指以套封形式缄封的，内件是按名址递送给特定个人或者单位的信息载体的快件，主要包括信函，具体包括书信、文件、单据、证件、通知、有价证券等，但不包括书籍、报纸、期刊等。物品类快件是指用快递封装用品封装的，内件是按照名址递送给特定个人或者单位的商品等物品的快件。主要包括货物样品、商品、礼品及其他物品。

按照寄递区域划分，快递服务可分为国际快递和国内快递。国际快递是指寄件地和收件地分别在中华人民共和国境内和其他国家或地区（中国香港特别行政区、中国澳门特别行政区、中国台湾地区除外）的快递业务，以及其他国家或地区间用户相互寄递但通过中国境内经传的快递业务。其又分为国际进境快递、国际出境快递和港澳台快递。国际进境快递又称国际进口快递，是指收件地在中华人民共和国境内，寄件地在其他国家或地区（中国香港特别行政区、中国澳门特别行政区、中国台湾地区除外）的快递业务。国际出境快递又称为国际出口快递，是指寄件地在中华人民共和国境内，收件地在其他国家或地区（中国香港特别行政区、中国澳门特别行政区、中国台湾地区除外）的快递业务。港澳台快递是指寄件地和收件地分别在中华人民共和国境内和中国香港特别行政区、中国澳门特别行政区、中国台湾地区的快递业务。国内快递是指从收寄到投递的全过程均发生在中华人民共和国境内的快递业务。又分为同城快递、省内异地快递和省级快递。同城快递是指寄件人和收件人在中华人民共和国同一城市的快递业务。省内异地快递是指寄件地和收件地分别在中华人民共和国境内同一省、自治区、直辖市中不同地区的快递业务。省级快递是指寄件地和收件地分别在中华人民共和国境内不同省、自治区、直辖市的快递服务。

按照运输的方式划分，快递服务可以分为航空快递和陆运快递。航空快递指航空快递企业利用航空运输，收取发件人托运的快件并按照向发件人承诺的时间将其送交指定地点或者收件人，掌握运送过程的全部情况并能将即时信息提供给有关人员查询的“门到门”速递服务。它的主要特点就是快捷，运输的对象一般是大城市间各种急需小件物品和文件，但是收费一般较高。陆运快递包括公路和铁路，这是当前快递运输最主要的方式，主要适用于短途运输或大宗物品运输，收费相对较低。

二、我国现代快递服务产生的必然性

现代快递的产生是客观规律的必然产物。生产力发展到一定阶段时，旧的生产关系必然要改变，来适应生产力的新发展。由于全球经济的不断发展，促使了新型服务——快递服务的产生。快递是在顺应国际国内贸易和商务活动的客观需求下，而必然产生的新型的服务。

现代快递的产生是经济全球化的客观要求。随着全球贸易的快速发展，全球一体化的快递方式能更好地满足各国经济交流需求。同时，经济发达国家的资本不断向劳动力廉价的发展中国家转移，发展中国家也不断引进外国资本，促使自身的经济发展。久而久之，快递在经济贸易交流中扮演着越来越重要的角色，人们对其需求也日益加强，供需矛盾越发突出。在世界经济贸易全球一体化的背景下，快递服务的重要作用日益显现。1978 年，我国开始实行改革开放的路线和政策。我国与外国的贸易、经济文化交流不断增多，中外双方对实现商业文件、银行票据和各类相关文件的快速传递和交流的需求日益增加。此时，国际快递服务已在日本等发达国家及欧美地区得到了很大发展，但在中国却是一个新生事物。为了满足日益增长的快递服务需求，1985 年外经贸部批准邮政部门成立了中国速递服务公司，也开始在国内经营邮政特快专递服务。

现代快递的产生是市场经济快速发展的迫切需求。进入 20 世纪以后，欧美国家的经济快速发展，促进对“运输、递送、分派”的需求日益增强。虽然电话和电传已经广泛使用，但是那些重要的正本协议、合同、标书、银行票据等，必须原件交换。此外，商业中经常出现一些紧急情况，如客户急需样品、零件等物品，但是，传统邮政传递速度太慢，短则几天，多则十几天，甚至更长。合同、票据不能及时到达就会造成巨大的经济损失；样品延期送达，将会失去订货机会等，这些情况时常发生，严重影响公司的正常运营。快递的出现有效解决了这些问题。

现代快递的产生离不开交通运输工具的进步。在漫长的人类社会发展历程中，交通运输从最初的人扛畜拉发展到现在的陆、海、空立体交通的过程，证明交通的进步同生产力的发展、文明的演进呈现出同步的趋势。

交通运输工具的进步使原始快递告别了“人跑马奔”的时代，代之以自行车、摩托车、汽车、火车和飞机，更使快递在安全性、时效性和运输能力上发生质的飞跃。

现代快递的发展依托于通信和信息技术的革命。19世纪中叶以后，随着电报、电话的发明，电磁波的发现，人类通信领域产生了根本性的巨大变革，实现了利用金属导线传递信息，甚至通过电磁波进行无线通信，扩大了人们的通信范围，加快了通信速度。但是，实物的传递速度跟不上，直接影响人们的工作效率。因此，快递服务就应运而生，而信息技术特别是互联网的发展则促进了快递服务的飞速发展。

相对于传统运输业和邮政普遍服务，快递服务提供更加快捷、安全的“门到门”直达式服务，适应了当今世界国际贸易和经济全球化快速发展的要求，市场前景广阔。它的出现不但受到国内外商界的欢迎，也得到了公众的认可。多年来，我国快递服务的迅速发展，对于提高我国国际竞争力、促进国际交往、方便人民生活，发挥了积极的作用。

三、我国现代快递服务的发展历程

与欧美等发达国家相比，中国的现代快递服务起步较晚。与美国快递业发展轨迹不同，中国快递业首先始于国际快递。改革开放以后，快递业在中国的发展具备了适宜的土壤和环境，对外经济和文化交流迅速发展，一批驻华机构和企业纷纷设立，国内出口企业数量不断增多，迫切需要便捷高效地保持对外联系，及时获取国外资讯，迅速交换中外双方的商业文件、票据、包裹等，但当时的中国信息业尚不发达，快递业更是一片空白。为了满足对外贸易对“商务文件、银行票据和小件包裹”等快速传递的需要，快递服务以“引进”即“代理协议”的形式出现在中国，与中国对外贸易总公司达成代理协议，成为所有跨国快递公司进入中国的唯一通道。

纵观我国现代快递的发展历程，按照发展特点可以划分为三个阶段：萌芽阶段、成长阶段和转型升级初期阶段。

（一）萌芽阶段（1979～1992年）

中国现代快递发展的萌芽阶段是从1979年我国最早开始有现代快递业务到1992年邓小平南方谈话。这个阶段，我国快递企业从无到有，业务规模不断扩大，法规体系初步形成，市场准入逐步受到制约，行业竞争相对较小，市场价格相对较高。

1979年，中国对外贸易运输总公司与日本海外新闻普及株式社会签订了国际货物运输代理协议，由中外运公司代理欧西爱斯（Overseas Courier Service，OCS）国际快递有限公司开展将日本报刊及商业函件递送给日本驻华机构和企业的服务。随后世界主要跨国快递企业，包括中外运敦豪（DHL）、UPS、联邦快递（FedEx）、荷兰快递（TNT）分别与中外运签订代理协议进入我国快递市场。国内企业独立开展快递业务始于1980年中国邮政开办的全球邮政特快专递业务，1984年中国邮政又开办了国内特快专递业务，对业务领域进行延伸。1985年中国速递服务公司（Express Mail Service，EMS）成立，这是我国第一家专业的快递企业，专营国际、国内快递业务。当时，我国快递发展还处在尝试阶段，经营快递业务的企业数量非常少，主要是中国邮政开展的特快专递及外资快递中国代理，业务规模相对较小。根据国家统计局数据显示，1988年我国邮政特快专递业务量为153万件，1992年上升到959万件，是1988年的6.27倍（见表3－7）。

表 3－7　　1988～1992 年我国邮政特快专递业务量　　单位：万件

年份	1988	1989	1990	1991	1992
特快专递业务量	153	247	343	567	959

资料来源：《中国统计年鉴 1996》。

随着我国快递的发展，快递的相关法律法规体系逐步形成。1986 年《中华人民共和国邮政法》（以下简称《邮政法》）颁布，这是我国快递发展史上的一件大事。《邮政法》及 1990 颁布的《邮政法实施细则》对邮政专营等问题进行了规定。《邮政法》第八条规定："信件及其他具有信件性质的物品寄递业务由邮政企业专营，但是国务院另有规定的除外。"《邮政法实施细则》第四条对信件及其他具有信件性质的物品进行了说明："信函是指以封套形式传递的密封的信息的载体。其他具有信件性质的物品是指以符号、图像、音响等方式传递的信息的载体。具体内容由邮电部规定。"《邮政法》及随后颁布的《邮政法实施细则》明确了邮政专营的范围"信件及其他具有信件性质的物品寄递业务由邮政企业专营"，这对其他市场主体构成了潜在的进入壁垒。但是，《邮政法》没有对专营具体范围进行界定，也为我国快递市场其他主体进入留下了法律空间。1986 年和 1991 年邮电部相继发布了《国际邮件处理规则》和《国内邮件处理规则》，对国际邮件和国内邮件的操作流程、操作规范及收费标准等系列内容做出具体规定。《邮政法》《邮政法实施细则》及相关法律法规的出台，标志着我国快递法律法规体系的初步建立，规范了快递业务的发展。

在萌芽阶段，快递市场的经营主体较少，快递经营者主要是中国邮政开办的特快专递及外资快递在中国的代理商，因此市场竞争相对较小。快递由我国邮电部垄断经营，价格由政府价格主管部门（当时是国家计划委员会）会同邮电部制定，价格水平、价格结构由政府（价格主管部门会同邮电部制订方案，国务院批准）决定。当时的快递是我国邮政经营的高盈利性业务，价格水平中包含很高的利润要求，属于高端服务，不是为普通人服务，只是普通人偶尔使用的高端或奢侈性服务。

1984 年国内特快专递开办时的资费水平是起重 200 克或其零数 8 元，续重每 200 克 2 元，不足 200 克按 200 克计算。1992 年国内特快专递邮件资费第一次提价，起重 200 克或其零数由 8 元调为 12 元，续重每 200 克或其零数由 2 元调为 3 元。国际特快专递资费水平也由政府定价。1986 年到美国起重 500 克及以下 49 元，续重 500 克或其零数 16 元。以后资费水平大幅上涨，1990 年到北美特快专递文件首重 500 克以内 100 元，续重 500 克或其零数 40 元。1993 年到北美国际快递首重及以内 500 克涨到 140 元，续重 500 克及其零数 60 元①。

（二）成长阶段（1993～2009 年）

中国快递成长阶段从邓小平南方谈话到 2009 年新修订的《邮政法》颁布实施，这一阶段，中国市场经济得到全面发展，快递服务需求开始旺盛。根据中国海关的数据显示，中国进出口快件由 1993 年的 669 万件上升到 1998 年的 1034 万件，20 世纪 90 年代末中国整个快递服务业务量已达 2.2 亿件，而在 2000 年，邮政特快专递（EMS）快件业务完成量为 1.1 亿件左右。

依当时情况，中国邮政速递已经无法满足各行各业特别是外贸行业对相关物件的快速递送要求，由此，民营快递企业作为助推快递行业发展的另一支力量应运而生，逐渐形成快递经营主体多元化格局。民营快递公司的成立，大大缓解了中国邮政速递的压力，更好地满足了国内外快递发展的

---

① 黄伟、蔡远游：《中国快递史话》，厦门大学出版社 2019 年版。

需求。这一阶段，民营快递企业纷纷成立，业务规模不断扩大，邮政改革扎实推进，政企分开迈出关键一步，政策法规不断健全，发展环境明显改善。2017年，中国快递协会成立，行业自律进一步加强，市场竞争日趋激烈，快递产品差异化逐渐显现，快递市场格局初步形成，多元化趋势日趋显著。

1992年以后，民营快递获得了新的发展机遇。我国民营企业家抓住这一发展机遇，纷纷创办快递企业，一时间，民营快递企业如雨后春笋般涌现。1993年申通快递和顺丰速运、1994年宅急送、1999年韵达快运、2000年圆通速递等快递企业相继成立（见表3－8）。快递企业数量的增加，给我国快递市场的发展带来了新的气息、新的血液、新的活力。

表3－8　　国内主要快递企业成立情况

企业名称	顺丰	申通	宅急送	圆通	韵达	中通
成立时间	1993年3月	1993年	1994年1月	2000年5月	1999年8月	2002年5月
总部所在地	深圳	杭州	北京	上海	上海	上海

资料来源：国家邮政局发展研究中心网站。

我国民营快递企业从民营经济比较发达的长三角、珠三角崛起，以工商、金融、贸易、海运业为主要服务对象，以商务文件、小包裹为传递内容，以较低廉的资费，采取“门到门，桌到桌”的服务方式，承诺在规定的时间内完成寄递服务。

通过提供这种与邮政特快专递差异化的服务，民营快递企业迅速站稳了脚跟，国内快递市场也由邮政特快专递“一枝独秀”局面逐步过渡到众多快递企业“百花争艳”的时代。

改革开放以来，我国融入世界经济的步伐逐步加快。1988年，我国对外贸易年进出口额超过1000亿美元，达到1027.8亿美元，吸引大量外国企业来我国投资，有力拉动了我国快递行业的发展①。特别是我国加入世贸组织后，进入世界市场的步伐进一步加快，社会对快递服务的需求持续较快增长，大量的样品、单证、商务函件、资料、文书等都需要快递传递，快递服务进入了快速发展的黄金期。全国快递业务量以每年超过20%的速度递增。按照加入世界贸易组织的承诺，我国逐步取消外资在中国设快递公司的股权限制，到2005年底已经允许外资在华设立全资快递公司，我国快递市场参与主体再次丰富。

市场的快速发展对于行业体制改革提出了新要求。2005年，国务院发布关于《邮政体制改革方案》，邮政体制实行政企分开，加强政府监管，完善市场机制。2007年，重组国家邮政局，作为国家邮政监管机构，组建中国邮政集团公司，实现了政企分开的改革目标，建立了企业独立自主经营、政府依法监管的新邮政体制。政企分开结束了原国家邮政局既当裁判员又当运动员的时代，这是我国快递发展史上具有里程碑意义的大事，为快递市场发展营造了公平的监管环境和法制环境，为邮政管理部门公开公平公正地监管快递市场奠定了制度基础。

2009年，修订后的《邮政法》颁布实施，首次将快递业务纳入调整范畴，明确了快递企业的法律地位，确立了“鼓励竞争、促进发展”的原则。以《邮政法》为基础，《邮政用品用具监督管理办法》《快递市场管理办法》《快递业务经营许可管理办法》等相配套的快递法律法规体系基本形成。为了更好地促进快递服务的发展，国家邮政局积极协调相关部门出台扶持政策，出台《国家邮政局关于贯彻落实物流业调整和振兴规划的实施意见》《国家邮政局中国民用航空局关于促进快递与民航产业协同发展的意见》等，切实解决快递企业发展的实际问题。《快递服务》国家标准、

① 资料来源：国家统计局网站。

《快递业务员国家职业技能标准》等一系列标准的发布施行，为快递服务规范发展营造了良好的环境。

如表 3－9 所示，为中国邮政成长阶段快递服务有关政策法规一览。

表 3－9　　成长阶段快递服务有关政策法规一览

类型	名称	实施时间
法律	中华人民共和国邮政法	2009 年 10 月
部门规章	快递业务经营许可管理办法	2009 年 10 月
	快递市场管理办法	2008 年 7 月
	邮政用品用具监督管理办法	2001 年 8 月
规范性文件	关于印发《快递业务员职业技能鉴定办法（试行）》的通知	2009 年 9 月
	寄递服务企业收寄物品安全管理规定（试行）	2008 年 4 月
	禁寄物品指导目录及处理办法	2007 年 11 月
行业标准	《快递服务》邮政行业标准	2008 年 1 月
行业政策	关于贯彻落实物流业调整和振兴规划的实施意见	2009 年 5 月
	国家邮政局、中国民用航空局关于促进快递与民航产业协同发展的意见	2009 年 9 月

资料来源：笔者根据国家邮政局网站资料整理。

2009 年，中国快递协会《中国快递协会企业自律公约》发布实施，标志着我国快递管理体制和市场机制的进一步完善，对行业自律乃至整个行业的健康发展具有十分重大的意义。同时，综合交通运输体系的完善和信息技术在快递服务行业的广泛应用，快递行业发展的外部环境显著优化。

随着我国快递市场参与主体的增多，快递开始由服务精英阶层向服务民生方向延伸，快递消费群体迅速壮大。快递服务发展迅速，经营主体不断增加，服务范围进一步拓展，市场竞争更加激烈。在该阶段，我国快递服务价格结构呈现出三个层次。第一层次是以 EMS 和顺丰速运为代表的，价格水平相对较高；第二层次是以“四通一达”为代表的，价格水平处于中间水平；第三层次就是区域性的中小快递企业，价格水平相对较低。

多层次服务不断衍生共融。快递服务发展迅速，经营主体不断增加，服务范围进一步拓展。经济快递、当日递、次晨达、次日递等快递服务产品不断涌现，满足了消费者对快递服务的差异化需求；快递企业适时开办签单返还、代收货款等增值服务，适应了电子商务特别是网络购物快速发展的需求。

多种所有制并存激发了快递市场活力。国有、民营、外资三类市场经营主体通过发挥各自的优势展开了激烈的竞争，外资与国有在国际市场展开竞争，国有与民营在国内市场展开竞争。其中，国际快递以外资为主，尽管在国内从事国际快递业务的公司已达 150 多家，但四大跨国快透巨头由于资本雄厚、技术先进、运输能力强、运输网络广等原因，占据中国国际快递 90% 左右的市场份额。国内快递则以国有为主导、民营为主体，国内异地快递业务中，民营快递约占 70% 以上的市场份额，国有快递占不足 20% 的市场份额①。

多元主体竞合助推行业不断创新。竞争领域由国际业务向国内业务拓展，由大城市及东部经济发达地区向中小城市和内地扩张。目前，中国快递市场按照“点—线—面”的发展战略，在东部沿海地区形成了以沿海大城市群为中心的四大区域性快递圈，分别是以广州和深圳为中心的珠江三角洲快递圈、以上海、南京、杭州和宁波为中心的长江三角洲快递圈、以北京、天津、沈阳、大连和青岛为中心的环渤海快递圈以及以厦门和福州为中心的环台湾海峡快递圈。这四大区域以滚动式、递进式的扇面辐射，

① 资料来源：国家统计局网站。

带动中部和西部地区的发展。

自政企分开以来，我国快递行业在国务院邮政管理部门的正确引导下，业务规模、发展质量、服务能力、社会影响力等均得到了极大提升，随着我国市场主体的增加和市场竞争的加剧，我国快递市场的规模不断扩大。1993 年，我国快递业务规模仅为 2156.2 万件，2009 年，全国快递服务企业业务量累计完成 18.6 亿件，年均增长 50%①。

（三）转型升级初期阶段（2010~2012 年）

快递物流被业界称为“第三利润源泉”“21 世纪最大的行业”。我国快递业在经历过多年高速发展后，快递发展逐渐由劳动密集型向资本密集型和技术密集型转变，运营机制由传统企业向现代企业转变，发展方式由规模发展向科学发展转变，竞争方式由价格竞争向品质竞争转变。2011 年，我国人均国民生产总值超过 5000 美元②，按照国际经验，我国总体上进入了消费加速转型阶段，消费结构将向更高层次转化。这一阶段，行业政策体系不断健全，发展环境逐步优化，快递业务高速增长，季节失衡日益显著，信息技术广泛应用，装备水平显著改善，运行成本不断加大，利润水平整体较低。

我国快递业经过多年的高速发展后，业务发展遭遇了发展瓶颈。企业投入与业务规模增长速度的不均衡，给快递行业正常运行造成了很大的压力。特别是在 2010 年以来网购促销所创造的快递旺季，我国快递发展中许多潜在的问题逐步显露出来，“爆仓”“野蛮分拣”等问题的出现暴露出部分快递企业处理能力不足的硬伤。为规范行业发展，国家邮政局相继出台《邮政行业安全监督管理办法》《邮政业行业统计管理办法》《邮政业标准

---

①② 资料来源：国家统计局网站。

化管理办法》等规章，与修订后的《邮政法》《快递市场管理办法》《快递业务经营许可管理办法》《邮政业标准化管理办法》等配套实施，法规体系进一步完善。《快递企业等级评定管理办法（试行）》《快递业务操作指导规范》陆续实施，快递企业经营行为得到进一步规范。《快递服务》系列、《快递运单》等国家标准的发布实施，快递市场的发展得到进一步的规范。2011 年，国家发改委颁布了《产业结构调整指导目录（2011 年本)》，快递首次被纳入其中。快递发展中遇到的用地难、通行难、融资难等难题正在逐步得到解决。国家邮政局出台了鼓励快递发展的政策措施，如《国家邮政局关于快递企业兼并重组的指导意见》《国家邮政局商务部关于促进快递服务与网络零售协同发展的指导意见》等，对快递服务发展的难点、热点问题进行宏观指导。规范快递企业分支机构工商注册程序，完善了快递业务经营许可审批与注册登记联动机制，开展邮政业营业税改增值税测算，积极争取邮政业税收扶持政策。协调争取将快递纳入加强和改进城市配送管理工作政策体系，推动解决快递车辆“进城难”等问题。

规划编制工作取得扎实进展，2011 年 12 月国家邮政局发布了《快递服务“十二五”规划》，为行业科学发展指明了方向。在国家邮政局规划体系下，有 9 个省（区、市）邮政管理局出台了相关区域的快递专业规划。邮政业规划与其他规划衔接紧密，邮政业重点内容相继列入国家综合交通运输体系和服务业发展“十二五”规划等 13 部重点专项规划。

自 2009 年新修订的《邮政法》颁布实施以来，快递企业的法律地位得到了认可，快递企业纷纷加大投入，快递行业发展规模屡创新高。2010 年全年全国规模以上快递服务企业业务量完成 23.4 亿件，快递业务收入完成 574.6 亿元，快递业务收入占邮政行业总收入的比重为 45%，快递年末从业人员 54.2 万人。2012 年全国规模以上快递服务企业业务量完成 56.9 亿件，比 2010 年增长 143.16%；快递业务收入完成 1055.3 亿元，比 2010 年增长

83.66%；快递业务收入占邮政行业总收入的比重为53.3%，比2010年提高8.3个百分点；快递年末从业人员超过80万人，比2010年增长25.8万人①。

随着我国战略新兴产业的发展，信息技术、高端装备制造、新能源的广泛应用，我国快递服务发展所面临的科技环境日益优化。自动化分拣、无线传输、自动识别、车辆运输跟踪定位、影像监控等技术逐步应用，提高了快递的服务效率；第三方支付、移动支付等支付的广泛应用，有利于代收货款等增值业务的开展和资金风险的规避；手持终端和无线录入设备等进一步普及，企业实物传递网技术改造和升级稳步推进，我国快递服务应用技术向信息化、集成化和自动化方向发展的脚步加快。

快递企业加大对技术设备的投入，积极引入机械化或半机械化流水线等生产处理设备，提升快件装卸和传输的机械化水平；引入快件自动分拣设备，提高快件处理效率和劳动生产率。快递企业积极推进快递服务管理信息化，促进信息技术的广泛应用。快递企业提高快件跟踪查询的广度和深度，在快件传递的全过程，增加信息采集点，采集快件处理的完整信息，保证为用户提供及时、准确和完整的跟踪查询服务。加强快递企业信息化技术应用研究，加快企业信息系统升级。以客户服务一体化、关联业务协同、网络组织和生产流程优化为目标，研究快递企业信息化平台的技术架构和功能实现，打造生产、服务和管理一体化的企业信息化集成平台。

随着我国快递用工成本、运输成本、操作成本等不断上涨，快递企业的运行成本急剧增加。2012年我国成品油价格4次上调，快递企业的运输成本压力增长。与较高的燃油成本相比，人力成本的增加更大，随着我国人口红利的逐渐消失，刘易斯拐点逐步到来，据中国社科院《中国经济前景分析2012年春季报告》分析未来若干年，劳动力成本将以每年15%左

① 资料来源：国家统计局网站。

右的速度递增，这对劳动密集型的快递行业来说成本上升压力非常大。

快递企业价格竞争和快递运营成本的增加，造成部分快递企业的利润水平持续下降。整个快递行业的平均利润率维持在5%左右，部分加盟企业甚至零利润或者负利润运营，这对企业的扩大再生产和企业的可持续发展是极为不利的。

四、现代快递监管权确立

快递业的发展进程与邮政业等主要经济部门的改革进程密切相关。20世纪快递业在美国起步时面临很大的发展制约。当时，整个世界，包括市场经济体制比较完善的美国，民用航空业和邮政业等主要经济部门的行政垄断氛围还很浓厚。20世纪60年代末，美国邮政就以私人快递侵犯了邮政专营范围为由，威胁要起诉那些侵犯专营的私人快递公司。70年代末，美国先后在民用航空和邮政专营领域的改革取得突破。美国快递业随之迅速发展并在80年代走向世界。

中国快递业发展初期，也经历了法制环境不健全的阶段。20世纪80年代初，对外经济贸易合作部（以下简称“外经贸部”）批准“国际快递引进中国”主要依据的是外商投资的有关法律法规，最初的定位是在外资以及合资企业中开展业务，其在中国开展市场活动的主管机构是外经贸部。此时，快速发展的国内民营快递业却一直没有合法的身份，各地邮政部门以维护信件专营为名对非邮政快递企业进行查抄，使包括民营企业在内的非邮政快递企业经营受到损害。1992年，邓小平同志南方谈话以后，中国经济蓬勃发展，快递市场也呈现出勃勃生机，中国不少大中城市尤其是国内企业对于国际快递业务需求迅速增长。随着国际快递公司将业务范围扩展到国内的普通企业以及个人用户，邮政局与国际快递企业之间的摩擦开始加剧，并直接体现为外经贸部和邮政系统对于快递业务的主管权之争。

1986年，中国颁布中华人民共和国成立以来第一部《中华人民共和国邮政法》，1989年，万国邮联华盛顿大会将国际快递业务的基本规定纳入《万国邮政公约》，成为邮联的一项正式业务，在形式上宣告快递业主管权归于邮政业。在这样的大背景下，2001年10月，美国"炭疽热"事件出现后，国家邮政局、信息产业部和对外经济贸易合作部联合发布了《关于进出境信件和具有信件性质的物品的寄递业务委托管理的通知》，该通知要求，从事国际快递业务的国际货运代理企业到邮政部门办理委托手续。2006年邮政业体制改革取得重大突破，邮政业实现政企分开，民营快递企业需要到国家邮政局进行备案后才取得正式的参与快递业经营的资格。2007年1月29日，重组后的国家邮政局正式挂牌，2007年9月12日，国家邮政局发布《中华人民共和国邮政行业标准——快递服务》，对快递服务的组织、环节和服务改进均作了基本要求，作为快递业的第一个规范性政府标准文件，该标准的出台对于促进我国快递业有序竞争发展的重要意义。2009年4月24日，《中华人民共和国邮政法》（以下简称《邮政法》）经第十一届全国人民代表大会常务委员会第八次会议通过，新《中华人民共和国邮政法》第一次制定了有关快递市场准入制度的法律规定，并在"邮政专营权"等关键条款问题上做原则性表述，民营快递的市场主体地位得以确立。

第六节　我国快递市场的对外开放

快递服务业是中国开放较早的市场领域。以重要事件为分水岭，我国快递服务的对外开放分为五个阶段。

一、第一阶段，加入 WTO 之前，外资以合作形式进入中国

20 世纪 70 年代末，中国改革开放刚起步，尚不允许外商独立从事快递经营。因此，当时的外经贸部要求，所有进入中国的跨国公司从事快递业务，必须与中外运公司进行合作。国外的业务完全由外资公司处理，国内的快递主要由中外运负责。1979 年 6 月，日本海外新闻普及株式社会与中外运签订了中国第一个快件代理协议，由此外资开始进入中国快递市场。1986 年，中外运与 DHL 成立了合资公司中外运敦豪。紧随其后，UPS、TNT 和 FedEx 相继与中外运合作。

这里要明确两个观点：一是按照当时的国际法和国内法相关规定，快递服务属于通信服务，货代服务属于运输服务，二者不能混同，国际货代企业从事国际快递业务，理应接受国家邮政主管部门的监管。二是当时外资进入中国快递市场，局限在“代理进出境信件和具有信件性质的物品的快递业务”，并非行业准入之意。在这一阶段，规范合作行为的主要文件有：

《中华人民共和国邮政法》（1986）第八条规定“信件和其他具有信件性质的物品由邮政企业专营，但国务院另有规定的除外”。

《国际货物运输代理业管理规定》（1995），提出了上文所述的“除外”，明确划定国际货代企业在中国的经营范围之一是国际快递（私人信函除外）。由此，在国际快递领域，邮政专营只限于私人信函，是积极的开放之举。但是，国际货代企业的代理行为当时并不受邮政部门监管。

二、第二阶段，加入WTO的4年过渡期内，外资可设立合资企业

我国于2001年12月11日加入WTO，承诺开放“速递服务，现由中国邮政部门依法专营的服务除外”，提出“允许外国服务提供者设立合资企业。中国加入WTO 4年内，将允许外国服务提供者设立外资独资公司”(见表3-10)。可以看出，我国承诺开放的只是包裹等物品类的快递服务。这一承诺高于许多发展中国家，接近发达国家的承诺水平。自此很长一段时间内，我国都在消化既有承诺。在其他自由贸易协定和区域贸易协定中，我国也沿用WTO承诺口径，没有新的开放突破。

表3-10 我国加入WTO时对速递服务的开放承诺

部门	市场准入限制	国民待遇限制
速递服务（现由中国邮政部门依法专营的服务除外）	（1）没有限制。 （2）没有限制。 （3）允许外国服务提供者设立合资企业。中国加入4年内，将允许外国服务提供者设立外资独资公司。 （4）除水平承诺中内容外，不做承诺	（1）没有限制。 （2）没有限制。 （3）没有限制。 （4）除水平承诺中内容外，不做承诺

注：表中（1）（2）（3）（4）指国际服务贸易的4种形式，即（1）跨境交付，自一成员领土向任何其他成员领土提供服务；（2）境外消费，在一成员领土内向任何其他成员的服务消费者提供服务；（3）商业存在，由一成员的服务提供者通过任何其他成员领土内的商业存在提供服务，商业存在的形式包括独资公司、合资公司、分公司、代表处等；（4）自然人流动，由一成员的服务提供者通过在任何其他成员领土内的自然人存在来提供服务。

从20世纪70年代末直到我国加入WTO，国际货代企业经营国际快递业务只需获得对外经贸部的许可，并在工商部门注册登记，从未被正式要求到邮政部门办理委托。鉴于“9·11”事件后，美国发生了影响邮件安全的“炭疽病事件”，为杜绝类似的安全隐患，三部门联合发布了《信息产业部、对外贸易经济合作部、国家邮政局关于进出境信件和具有信件性质的物品的寄递业务委托管理的通知》。

资料来源：商务部网站。

在这一阶段，规范经营行为的主要文件有：

《信息产业部、对外贸易经济合作部、国家邮政局关于进出境信件和具有信件性质的物品的寄递业务委托管理的通知》，文件规定：国际货代企业需要办理进出境信件和具有信件性质的物品的快递业务时，需要到邮政部门办理委托手续。

《国务院办公厅关于〈中华人民共和国国际货物运输代理业管理规定〉第十七条中“私人信函”解释的复函》明确：私人信函指各类文件、通知以及非私人属性的单证、证件、有价证券、书稿、印刷品等以外的书信。

《信息产业部、对外贸易经济合作部、国家邮政局关于办理进出境信件和具有信件性质物品寄递业务的补充通知》进一步明确：经邮政部门委托，国际货物运输代理企业可以办理进出境信件和具有信件性质物品的寄递业务。但私人信函及县级以上（含县级）党政军机关的公文除外。

三、第三阶段，自 2005 年，外资可设立独资公司

2005 年 12 月，中国兑现了加入世界贸易组织（WTO）4 年过渡期后彻底取消外商投资比例的限制，允许外商成立独资企业。《外商投资国际货物运输代理企业管理办法》进一步重申了委托代理制度。自此，外资企业纷纷结束与中方的合作，购回中方股权，成立独资公司。

值得注意的是，在《邮政法》2009 年颁布之前，国际货代企业经营国际快递业务所依据的是邮政委托证，并非快递业务经营许可证，因此不是法律意义上的快递企业。

四、第四阶段，自2009年，外资依《邮政法》取得经营许可

《邮政法》明确了快递市场准入制度，给予民营快递企业合法身份。同时，也按照开放承诺，给予了外资快递国民待遇。开放承诺在法律条文中的表述为“外商不得投资经营信件的国内快递业务”，这是一种负面清单模式的表述，与WTO的正面清单模式的承诺内涵一致。为了保持法律衔接，《邮政法》在附则中规定：“本法公布前按照国家有关规定，经国务院对外贸易主管部门批准或者备案，并向工商行政管理部门依法办理登记后经营国际快递业务的国际货物运输代理企业，凭批准或者备案文件以及营业执照，到国务院邮政管理部门领取快递业务经营许可证”。简而言之就是“换证”，将邮政委托证换为国际快递业务经营许可证。换证之后，即成为法律意义上的快递企业。

对于经营国内快递业务，按照《邮政法》，外资企业需要申请国内快递业务经营许可证，即“领证”。出于保护国内产业、规范外资经营、保障渠道安全等一系列问题的考虑，邮政管理部门对“领证”实行了短暂的收紧，具体表现是将经营地域范围核定到地市一级。此核定同样适用于内资加盟企业，但由于当时内资加盟企业超范围经营较为普遍，如果“一碗水端平”，则要么过快放进了外资快递，要么过紧约束了内资快递。然而邮政管理部门落实开放承诺的核心态度是坚决的，2010～2012年，三大国际快递巨头DHL、FedEx和UPS先后取得了国内快递业务经营许可证。

五、第五阶段，全面开放国内包裹快递市场

2014 年 9 月 24 日召开的国务院常务会议提出，全面开放国内包裹快递市场，对符合许可条件的外资快递企业，按核定业务范围和经营地域发放经营许可，让国内外快递企业同台竞争，倒逼国内企业改善经营管理、提升服务水平，使广大消费者有更多选择。同年 12 月，嘉里大通、雅玛多等三家外资快递获得国内快递业务经营许可。

邮政快递领域的对外开放，不仅是开放姿态和谈判口径问题，归根结底是法律问题，是国内法与国际规则的适应性问题。同时，由于外资快递在华经营涉及航线资源获取、兼并收购等事项，也需要相关部门参与，因此邮政快递领域的对外开放，不仅是邮政管理部门一家的行为，更是多部门协同和政策配套的组合问题。

经济与合作发展组织（Organisation for Economic Co-operation and Development，OECD）于 2014 年发布了《服务贸易限制指数（STRI）：运输和快递服务业》①，对 40 个国家②的运输和快递服务业的贸易限制状况进行评估。服务贸易限制指数（STRI）的值域为“0～1”，“0”代表完全开放市场，“1”代表完全对外国服务提供者封闭的市场。

STRI 的评估基础为各国截至 2013 年的运输和快递服务业的法律法规。评估过程中，主要考虑以下五大因素：

（1）对于外资准入的限制。例如，外资直接股权的限制，设立子公

① OECD Trade Policy Paper No. 176，Services Trade Restrictiveness Index（STRI）：Transport and Courier Services，2014.

② 这 40 个国家包括 34 个经济与合作发展组织（OECD）成员方和巴西、中国、印度、印度尼西亚、俄罗斯及南非。

司、分支机构的限制，以及兼并收购的限制等。在快递服务领域，还体现为将信件、包裹、快递列入法定垄断（法律保留）领域，不允许除了指定邮政运营商以外的服务提供商进入市场。或者通过经济需要性测试和许可证数量限制等措施，对快递企业的市场准入进行限制。

（2）人员流动的限制。例如，对外籍劳动者的配额与限制。

（3）其他歧视性措施。例如，歧视性税收或者补贴。

（4）竞争障碍。竞争障碍的内涵十分丰富，例如，倘若私营快递商在政策优惠、增值税豁免等方面，与政府指定邮政运营商享受同等待遇，那么将不视为存在竞争障碍。在快递领域，政府指定邮政运营商可能会从其（非竞争性的）专营领域寻租，并交叉补贴至竞争市场。价格管制有助于解决这个问题。另一个解决方案是，将非竞争性服务于竞争性服务的收入账户分离，以便监控可能存在的交叉补贴状况。同时，应保障快递企业非歧视地接入邮政网络，如邮政编码数据库、邮局信箱和下游流通网络等。此外，对辅助运输业（如陆地调控、货物管理）的限制，以及外商申诉权利之保障也是考虑因素。

（5）法律透明化。这包括行政许可、商事设立等监管制度的公开和交流。同时，指数将评估海关程序中报关和清关的时限。

OECD 公布的 STRI 结果显示，快递领域的平均样本水平为 0. 26，标准差为 0. 17。但是，各国之间的 STRI 数值差距较大，荷兰是措施最开放的国家，STRI 为 0. 07。各国邮政服务的市场地位和范围不一，有的国家存在特殊领域的法定的垄断，有的国家则是由一家商业化公司与其他快递服务商共同竞争。即使在后者情况下，指定的邮政运营商依旧享有法律上的特殊地位。各国的立法内容不一，有的国家旨在防止指定的邮政运营商滥用垄断地位，有的国家则意在保护邮政运营商。

尽管各国的监管状况迥异，但对外商准入的限制是 STRI 数值的主要组成部分。澳大利亚、巴西、加拿大、瑞士、智利、中国、印度、冰岛、以色列、韩国、墨西哥、挪威、土耳其、美国和南非这15个国家不同程度地授予信件寄递以法定的垄断专营地位。当把邮政垄断专营的情况从研究结果中剔除时，有7个国家的STRI数值低于0.2，分别是澳大利亚、加拿大、瑞士、以色列、韩国、土耳其和美国。这说明剔除垄断专营服务后，这7个国家有着相对自由的管制体系。此外，有7个国家不存在外资准入的限制，分别是奥地利、德国、丹麦、爱沙尼亚、意大利、荷兰和斯洛文尼亚。

竞争障碍对许多国家产生了实质影响，将近2/3的国家的竞争障碍情况严重。欧洲国家普遍存在对指定邮政运营商于普遍服务领域的优惠税收，包括普遍服务领域的增值税豁免，以及对于陆地和货运管理的限制。此外，1/3的国家缺乏防止交叉补贴的措施。

OECD对中国邮政和快递服务的主要评价是：中国的邮政和信件的国内快递服务的外资股权存在限制；中国在信件寄递方面存在法定垄断（但这一情况同样存在于其他14个国家）；中国将国内快递服务保留给国内服务提供者。①

值得指出的是，上述评价的第3点与中国的法律和行业现状存在出入。根据2009年《邮政法》的规定，外资经许可，可以经营除信件寄递以外的国内快递业务。因此，OECD的评估结果一定程度上存在局限性。

世界银行于2013年11月发布了报告《跨服务领域进行外国投资》②，这是外国直接投资领域法规数据库的产品。该报告旨在研究各国对外国公司进入本国市场的法律限制，分析了103个经济体对外资所有权和外资设立的立法措施。研究结果显示，东欧和中亚是对外国投资限制最少的地

① “China reserves domestic express delivery services to domestic services providers”.

② The Word Bank, Starting a foreign investment across sectors, November 2013, pp. 7 – 10.

区。黑山共和国、南斯拉夫马其顿共和国、吉尔吉斯斯坦共和国、科索沃、格鲁吉亚和乌克兰对外商公司不存在任何限制（就报告所针对的领域而言）。在东欧和中亚地区，每个国家都允许外商独资公司从事快递业务。尽管，南亚地区对外商投资的限制较多，但是其在快递服务领域的限制于其他领域相比，相对较为开放。

全球快递协会（The Global Express Association，GEA）委托前沿经济学咨询公司（Frontier Economics）就快递行业对全球经济的影响进行了分析评估。2015 年 1 月提交的报告《快递与贸易便利化：对全球经济的影响》显示，由通关瓶颈产生的延迟和通关管理低效是快递公司面临的主要障碍。若想要释放海关业务能力带来的收益，很大程度上依赖于国际快递服务。政策制定者应确保在促进国际快递服务的背景下，考虑对海关业务能力进行改善。

为了检验海关业务能力对贸易的促进关系，报告就海关业务能力对贸易的影响进行了详细的计量经济分析，并构建了海关业务能力指数（the customs capability index，CCI）。概括起来，CCI 指数的主要测量因素包括：

电子通关：海关是否接受并处理电子数据，使货物在到达之前或到达后快速放行；

海关自动审单处理及灵活工作时间：海关是否有全天候自动化处理系统，以及海关人员的工作时间是否根据商业需求进行调整；

可在运营商场地查验还是需要转运，以及是否需要其他机构检验；

提供领事贸易文件和第三方报关行的必要性：海关或其他机构是否要求领事馆发票或其他贸易文件，以及是否要求第三方报关行参与清关；

最低免税额制度相关措施及非正式清关程序的门槛。

CCI 指数的测量方法为通过分析来自全球快递协会数据库的海关业务能力 10 项具体措施，并根据这 10 项机制中的多少项已经在该国实施，来确定1到10个档次。海关业务能力指数得分代表这些政策措施对要求快速放行商品的重要性。因此，得10分的表示国家已经实施所有快速商品便利化措施，而得分较低的国家仅实施了少数几项措施。《海关业务能力指数得分（按国家和地区划分）》显示，中国得分为6分，中国香港特别行政区得7分。与之相比，美国得7分，韩国得10分，日本得9分，新加坡得9分。在金砖五国中，中国与南非得分最高，均为6分①。

第七节　两岸全面直接通邮

中国共产党和中央人民政府一贯主张，在海峡两岸实现统一之前，双方应当进行直接通邮、通商、通航和双向交流，加强沟通和合作，为和平统一创造条件。在中央对台湾工作方针的指导下，邮政部门多年来积极认真地开展了对台通邮工作，并采取了一系列实际措施，使海峡两岸从通信阻断走向全面直接通邮②。

回顾历史，1949年10月1日，中华人民共和国成立，国民党退踞台湾地区，海峡两岸互相炮击不断，邮政通信严重受阻。当时的邮政部门坚持以邮政服务为宗旨开展通邮业务，公布了相关的规定和文告，但受时局影响，两岸通邮很不稳定。1953年后，海峡两岸通信完全进入阻断期③。

自1979年开始，海峡两岸的通邮大体上经历了三个阶段④。

---

① 金砖五国的得分分别是：巴西1分，俄罗斯联邦5.5分，印度4.5分，中国6分，南非6分。

② 资料来源：《2003中国通信年鉴》。

③ 何林元：《海峡两岸通邮历史浅谈》，载《集邮博览》2009年第10期，第27~30页。

④ 资料来源：《2006中国信息产业年鉴：通信卷》。

一、第一阶段（1979年2月～1988年3月）：邮电部单方开办对台邮电业务，打开迂回通邮局面

1979年元旦，全国人大常委会在《告台湾同胞书》中首次提出“希望双方尽快实现通邮”的倡议后，邮电部于1979年1月7日召开座谈会，畅谈对《告台湾同胞书》的感想，积极建议与台湾地区邮电部门尽快进行通邮通电的商谈。时任邮电部部长王子纲在会上指出：“我们随时准备与台湾邮电部门洽商大陆、台湾通邮通电的具体办法，并将为通邮通电提供一切方便。”① 1979年2月起，单方面地陆续开放了对台湾的电报、电话和信函业务。1979年5月，邮电部向各省（区、市）邮电管理局发出《关于扩大收寄台湾邮件的通知》，全面开放收寄寄往中国台湾的平常函件；恢复办理寄台湾的挂号信业务。1979年6月，邮电部发布《关于寄往台湾邮件有关问题的补充通知》，对该通知作了补充规定。

1981年5月9日，邮电部发行《传邮万里　国脉所系》纪念邮票一套一枚，邮票图案为周恩来题词“传邮万里　国脉所系”。邮电部在该题词41周年之际，发行一套纪念邮票，目的在于以史促今，推进两岸直接通邮。1981年9月30日，时任全国人大常委会委员长叶剑英向新华社发表谈话，进一步阐明关于中国台湾回归祖国、实现和平统一的方针政策。叶剑英指出：“海峡两岸各族人民迫切希望互通音讯、亲人团聚、开展贸易、增进了解。我们建议双方共同为通邮、通商、通航、探亲、旅游以及开展学术、文化、体育交流提供方便，达成有关协议。”② 叶剑英在这次谈话

① 《邮电部作出六项决定　随时准备与台湾通邮通电（1981年）》，载《人民日报》1981年10月9日。

② 《叶剑英向新华社记者发表谈话》，外交部网站，1981年9月30日。

中，把“通邮”列为“三通”之首，进一步强调尽快实现两岸直接通邮的重要性和紧迫性。1981 年 10 月 7 日，时任邮电部部长文敏生对新华社记者发表谈话，他说：“为贯彻执行叶剑英委员长进一步阐明的台湾回归祖国、实现和平统一的方针政策，邮电部作出了六项决定，准备随时与台湾通邮、通电。”① 涉及邮政业务的有五项：一是准备通过海运和空运，开通中国大陆到台湾地区的直达邮路，实行直接交换邮件；二是凡是国外经传中国大陆转寄、转退台湾地区的邮件、邮袋和结算单等，继续负责转寄、转退台湾；三是台湾同胞目前通过其他途径寄到大陆的邮件，继续负责查找、投递；四是欢迎台湾地区邮电同行来大陆探亲、访友、参观和讲学，并进行邮电业务、技术和邮电信息交流；五是准备随时同台湾邮电部门就大陆与台湾地区之间的通邮、通电事宜进行谈判，具体时间和地点可互相协商。

1987 年 10 月 16 日，国务院办公厅公布了《关于台湾同胞来祖国大陆探亲旅游接待办法的通知》。1987 年 11 月，邮电部在福建厦门召开对台通邮工作座谈会，并向全国邮电部门发出《关于为回祖国大陆探亲旅游的台湾同胞做好邮电服务工作的通知》。根据座谈会决定，邮电部编写了《邮电部门对台工作手册》，供全国广大邮电干部职工阅读使用，为做好对台胞的各项服务工作、早日实现两岸直接通邮通电创造条件。

《告台湾同胞书》和两岸尽快实现“三通”方针发出后，许多台湾同胞思乡心切，通过各种渠道和方法，迂回辗转，纷纷向祖国大陆写信，要求帮助寻找失散多年的亲人。这些信件大多是中华人民共和国成立前的老地址、旧门牌，给查找工作带来许多困难。为此，有的邮电局所专门召开会议，进行分析研究，指定专人查找，有的邮电局所甚至规定，凡是从海

---

① 《邮电部部长文敏生关于准备随时与台湾直接通邮通电的谈话》，载《中华人民共和国国务院公报》1981 年第 22 期。

外或从中国台湾地区寄来的邮件，都要单独处理、单独复查，疑难信件要集体“会诊”，力求使“死信”复活①。广大邮电职工为了把一封封“死信”投到收件人手中，不辞辛苦，或走街串巷，翻山越岭，探亲访友，或多方打听，多方接转，多方查寻，使失散几十年的亲人重获音讯并得以团聚。大陆邮电职工热心为台湾同胞寻亲找友、沟通音讯的动人事迹，受到了海内外的高度赞扬与广泛好评。

二、第二阶段（1988 年 4 月 ~ 2008 年 10 月）：两岸实现双向、公开、间接通邮

1987 年 11 月，台湾当局开放民众赴大陆探亲后，在邮电部的积极促进和台湾各界舆论的压力下，台湾当局于 1988 年 3 月 12 日提出“通信不通邮”②，允许台湾民众给大陆亲友寄信，但双方邮政部门不接触，要由台湾红十字会经转。台湾邮局同时宣布，对大陆来信负责投送给收信人。

1989 年 6 月之后，台湾当局出于政治目的，同意台湾邮局开始直接收寄大陆的信件，由台北向上海直封航空函件总包。与此同时，邮电部从两岸民众的利益出发，决定自 1989 年 7 月起，上海、北京、广州、福州、厦门先后向台北和基隆直封函件总包。台北从 1990 年 1 月开始，又增加了向北京直封函件总包，这样就形成了两岸双向、公开、间接通邮的局面。

随着海峡两岸交往联系的日益密切和各项交流活动的不断扩大，双方

① 龚达才：《两岸通邮》，载《中国邮政》2018 年第 11 期，第 33 ~ 34 页。

② 据尕丁《海峡两岸通邮轶事》所记录：1988 年 4 月 18 日，台湾开始实施“对大陆通信办法”，基于“台湾当局”顽固坚持“不通商、不通邮、不通航”的三不政策及“不接触”的立场，邮政当局决定采取通过国际红十字会租用台北市 10099 邮局第 50000 号信箱的办法，经由香港将信件转往大陆，即所谓“通信不通邮”。

互通的邮电业务量逐年大幅度增长。在大陆单方迂回沟通对台邮电业务之初，每年寄台信件只有几百次到上千次，到了1989年两岸互寄信函约为1500多万件，1990年两岸互寄信函业务量同比增长40%，1991年两岸互寄信函约为2387万件，同比增长13%①。

为维护两岸同胞正当的通信权益，1992年3月，大陆海峡两岸关系协会与台湾海峡交流基金会受各自邮政业务部门的委托，就两岸挂号函件及查询、补偿事宜在北京举行了会谈，以中国通信学会邮政专业委员会和海协会人员作为中方谈判代表参加了本次商谈。这是两岸隔绝几十年之后双方第一次坐在一起商谈通邮问题。这次商谈取得了一些共识，但当时并未正式达成协议。1993年3月26日至27日，在汪辜会谈之前，双方继续就两岸挂号函件查询、补偿事宜，进行了工作性商谈，于1993年4月1日草签了协议，商谈取得了积极成果。4月29日，海协会与海基会在新加坡正式签署《两岸挂号信函查询补偿事宜协议》，并于5月29日正式生效。6月5日，北京、上海邮件处理中心，收到台北航空中心发给大陆的首批挂号函件，两岸实现双向互寄挂号函件，并互办查询、补偿业务。1994年11月2日至4日，海峡两岸邮政业务发展研讨会在上海举行，旨在促进海峡两岸尽快实现全面直接通邮。

1996年2月5日，邮电部召开纪念江泽民同志《为促进祖国统一大业的完成而继续奋斗》讲话发表一周年座谈会，坚持邓小平同志“和平统一，一国两制”的重要思想，再次提出实现两岸直接通邮通电、促进经济文化合作交流五项倡议：一是通过海运和空运，开通祖国大陆与台湾的直达邮路，实现邮件的直接交换；二是积极创造条件建设两岸直达海底光缆，通过光缆、卫星等多种方式，开通祖国大陆与台湾的直达电信路由，

① 叔弓：《香港：海峡两岸的桥》，载《台声》1997年第2期。

实现直通电信业务；三是进一步加强两岸邮电业务联系，扩大两岸间互办的邮政和电信业务种类，畅通两岸间的信息联系；四是加强两岸间邮电通信在经济、技术、文化、教育等方面的交流与合作；五是坚持在“一个中国”的原则下，两岸有关单位以适当的名义通过各种途径就直接通邮通电事宜进行磋商，具体时间、地点和方式都可以商量。

1998 年 3 月，国务院推进机构改革，撤销邮电部，成立信息产业部和国家邮政局，继续贯彻促进对台通邮通电的方针政策。此时，海峡两岸虽然尚未实现全面、直接、双向通邮通电，但两岸通信业务部门已经实现了双向互通部分邮电业务。通邮方面，两岸航空函件总包经中国香港或澳门邮政转运，水陆路函件总包经由中国香港邮政转运。虽受电信技术快速发展的影响，两岸的平信通信量每年大约仍有 80 万 ~ 100 万封[①]。两岸邮政互办业务种类有平常及挂号信函、明信片、印刷品、盲人读物和印刷品专袋。只因两岸尚未直接通邮，需要通过第三方经转，双方互办业务种类以及邮件传递速度均受限制。

三、第三阶段（2008 年 11 月至今）：两岸实现全面、直接、双向通邮

2008 年 11 月 4 日，海协会与海基会在台北正式签署《海峡两岸邮政协议》。协议提出，开办两岸直接邮政业务。双方开办直接平常和挂号函件、信函、明信片、邮简、印刷品、杂志、盲人文件、小包、包裹、特快专递、邮政汇兑等业务，两岸分别设封发局，大陆封发局为北京、上海、广州、福州、厦门、西安、南京、成都；台湾封发局为台北、高雄、基隆、金门、马

① 李琳、肖中仁：《许和平：与两岸邮政共成长》，载《今日中国》（中文版）2009 年第 2 期。

祖，同时设立海上与空运邮件总包邮邮件处理中心。2008 年 12 月 15 日，海峡两岸直接通邮仪式在北京首都国际机场北京航空邮件交换站举行，从台湾地区寄往北京、上海等城市的邮件时限大为缩短。

至此，两岸同胞正常通邮的共同愿望终于逐步实现。

第四章

建设与小康社会相适应的现代邮政业（2012年至今）

党的十八大以来，在以习近平同志为核心的党中央领导下，我国邮政业实现了迈入邮政大国的历史性跨越，行业供给结构持续优化，要素资源流动活跃，产业融合日趋紧密，市场活力全面迸发，绿色安全水平不断提升，治理体系和治理能力现代化加快推进，全面建成了与小康社会相适应的现代邮政业，为建设邮政强国奠定了坚实基础。

第一节　国民经济的一匹“黑马”

2013 年 1 月 10 日，全国邮政管理工作会议在北京召开，时任交通运输部部长杨传堂出席会议并做重要讲话，国家邮政局党组书记、局长马军胜做工作报告。报告提出了到 2020 年“建成与小康社会相适应的现代邮政业”的行业奋斗目标。

建成与小康社会相适应的现代邮政业，这一目标的实现有五大标志：

第一个标志，经济持续健康快速发展。全行业转变发展方式有实质性进展，在发展质量、效益明显改善的基础上，实现业务收入比 2010 年翻两番以上，占 GDP 比重超过 0.6%，其中快递业务收入比 2010 年翻三番①。国际业务收入占总收入比重明显提升。

第二个标志，人民群众用邮水平全面提高。邮政普遍服务均等化基本实现，邮政基础设施建设不断加强，城乡和区域间邮政普遍服务水平差距显著缩小，人人能够更方便地使用基本邮政业务，全国邮政普遍服务满意度平均 80 分以上。快递网络布局更加优化，服务覆盖范围更加广泛，产品

① 资料来源：国家邮政局网站。

体系更加丰富，重点快递企业省会及重点城市间全部实现快件 48 小时投递，快递服务总体满意度达到 75 分以上①。

第三个标志，企业主体地位跃上新台阶。中国邮政集团公司在世界 500 强中的排位稳步上升，培育出 2 个年业务收入超千亿、若干个年业务收入超五百亿，服务质量好、竞争能力强、管理规范的大型快递企业或企业集团，邮政快递企业国际化经营能力持续增强②。

第四个标志，行业文化软实力显著增强。社会主义核心价值观深入行业，顺应时代要求、符合邮政业发展的行业文化全面渗透到行业发展各个领域，邮政公共文化平台初步建成，与国家文化事业大发展共同繁荣。

第五个标志，创新型发展战略取得重大进展。基本实现我国邮政业的服务功能多样化、寄递服务快捷化、内部作业机械化、自动化和生产组织信息化。建立健全邮政业科技创新体系，完善邮政业标准制定和实施监督机制，进一步提升邮政科技集成创新水平。邮政行业人才队伍规模进一步壮大，整体素质明显提高，结构不断优化。

一、党和国家高度重视邮政快递业发展

邮政业是现代服务业的重要组成部分，是推动流通方式转型、促进消费升级的现代化先导性产业。党的十八大以来，习近平总书记多次作出重要指示，为邮政业发展指明了方向。在 2019 年的新年贺词中，习近平总书记就特别提到了“快递小哥”“环卫工人”“出租车司机”，并多次为基层劳动者和一线奋斗者点赞，非常暖心，让人印象深刻。2 月 1 日中午，习近平总书记结束在北京市前门东区看望慰问乘车返回途中，特意走进位

①② 资料来源：国家邮政局网站。

于前门石头胡同的快递服务点，看望仍在工作的“快递小哥”，并称赞他们像“勤劳的小蜜蜂”①，向包括他们在内的广大劳动者送上了新春祝福。同时，李克强总理也高度关注邮政快递业发展，多次赴网点、分拨中心等实地调研，并在政府工作报告中和国务院常务会议上提及。

2014 年 1 月 27 日，李克强在陕西西安顺丰慰问视察快递员工时指出：“快递业关系经济民生，你们既是在运送商品，也是在传递亲友心意，给大家送去春节的温暖，把幸福快递到千家万户。快递业是中国经济的‘黑马’，祝你们在马年快马加鞭、万马奔腾、马到成功！”②

2014 年 3 月 5 日，李克强在全国人大会议上做政府工作报告时表示，要促进物流配送、快递业和网络购物发展。9 月 10 日，李克强总理在第八届夏季达沃斯论坛上阐述中国经济积极变化时指出，物流快递、电子商务等新产业、新商业模式迅速成长。9 月 24 日，李克强总理主持召开国务院常务会议，决定进一步开放国内快递市场。他还特别指出：“快递业搞活了，新的市场就激活了。”11 月 19 日，李克强在视察中通快递义乌公司青岩刘网点时指出：“你们的工作了不起！”

2015 年 3 月 5 日，李克强在《政府工作报告》两次提到“物流快递”，提出要：“发展物流快递，把以互联网为载体、线上线下互动的新兴消费搞得红红火火”。3 月 15 日，李克强总理在十二届全国人大三次会议闭幕后会见中外记者并回答提问时表示：“很愿意为网购、快递和带动的电子商务等新业态做广告。”9 月 24 日，李克强总理到中通快递郑州国际包裹分拣中心工作区视察，勉励中通及快递业通过“互联网 +”，做强“双创”

---

① 《习近平为他们点赞》，央视网，2019 年 2 月 3 日。

② 《李克强慰问快递工人：把幸福快递到千家万户》，人民网，2014 年 1 月 27 日。

平台，推动民族快递品牌走向全球[①]。

2016年7月20日，李克强在国务院常务会议上强调："推进互联网+物流，既是发展新经济，又能提升传统经济。"

2017年6月27日，李克强在夏季达沃斯论坛开幕式上致辞时表示："现在，在中国偏远山区里的农民，他们的特色农产品也能够在一两天之内通过网购、快递，迅速进入中国的大城市，价格是在当地销售的若干倍……"

党的十九大以来，中国邮政业保持较快增长速度，政策支持起到了重要引领与推动作用，政策数量更多，调整范围更广，政策含金量更高。强有力的政策支持是我国邮政快递业发展的重要保障，据不完全统计，党的十九大以来，党中央、国务院和各部委共出台130个涉及邮政快递的政策。典型政策如《交通运输部等十八部门关于认真落实习近平总书记重要指示推动邮政业高质量发展的实施意见》等。

按照层级划分，中央和国务院层面发布44个，国务院有关部门发布86个；其中，国家邮政局联合发文17个、单独发文22个。按照主题划分，综合类政策共计34个，专项政策共计96个；其中，财税金融政策25个，寄递服务乡村振兴方面22个，邮政快递业监管21个（信用机制5个），人才保障14个，优化市场环境简政放权13个，绿色发展13个，邮政跨境寄递与电商协同发展14个，科技创新11个[②]。

我国邮政业发展环境不断优化，基础设施建设取得重大进展，人民群众用邮便捷性显著提高，行业发展成绩举世瞩目。在服务地方经济、百姓民生的国家战略中，邮政业定位也不断演进——已经成为国家战略性基础设施和社会组织系统，在国民经济中发挥着重要的基础性作用，为世界提

---

① 《李克强慰问快递工人：把幸福快递到千家万户》，人民网，2014年1月27日。

② 笔者根据国务院政府网站文件资料整理而得。

供了邮政改革的“中国样本”。尤其是快递业，从无到有、从小到大，已经成为现代服务业的重要组成部分，成为推动流通方式转型、促进消费升级的现代化先导性产业，成为新经济的代表和经济发展新动能的重要力量，为世界邮政贡献了动力源、稳定器和“中国智慧”。

二、邮政快递业市场运行情况

“十二五”时期是邮政业发展进程中跨越提升、极不平凡的五年。党中央国务院高度重视邮政业发展，习近平总书记和李克强总理多次对邮政业改革发展做出重要指示批示，极大坚定了全行业加快发展的信心决心。这五年，行业活力全面迸发，要素资源有效汇集，产业融合日益紧密，业务量收迅猛攀升，监管体系不断健全，人才队伍显著壮大，两个文明齐头并进，全行业紧紧围绕建成与小康社会相适应的现代邮政业奋斗目标，主动适应经济发展新常态，积极应对各种复杂环境的严峻考验，顺利完成“十二五”规划目标任务，实现了行业做大的愿景。

行业基础性先导性作用更加显著。邮政业业务总量和业务收入分别增长2.9倍和2.1倍，快递业务量和业务收入分别增长7.8倍和3.8倍，行业收入占GDP比重从0.3%提高到0.6%。五年新增就业岗位100万个以上，年支撑国内网购交易额突破3万亿元。公共服务能力水平稳中有升。全国邮政普遍服务营业网点达到5.3万处，村邮站达到21万个，总体实现了“乡乡设所、村村通邮”①。邮件全程时限水平和营业时间达标，投递频次和服务得到改善，服务满意度和均等化指数分别提升了6.4个和2.2个百分点。快递服务能力水平大幅提高。快递业务量突破200亿件，稳居世

① 《马军胜局长在2016年全国邮政管理工作会议上的讲话》，国家邮政局网站，2016年1月8日。

界第一。快递“三向”工程成效显著，全国快递服务营业网点达14.5万处，快递专业类物流园区达202处①。快件航空运输网络基本形成，高铁快递和电商班列取得突破性进展。快递服务产品不断丰富，时限准时率相对稳定，有效申诉率逐年下降，旺季服务保障能力明显加强。企业竞争实力不断增强。2015年中国邮政集团公司进入世界500强，排名第143。全行业初步形成6家年营业收入超200亿元、9家年营业收入超100亿元的快递企业集群②。快递企业加大国际网络布局力度，“走出去”步伐明显加快。

如图4－1所示，2015年全行业业务总量突破5000亿元，业务收入突破4000亿元，快递业务量突破200亿件，圆满完成了“十二五”规划的各项发展目标，为“十二五”时期邮政行业发展画上了圆满句号。

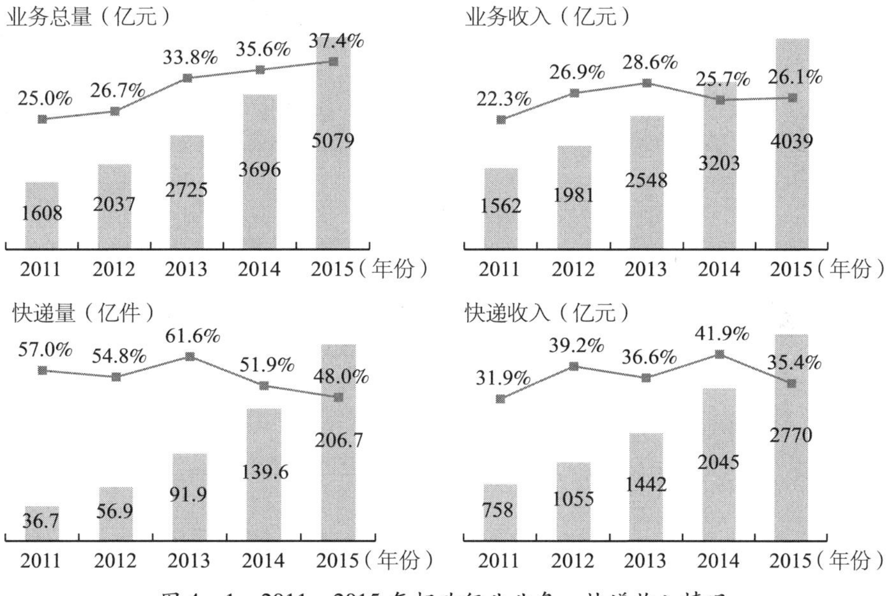

图4－1　2011～2015年邮政行业业务、快递收入情况

资料来源：《2015年邮政行业发展统计公报》。

①② 《马军胜局长在2016年全国邮政管理工作会议上的讲话》，国家邮政局网站，2016年1月8日。

2015年，东、中、西部地区快递业务收入的比重分别为81.9%、10.3%和7.8%，业务量比重分别为82%、11.2%和6.8%。与上年同期相比，东部地区快递业务收入比重下降了0.9个百分点，快递业务量比重与上年持平，中部地区快递业务收入比重上升了0.9个百分点，快递业务量比重上升了0.6个百分点，西部地区快递业务收入比重与上年持平，快递业务量比重下降了0.6个百分点①；另外，快递业跨越式发展也加快了我国城乡一体化的进程。随着互联网经济的发展，快递业发展向内陆腹地的广大农村渗透，成为快递业拓展的主要市场领域。随着电子商务的快速发展和政策的出台，农村网购消费市场持续扩大。据统计，2015年我国农村地区网购交易额达到3530亿元，同比增长了96%。农村电商发展态势良好，社会资本积极介入，农村电商成为不少地方“区域经济”发展的重要引擎②。2015年，农村地区收寄和投递包裹量超过50亿件，带动农副产品进城超过500亿元、工业品下乡超过2500亿元③。

“十三五”以来的五年，是人民用邮获得感最强、创新驱动成效最好、企业实力增长最快、贯通第一、第二、第三产业最实、国际影响力最大的五年。五年间，邮政快递业供给结构持续优化，要素资源流动活跃，产业融合日趋紧密，市场活力全面迸发，绿色安全水平不断提升，行业治理体系和治理能力现代化加快推进。“十三五”期间，邮政业业务总量和业务收入分别增长3.1倍和1.7倍，邮政业业务收入增速超过同期国内生产总值增速的3倍。快递业务量和业务收入分别增长3倍和2.1倍，包裹快递

---

① 资料来源：《2015年邮政行业发展统计公报》。

② 《商务部部长助理王炳南就“互联网+流通”行动的相关情况进行介绍》，人民网，2016年4月8日。

③ 《中国快递年业务量首次突破200亿件　乡镇覆盖率超70%》，中国新闻网，2015年12月25日。

市场规模连年稳居世界第一。五年新增就业100万人以上，年支撑制造业产值超过1.2万亿元，带动工业品下乡和农产品进城销售超过1.5万亿元①，行业地位作用日益凸显，对第一、第二、第三产业支撑更加有力，在打赢脱贫攻坚战、实施国家重大战略等方面取得一批重要成果，为打通大动脉、畅通微循环做出积极贡献。

“十三五”期间，行业公共服务不断优化。建制村全部实现直接通邮，邮政普遍服务投递频次深度、全程时限持续改善。实现100%县城党报当日见报的省份由6个提高到23个②。快递网点基本实现乡镇全覆盖，快递服务产品体系更加完善，延误、损毁和丢失等问题显著改善。行业服务满意度持续提升，有效申诉率不断下降。寄递渠道平稳畅通，五年间未发生重特大安全事故。

“十三五”期间，行业发展质效显著增强。湖北鄂州等国际枢纽加快建设，快递专业类物流园区数量大幅增加。高铁快递取得重大突破，航空快递运能不断增强，全行业专用货机从71架增加到124架。人工智能、大数据、物联网、区块链和北斗导航等新技术新产品加快应用，配备全自动分拣系统的分拨枢纽超过370个③。快递电子运单、循环中转袋基本实现全覆盖，绿色发展初见成效。

“十三五”期间，行业治理能力持续提升。健全完善邮政管理体系。推动《快递暂行条例》出台，加快构建与高质量发展相适应的邮政快递业法规、规划、政策、标准体系。深化“放管服”改革，不断优化市场化法治化国际化营商环境，对新业态实行包容审慎监管，充分激发各类市场主体活力。人才队伍能力素质明显提高，基层员工权益保障持续推进，行业

---

①②③ 《行业聚焦｜“十三五”时期邮政快递业改革发展迈上新台阶》，国家邮政局网站，2021年1月5日。

服务能力、文化和软实力全面加强。

“十三五”期间，行业影响力大幅提高。中国邮政在世界500强排名进入前一百名，位列世界邮政企业第二。7家快递企业先后上市，形成3家年业务量超100亿件、收入规模超1000亿元的品牌快递集团①。在万国邮联终端费调整、会费改革、国际铁路运邮规则制定等方面取得一批重要成果，邮政业发展的“中国智慧”和“中国方案”得到世界同行广泛关注和赞誉。

2020年，邮政行业业务收入累计完成11037.8亿元，同比增长14.5%；业务总量累计完成21053.2亿元，同比增长29.7%。2020年，全国快递服务企业业务量累计完成833.6亿件，同比增长31.2%；业务收入累计完成8795.4亿元，同比增长17.3%。其中，同城业务量累计完成121.7亿件，同比增长10.2%；异地业务量累计完成693.6亿件，同比增长35.9%；国际/港澳台业务量累计完成18.4亿件，同比增长27.7%②。

如图4－2所示，2020年，同城、异地、国际/港澳台快递业务量分别占全部快递业务量的14.6%、83.2%和2.2%；业务收入分别占全部快递收入的8.7%、51.5%和12.2%（见图4－3）。与上年同期相比，同城快递业务量的比重下降2.8个百分点，异地快递业务量的比重上升2.8个百分点，国际/港澳台业务量的比重基本持平③。

---

① 《行业聚焦｜“十三五”时期邮政快递业改革发展迈上新台阶》，国家邮政局网站，2021年1月5日。

②③ 《国家邮政局公布2020年邮政行业运行情况》，国家邮政局网站，2020年8月13日。

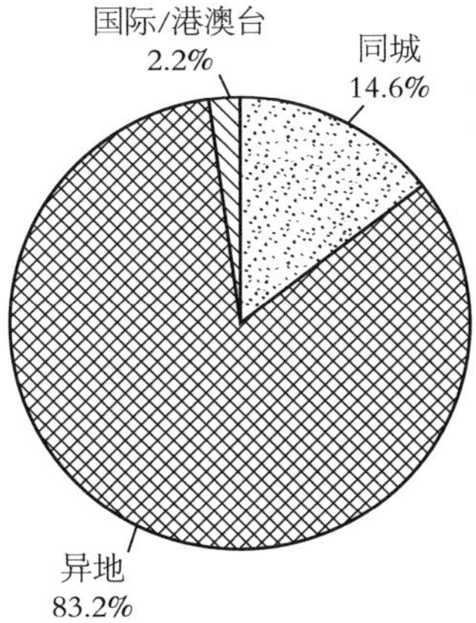

图 4－2　2020 年快递业务量结构

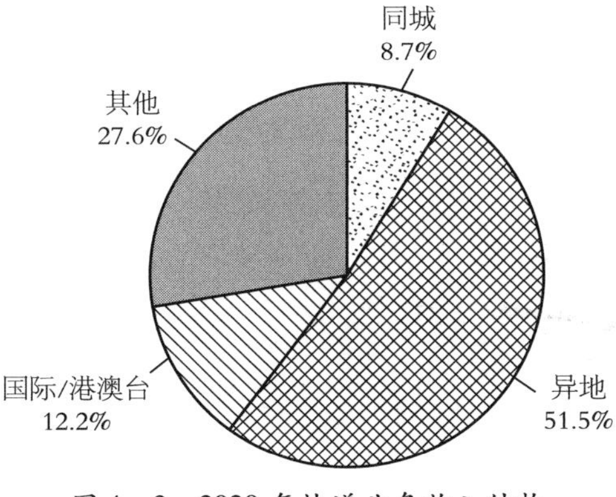

图 4－3　2020 年快递业务收入结构

资料来源：《国家邮政局公布 2020 年邮政行业运行情况》。

如图 4－4、图 4－5 所示，2020 年，东、中、西部地区快递业务量比重分别为 79.4%、13.3% 和 7.3%，业务收入比重分别为 79.6%、11.9% 和 8.5%。与上年同期相比，东部地区快递业务量比重下降 0.3 个百分点，快递业务收入比重下降 0.6 个百分点；中部地区快递业务量比重上升 0.4 个百分点，快递业务收入比重上升 0.6 个百分点；西部地区快递业务量比重下降0.1个百分点，快递业务收入比重基本持平。

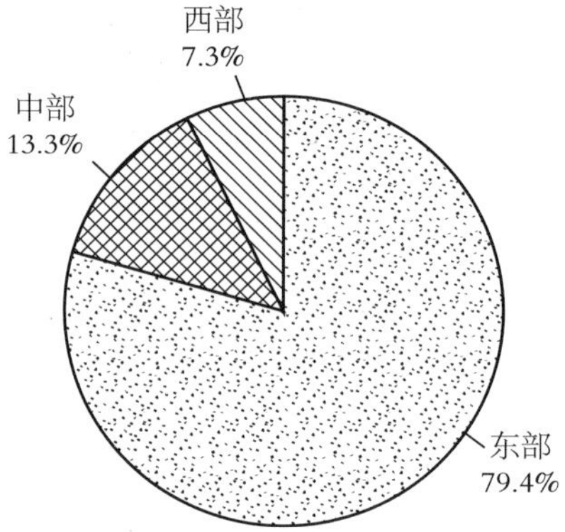

图4-4 2020年东、中、西部地区快递业务量结构

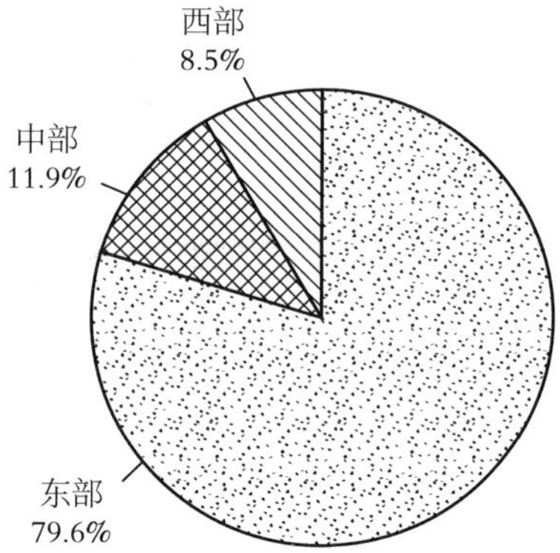

图4-5 2020年东、中、西部地区快递业务收入结构

资料来源：《国家邮政局公布2020年邮政行业运行情况》。

2020年上半年，在以习近平同志为核心的党中央领导下，邮政行业全面落实党中央、国务院重大决策部署和中央领导同志指示精神，全力保障疫情防控和复工复产工作，充分发挥了邮政业在“打通大动脉、畅通微循环”方面的先行作用，为统筹推进疫情防控和经济社会发展做出了积极贡献。第一季度，邮政行业运行受到较大影响，但随着行业加速复工复产，疫情影响逐步降低，行业运行加快恢复。第二季度，行业业务总量和快递业务量增速超过30%，行业业务收入和快递业务收入增速超过20%，实现了逆势增长，行业运行重回高位，发展效果好于预期①。

三、抗疫冲锋在前

2020年上半年，按照中央统一部署，国家邮政局启动Ⅱ级应急响应，成立邮政业应对新冠肺炎疫情工作领导小组，组建工作专班，制定下发37个通知文件，确保中央各项决策部署第一时间在行业落地见效。各地邮政管理部门坚决贯彻落实党中央、国务院以及国家邮政局党组决策部署，成立疫情防控领导机构，在最短时间将政策措施传达到基层一线。组织中国邮政和12家主要快递企业开通国内和国际两条防疫物资运输寄递“绿色通道”，全力保障防疫物资和人民群众日常基本生活物资的运输和快递需求。截至6月10日，全行业共承运、寄递疫情防控物资累计48.98万次，包裹3.98亿件，发运车辆8.75万辆次，货运航班779架次。对湖北地区急需医疗防疫物资优先收寄、优先运输和优先投递，邮政快递企业向湖北发运车辆8万辆次，货运航班481架次，承运、寄递防疫物资累计31.2万吨，包裹5674万件②。

（1）复工达产迅速。聚焦“早、狠、准”推动邮政业复工复产。2月7日，全面启动邮政快递业复工复产工作。2月15日，全行业复工率达68.6%。3月26日，全国除湖北外主要寄递企业从业人员返岗率超过

①② 《国家邮政局关于2020上半年邮政行业经济运行情况的通报》，国家邮政局网站，2020年8月13日。

98.6%，主要寄递企业市级以上分拨中心复工率100%，营业网点复工率99.7%，率先实现复工达产，生产能力已基本恢复到正常水平。攻坚克难，3月11日启动湖北邮政快递业复工复产工作，4月底湖北除武汉市外，返岗率100%，营业网点复工率100%，全面恢复运营①。

（2）全力保障民生。根据疫情防控要求，邮政业创新服务模式，加大智能设备的投入使用，推广无接触投递方式，在全国范围内推广定点收寄、定点投递、智能箱投递、无人机投递、无人车投递、预约投递等无接触投递模式，以“固定区域、固定人员”模式重组投递队伍，最大限度减少人员接触，有力保障了疫情期间寄递通道顺畅，人民群众的寄递需求得到快速响应和安全保障。行业企业统筹资源及时向同城业务倾斜，积极拓展即时递送、仓配一体和“商超+快递”等新业务模式，重点做好米、面、肉、菜、蛋和口罩、消杀用品等居民生活必需品配送。全国邮政快递企业共运送生活物资143.9亿件②，极大支撑了防疫防控大局。

（3）获得高度肯定。疫情期间，全行业夜以继日、全力奋战在服务疫情防控和社会保障的第一线，涌现出一大批以顺丰汪勇、苏宁潘虎、京东武汉亚一城配青年车队和中邮航空机队为代表的抗击疫情先进典型和模范事迹，践行了邮政快递人创造美好、守护美好生活的责任担当。党和国家领导人称赞快递小哥是疫情中的逆行者，誉为疫情期间平凡英雄，并在政府工作报告中点赞“快递、抗疫物资生产运输人员不辞劳苦，亿万普通劳动者默默奉献”，对行业抗疫工作给予了充分肯定。

（4）修复反弹迅速。行业恢复迅速。第一季度，行业业务总量和收入

①② 《国家邮政局关于2020上半年邮政行业经济运行情况的通报》，国家邮政局网站，2020年8月13日。

同比分别增长0.8%和7.5%，快递业务量和收入分别增长3.2%和-0.6%，均为邮政体制改革以来最低。第二季度，随着复工复产复市持续推进，行业重回高速增长轨道，邮政行业业务总量和收入分别达5289.4亿元和2836亿元，同比增长34.8%和20.4%，其中，快递业务量和收入分别完成213.5亿件和2289.8亿元，同比增长36.7%和23.5%，增速比第一季度分别高33.6个和24.1个百分点。增速呈现逐月提升态势，月均提高10个百分点以上，5月和6月增速均超过35%，修复反弹超过预期①。

第二节　乡乡设所、村村通邮

农业农村农民问题是关系国计民生的根本性问题，党的十九大报告作出实施乡村振兴战略的重要部署。邮政普遍服务作为一项基本公共服务，是农村基本公共服务的重要组成部分。随着社会发展和互联网的深入普及，用户对普遍服务的需求除传统的信函、包裹、印刷品的寄递以及汇兑和订阅报刊外，对于网购寄递、各类代办服务等服务内容和服务方式产生了更多的需求。充分发挥邮政服务和网络优势，推动邮政快递与现代农业深度融合，促进农村邮政物流发展，建设农村电商综合服务平台，更好更快更多样地满足农民的生活生产需求，是建设与小康社会相适应的现代邮政业的重要任务。

① 《国家邮政局关于2020上半年邮政行业经济运行情况的通报》，国家邮政局网站，2020年8月13日。

一、乡乡设所

邮政营业场所是邮政向用户提供服务的重要载体，乡镇地区邮政营业场所除满足用户普遍服务需求，是农村综合服务平台经营管理的重要节点，是邮政通过平台实现农村电子商务，推动农产品销售，促进农民增收的重要渠道。邮政营业场所的布局和建设应当满足保障邮政普遍服务的需要。《邮政法》第八条第二款规定："地方各级人民政府应当将邮政设施的布局和建设纳入城乡规划，对提供邮政普遍服务的邮政设施的建设给予支持，重点扶持农村边远地区邮政设施的建设。"

截至"十一五"末期，我国有近1/4的乡镇没有邮政服务网点，这种状况与国家新农村建设和基本公共服务均等化的战略目标和定位，以及农村不断提高的用邮需求相比而言反差巨大，广大农民对此反应强烈，各级人大、政协的提案以及新闻媒体报道中多次反映这种情况。中共中央国务院在转发交通运输部、国家发改委、财政部、农业部、商务部、工商总局《关于推动农村邮政物流的发展意见》中指出，"国家对农村邮政普遍服务基础设施建设项目给予支持，力争在2012年之前全部完成邮政基础设施空白乡镇的邮政局（所）补建工作"。2010年7月，国家邮政局、国家发展改革委和中国邮政集团公司等部门、单位正式启动了空白乡镇邮政局所补建工作。2011年，"乡乡设所"被正式纳入《国民经济和社会发展第十二个五年规划纲要》，成为"十二五"期间的国家工程，同时，"乡乡设所"也被纳入国家专项规划《国家基本公共服务体系"十二五"规划》，《邮政业发展"十二五"规划》《邮政普遍服务发展"十二五"规划》提出了"乡乡设所"的具体目标和工程任务。

空白乡镇补建网点大多数分布在经济欠发达、自然条件相对较差的地区，还有一些分布在少数民族地区，补建工作中面临着选址难、施工难、配套资金难等一系列难题。为解决这些困难，国家一是做好顶层设计，充分发挥规划引领作用，推动补建工作进行；二是提供资金支持，采取中央和地方政府“共投共建”模式；三是因地制宜、多种方式建设，参照《空白乡镇邮政局补建参考标准》，采用新建、购置、置换、联建等多种方式推进；四是明确工作机制，按照政府投入、行业监督、企业参与的基本原则，明确分工、落实责任、相互配合，发挥中央、地方和企业三个方面的积极性。

补建邮政局所的投入运营，有效补齐了邮政企业在农村地区的服务短板，进一步夯实了邮政企业的网络基础，形成了全国功能最全、覆盖最广、服务最深的公共服务网络，为农村寄递市场的发展奠定了坚实基础。

空白乡镇局所补建，是践行人民邮政为人民、推动邮政普遍服务均等化、建立覆盖城乡的邮政普遍服务体系的重要举措，是邮政服务“三农”、推动农村经济发展的重要工程和具体抓手，有效促进了农村经济社会发展，支持了国家扶贫和民族工作。空白乡镇邮政局所的建设和运营，完善了邮政企业的普遍服务网络，延伸了邮政普遍服务的深度，为基层政权和农村群众提供了更加便捷的服务，使邮政服务基层能力和市场竞争能力得到进一步提升。在推进空白乡镇局所补建过程中，邮政管理部门充分发挥行业管理作用，积极协调补建工作各相关部门，促使邮政管理工作进一步融入地方大局，队伍执行力和履职能力得到提升。

二、村村通邮

村邮站、便民服务站等是实现农村邮政“最后一公里”的重要末端。《邮政法》第十条规定：“农村地区应当逐步设置村邮站或者其他接收邮件的场所。”邮政服务在促进农村经济社会发展、维护农民通信权利方面发挥了重要作用。但是我国农村地区邮政基础设施建设薄弱，在开展空白乡镇局所补建工作前，乡镇一级邮政营业网点尚未全覆盖，乡镇以下地区邮政服务设施更难延伸。根据我国农村地区地域辽阔，人口众多，居住分散等客观条件，经过长期探索，形成了具有中国特色的农村邮政通邮服务模式，即乡镇或村级组织与邮政企业共同负责设立村邮站，承担本辖区内邮件的接收和投递。村邮站是设在建制村（含农村社区）负责接收、转交邮件的固定场所。村邮站的基本功能包括邮件、报刊的接收、保管和转交。村邮站是保证农村地区、特别是边远农村地区通邮的重要终端。

我国村邮站建设基础普遍较为薄弱，成为邮政企业投递到行政村的邮件、报刊等难以及时接转到农民手中的瓶颈，农村通邮状况远远落后于城市，服务层次和服务水平偏低，农民享受不到和城市居民同等的邮政服务。大力发展村邮站，有利于提高农村邮政普遍服务水平，确保广大农民享有更优质的邮政服务，促进城乡基本公共服务均等化的实现。近年来，随着农民收入、生活水平的不断提高，广大农民对订阅报刊、代收费用、农资和生活产品配送等服务的需求更加强烈；随着农村劳动力向外大量转移，与家人信函联系、储蓄汇款等服务已成为外出务工农民的必需。但是，农村邮件投递深度不够、邮件安全得不到保障，邮件投递频次较低、传递时限较长等问题，影响到农民的基本通信权利。加快建设村邮站，推动农村通邮服务，确保农民及时收到邮件、报刊和农资配送产品，有利于降低农资、农产品流通成本，确保经济信息畅通，对于发展现代农业、繁荣农村经济具有重要的现实意义。

国家邮政局于 2008 年启动“村邮户箱”工程，逐步推进邮政普遍服务终端服务体系建设。同年，国家邮政局与农业部联合下发了《关于大力发展农村通邮服务促进社会主义新农村建设的意见》，要求将村邮站建设纳入地方社会主义新农村建设的统一规划，为村邮站建设工程在全国范围内顺利推进提供了依据和指导。中共中央国务院在转发交通运输部、国家发改委、财政部、农业部、商务部、工商总局《关于推动农村邮政物流的发展意见》中提出，“各地要进一步加大投入和支持力度，切实加强村邮站的建设”。2011 年《国民经济和社会发展第十二个五年规划纲要》中提出，“邮政服务做到乡乡设所、村村通邮”。《邮政业发展“十二五”规划》《邮政普遍服务发展“十二五”规划》提出了“村村通邮”的具体目标和工程任务。为认真贯彻落实好规划任务，推动农村地区通邮，各级邮政管理部门积极争取政策支持和专项资金保障，努力探索村邮站建设模式与运营保障长效机制，采取新建村邮站、依托农家书屋、三农服务站或邮件接转点等多种方式，着力推进村邮站建设。2020 年，国家邮政局与新闻出版总署联合下发《关于推动农家书屋和村邮站建设的通知》，实现农村地区资源共享、共同提升服务能力。在邮政管理部门和有关部门的共同推动支持下，农村通邮建设取得明显进展，截至“十二五”末期，全国基本实现村村通邮。

“十二五”末，我国基本实现村村通邮，但距离村村直接通邮仍有一定差距。“十三五”前，我国仍有很多个建制村没有直接通邮，通邮主要靠熟人捎带，这些地区主要集中在西部地区、少数民族地区、革命老区和边境地区，且大多数为贫困村，点多线长，自然通行条件差，地广人稀，气候条件恶劣，运营成本居高不下，普遍服务水平整体较低。农村地区邮政服务水平与全面建成小康社会的总目标存在一定的差距。《国民经济和社会发展第十三个五年规划纲要》中将实现“村村直接通邮”列为重点任务；《邮政业发展“十三五”规划》中提出，“十三五”期间建制村实现村村直接通邮。建制村直接通邮是指收件地址为建制村的邮件，由邮政企业通过统筹自投和委托外包等方式，按照《邮政普遍服务》标准规定的投递频次（交通不便边远地区建制村的投递频次，由各地邮政管理部门和邮政企业根据交通状况、邮件量等因素确定）投递到建制村的村邮站或者其他固定接收邮件的场所。为推动建制村直接通邮，国家邮政局连续五年将建制村直接通邮任务列为“为民办实事工程”。2017 年，国家邮政局出台“十三五”时期建制村直接通邮工作方案，方案中提出按照“实事求是、因地制宜、普惠均等、互融共进”的工作原则，力争三年内实现建制村直接通邮的总任务。同时明确了建制村直接通邮的三确定标准，即确定投递主体、确定投交地点、确定投递频次。各级邮政管理部门和邮政企业精心组织，制定方案，建立台账，积极作为，精准施策，同时邮政管理部门积极协调各级政府加强对直接通邮工作政策资金支持。中国邮政集团公司加大困难地区、重点地区的投入力度，统筹优化农村地区投递网络、路线及人员等资源配置。邮政系统广大基层干部职工，充分发扬艰苦奋斗的优良传统和新时代“小蜜蜂精神”，有力地保障了建制村直接通邮工作落地见效。2019 年 8 月，全国建制村直接通邮任务提前一年全部完成，村民足不出村即可接收邮件。习近平总书记在全国脱贫攻坚总结会上肯定建制村全部通邮路。村村通邮进一步畅通了“工业品下乡、农产品进城”的双向流通渠道，实现了从“枝头到舌头”的畅通。

同时，为规范村邮站运营和管理，国家邮政局于 2015 年出台《村邮站服务规范》，村邮站建设、运行制度体系逐步完善，服务标准化得到提升，并鼓励村邮站拓展代收、代投快件等民生服务。随着经济社会发展和人民群众用邮需求的变化，村邮站的服务功能延伸，服务内容不断叠加，不仅可以为村民提供信报邮件接收服务，还为村民提供小额取款、代缴费以及“村邮乐购”等综合便民服务，真正让村民们享受到购物、销售、生活、金融、创业“五不出村”的便利。为落实刘鹤副总理在《关于提前完成村村直接通邮任务的报告》上作出的“巩固住，提高服务质量和效率，保住网”的重要批示要求，充分发挥“村村直接通邮”这一邮政网络的功能作用，各级邮政管理部门着力推动将村邮站打造为村级邮政综合服务平台，推广“村邮站＋快递超市＋金融便民服务站”模式，在延伸政务办理、推进邮快合作、支撑农产品上行等方面狠下功夫，积极服务乡村振兴战略，助力全面建成与小康社会相适应的现代邮政业、全面建设现代化邮政强国。

“村村直接通邮”是一项“通政”工程，邮路的畅通确保了党报党刊等邮件能够投递到村，及时传递党的声音，送去党的温暖，确保了中央大政方针的及时传达；“村村直接通邮”是一项“民心”工程，邮件投递深度的延伸、投递频次的提高，提升了边远地区群众的获得感幸福感安全感；“村村直接通邮”是一项“富民”工程，为精准扶贫贡献了邮政力量。全面实现“村村直接通邮”，体现了邮政系统积极履行社会责任的政治自觉，履行了国家承诺、彰显了国企担当，创造了良好的社会效益。

第三节　快递“向西、向下、向外”

随着我国经济社会发展，信息化应用普及推广取得显著成效，城乡居民消费升级步伐不断加快。相比农村传统购物渠道，网购更具有价格优势，且商品丰富性、购买便捷性强，我国中西部和农村地区网购量大幅增加，对于电子商务类小量、快速、个性化的快递服务需求日益旺盛。而快递企业在中西部、农村地区的服务能力与东部、城市地区相比还有较大差距，基础设施、服务水平、产品结构等问题依然突出。同时，中国经济对外开放的步伐加快，要求有相应的快递物流体系配套。快递企业参与区域和全球市场的步伐仍然缓慢，“走出去”能力还很弱。

在此背景下，国家邮政局贯彻落实党中央、国务院指示批示精神，着力解决快递业发展不平衡不充分的问题，自2013年起持续推动实施“快递向西、向下、向外”服务拓展工程，整体提升中西部、农村地区快递发展水平，改善城乡间、区域间电子商务及快递服务均衡度，推进快递服务与农村电子商务协同发展，推动快递服务“出海”提升国际化水平。

一、快递“向西、向下”工程

最初，快递业发展集中在东部发达地区和大中城市，但同质化严重，发展后劲不足。而西部地区和农村地区有很多特色产品，有寄递需求，是一个很大的“蓝海”市场。以甘肃兰考县固阳镇为例，这里有一个民族乐器生产基地，固阳镇乐器生产商通过线上、线下两种渠道进行销售，线上销售全部通过快递进行寄递。农产品物流也有很大的市场空间，快递企业在管理、信息化建设方面已经具有了一定优势，在农产品冷链物流市场大有可为，陕西铜川陈坪被誉为“铜川樱桃第一村”，陈坪大樱桃已成为享誉国内外的果中珍品。开拓西部欠发达地区及农村市场，在这些地区建立快递服务网络，成为快递企业提高自身竞争力和市场占有率的必然选择。

国家邮政局党组书记、局长马军胜于2013年9月到江苏南通邮政速递物流叠石桥分拨中心调研，这个中心主要为当地家纺企业网上销售提供物流服务，流水线上的快件大多是寄往全国各地的家纺用品。马军胜随意拿起一件包裹，收件地址是云南省怒江贡山独龙族怒族自治县的独龙江乡，距离南通市直线距离有2200多公里。“为什么隔这么远网购?”马军胜通过包裹上留的电话向收件人了解情况，原来当地很难买到这样的商品，即便有也很贵，现在有了电商和快递，村民可以买到远隔千里外的商品。唯一不方便的就是乡里没有快递，要走很远的路去县城取。“农民群众有使用快递的迫切需求，农村的市场潜力很大。”马军胜由此萌生了让“快递下乡”的想法。马军胜认为，“快递下乡”的意义不在于为农民群众送了多少包裹快件，而是让偏远地区的农民和城市消费者一样享有网购的便利，促进消费公平①。

在此背景下，“快递下乡”工程于2014年正式启动。国家邮政局坚持“发展为要”，推动快递企业“向西向下”，加快农村和中西部网络布局和基础设施建设，让广大农民享受网购服务，畅通特色农副产品流通渠道，鼓励快递企业采用快递企业间合作、与邮政企业合作、与物流企业合作、与交通运输企业合作、与农村公共服务平台合作等方式开展快递服务，为快递企业与各类农业合作社、农业现代化企业、农副产品深加工企业和农村电子商务企业的合作牵线搭桥。各地邮政管理部门因地制宜推进快递业与地方经济融合，与相关行业协同发展，引导快递企业加强中西部、农村地区自营网点建设，提高网点的覆盖率和稳定性，实现市、县基本覆盖。“快递下乡”工程在启动初期就取得了明显成效，农村和中西部地区快递网络布局和设施建设加快，全国快递服务网络均衡度有所改善。截至2014年底，农村快递网点发展到4万个，乡镇覆盖率提高到50%以上，西部地区覆盖率达到20%～30%，农村快递市场包裹量超过20亿件②。

2015年，国家邮政局联合商务部正式出台《关于推进快递向西向下服务拓展工程指导意见》，推进中西部、农村地区快递服务与电子商务协同发展，提出坚持市场主导与政府引导相结合，充分发挥企业的市场主体作

---

① 《国家邮政局局长马军胜：打造航母级快递企业 扩大快递有效供给》，新华社网站，2016年3月7日。

② 《解读〈交通运输部 农业部 供销合作总社 国家邮政局关于协同推进农村物流健康发展加快服务农业现代化的若干意见〉》，国家邮政局网站，2015年4月13日。

用，积极拓展中西部、农村快递市场，探索快递与电子商务协同发展新模式。同时积极发挥政府在规划、政策、标准等方面的引导作用，为快递服务向西向下营造良好的发展环境。坚持促进发展与加强规范相结合，加大对快递服务、电子商务、农民网商协同发展的政策支持力度。因地制宜拓展服务范围，创新服务方式，改善服务水平，同时规范市场秩序，切实保障快递服务质量，维护消费者权益，确保寄递渠道安全。坚持建设与合作发展相结合，立足快递企业自身实际，加快基础设施、信息网络、末端网点的健全完善，切实提升中西部、农村地区快递网络覆盖。鼓励快递企业与电子商务企业、商贸流通企业在服务创新、末端投递等领域广泛开展协作，实现资源共享，降低运营成本，提升服务效率。

随着推进快递“向西向下”、加快发展农村电子商务、推动农村物流健康发展等政策文件的陆续出台，快递与农业的协同效应明显增强，服务城乡服务三农作用得到显著发挥。截至2015年底，全国农村地区快递服务网点已基本具备为3.77亿农村人口提供寄递服务的基础能力。全年农村收投快递的包裹量已超过50亿件，带动农副产品进城和工业品下乡超过3000亿元①。

“快递下乡”在推进乡村振兴、发展农业农村，打通农产品进城、工业品下乡的双向流通渠道的过程中发挥了重要的作用。国家邮政局积极推广各地在服务农村电子商务发展过程中形成的驻村设点、集中收寄、专线直配等服务经验，大力推进快递与农村电子商务协同发展。各地邮政管理部门积极争取地方政府将“快递下乡”纳入精准扶贫、智慧物流农业现代化等战略部署，通过规划引导、政策激励、财政补贴等方式予以支持，探索适合本地发展的“快递下乡”新模式。

① 《2015年度快递市场监管报告》，国家邮政局网站，2016年6月27日。

在“快递向西向下”的过程中，快递企业利用自身优势培育和带动农村电商的发展，形成“快递+电商”的拓展模式。圆通速递向农村居民传授如何做电商，引导其创业的过程中也让更多的农产品触网销售，提升农副产品附加值，为电商发展营造出更多领域的发展机会，也为快递自身创造了更多的发展途径。以海南为例，海南拥有很多富有特色及竞争力的农业产品，通过“快递+电商”，海南的杧果（俗称芒果）、凤梨直接通过圆通的网络平台销售，快递车直接引流至源头。一方面，通过培训村民用互联网实现本地产品的上行，学会使用互联网来增加收入，直接解决农村电商人才少和产品上行难的难题，解决就业；另一方面，为返乡青年提供了回乡创业机会，同时有效地解决了空巢老人和留守儿童的社会问题。申通快递山西临猗分公司与当地农户合作，通过各种渠道销售临猗苹果，并提供专业化服务，帮助农民解决包装、运输难题。申通快递贵州罗甸分公司与当地果园场、农产品基地、农户对接，全力做好火龙果、脐橙之类农特产品的包装、寄递工作。

以往农村快递主要是包裹派送，揽派比严重失衡，影响快递企业在农村下沉快递网络的积极性。国家邮政局组织各地邮政管理部门推动快递与地方农产品特色产业紧密结合，通过服务农产品外销，打造快递服务现代农业特色项目，推动“产包裹”，助力农产品上行，并支撑农村快递发展。以顺丰、邮政 EMS 为代表的快递企业下沉服务网络，并拓展生鲜冷链快递服务。广东荔枝、青岛蓝莓、烟台樱桃、阳澄湖大闸蟹、查干湖胖头鱼等通过快递送达全国各地。农村市场活力不断释放，农产品全新的销售渠道逐步形成。大批外出务工人员回乡创业，江西铜鼓、广西百色、重庆石柱、贵州铜仁、陕西洛川和甘肃成县等多地通过“快递下乡”，更好地连接城市与农村，吸纳更多的贫困人口就业，推动农产品进城、工业品下乡，帮助老少边穷地区走出了一条脱贫致富的新路。2016

年，全国乡镇快递网点覆盖率超过 80%，天津、辽宁、上海、江苏、福建、湖北、广东、海南等 8 省份达到 100%，中西部地区整体提升超过 12%①，快递业通达城乡的双向通道基本形成，“快递下乡”成为服务“三农”的重要组成部分、精准扶贫的重要助手以及中西部经济结构调整的重要抓手。

国家邮政局努力巩固“快递向西向下”发展成果。坚持分类施策，分省对标，指导各地通过企业自建、多方合作共建、建设公共平台等多种方式，加强交邮合作、快邮合作，建立乡镇“快递超市”，健全中西部、农村地区快递服务网络。鼓励快递企业利用线上涉农销售平台、电子商务创业平台及社区营销方式，助推电商创业孵化，带动农民致富增收。各地积极推动地方政府出台推进农村快递基础设施建设扶持政策，将“快递下乡”纳入地方扶贫工程。针对当地农特产品，引导乡镇网点提供冷链、产地直销、订单生产等新型专业寄递服务，提升区域性农村快递配送能力。

快递企业积极响应“乡村服务升级”行动计划，推动快递服务网络向下延伸，以驻村设点、集中收寄、直配专线、融合发展以及供应链五大服务模式为主，服务产品的定制化能力更强。部分企业从寄递端向销售端和生产端延伸，发展订单农业，实现产销运的产业链式经营。涌现出柳州螺蛳粉、宝鸡猕猴桃、攀枝花芒果、扬山酥梨、梅州金柚、黄冈蕲艾等年业务量超千万件的“快递 +”金牌农业项目 20 个，累计产生快件 3.66 亿件，带动农业产值超过 400 亿元。2018 年，农村地区快递服务网点超过 5.9 万个，快递网点乡镇覆盖率达 92.4%，提高 5.1%。全国 98% 以上的人口足不出乡就可以享受便捷的快递服务，快递已经成为刺激农村消费、振兴农村经济的重要助力。广西、江西、吉林、河北等 22 个省份覆盖率达

① 《2016 年快递市场监管报告》，国家邮政局网站，2017 年 6 月 24 日。

100%，畅通农产品进城和工业品下乡双向流通渠道①。

快递服务加快农业农村现代化进程。以快递服务现代农业金牌项目柳州螺蛳粉为例，就带动起了一个年产值超40亿元的大产业，有力服务当地经济社会发展。螺蛳粉从以前只能在柳州品尝到的地方特色小吃，变身为可以快递的“地道美食”。柳州依托广西“三月三”国际电商节打造网上“螺蛳粉狂欢节”；充分利用“618”“双11”“双12”等网上购物节开展螺蛳粉消费购物活动。邮政、快递企业根据自身情况开展“上门揽收”“集中收寄”“仓储+配送”一体化等服务模式，不断提高服务能力，逐步建立结构合理、协助深入、标准对接的发展新模式，使快递业融入螺蛳粉的产业链、供应链和服务链中，保障螺蛳粉更快“从柳州到全国各地”。螺蛳粉销售及寄递带动了种养业、电子商务、快递包装等第一、第二、第三产业融合发展，形成了上下游供应配套全产业链。柳州于2018年配套建设大米、豆角、竹笋、木耳等螺蛳粉原材料基地规模达50万亩，超过25万个就业岗位遍布螺蛳养殖、酸笋种植与加工、腐竹加工、豆角加工、米粉加工等种养产销上下游产业的各个环节，带动原料基地农民20万人、贫困户4500多户（约2.3万人）人均年增收9000元以上②。

国家邮政局持续深入推动“快递下乡”换档升级，印发《加快推进“快递下乡”工程实施方案》，明确主要发展模式。截至2019年底，农村地区超过3万个乡镇设置快递网点，建成公共取送点达6.3万个，乡镇快递网点覆盖率96.6%，为推动农村电商发展、农村消费升级提供重要助力。除云南、甘肃、青海、西藏、新疆外，北京、天津、河北、山西、内

---

① 《2018年快递市场监管报告》，国家邮政局网站，2019年7月11日。

② 《2018年快递服务现代农业金牌项目柳州螺蛳粉，打造“桂系”产业品牌 唱乡村振兴新歌》，载《农民日报》2019年第40期。

蒙古、辽宁等26个省份实现快递网点乡镇全覆盖。云南建成乡镇快递网点1236个，同比提高8.9%，昆明、楚雄、曲靖等13个州（市）覆盖率达100%。西藏建成乡镇快递网点175个。甘肃建成乡镇快递网点2124个，新增113个，同比增长6.3%；建成村级快递网点708个，快递服务覆盖1311个行政村。青海建成乡镇快递网点564个，新增181个，同比增长47.3%。新疆建成乡镇快递网点882个，新增297个，同比增长41%①。

“快递下乡”成为助推农民增收实现精准扶贫的有效抓手。全国各地邮政管理系统的干部职工奔走在扶贫攻坚一线。在山区、江边、草场，这支“邮”队伍有个共同点，他们走访村民，倾听民声；他们挑灯夜战，梳理思路；他们多方联系，寻计问策；他们因地制宜，发展产业，成为村民脱贫致富路上的知心人、推动者。扶贫扶长远，长远看产业。在扶贫攻坚过程中，邮政业因地制宜，积极助力当地发展相关产业，带动村民脱贫。中国邮政集团公司致力于“扶持一个产业，造福一方百姓；搭建一个平台，打响一个品牌”，积极引导扶贫村发展朝天椒、核桃等特色种养殖和香菇酱加工，帮助贫困地区老百姓脱贫增收，许多留守妇女、老人也走上了脱贫之路，大大增强了贫困户的信心，体现了中国邮政真扶贫、扶真贫的责任担当。在湖北黄冈，成立了黄冈市邮政业首个产业扶贫示范点红安县小丰山村邮政快递电商服务中心。该示范点以“政府搭台、企业唱戏”的方式，为邮政业助力乡村振兴提供有力支撑。中通快递积极健全农村配送网络，打通农产品进城、工业品下乡双向流通渠道，促进农村地区消费，不断探索“快递+农村电商+农特产品+农户”产业扶贫模式，全网范围内涌现出一个又一个扶贫助农成功案例。在山西省娄烦县，中通网点负责人孙晓东依托中通网络优势，利用“快递+农业+电商”模式把土

① 《2019年快递市场监管报告》，国家邮政局网站，2020年7月9日。

豆、小杂粮、小米、胡麻油以及应季蔬菜水果等当地特色农产品搬上了线上销售。娄烦县中通连续3年累计助农销售土豆近200万公斤，在当地直接和间接帮扶贫困人口达300多人①。

随着快递网络的完善，快递业在助力脱贫攻坚和服务乡村振兴方面发挥着越来越重要的作用。快递企业通过驻村设点、集中收寄、直配专线、电商快递融合发展和供应链等多种模式，全年共产生37个年业务量超千万件“快递+”现代农业金牌项目，新增昆明鲜花、烟台苹果、南宁沃柑、成都柑橘和哈尔滨大米等20个项目，江苏宿迁（沭阳）花木项目快递业务量首次突破亿件，成为全国唯一超亿件项目。“金牌+”项目通过示范引领，带动各地推广集中服务农村电子商务发展的有力经验，快递与现代农业发展有效结合，与农村电子商务发展紧密相伴。快递业精准扶贫工作取得积极成果，全国73个贫困县打造出77个年业务量超十万件的快递服务现代农业项目，累计实现业务量9800万件，带动农业总产值57.4亿元。“寄递+农村电商+农特产品+农户”产业扶贫模式取得良好成效，帮助销售农产品3.67亿元，近20万贫困人口受益②。

农村快递网络覆盖率提升的同时，服务质量成为多方关注焦点。农村快递网络下沉成本高、市场不规范，部分网点对于上门取件的用户进行二次收费，损害了用户合法利益，增加了用户负担。这一现象违背了“加快补齐农村邮政快递基础设施短板，逐步缩小城乡寄递服务水平差距，不断提升农民的获得感、幸福感和安全感”的农村快递发展初衷，亟须进行清理整顿。2019年4月开始，国家邮政局对违规收费开展两轮专项清理整顿。全系统累计下达责令改正通知书347份，立案调查291起，实施行政

① 《扶贫攻坚　助力乡村振兴：邮政业干劲正酣》，中国邮政快递报网站，2019年10月18日。
② 《2019年度快递市场监管报告》，国家邮政局网站，2020年7月9日。

处罚212起，罚款金额229.5万元，对违规收费行为形成了强力震慑，有力地维护了用户合法权益①。2020年，国家邮政局将快递末端网点违规收费行为纳入常态化监管事项，持续保持对违法行为的监管打击力度。为实现“诚信投递”，国家邮政局要求各快递企业总部明确告知投递服务深度，约定切实可行的投递方式，并在格式合同条款中明确投递深度、投递方式以及价格标准。针对末端网点“生存难”问题，国家邮政局要求快递企业善用政策、多方合作，通过不断健全快递末端服务网络，实现资源共享，成本共担。要求各级邮政管理部门要为“快递下乡”积极争取政策支持，降低快递末端经营压力，实现其可持续性运营。纠正农村末端网点违规收费，既解决了近期群众反应强烈的合法利益受损问题，又为农村快递发展的长远发展扫清了障碍。

全面推进“快递进村”。国家邮政局印发《“快递进村”三年行动方案（2020—2022年）》，明确指导思想、基本原则和工作目标，提出主要模式、分步推进和工作要求，明确各省份2020~2022年分年度任务目标，并在河北、内蒙古、黑龙江、江苏、安徽、青海6个省份和太原、吉林、济宁等15个市（州）组织开展全国试点。快递“向下”的网络更加坚实，2020年，全行业833.6亿件快递中，有300亿件是农村快递，农村地区业务量比重高达36%，农村快递市场变得越来越重要。全国共培育出60个业务量超千万件的快递服务现代农业金牌项目，总件量11.77亿件，助农销售总计655.18亿元。仅邮政快递业本身，2020年在农村地区新增的就业岗位就有15万个②。

农村人口居住分散，业务量不大，快递运营成本拉高，网点投入后存活压力大，需要地方政府和相关部门在资源配套、财税减免、规范消费、

---

①② 资料来源：国家邮政局网站。

净化市场等方面给予支持，邮政快递企业间的资源共享也非常重要。以西藏自治区为例，2020 年，西藏继续深入推进“快递下乡”工程，“三通一达”等 7 家民营快递企业和邮政企业开展合作，推动实现快递网络行政村全覆盖。西藏邮政网络已经实现行政村全覆盖，邮政网络有固定班期，以报纸投递为例，每个村每周都投递 3 次，每个乡每周投递 5 次，每个县每周投递 7 次，投递品质很高。但快递企业按普遍服务的标准来运营，难度很大，加上民营快递企业人员成本、生存成本等成本较高，使得他们的乡（镇）覆盖率较低，目前还不到 20%，各快递企业一直在想方设法克服困难派送①。随着农牧区经济的快速发展和农牧民物质生活水平的日益提高，西藏各地（市）农牧民群众也需要更多的寄递资源。中通快递、圆通快递、申通快递、百世快递、韵达快递、天天快递和优速快递 7 家快递公司和区邮政公司签约。邮政、快递合作有助于降低民营快递企业运营成本，打通民营快递企业服务农牧区“最后一公里”，为农牧区电商发展提供寄递网络支撑，为邮政业持续健康发展营造良好的环境。

实践证明，“快递进村”符合最广大人民群众的利益，符合农业农村发展的需要，也符合快递企业未来的市场拓展方向。部分地区快递企业看到了快递进村后实实在在的业务量增长，看到了农村市场的巨大潜力，“快递进村”已由“要我做”转变为“我要做”。有些村本来派件量极少，但当快递服务站点铺设进去，网络打通之后，百姓的消费习惯培养起来，快递件量往往会翻番上涨。有些地区管局组织快递企业共配到村，多家快递企业主动提出要做牵头方，最后采取公平竞争，看谁能够实现最低成本共配到村，就交给谁来做。

2021 年，中共中央强调全面推进乡村振兴，加快农业农村现代化，流

---

① 资料来源：国家邮政局网站。

通渠道的打通和顺畅仍是至关重要的一环。提出要加快完善县乡村三级农村物流体系，改造提升农村寄递物流基础设施，深入推进电子商务进农村和农产品出村进城，推动城乡生产与消费有效对接。促进农村居民耐用消费品更新换代。“快递下乡进村”的步伐仍在有力迈进，农村快递市场这片广阔天地大有可为。

二、快递“向外”工程

随着国内快递网络基础逐步坚实，我国快递业的规模及服务领先全球，快递企业迈开“走出去”的步伐。在国务院办公厅《关于实施支持跨境电子商务零售出口有关政策意见》的推动下，国内主要快递企业纷纷拓展境外市场，加快网络覆盖，寄递服务支撑跨境网购能力显著增强。

国家邮政局与相关部门建立合作机制，积极解决快递“三流一关”难题，加快推进“绿色通道”建设，联合中国民航局协调解决航空快件优先配舱优先安检、加速通关的问题，引导快递企业加强合作，提升国际影响力。实施引进来和走出去结合发展战略，逐步引入国际先进快递服务主体，促进市场竞争，鼓励支持重点国内快递企业开拓海外市场推动开展跨境网购寄递业务。各级邮政管理部门充分利用自由贸易试验区、跨境电子商务综合试验区、中欧班列集结中心、跨境电子商务零售进出口试点、跨境电子商务企业对企业出口业务试点等政策优势，积极引导快递企业通过自建、合作等方式建立跨境网络，加速向海外拓展。鼓励支持邮政企业、国际快递业务经营许可企业开展邮件、快件、跨境电子商务企业对企业出口业务和跨境电子商务零售进出口业务，利用中欧班列（渝新欧）和国际机场作为跨境运输通道，不断加快快递“出海”步伐。

结合“一带一路”建设与自贸区建设的良好契机，快递企业与跨境电商通过数据对接和互联互通，为跨境贸易提供通关、通检、物流等全流程“一站式”服务。2015 年，邮政 EMS 开通“济南—首尔”全货机国际航线；顺丰速运在日本推出日淘免费运服务，开通至俄罗斯全境的收件服务；韵达速递新西兰服务中心在奥克兰正式运营；圆通速递发起全球包裹联盟；中通快递加快南非、津巴布韦等非洲市场开发；申通快递布局加拿大、俄罗斯和亚太市场；顺丰速运旗下“顺丰海淘”和韵达速递旗下“优递爱”等跨境电商平台正式上线。邮政 EMS、顺丰速运等加紧布局海外仓，强化跨境电商支撑。2017 年，杭州、郑州、上海等 13 个城市积极开展跨境寄递引导工程，形成定期会商、信息通报、统计监测和交流机制。构建一站式跨境电子商务综合服务中心，简化通关流程，提高寄递时效，推进快递与跨境电子商务协同发展，实现信息互联互通。累计完成进口快件 1.03 亿件，出口快件 2.97 亿件，跨境寄递能力显著提升，为跨境电子商务蓬勃发展提供重要支撑①。

2018 年，快递业加快“走出去”步伐。完成中欧班列从义乌到莫斯科首次快件运输试点。中欧班列“顺丰号”正式开通，在“一带一路”沿线重点国家加快网络布局，大幅压缩寄递时限；拓展两岸快递业务，促进两岸邮政快递与电商融合发展。18 个“一带一路”重点省份国际快递业务累计完成 9.2 亿件，同比增长 39.4%，服务“一带一路”成效明显。国际快递网络及海外仓覆盖 50 多个国家和地区，支撑超过 3500 亿元的跨境电子商务贸易②，快递网络日益成为全球物流和供应链服务体系的重要组成部分。

快递企业国际运输服务能力储备不断加强。2019 年，快递行业拥有国

① 《2017 年度快递市场监管报告》，国家邮政局网站，2018 年 7 月 12 日。
② 《2018 年度快递市场监管报告》，国家邮政局网站，2019 年 7 月 11 日。

内快递专用货机116架。快递企业积极布局国内外航线，行业新增24条国际货运航线。国际/港澳台快递业务量为14.4亿件，占全部快递业务量的2.2%，业务收入为747.3亿元，占全部快递收入的10%。快递企业积极利用中欧班列，加快走出去步伐，在专线物流、海外仓建设等方面加强国际合作①。2020年，行业拥有国内快递专业货机122架，同比增加6架。快递企业积极布局国内外航线，新增27条国际航线，畅通国际物流供应链，提升航空货运能力与寄递服务便利化水平。邮政航空开通“上海—东京”“郑州—首尔”“昆明—曼谷”等多条国际航线，扩容国际航空运输网络，进一步加快推进与东盟地区的互联互通，加强经贸、金融服务等方面的合作。顺丰航空全货机规模达到61架②。圆通航空正式开通“石家庄—比什凯克”“昆明—拉合尔”“杭州—吉隆坡”等多条国际货运航线，持续加强国际化快递服务，积极搭建“一带一路”货运空中通道。京东、圆通分别选址芜湖、嘉兴作为企业全球航空物流枢纽，为完善国际网络提供重要支撑。

2020年新冠肺炎疫情在海外蔓延，各国对防疫、医疗等物资需求量剧增，但国际航线班次大幅缩减或停航，客机腹舱货运量大幅下降，大量国际快递面临发运难、价格高的问题。快递“出海”模式成为缓解航空运能短缺的有效途径之一，也是完善“快递出海”海向通道的重要举措。但快递对货物时效性要求较高，品类繁多且对应多货主，而一般拼箱货物品类较少且对应单一或少量货主，两者差别较大，导致快递货物在进口清关、海外派送等方面的操作上具有较大难度。各地邮政管理部门积极采取措施疏通“海运”线路。以浙江省为例，在浙江省委省政府统一部署和“四

① 《2019年度快递市场监管报告》，国家邮政局网站，2020年7月9日。

② 资料来源：国家邮政局网站。

港”联盟积极协调下，浙江省海港集团与中国邮政浙江省分公司对接合作，双方建立总部层面工作联络机制，迅速为该项目制定业务方案、梳理操作流程，以选取航程较短、时效较快的“日本关西线（宁波—大阪—神户）”为试点，从而有效解决运输时效、快递清关、海外配送等困难，成功打通了宁波—日本大阪的“快递出海”通道。

快递“出海”，是快递业从快递大国走向快递强国的重要风向标，是快递企业发展壮大的必经之路，是实现中国快递服务全球共享的重要体现。

第四节　打通上下游、拓展产业链、画大同心圆、构建生态圈

邮政体制改革以来，邮政业保持了持续快速发展态势。尤其是快递业业务量稳居世界第一，在极短时间内完成了由小到大的历史性跨越。处在转型提效的攻坚期，由大到强的加速期，邮政业既面临成长蝶变、脱胎换骨的重大战略机遇，同时也面临诸多矛盾风险的严峻挑战，迫切需要从战略层面提出指导行业发展的新思路。2017 年的全国邮政管理工作会议，提出了“打通上下游、拓展产业链、画大同心圆、构建生态圈”的新思路，这是行业立足新定位服务经济与社会发展的重要举措，是行业把握新形势、用好重要战略机遇期的有效途径，更是行业展现新担当，提升在国民经济发展中重要地位的必由之路。

“打通上下游、拓展产业链、画大同心圆、构建生态圈”是国家邮政局党组审时度势，全面分析行业内外形势，深刻把握行业发展规律下做出的重要战略决策，是国家邮政局党组牢固树立“四个意识”，特别是核心

意识和看齐意识，是向党中央的决策部署看齐的重要体现，是“四个全面”和“五位一体”战略布局在邮政业的贯彻落实，是“五大发展理念”在邮政业的生动实践，是落实《国务院关于促进快递业发展的若干意见》的具体举措，是“五个邮政”建设的实现路径，集中体现了时代和实践发展对邮政业的新要求。“打通上下游、拓展产业链、画大同心圆、构建生态圈”是响应经济新常态下中央对邮政业新定位新要求的必然选择，是完成邮政业发展新阶段新任务的必然选择，是国家邮政局党组站在行业发展的新起点进行的战略思考、战略谋划和战略部署，也是解决邮政业发展中新矛盾新问题的必然选择。

一、打通上下游，就是要实现供需双侧精准发力

充分发挥邮政业在产业间的桥梁和纽带作用，从被动渗透向主动打通转变，在为上游提供供给、向下游输送需求的过程中，找到双向发力的平衡感、侧重点和突破口，提升行业在国民经济中的贡献度、影响力和主动权。一方面，要立足自身定位，紧跟上游产业，处理好快速反应与掌控方向的关系。要密切关注消费升级和产业结构调整态势，打造“巩固与传统电商的共生形态、贯通与新型电商的互动链条、孕育支撑实体经济业态的新生动力”的供给阶梯。另一方面，要不忘立业初心，带动下游产业，处理好共生共荣和产业边界的关系。要对专业优势保持清醒认识，在通过一级市场运作获得巨量资本的基础上，必须对这些资本用到哪、怎么用的问题进行前瞻性、战略性的思考，并有针对性地加以导流，避免资本逐利引发的盲目投资和浪费。

二、拓展产业链，就是要拉长加厚拓宽并行

拉长就是实现邮政业价值链的延长，更好地与关联产业的供需链相衔接。从现有的揽收、运输、分拣、投递四个环节向仓储、流通加工等环节延伸，直到向提供综合解决方案扩展，是沿着从供给端到需求端的所有供应链服务环节扩展，实现从单一寄递服务向综合物流服务扩展，丰富服务功能，从更多环节、更多价值、更深度参与产业分工，获得更多价值分配。加厚就是要实现邮政业价值链与关联产业的技术链的对接，使得同样的环节能够提供更加高端和高附加值的服务。例如，能够提供全环节的冷链快递服务，能够提供高端高价值产品寄递服务，从刚性标准化服务向弹性多层次个性化服务扩展，从而增加服务品种、提升服务品质、创立服务品牌，使得邮政业在供需链中实现全功能、全业务、全融合、全增值、全要素，提升邮政业的价值创造。拓宽就是要实现邮政业的产业链与消费者的需求链对接，充分发挥邮政快递服务网点及服务人员的综合服务平台职能，扩大邮政业服务的提供范畴，跳出传统思路，用大数据、智能化的思维方式思考问题，发展范围经济，提升邮政业服务广大消费者的黏性。

三、画大同心圆，就是要增进现代邮政业共识度

“十三五”时期是建成与小康社会相适应的现代邮政业的决胜时期，邮政业坚守“人民邮政为人民”的圆心，增进现代邮政业的发展共识、改革共识、法治共识、价值观共识。邮政业发展至今，已经与诸多产业形成了交织、绞合的关系，既有当下互相借力的基础，更有未来彼此成就的必要。能够与邮政业统一战线的产业在发展壮大，能够为我所用的资源在滋

长、在流动、在整合。认识、判断和现实选择上的分歧，并不影响态度、规则和未来目标上的共识。必须牢牢把握多方力量汇集、碰撞、聚合的历史契机，团结和利用好产业链上下游与邮政业有发展共识的产业和企业，团结和利用好法律政策规划上与我们息息相关的政府部门，团结和利用好金融、高校、科研等为我们提供资本、人才、科技等要素的机构，团结和利用好托起邮政业发展未来的全行业干部职工和广大人民群众，共同擘画邮政业发展同心圆，推动邮政业发展规模再创高绩、竞争实力冲上高阶、产业地位迈向高端。

四、构建生态圈，就是要迈向协同共赢的新空间

新一轮的竞争已经开始，企业之间的个体竞争逐渐上升到产业链的竞争，最终将演化为生态圈的竞争。邮政业生态圈的构建尚处于起步阶段，必须紧紧跟随“互联网+”时代下的宏观和微观变化，不断调整和找准邮政业在既有生态圈中的功能定位，实现同一生态圈中的功能跨界互补，不同生态圈间的能量相互激发。一是要形成多样性的共生，打造共同创造价值的大平台，实现生态圈经营活动的合理分工、有机联合。二是要推进嵌入性的互生，搭建互惠互信共赢的软规则，在生态圈成员间相互依赖关系稳定的基础上，进行科学合理的超前布局。三是布局开放性的再生，撬动不断发散进化的新空间，警惕生命周期衰退风险，重新关注经济环境，吸引更多资源加入生态圈。生态圈的构建，是市场自发行为和政府自觉行为的有机统一。政府与产业环境之间始终保持动态平衡，平衡点就是政府对产业环境需求的充分满足。邮政管理部门应当树立起自觉意识，完善邮政市场准入方面的法律法规，推动产业组织、布局、结构等政策的有机融合，加强与相关政府部门的沟通协作。承载着党和国家的信任，承载着人

民群众的关切，邮政业理应集中力量，放宽视野，用融合和变革的力量推开新时代的大门。要保持定力，鼓足干劲，站在历史的交汇点，做好现在与未来的接替、承续与更新。

“打通上下游、拓展产业链、画大同心圆、构建生态圈”，前十个字侧重指向行业生产力层面，为实现全面建成与小康社会相适应的现代邮政业规划了发展路径；后十个字侧重引向邮政业外力量资源，指向行业的生产关系方面，为破解行业发展难题、筑牢发展基础、厚植发展优势提供保障。“打通上下游、拓展产业链”既要以“画大同心圆、构建生态圈”为支撑保障，也要为其提供发展机遇；“画大同心圆、构建生态圈”反过来进一步促进“打通上下游、拓展产业链”的实现。因此，新思路强调的是业内与业外的相互交融，发展要务与发展环境的相互协调，生产力与生产关系的相互促进，是推动邮政业在增长中转型由大做强的使命必然，是发挥邮政业基础性先导性作用的客观要求，是全行业干部职工必须践行的行动指南。

“打通上下游、拓展产业链”，就是要推进供给侧结构性改革，增品种、提品质、树品牌，做优存量、做大增量、做强质量，拓展范畴、深化内涵、细化分工，增强源源不断的内生动力，提升贯通产业上下游间和关键环节间的能力，更深更广地融入国民经济主战场。回首十年改革发展历程，与电子商务的融合是邮政业由小到大的关键之举。坚持“大融合”，拓展服务广度深度黏度，需求引导供给，供给创造需求，培育邮政业新的增长点、中继线、覆盖面，实现动力多元、形态各异、结构合理、产业跃升，实现“动力系统”不断升级，道路越走越宽。第一，基础在“产”，要强化创新驱动，提升供给适应性有效性。与上下游关联产业建立稳定持久共生关系，深化与新型电商微商、跨境电商、制造业融合发展，服务经济转型、消费升级、产业转移、空间开发、开放推进和国家“三大战略”，从“+1”向“1+3”扩展，实现新生性、内涵性、延展性、外向性、联动性发展。第二，聚焦在“链”，要优化产业组织，鼓励快递物流化，整合企业链、空间链、供需链、技术链、价值链，把邮政快递业快速反应机制推向全社会，从城市向农村拓展，从国内向跨境拓展，从消费端向生产供应端拓展，从一般品类向高端品类拓展，从单一寄递向综合物流拓展，从刚性标准化向柔性个性化拓展，从产品导向向用户导向拓展。第三，用力在“打”，变被动适应需求为供给主动引领，善用加减乘除，着重于“加”，从“互联网+”与“邮政业+”两侧发力，重构市场主体、流程运行体系、客户价值，疏网络广渗透、贯动能搭平台、强对接连衍生，建联动机制、转商业模式、推功能集成，深入原产地、靠近消费者，裂变和聚变一切关联方。第四，标准在“通”，磨合理念价值组织系统，实现无障碍、无阻断连接，数据实时共享、需求精准预测，服务快速响应，信息全程可视，流程无缝对接，资源高度协同。从而释放邮政业网络渠道平台优势，加强通农通工通贸，更快通村通边通关，走出一条东中西部各具特色的发展之路。

“画大同心圆、构建生态圈”，就是要聚焦寄递服务主业，凝聚共创共享发展共识，推动全社会知识、资本、管理、技术、人才等要素汇聚，深化企业间产业间、区域间、部门间紧密协作，创新政府、企业、社会和生态治理方式，更好更快地破解和消除发展中的堵点、痛点和难点，解决体制性瓶颈、机制性障碍、结构性矛盾和政策性问题。各界支持是邮政业发展的重要力量。由大向强，要继续扩大朋友圈，优化行业发展环境，夯实行业发展基础。就是要团结一切可以团结的力量，利用一切可以利用的资源，调动一切积极因素，走向开放竞合、同创共享、互利共赢、和谐共生。一是冀求在“同”，要整合新旧动能，包容新业态新模式，发展新经济、新科技、新资本、新生代力量，凝聚发展共识，集聚发展智慧，同心同向同力同行，共促邮政业发展。二是目的在“大”，让一切关注支持邮政业现代化发展的能量全面汇聚，让一切有利于邮政业由大做强的源泉充分涌流。增进与各级政府、部门的施政契合，抓好法规、规划、标准政策等。集成衔接，扩充“产业地图”，加快试验试点示范和集群集优高地建设，破解寄递安全、车辆通行、末端设施、园区用地、人才培养、快件通关等瓶颈。三是发力在“建”，要树立连接、共享、融合的互联网理念，多维度、多方面、多层次引入知识、技术、管理、人才、资本等资源，丰富行业生态，促进功能互补、能量互放，放大价值效能，实现创新、活力、联动、包容发展。四是形态在“圈”，改善经济产业生态、绿色环保生态、行政治理生态、社会舆论生态、国际化生态等，提高行业治理水平。

“打通上下游、拓展产业链、画大同心圆、构建生态圈”的新思维立足行业，放眼全局，对如何续写中国特色的邮政业发展道路这篇文章进行了理论上的铺垫和创造性回答，对如何实现邮政业由大到强中国梦勾画了清晰的“路线图”，使邮政业的前进方向更加明确，发展布局更加科学，战略举措更加有效。也向全社会展示了邮政业的发展方向、发展道路、发展战略，在“十三五”时期有力推动邮政业在引领经济新常态下赢得新机遇，迈上新台阶。

五、20 字思路的升级版

步入“十四五”时期，邮政业迎来新的发展阶段，开启新征程，邮政快递业作为国家竞争力的重要组成部分，需要在构建新发展格局中进一步找准定位、谋划战略、融入大局。为此在 2020 年全国邮政管理工作会议上，针对邮政业面临的新形势、新机遇和新挑战，明确了当前和今后一个时期，邮政业要按照“服务全领域、激活全要素，打造双高地、畅通双循环”的工作思路，进一步动员全行业聚焦高质量发展、高效能治理，深化供给侧结构性改革，加强需求侧管理，提升供给体系对行业发展的适配性、要素资源对行业供给体系的保障力，形成需求牵引供给、供给创造需求的更高水平动态平衡，更好满足人民美好生活需要，全方位提升行业贡献度和影响力。

“服务全领域、激活全要素”就是要发挥行业连接千城百业、联系千家万户、连通线上线下的优势，加快从重点发展向全域发展转变，从被动适应向主动创造转变，提升与更多领域的关联性和协同性。吸引各类要素资源协同集聚，加快从依靠传统要素向激活全要素转变，从劳动密集型向资本技术数据密集型叠加拓展，为服务全领域提供能力保障。

“打造双高地、畅通双循环”就是要充分利用双重管理和邮联体系的制度优势，推动有效市场和有为政府更好结合，以高效能治理引领高质量发展。充分发挥一体网络优势，加快从促进流通方式转型向畅通国内国际循环转变，在构建新发展格局中全方位释放邮政快递业在助力生产、促进消费、畅通循环中的重要作用。

第五节　邮政业质量变革、效率变革、动力变革

党的十八大以来，邮政业改革发展成效显著，是中华人民共和国成立以来人民用邮获得感最强、创新驱动成效最好、企业实力增长最快、贯通第一、第二、第三产业最实、国际影响力最大的时期。行业始终着眼于质量变革、效率变革、动力变革，不断在破解各类矛盾和问题中找准健康快速发展的路径与方向。

一、着眼质量变革，由“规模扩张”向“质量内涵”转型

坚持以人民为中心，更好满足人民美好生活需要，推动质量变革，把提高行业供给体系质量作为主攻方向，着眼生产生活发展需要，引导邮政、快递企业丰富服务产品，提供更弹性更精准更多样的服务，不断满足人民群众的更好用邮需求。

党的十八大以来，邮政业持续高速增长，截至2020年，业务总量年均增速达到37%，业务收入占GDP比重从0.36%提高到1%，快递年业务量增长到830亿件①。邮政快递业供给结构持续优化，公共服务不断优化，建制村全部实现直接通邮，邮政普遍服务投递频次深度、全程时限持续改善。实现100%县城党报当日见报的省份达到23个②。快递网点基本实现乡镇全覆盖，快递服务产品体系更加完善，延误、损毁和丢失等问题显著改善。行业服务满意度持续提升，有效申诉率不断下降。寄递渠道平稳畅通，五年间未发生重特大安全事故，重大活动保障有力。

第一，深化供给侧结构性改革，进一步拓展行业发展格局。丰富服务功能拓宽联动领域，聚焦现代农业打造特色农产品“直通车”、聚焦先进制造业探索设立“移动仓库”、聚焦跨境电商建设跨境网购“桥头堡”。要推动大包裹、供应链解决方案、即时配送、众包递送等新产品新业态新模式发展，不断培育壮大新动能。不断提升寄递服务质量。

第二，持续优化空间布局，进一步服务好国家重大战略。以“一带一路”建设为契机，积极推进国际寄递网络规划建设，打造覆盖国内外的寄递服务体系，形成空陆内外联动、东西双向互济的开放发展新格局。大力

①② 资料来源：国家邮政局网站。

推进“邮政在乡”和“快递下乡”工程换档升级，服务国家乡村振兴战略。落实国家区域发展重大战略，优化产业空间布局，推进京津冀邮政业协同发展，高起点规划、高标准建设雄安新区邮政业，加强长江经济带、粤港澳大湾区邮政业区域合作，提升大城市群寄递服务水平。

第三，坚持以人民为中心，进一步保障人民群众用邮需要。全面履行邮政普遍服务义务，超前实现全国建制村直接通邮目标，支持发达地区达到更高水平，着力解决农村地区用邮均衡问题。发挥行业优势，融入国家大扶贫格局，推广“寄递+农村电商+农特产品+农户”产业扶贫模式，打好邮政业服务精准脱贫攻坚战。大力推进邮政快递企业进政务大厅，重点推广“网上办事+网下寄递”模式，化解政务烦苛，更深更广更好地便利人民群众办事需要。

二、着眼效率变革，由“同质低效”向“结构优化”转型

坚持以创新为第一动力，加快新旧动能转换，增强发展内生动力。要素资源流动活跃，产业融合日趋紧密，市场活力全面迸发。人工智能、大数据、物联网、区块链和北斗导航等新技术新产品加快应用，快递电子运单、循环中转袋基本实现全覆盖，绿色发展初见成效。发展质效显著增强，湖北鄂州等国际枢纽加快建设，快递专业类物流园区数量大幅增加。高铁快递取得重大突破，航空快递运能不断增强，截至2020年底，全行业专用货机增加到近130架。配备全自动分拣系统的分拨处理中心超过400个[①]。

第一，聚焦行业发展痛点难点，不断破解桎梏难题。尽管“有没有”

① 资料来源：国家邮政局网站。

的矛盾已经基本解决，但行业供给体系质量不稳、效益不高，城乡区域发展不平衡，国际化水平低，中高端供给严重不足等“质量缺口”逐渐显现，“好不好”的矛盾日趋凸显。着眼解决行业要素成本上升、边际效益递减、竞争力下降、增长空间受限等现实困难，在中高端消费、创新引领、绿色低碳、现代供应链、人力资本服务等领域不断培育新增长点，着力提升产业价值链和产品附加值，促进生产要素从低效领域转移到高效领域，不断提高资源配置效率。党的十八大以来，我国邮政业紧紧围绕国际化持续加快跨境寄递基础设施建设，支持寄递企业加强自主国际航空运能建设，加快国际邮件快件航空枢纽布局。紧紧围绕末端网络持续破解“最后一公里”难题，切实压实企业总部主体责任，维护末端网点和快递员权益，推进公共末端服务体系建设，推动在城乡规划中统筹，考虑快递基础设施布局，大力发展共同投递和智能终端服务体系。

第二，持续提升行业导向，引导行业健康高效发展。坚持问题导向、目标导向和结果导向，树立全面、整体的观念，聚焦服务与质量、效率与效益，在更加创新、更加协调、更加绿色、更加开放、更加共享方面下功夫，从指标体系、工作举措、行业监管等方面共同发力，大力加强基层、基础、基本功“三基”建设，突出制度引领，强化法治保障和政策协调，强化标准贯彻执行，扎实推动效率变革。紧紧围绕绿色邮政建设，着力服务国家生态文明建设，推进邮政、快递企业改进生产方式，注意节约环保，杜绝过度包装，避免浪费和污染环境，持续推进邮件快件包装绿色化、减量化、可循环，加快邮政业绿色发展步伐。紧紧围绕安全邮政建设不断增强安全工作主动权，统筹推进邮政业安全生产领域改革发展，压实企业特别是总部的安全生产主体责任，着力完善寄递安全监管体制机制，推动联合监管、联防联控，实现寄递安全共建共治共享。

第三，加快提升要素供给水平，提升行业发展效能。人才队伍能力素质明显提高，基层员工权益保障持续推进，行业文化和软实力全面加强。着力构建多层次的行业人才培养体系，大力弘扬劳模精神和工匠精神，建设一支知识型、技能型、创新型的劳动者大军。强化基层员工的权益保障，改善一线工作环境，提升社保等基本权益保障和职业发展保障水平。大力实施“科技兴邮”战略，重点推动云计算、大数据、物联网、区块链、人工智能和邮政业深度融合，提高全要素生产率和运行效率，加快“智慧邮政”建设。加快科技创新和产业数字化转型，打造智慧供应链体系。

三、着眼动力变革，由“要素驱动”向“创新驱动”转型

坚持服务全产业，更加广泛深入协同融合，绿色安全水平不断提升，行业治理体系和治理能力现代化加快推进，行业地位作用日益凸显，“十三五”时期新增就业 100 万人以上，年支撑制造业产值超过 1.2 万亿元，带动工业品下乡和农产品进城销售超过 1.5 万亿元，对第一、第二、第三产业支撑更加有力，在打赢脱贫攻坚战、实施国家重大战略等方面取得一批重要成果①。

第一，推进快递深度协同，支撑消费互联网经济。推动形成高效便捷的服务体系，更好地服务民生福祉和生产发展。深化电商快递协同稳基本，提高服务农村电商、跨境电商、品牌电商、生鲜医药电商的质量水平，改进用户体验，拓宽农产品销售渠道，增加农民收入。适应消费需求变革，着力打造“快递 + 电商”中国方案升级版，继续提升网络覆盖度、稳定性和柔性，延长产业链，提高附加值，更好支撑线上线下一体新型流

① 资料来源：国家邮政局网站。

通、社交电商等新型电商发展。

第二，推进快递扩容增效，不断拓展“快递+”。推进邮政快递企业与先进制造业融合，助力打造现代制造业的“移动仓”和“移动工厂”。通过邮快合作、快快合作、交邮合作等方式，推动快递服务末端下沉到农村，帮助拓宽农产品销售渠道，助力精准扶贫和乡村振兴。通过造船出海、抱团出海和借船出海，加快推动邮政快递企业“走出去”。加快推动邮政业与旅游文化、教育科技、健康养老等现代服务业联动协同，服务智慧社会建设。

第三，对标世界先进水平，不断提升市场主体能级。推动市场主体变革，发挥市场在资源配置中的决定性作用。深化邮政体制改革，做强做优做大国有资本，支持邮政企业充分发挥国有企业骨干作用和全球邮政一张网的优势提升服务能力水平，支持和引导民营经济发展，加快形成具有国际竞争力的快递物流企业。行业影响力大幅提高，中国邮政在世界500强排名进入前一百名，位列世界邮政企业第二。快递企业加快改制上市，形成3家年业务量超100亿件、收入规模超1000亿元的品牌快递集团①。鼓励支持新主体、新技术、新模式进入行业形成集群发展。引导快递企业不断完善现代企业制度，处理好长期发展与短期利益、稳增长与防风险、总部与加盟企业之间关系。

第四，推进行业治理能力建设，深化“放管服”改革。行业治理能力持续提升，健全完善邮政管理体系，推动《快递暂行条例》出台，加快构建与高质量发展相适应的邮政快递业法规、规划、政策、标准体系。深化“放管服”改革，不断优化市场化法治化国际化营商环境，对新业态实行包容审慎监管，充分激发各类市场主体活力，更好地发挥政府作用。创新

① 资料来源：国家邮政局网站。

行业监管方式，强化对标监管，开展分类监管，推进信用监管，探索智能监管，按照包容审慎原则对新业态实施监管服务，坚守安全质量底线。不断推动跨境寄递领域和国际规则改革，扩大行业高水平对外开放，打造更多的跨境寄递通道平台。主动参与万国邮联规则制定和关键领域改革，积极维护万国邮联多边机制，在万国邮联终端费调整、会费改革、国际铁路运邮规则制定等方面取得一批重要成果。

第六节　全面推进邮政业文化建设

邮政行业文化是邮政行业共同理想、价值观念、精神内涵、行为规范的总称，是在邮政行业中长期发展中逐步形成的，为社会和行业普遍认同的，具有鲜明行业特色的无形资产和精神财富。邮政行业文化是邮政行业持续发展的内在动力和力量源泉，对于邮政行业统一意志、振奋精神、凝聚力量、彰显形象具有重要作用。党的十八大以来，国家邮政局全面部署推进邮政行业文化建设，牢牢把握“人民邮政为人民”的使命初心，大力弘扬邮政行业团结互助、攻坚克难、默默奉献等优秀品德和作风，汲取行业文化的思想精华和道德精髓，弘扬以改革创新为核心的时代精神，做好传统邮政文化的创造性转化和创新性发展。坚持行业文化建设内容和形式的统一，深入挖掘和传承中华民族优秀传统文化，弘扬社会主义核心价值观，培育和践行邮政行业核心价值理念，充分发挥邮政行业文化的凝聚力、感召力和影响力，增强行业文化的软实力。邮政行业文化建设紧紧围绕“诚信、服务、规范、共享”的核心价值理念不断推陈出新，逐步健全行业核心价值体系，逐渐形成面向现代邮政业、内涵丰富、体系科学、机制完善、富有特色、群众喜闻乐见的邮政行业文化，为行业发展提供了强大的精神动力。

一、广泛开展邮政行业文化创新实践活动

邮政业把践行邮政行业核心价值理念作为行业治理的重要内容，融入制度建设和治理工作中，形成科学有效的诉求表达机制、利益协调机制、矛盾调和机制、权益保障机制，最大限度地将邮政业改革发展的成果体现到服务民生、惠及民生、促进和提高广大人民群众的生活水平上。以邮政、快递行业窗口单位和生产服务一线干部职工为重点，在全行业所有单位和企业全面开展道德领域突出问题专项教育和治理活动。着力加强邮政行业作风建设，开展政风行风建设评议活动，认真听取社会公众和新闻媒体对邮政行业作风建设的意见建议，畅通消费者申诉和投诉渠道，深入研究普遍反映的问题，分析原因、掌握规律、加强治理，对违反规定、严重损害群众利益的行为要严肃处理、坚决纠正。建立和完善行业规范及诚信体系，强化规章制度的执行力，在行业治理中彰显社会主流价值，提倡真、善、美，贬斥假、恶、丑，弘扬主旋律，传播正能量。创新行业治理，完善激励机制，褒奖善行义举，惩处违法违纪，实现治理效能与道德提升相互促进的正向效应。大力宣传邮政文化核心价值理念和邮政行业勤廉兼优的先进典型，努力营造风清气正的良好氛围。深入推进反映邮政行业时代精神风貌的精神文明创建活动。发现、挖掘、树立行业典型模范，推进文明单位、文明个人、文明示范窗口、行业先进典型等评选表彰工作，扩大群众性文明创建活动的覆盖面和影响力。通过时代先锋、全国劳模、五一劳动奖状（奖章）推荐评选，创建“青年文明号”“最美乡邮员”“最美快递员”“业务能手”“巾帼团队”等精神文明品牌，弘扬诚

信、服务、规范、共享的行业核心价值理念，不断提升行业文明素质和文明程度。

二、突出发展邮政行业特色文化

邮政是承载中华传统文化的载体、平台，邮政文化融合了书信文化、邮票文化、生肖文化等，资源丰富、内涵深厚、又独具特色。邮政行业发挥传统文化怡情养志、涵育文明的重要作用，注重对邮驿、战邮等文化遗产的保护，加强对邮政传统文化思想价值的挖掘、梳理和汲取传统文化的思想精华，赋予新的时代内涵。开设特色邮局、主题邮局，拓展“爱心包裹”“e 快递”等特色服务项目。弘扬“人民邮政为人民”的优良传统。邮政业相继涌现出书写马班邮路上传奇的邮递员王顺友、坚守雪山邮路 30 年的长途邮车驾驶员其美多吉、抗疫一线守护逆行者的最美快递员汪勇等一批践行“人民邮政为人民”优秀文化的典型代表，激励着每一名邮政快递从业者争做邮政文化基因的传承者。坚持邮政文化与时代脉搏同频。围绕党的十八大、十九大，改革开放 40 周年、中华人民共和国成立 70 周年等党和国家的重要事件，抗震救灾、抗击疫情、宣示主权等，邮票在方寸之间印刻着党的领导下国家走向富强、人民奔向幸福的时代烙印。从“绿衣使者”到“勤劳的小蜜蜂”彰显了邮政人顺应时代发展、服务社会进步、始终无私奉献的精神风貌。推动邮政文化与快递产业发展有机结合。百万邮政人在传承邮政业诚信、勤劳、奉献等优良传统的基础上，将快捷、协作、效率、科技元素注入邮政文化，使之焕发出时代魅力。李克强总理赞誉邮政行业“古诗讲‘家书抵万金’，现在是‘快递暖人心’”。

第七节　打好防范化解重大风险、精准脱贫、污染防治攻坚战

党的十九大报告指出，2018～2020年，是全面建成小康社会决胜期，要紧扣我国社会主要矛盾变化，突出抓重点、补短板、强弱项，特别是要坚决打好防范化解重大风险、精准脱贫、污染防治三大攻坚战，使全面小康社会得到人民认可、经得起历史检验。党中央作出打好三大攻坚战的重大决策部署，既是客观形势要求，也是积极主动应对，体现了对新形势下经济规律、执政规律、全球治理规律的深刻把握，不仅具有重大的经济意义，而且具有深远的政治意义、民生意义和世界意义。邮政业深入落实打好三大攻坚战的战略部署，不断强化底线思维，发挥行业优势，坚持绿色发展，凝心聚力，精准发力，为全面建成小康社会做出积极贡献。

一、打好防范化解重大风险攻坚战

邮政业在高速增长转向高质量发展的关键期，面临多方面风险挑战，国内外不稳定不确定因素明显增加，传统威胁与非传统威胁同生共存，传统业态与新业态竞争融合。在总体国家安全观的视野下，为深入贯彻落实党中央、国务院关于打好防范化解重大风险攻坚战的决策部署，需着力解决行业在发展、安全、稳定方面存在的潜在风险、突出问题、重大隐患。国家邮政局坚持人民利益至上，加快破除行业发展瓶颈和政策堵点，以

"保发展、保安全、保稳定"为目标，坚持服务大局、坚持问题导向、坚持系统应对、坚持联动共治，扎实推进各项责任措施落实，积极化解各类风险问题，有效防范和遏制重特大事故、群体性政治性事件发生，为推动邮政业高质量发展奠定重要基础，为打好防范化解重大风险攻坚战贡献最大力量。

为增强邮政业安全监管能力建设，国家邮政局不断完善安全监管组织机构建设，成立由主要领导担任组长的邮政业安全领导小组，加强对邮政行业安全管理工作统一领导，在市场监管司加挂安全监督管理司牌子，增设应急管理处，行业安全生产工作的组织领导能力和监管力度得以进一步加强，应急管理及应急物资保障体系逐步构建。

在法规政策体系方面，为增强依法监管能力，国家邮政局不断健全安全法规制度体系，在全面贯彻落实《邮政法》和《快递暂行条例》的基础上，修订出台《邮政业寄递安全监督管理办法》，全面规范安全生产监督管理。出台《邮件快件实名收寄管理办法》《寄递服务用户个人信息安全管理规定》和《邮政行业安全信息报告和处理规定》，提升行业安全保障能力。制修订《禁止寄递物品管理规定》，规范了禁寄物品"18 + 1"项（18 类物品及其他），载明列举物品从 58 种增加到 188 种。印发《邮政企业、快递企业安全生产主体责任落实规范》，对企业安全主体责任实施清单化管理。发布《国家邮政局关于推进邮政业安全生产领域改革发展的指导意见》，着力解决制约邮政业安全发展的瓶颈问题。出台《国家邮政局关于加强和规范邮件快件安全检查工作的指导意见》，着力推动过机安检规范化。全行业共颁布寄递管理、信息安全、三项制度、安全报告与检查等各类法规制度数十项，法规制度体系逐步健全。

为有效防范系统性风险的发生，加强寄递渠道安全防火墙建设，形成打击违禁物品的高压态势，邮政业积极履行在禁毒、反恐等方面的职责，建立多部门共同参与的寄递渠道安全管理领导小组，构建地方安全生产委员会和寄递渠道安全联合监管机制，通过数据共享、通报反馈、联合督办等，形成齐抓共管工作格局。2017 年寄递渠道安全管理领导小组实现国家、省、市三级覆盖，部门间协作配合更加紧密。国家邮政局与公安部、国家安全部等部门实现寄递安全监管信息“总对总”共享，信息共享、联合执法、证据互认、齐抓共管、重点会商工作格局，寄递安全管理智能化、信息化、规范化水平明显提升。

在安全生产责任制方面，推动企业提升安全生产管理系统化、规范化、专业化水平，督促企业总部强化全网寄递安全统一管理，在保障网络安全、服务、稳定方面建立专门的管控部门、专门的管控制度与流程、专门的基层网点监控信息系统和专门的应急处置流程“四专”工作机制，强化内部监督管理，加强全员安全生产责任制工作，层层压实责任。邮政业以实名收寄、收寄验视、过机安检“三项制度”为重要抓手，有效杜绝违禁物品进入寄递渠道。邮政管理部门坚持“党政同责、一岗双责、齐抓共管、失职追责”，健全安全监管体制机制，依法落实监管责任。坚持“谁主管，谁负责”和“属地管理”，注重统筹规划，完善协调机制，实行综合治理，落实寄递渠道安全管理属地责任。

针对严重危害政治安全、社会安全、人民生命安全和寄递渠道安全的严重违法违规行为，国家邮政局组织全行业不断加强重点领域整治，通过采取超常规措施，集中力量对重点问题、重点区域、重点环节进行集中整治。认真贯彻落实习近平总书记就严管严控枪支爆炸物品作出的重要指示批示精神，把寄递渠道涉枪涉爆隐患集中整治作为重要政治任务全力抓好，开展寄递渠道安全综合整治、安全生产大检查、违法寄递危险化学品整治、易制爆危险化学品和寄递安全专项整治、涉恐隐患排查治理、毒品堵源截流等系列专项行动，印发《邮政快递业安全生产专项整治三年行动实施方案》，同步推进行业安全生产专项整治和涉枪涉爆隐患整治两个“三年行动”。通过加大安全监管执法力度，发现整改了一批企业隐患，查堵了一批涉枪涉爆物品，关停查处了一批安全生产责任不落实的企业。

为提高行业突发事件应急处置能力，国家邮政局不断加快行业应急管理体系建设，完善应急机构设置，修订《国家邮政业突发事件应急预案》，编制5个专项应急预案。积极应对中美经贸摩擦，维护国际供应链基础安全。妥善处置违规收寄非法出版物、聚众讨薪、网络阻断等突发事件，与气象、交通、地震、国土、水利等部门建立信息共享和应急联动机制，及时发布安全预警信息，通过路由调整、物资调配、安全防护、应急值守、邮件快件疏运、应急支援等方式，有效应对持续强降雨、地震、台风等自然灾害事件。在此次新冠肺炎疫情期间，邮政业有力保障防疫物资高效配送，“打通大动脉，畅通微循环”的战略基础作用凸显。

二、打好精准脱贫攻坚战

脱贫攻坚是习近平总书记最牵挂的第一民生工程。党的十八大以来，邮政业认真贯彻落实党中央、国务院脱贫攻坚系列重大决策部署和习近平总书记对于扶贫工作的重要指示批示精神，坚持以中国特色返贫困理论为统领，以五大发展理念为指引，补建空白乡镇邮政局所，深入实施“快递下乡”工程，加快建制村直接通邮，积极开展产业扶贫，扎实推进定点扶贫，积极探索行业服务精准脱贫创新模式，在打好脱贫攻坚战中谱写了“人民邮政为人民”的时代新篇章。

国家邮政局坚持党对扶贫工作的全面领导，成立扶贫工作领导小组，定期召开会议，研究部署脱贫攻坚工作。设立扶贫办，负责脱贫攻坚工作的组织协调，选派干部到定点扶贫一线挂职帮扶，全系统各地邮政管理部门和国家邮政局机关各部门各单位协同推进，形成了“前方攻坚作战、后方全力支撑、前后统筹联动”的工作格局。始终坚持以人民为中心的发展思想，做到扶贫工作优先对接、扶贫资金优先保障、扶贫措施优先落实，尽最大努力将行业改革发展的成果更多更广地惠及贫困地区的人民群众。

在定点扶贫方面，积极履行定点扶贫政治责任，定期组织国家邮政局党组成员带队深入基层指导系统扶贫工作，2016 年以来，邮政系统累计定点帮扶村共 211 个，有 339 名扶贫挂职干部奋战在脱贫攻坚第一线，负责同志到扶贫一线督导次数达 4000 余次。各级干部不畏艰险、奋力拼搏，全系统投入帮扶资金 7000 余万元，引进帮扶资金 3 亿余元，培训基层干部 2 千余名，培训技术人员 2 万余名，购买贫地区产品 1000 余万元，帮助销售贫困地区农产品 4. 7 亿余元，帮助引进企业 96 家，引入企业实际投资额 3. 8 千万元，帮助脱贫人数 6. 8 万余名，为国家脱贫攻坚作出应有的贡献①。

邮政业充分发挥网络优势、渠道优势，不断加强基础设施建设，打通邮政业脱贫攻坚毛细血管。邮政业坚定不移实施建制村直接通邮工程，连续多年把建制村直接通邮列为邮政业为民服务办实事的重点工作，截至 2019 年 8 月，55 万多个建制村村民足不出村就可以收到邮件包裹，基本实现“村村直通邮”，为全面脱贫、整体小康奠定了基础②。习近平总书记在全国脱贫攻坚总结表彰大会上特别指出“脱贫地区经济社会发展大踏步赶上来，整体面貌发生历史性巨变。具备条件的乡镇和建制村全部通硬化路、通客车、通邮路”。按照中央的重要指示精神，2020 年建制村直接通邮成果进一步巩固，政企双方加大投入力度，重点解决西部、边疆和边远

①② 《决战决胜脱贫攻坚　中国邮政砥砺前行——专访中国邮政集团有限公司党组书记、董事长刘爱力》，新华网，2020 年 10 月 17 日。

地区投递服务的稳定性。周投递频次3次以下的建制村减少6577个，投递打卡率稳定保持在98%以上。全国县及县以上城市党政机关《人民日报》当日见报率提升至85%[①]。畅通的邮路已成为名副其实的惠民路、致富路。

为切实改善西部和贫困地区邮政普遍服务基础设施条件，邮政业积极实施西部和农村地区邮政普遍服务基础设施建设项目。“十三五”以来，累计改造邮政网点4936处，改造危旧县局296处，更新和新增邮政和投递车辆11222辆，总投资约41.32亿元，其中中央预算内投资安排16.53亿元[②]。

邮政业以“邮政在乡”工程为基础，促进农村普遍服务达到新水平。邮政企业全面打造农村综合服务平台，开办代收代投快件、代缴水电气费、代售车票、助农取款、代销农资等便民服务，通过与电子商务进农村综合示范工作相对接，推动村级邮乐购站点完善布局，不断向贫困地区村级延伸，帮扶贫困地区加强城乡双向流通，截至2019年，邮政企业建设邮政自营电商邮乐购站点53.8万个，邮政线上平台开设扶贫地方馆729个，实现了对全国832个国家级贫困县的全覆盖[③]。邮政快递企业通过定点帮扶、农品展销、线上线下双网联动、专开邮路解决滞销等方式，服务农户、家庭农场和合作社，截至2020年，邮政快递企业在贫困县培育出年件量超10万件项目259个。[④]

邮政业大力推动“快递下乡”工程，助农增收打开新局面。积极印发《加快推进“快递下乡”工程实施方案》，优化发展环境，促进乡镇快递网点覆盖率有效提升。“快递下乡”为农产品上行插上了“翅膀”为贫困地区农民增收、农村繁荣做出了积极贡献。

---

① 《习近平总书记肯定建制村全部通邮路》，国家邮政局网站，2021年2月26日。

②③ 《决战决胜脱贫攻坚 中国邮政砥砺前行——专访中国邮政集团有限公司党组书记、董事长刘爱力》，新华网，2020年10月17日。

④ 马军胜同志在2021年全国邮政管理工作电视电话会议上的讲话。

邮政业注重发挥产业扶贫优势，助力贫困地区由“输血”向“造血”转变，为贫困地区产业转型注入新动能。邮政业积极推广“寄递 + 农村电商 + 农特产品 + 农户”等产业扶贫模式，大力促进邮政快递服务现代农业，截至2020年，全国年业务量超千万件的“快递 +”现代农业金牌项目已达60个；支撑“一地一品”销售额365.2亿元，快递服务农业总产值6425.6亿元，带动贫困农民增收190.2亿元，支撑农村电商销售额5144.9亿元，农村寄递实现了从“寄包裹”到“产包裹”的转变，真正搞活了农产品流通①。

表4－1为2020年全国快递服务现代农业金牌项目名单。

表4－1　　2020年全国快递服务现代农业金牌项目名单

序号	省份	地市	农产品品名	序号	省份	地市	农产品品名
1	江苏	宿迁	沭阳花木	12	陕西	咸阳	苹果
2	安徽	亳州	花草茶	13	广西	玉林	百香果
3	广西	柳州	螺蛳粉	14	江苏	徐州	花木
4	黑龙江	哈尔滨	大米	15	山东	枣庄	杂粮
5	四川	成都	柑橘	16	江苏	泰州	姜粉、蒜粉等调味料
6	山东	日照	海产品	17	江苏	连云港	海鲜
7	福建	泉州	茶叶	18	陕西	西安	猕猴桃
8	四川	攀枝花	芒果	19	广西	南宁	武鸣沃柑
9	山西	运城	苹果	20	山东	青岛	海鲜
10	江西	赣州	脐橙	21	河北	沧州	枣制品
11	云南	昆明	花卉	22	四川	眉山	柑橘

① 《决战决胜脱贫攻坚　中国邮政砥砺前行——专访中国邮政集团有限公司党组书记、董事长刘爱力》，新华网，2020年10月17日。

续表

序号	省份	地市	农产品品名	序号	省份	地市	农产品品名
23	山东	临沂	沂蒙蜜桃	42	河南	开封	大蒜
24	陕西	宝鸡	猕猴桃	43	安徽	六安	茶叶
25	山东	潍坊	寿光蔬菜	44	广东	梅州	金柚
26	广东	茂名	荔枝	45	山东	烟台	大樱桃
27	山东	烟台	苹果	46	福建	漳州	地瓜
28	山东	德州	扒鸡	47	河北	保定	麻山药
29	山东	菏泽	牡丹花卉	48	江西	宜春	竹木产品
30	福建	漳州	花木	49	福建	南平	武夷岩茶
31	山东	济宁	大蒜	50	浙江	丽水	茶叶
32	福建	宁德	古田食用菌	51	重庆	重庆	奉节脐橙
33	湖北	黄冈	蕲艾	52	河北	张家口	鲜食玉米
34	江苏	连云港	紫菜	53	陕西	延安	苹果
35	广西	北海	海鸭蛋	54	河北	保定	中药材
36	四川	资阳	安岳柠檬	55	河北	沧州	杂粮
37	山东	潍坊	羊角蜜	56	辽宁	大连	海鲜
38	山东	滨州	冬枣	57	安徽	宿州	砀山酥梨
39	福建	漳州	蜜柚	58	四川	南充	柑橘
40	河北	保定	花茶	59	安徽	黄山	茶叶
41	湖北	宜昌	秭归脐橙	60	湖北	襄阳	鸭蛋制品

注：按2020年快递业务量大小排序。
资料来源：国家统计局网站。

三、打好污染防治攻坚战

党的十八大明确提出了大力推进生态文明建设，努力建设美丽中国，实现中华民族永续发展的宏伟目标。习近平总书记对我国生态环境保护做出了一系列重要论述，国家又陆续出台了一系列政策措施，做出了系统安排。习近平总书记强调环境问题是全社会关注的焦点，坚决打好打胜这场攻坚战是全面建成小康社会能否得到人民认可的一个关键①。

邮政业是我国生态文明建设的重要领域，邮政快递服务涉及生产、工作、生活的方方面面，同样需要调整和处理好行业发展与环境保护的关系。近年来，邮政业持续快速发展，然而，邮件快件包装废弃物增加带来的生态环保问题引起社会各界广泛关注，也影响行业的可持续发展。习近平总书记多次就快递包装问题做出重要指示批示，为邮政快递业绿色发展指明了方向，提供了根本遵循。推动邮政业生态环保工作尤其是快递包装绿色治理，成为全系统、全行业的一项重要政治任务。

自 2015 年，国家邮政局提出建设“绿色邮政”，并作为行业发展主题之一纳入邮政业发展规划。2018 年 5 月 18 日，在全国生态环境保护大会上，习近平总书记指出新业态对环境造成的污染不容忽视，要妥善治理快递、外卖等新业态垃圾污染问题，首次对快递包装工作提出了明确要求。2018 年，国家明确提出要打好三大攻坚战，将污染防治的重要性提升至前所未有的战略高度，6 月 16 日，中共中央、国务院印发了《关于全面加强生态环境保护坚决打好污染防治攻坚战的意见》。2018 年 9 月 13 日，国家邮政局印发实施《关于全面加强生态环境保护坚决打好污染防治攻坚战的实施意见》，系统部署行业污染防治工作，努力把绿色理念以各种方式融入行业发展各环节、各流程，持续加大治理力度，实施了一系列政策组合，全面推进生态环境保护和绿色发展。

面对严峻的污染防治攻坚任务，同时也为了系统推进邮政业生态环保工作，2019 年 1 月，国家邮政局在市场监管司增设了环境保护处，并对邮

---

① 2018 年 4 月 2 日习近平总书记主持召开中央财经委员会第一次会议时强调。

政业生态环保工作领导小组进行了调整，推动行业生态环保工作体系化建设，工作力度加大，创新了系列工作措施。一方面，从2019年开始，每年制定年度行业生态环境保护工作要点、快递包装绿色治理工作台账，并注重强化引导和量化目标约束，先后实施“9571”“9792”“2582”工程，这些量化引导性的指标，成为有效推动快递包装绿色治理的重要抓手。另一方面，为强化基础管理，明确国家局抓品牌企业总部和省局，省局抓区域总部和地市局，地市局抓辖区企业的监管体系，建立实施信息报告和通报制度。

在组织体系不断健全的同时，邮政业生态环保的法规、标准和制度体系也日益完善。同时，邮政管理部门不断创新监管方式方法，加强调研和监督检查，开展工作情况评价，注重宣传培训，推动邮政、快递企业积极开展绿色发展实践，涌现出了一批试点典型，逐步形成了政府引导、企业主体、部门协同的工作格局，通过快递包装治理带动了上下游主体联动的发展模式，极大地促进了行业绿色发展的进程。

2018年，国家邮政局配合推动相关部门在《电子商务法》中对快递绿色包装做出规定。制定出台的《快递暂行条例》，增加绿色包装专门条款的规定。2020年，邮政业生态环保进入法治时代，快递包装治理转向法律和行政手段并重的阶段，如《固体废物污染环境防治法》修订出台，其中明确了对邮政、快递企业使用和回收一次性不可降解塑料制品的法定义务和责任，作为行业塑料污染治理的重要法律约束。《邮政行业安全监督管理办法》修订稿中也增加了生态环保条款，强化快递包装治理的刚性约束。2020年，国家邮政局开展《邮件快件包装管理办法》立法研究，自2021年3月12日起正式施行，标志着我国第一部关于快递包装的部门立法正式出台，为全球快递包装绿色治理提供了中国方案。

邮政管理部门针对快递包装产品、规范操作等方面出台了系列标准和规范。2018年以来，国家邮政局制修订了《快递封装用品》3个系列国家标准和《快递电子运单》《邮政业封装用胶带》《邮件快件包装基本要求》等6个行业标准。印发了《快递业绿色包装指南（试行）》，2020年，在总结试行经验的基础上升级印发《邮件快件绿色包装规范》，从绿色采购、内部培训、作业操作等方面明确了相关要求。2019年，印发《邮件快件包装废弃物回收箱应用参考》，为邮政、快递企业在邮政快递网点设置回收箱提供参考，探索建立快递包装回收行业解决方案。同年，推动制定了《绿色产品评价快递封装用品》国家标准，在此基础上印发《快递包装绿色产品评价技术要求》，为加快推动实施快递包装绿色产品认证奠定了标准基础。

邮政管理部门积极推进实践探索，针对重点问题、关键环节，选择条件成熟的企业或地区开展试点，总结经验，引领绿色转型。2017年，国家邮政局选取顺丰、京东等5家品牌快递企业，在北京、上海、浙江等8省市针对包装减量、印刷减量、简约包装、包装回收、绿色网点、绿色分拨中心建设等12项开展试点，系统总结试点工作经验，在此基础上，编制《2018年快递绿色包装读本》并下发全系统全行业学习。组织申通等6家品牌企业开展可循环中转袋（箱）全面替代一次性塑料编织袋试点，试点成效明显，到2020年底，全行业基本实现可循环中转袋普及应用。2019年9月，选取河北邯郸、浙江嘉兴、江西新余、河南鹤壁、湖北恩施五市（州）开展行业绿色城市试点，探索行业生态环保工作与地方生态环保有机衔接。发挥海南邮政业生态环保先行作用，更好地服务国家生态文明试验区（海南）建设。此外，为了加强快递包装采购管理，国家邮政局组织顺丰、申通、京东、中通等主要品牌快递企业开展绿色采购试点。2020年5月，国家邮政局选取10个省份启动邮政业绿色网点、绿色分拨中心建设试点。

邮政管理部门重视生态环保宣传引导，自2019年起，在全系统深入开展“邮来已久　绿动未来”主题宣传活动，采取专题报道、张贴标语、印制画册、发起倡议等多种方式开展主题宣传，营造“绿色用邮，人人有为”的良好氛围。连续3年发布《快递领域绿色包装发展现状及趋势报告》，与团中央等单位共同开展系列宣传活动。

从根本上看，快递包装涉及上下游全链条产业主体，既涉及不同政府部门的职责，也涉及中央和地方关系的调整，治理难度较大。

2017年，国家邮政局联合国家发改委、科技部、工信部、环保部、质检总局、国标委等九部委印发了《关于协同推进快递业绿色包装工作的指导意见》，突出创新引领，强化法制保障，推动建立健全中国特色快递业包装治理体系。2019年，会同商务部召开快递电商包装协同治理座谈会、开展联合调研，推进快递电商包装协同治理。加强与市场监管总局沟通，2020年建立了快递包装产品绿色认证制度。2019年，国务院办公厅出台《关于印发交通运输领域中央与地方财政事权和支出责任划分改革方案的通知》，明确邮政业污染防治属于地方属地责任，邮政业生态环保治理纳入地方生态环保统一治理框架。2019年9月17日，习近平总书记在河南光山县调研做出重要指示后，国家邮政局联合国家发改委、生态环境部等多部门赴陕西等7省份开展了快递包装摸底调查，在此基础上，加强部门沟通，2020年11月30日，由国务院办公厅转发国家发展改革委等部门关于加快推进快递包装绿色转型意见的通知，推动快递包装系统治理。

面对绿色供给不足等问题，从产业角度推动行业协同联动。国家邮政局发展研究中心连续两年组织开展了邮政业绿色产品、绿色技术和绿色模式公开征集活动，对外公示了征集结果，举办绿色产品供需对接展会和生态环保研讨会。中国快递协会组建中国快递业绿色包装产业联盟，搭建快递业绿色发展产学研共促平台。发挥快递业绿色发展产学研协同创新示范基地平台作用。

通过持续治理，全行业污染防治攻坚战取得阶段性胜利，绿色发展认识明显提升，市场主体围绕快递包装“绿色化、标准化、减量化、可循环”和节能减排开展绿色发展实践取得明显成效，加速构建末端减量化、中转循环化、运输减排化、仓储节能化的绿色发展体系。企业内部组织机构、规章制度、内部检查、信息报送和统计等工作体系初步形成，全国网络品牌寄递企业按照国家邮政局要求建立了组织体系，明确了牵头部门工作职责。邮政、顺丰、苏宁、京东、圆通、德邦等组建包装研究实验室。快递包装减量化成效显著，电子运单基本实现全覆盖，全行业45毫米以下瘦身胶带使用率达九成以上，七成以上的电商快件不再二次包装，可循环中转袋全网应用率达九成以上，邮政、京东、苏宁、顺丰投入了一批循环包装箱（盒）[①]。节能减排加速推进，网络布局更加集约高效，运输更加清洁低碳环保，全行业新能源或者清洁能源车辆比例不断提升。

第八节　完善邮政业监管体系

一、邮政业监管机构

邮政业监管机制不断健全。“十三五”时期特别是党的十九大以来，我国邮政监管工作牢牢把握治理能力和治理体系现代化的总体方向，组织机构与管理机制日益健全，法规标准体系不断完善，依法治邮、依法行政水平有效提升，以“放管服”改革为主要抓手，以“双随机、一公开”监管为基本手段、以重点监管为补充、以信用监管为基础的新型监管机制初

① 《2020年度快递市场监管报告》，国家邮政局网站。

步建成，市场化、法制化、国际化营商环境加快打造，邮政市场监管改革创新取得明显成效，为邮政业实现高质量发展提供有力支撑。

2012年以来，政府大力推动三级邮政管理机构建设，共组建省级邮政管理局31个，市（市地）级邮政管理机构357个[①]，在业务集中、情况特殊的地方设置县级邮政管理机构，有效缓解基层监管能力不足难题。出台各项政策文件，充分发挥中央和地方双重管理机制优势，进一步明确和强化地方人民政府在邮政管理方面的责任与事权财权边界。顺应国有企业改革的大趋势，推动中国邮政集团公司改制，更名为中国邮政集团有限公司，实现由全民所有制企业向有限责任公司的转变，为加快形成有效制衡的公司法人治理结构和灵活高效的市场化经营机制迈出关键一步。

为进一步充实地方邮政业监管力量，促进邮政业安全监管职能向基层延伸，共有25个省、83个市（地）先后成立邮政业安全中心，江苏、安徽、山东、湖南4个省实现市级安全中心全覆盖[②]。为有效提高邮政业社会化治理水平，有序稳妥推进快递协会改革，行业服务、协调、自律能力水平有效提升。邮政社会特聘监督员队伍不断扩大，成为维护普遍服务有序发展的重要力量。

二、邮政业监管制度建设

2012年以来，监管机制与治理模式不断创新发展。各级邮政管理部门深入开展“双随机、一公开”监管，优化完善随机抽查事项清单，实施

① 马军胜：《坚持创新引领　推进结构改革　加快与小康社会相适应的现代邮政业建设进程——在2016年全国邮政管理工作会议上的讲话》，2016年1月4日。

② 笔者根据国家邮政局网站材料整理所得。

“两库一清单”动态管理，组织跨区域随机督导互查。探索监管新模式，以信用为核心的新型监管机制初步建立，探索法人主体信用评价，建立企业信息公示、严重违法失信企业名单制度，增强信用信息互通共享，联合奖惩机制加快构建。持续开展行政执法规范化、法制化建设，制发执法补充案由，开展执法案卷评议，建立申诉与执法检查的衔接制度，完善行政处罚与刑事司法衔接机制。协同治理初见成效，寄递安全联合监管机制不断深化，多部门专项整治和集中执法有效开展，部际联席日益密切。寄递渠道安全管理工作纳入综治工作（平安建设）考评内容，各地积极探索综合执法改革，优化监管资源，形成监管合力，压实属地管理和综合治理责任。

自2009年《中华人民共和国邮政法》颁布实施后，各级政府不断出台政策来贯彻落实邮政法律规范和指导行业实践。据不完全统计，截至2019年10月，全国共计公布实施43个邮政行业的政策文件。其中，中央和国务院层面共计4个，多部委联合发布19个，交通运输部发文6个，国家邮政局层面发布14个。“十三五”时期，中共中央发布的涉邮涉快政策文件共计56个，国家邮政局发布的邮政快递业政策文件共计187个，国家邮政局联合其他部委发布的涉邮涉快政策文件共计18个①。

邮政业是我国较早开展标准化工作的行业。截至2006年11月，共发布4项国家标准、225项行业标准、62项标准化指导性文件、49项标准化相关的文件，合计340项。② 邮政业标准化体系由基础标准、安全标准、设施设备与用品标准、服务与管理标准，以及信息化标准等五部分组成。2012年后，邮政业标准规范体系不断健全，既与时俱进制定新的技术服务标准，又不断清理更新陈旧落后的已有标准规范。截至2020年，我国邮政

---

① 笔者根据国务院网站文件资料整理所得。

② 资料来源：《邮政业标准体系》。

业标准体系分为 18 个国家标准，77 个邮政行业标准和 8 个邮电行业标准[①]。其中，基础通用标准 11 个，服务保障标准 33 个，服务运行标准 8 个，服务提供标准 9 个，信息化标准 15 个，相关标准 28 个。[②]

"十三五"时期，国家邮政局完成 30 项标准制修订工作，其中，国家标准 6 项，行业标准 24 项[③]。修订实施《邮政普遍服务》标准，部分关键指标较原标准有大幅度提升。积极推进新模式新业态相关标准制定，推动快递业与关联产业的协同发展，制定《快件航空运输信息交换规范》《冷链快递服务》等标准。提升行业绿色发展水平，制修订《快递封装用品》等国家和行业标准。组织开展寄递地址编码试点，启动《智能信包箱》标准修订预研工作。作为法规政策的配套标准规范，有力支撑了邮政行业高效能治理。此外，印发《"十四五"邮政业标准体系建设指南》，加强标准解读、培训和宣贯工作，促进标准落地实施。

三、邮政业监管手段不断完善

智慧监管和信息化水平稳步提升。科学监管能力不断提高，评估评价评测体系不断完善，编制发布中国快递发展指数，引导行业健康发展，时限准时率测试、满意度调查、消费者申诉、行政执法和舆情监测"五位一体"质量监控体系基本构建，推动快递服务质量稳步提升。贯彻落实"大数据 + 市场监管"战略思维，不断提高精准监管能力，建立安全、绿色、信用等领域定期统计、报告制度，逐步开展分级分类监管试点。

① 《现行邮政业标准发布目录》，国家邮政局网站。

② 国家邮政局关于印发《"十四五"邮政业应用技术研发指南》和《"十四五"邮政业标准体系建设指南》的通知。

③ 《现行邮政业标准发布目录》，国家邮政局网站。

寄递渠道安全监管“绿盾”工程有序开展，邮件快件寄递“动态可跟踪、隐患可发现、事件可预警、风险可管控、责任可追溯”机制不断完善，为防患事故发生起到积极作用。大力推进“互联网+政务服务”，基本实现全流程网上办理和“一门、一次、一网”要求，服务型政府建设步伐加快。监管信息系统建设步伐加快，建成合肥灾备中心、国家邮政局安全监控中心和90多个省市级监控中心，建设完善22个信息系统，视频联网初具雏形，安检机联网试点稳步推进，信息化监管能力大幅增强[①]。发布数据交换共享规范，畅通部际数据互联共享渠道，有效构建联防联控联管机制。

持续深化邮政业“放管服”改革。营商环境和市场秩序不断优化。针对邮政业新业态、新模式市场准入难题，积极转变政府职能，深入推进“放管服”改革。推动快递企业营业执照“一照多址”政策落地，实施末端网点备案制度，优化许可流程，审批时间缩短至法定时限一半，大幅提高服务效率。探索国际快递业务（代理）经营许可改革，在上海、广东等自由贸易试验区推进“证照分离”优化审批服务，探索培育国际竞争新优势。全面推进新业态监管，有序开展服务站、智能快件箱许可试点，首个新业态准入核定规则落地实施，分类准入实现突破。强化市场主体责任意识，引入提醒告诫制度，探索实施企业年度报告自主公示制度，提高风险预警管理水平。加大对不正当竞争的监管力度，重拳治理末端违规收费，增强价格跟踪监测，妥善处理数据争端，市场秩序明显改善。开展快递示范城市创建工作，争取地方政策支持，推动邮政业更好地服务经济社会发展。

加强安全监管和应急管理能力建设。增强安全监管机制建设，成立由主要领导担任组长的邮政业安全领导小组，在市场监管司加挂安全监督管

---

① 笔者根据国家邮政局网站资料整理而得。

理司牌子，邮政业安全管理领导能力有效提升。不断完善风险防控机制，制修订邮政业重大风险台账和应急预案，建立健全安全生产统计分析通报制度。主体责任有效压实，对企业总部开展常态化督导，督促履行全网统一管理职责，对企业安全主体责任实施清单化管理。积极开展专项整治，扎实做好寄递渠道反恐禁毒、扫黄打非、打击侵权假冒、跨境走私和违法寄递危险化学品等专项工作，堵源截流专项机制有效发挥。重大活动保障有力，旺季服务有序推进。“三项制度”扎实落地，实名收寄率基本实现全覆盖。应急管理体系和应急能力建设稳步推进，增设应急管理处，完善应急机构设置，积极应对中美经贸摩擦，维护国际供应链基础安全，妥善处理经营异常、自然灾害和其他突发事件，有力保障防疫物资高效配送，“打通大动脉，畅通微循环”的战略基础作用凸显。

重大活动保障更加有力。“十三五”期间，圆满完成党的十九大和“一带一路”国际合作高峰论坛、金砖国家领导人会晤等重大活动寄递安保工作。为提高防范和应对处置邮政业重大活动期间突发事件能力，最大限度减少突发事件及其造成的影响和损害，维护寄递渠道安全畅通和邮政业安全稳定运行，保障重大活动顺利举办，编制《邮政快递重大活动期间寄递渠道安全保障应急预案》。

信用体系建设不断健全。加快构建以信用为核心的市场监管机制，制定了《快递业信用管理暂行办法》、信用评定指标和信用信息采集技术规范，推进诚信信息系统建设和省市试点，与国家发改委等 35 个部门签订交通运输相关领域守信典型企业实施联合激励的合作备忘录。严格依法办理“两项审批”和行政备案，在内蒙古、吉林、福建等 10 个省（区、市）开展普遍服务营业场所分级监管。将邮件丢损率、时限达标率等指标纳入集团公司负责人经营绩效考核。完善快递服务质量评价体系，按季度公开满意度测评、时限测试结果，按月度发布中国快递发展指数。印发《国家邮政局关于实施快件码号统一管理的意见》，全面启动快件码号登记管理工作。[1]

党组建设和非公党建领导有力。从严治党纵深推进，扎实开展“不忘初心、牢记使命”主题教育，持续推进“两学一做”学习教育常态化制度化。深化落实基层党建工作责任制，持续推进支部标准化规范化建设。增强党风廉政建设，推动在省级邮政管理部门设立党建纪检工作机构，着力整治“四风”问题，持续强化纪律建设，统筹有序开展常规、专项巡视及“回头看”，实现对系统内巡视全覆盖。非公党建持续强化，不断强化“抓行业也要抓党建”责任意识，积极推动非公快递企业党的建设“两个覆盖”。坚持以党建带群团，成立邮政行业团支委。精神文明建设深入推动，切实加强党对行业宣传思想工作的全面领导，坚持党管宣传、党管意识形态，进一步强化舆情引导和处置，开展社会主义核心价值观主题教育月、邮政业青年文明号开放周等活动，参与“人民满意的公务员集体”、共青团“两红两优”、“感动交通年度人物”、五一劳动模范、全国青年岗位能手（标兵）等各级各类评选表彰活动。创办“寻找最美快递员”评选活动，开展关爱快递员系列活动，营造全社会关爱快递员的良好氛围。

管理队伍和行业人才素养增强。邮政体制改革以来，邮政系统认真贯彻落实党中央、国务院关于邮政业改革发展的重大决策部署，坚决落实党管人才原则，围绕中心、服务大局，加强人才工作顶层设计，深入实施“人才强邮”战略，大力实施人才素质提升工程，统筹推进各类人才队伍建设，着力推进现代邮政教育事业发展，人才工作不断实现新突破、取得新成效，有力支撑了邮政业改革发展各项工作。强化行业人才工作顶层设计，领导机制不断完善，系统谋划不断加强，政策体系不断健全。优化行业人才发展环境，人才工作政治引领持续强化，从业人员权益保障逐渐改

---

① 资料来源：《邮政业发展“十三五”规划中期评估报告》。

善，人才工作宣传力度不断加大。加强专业技术人才队伍建设，专业技术人员评价取得重点突破，高层次人才培养选拔不断加强，专家联系服务工作不断拓展。强化技能人才队伍建设，技能人才评价扎实开展，职业技能竞赛效果凸显，技能人才培养培训协同推进。提升管理人才队伍素质，邮政管理系统干部队伍建设持续强化，企业经营管理人才队伍建设稳步开展，国际化人才队伍建设有序推进。现代邮政教育开创新局面，行业人才培养支撑体系不断完善，现代邮政专业体系建设系统推进，产教融合校企合作不断深化。

第九节　邮政业主要矛盾变化与新的历史方位

党的十九大报告指出，我国社会主要矛盾已经转化为人民日益增长的美好生活需要和不平衡不充分的发展之间的矛盾，这一变化是关系中国特色社会主义建设全局的历史性变化。国家邮政局 2018 年工作会议上指出，邮政业主要矛盾转化表现为人民日益增长的更好用邮需要与行业发展不平衡不充分之间的矛盾。我们要着眼行业发展的历史与现实，深刻认识行业发展新阶段新矛盾的运动规律，积极面对和有效破解发展中的矛盾问题，努力实现更高质量、更有效率、更加公平、更可持续的发展。

一、邮政业主要矛盾的发展变化

我国社会主要矛盾在各行各业都有体现。对于既古老又新兴的邮政业而言，行业的主要矛盾也随着社会主要矛盾的变化而变化。党的十一届三中全会之后，工作重点转移到经济建设上，邮政发展局面有了极大好转。自1980年起，邮政部门陆续开办和恢复了特快专递业务、邮政储蓄业务、贺年明信片业务、广告函件业务等，开创了邮政所承包、乡邮投递段道承包及报刊零售承包等经营方式，邮政服务的质量、经济效益、劳动生产率等均有了较大提高。20世纪80年代邮政事业的主要矛盾，体现为邮政业务的快速发展与网络能力明显不足的矛盾，归根结底是需求与供给之间的矛盾。

为了解决这一矛盾，自20世纪90年代起，邮电部以电信收入补贴邮政，加大了基础设施投资，推行中心局体制，综合利用航空、铁路、公路运输网络，提高全网综合能力。1998年邮电系统实现分营后，中国邮政仅用了3年时间就实现了扭亏。20世纪90年代至21世纪初，邮政服务需求和生产力都在增长，社会上出现了一批提供快递服务的企业，邮政市场从行政垄断向市场竞争过渡，而“政企合一”的邮政体制已不适应市场经济需要，这一阶段邮政事业的主要矛盾，体现为邮政管理体制与改革开放和经济体制改革深化的步伐不一致。

2005年8月19日，国务院印发《邮政体制改革方案》，重组国家邮政局，组建中国邮政集团公司，建立了企业独立自主经营、政府依法监管的新邮政体制。也正是自2005年起，互联网的普及和电子邮件的广泛使用，邮政业长期赖以生存的信件业务不断萎缩，增长模式进入调整阶段，由信件转向以包裹、快递和物流增长为主。因此，自2005年起，邮政事业的主要矛盾，转变为传统的邮政业增长模式不适应科技发展带来的需求变化。

为了促进快递业务发展，2009年我国实施了修订后的《中华人民共和国邮政法》，确立了邮政市场准入制度，快递企业获得更大的市场发展空间，行业需求和生产力迎来了一轮新发展，多种所有制并存、多元主体竞争、多层次服务共生的市场发展格局得以形成。在国家邮政局2009年工作会议上总结当时的行业矛盾是：我国邮政业发展的主要矛盾是发展规模、发展水平不能满足人民群众不断提升的用邮需求，不能满足经济社会发展的需要，不能适应社会主义现代化建设的需要。在2015年的邮政业“十三五”规划工作会议上，重申了我国邮政业发展的主要矛盾和问题仍然是发展能力、发展水平不能满足人民群众不断增长和变化的服务需求。这一措辞的变化，背景是2009年以来我国邮政和快递服务高速增长，发展规模有了量的变化，发展能力的短板愈加突出，同时人民群众的需求不单单是量的增长，更有质的需求。应当说，邮政管理部门在党的领导下，始终抓住主要矛盾的变化制定各个发展阶段的政策与策略，成就了邮政业的发展飞跃。

二、人民群众的基本用邮需求已经得到满足

党的十八大以来，在以习近平同志为核心的党中央领导下，邮政行业管理部门坚持以人民为中心，权为民所用，情为民所系，利为民所谋，紧紧围绕建成与小康社会相适应的现代邮政业目标，多措并举解决人民群众最关心、最直接、最现实的问题，持续推进更贴近民生“七件实事”，补齐了一系列民生领域的短板，大幅提升了人民群众的获得感和满足感。

在幅员辽阔的中国大地上，我国邮政普遍网络实现了“乡乡设所，村村通邮”，8000多个空白乡镇邮政局所在3年内建成，全面实现直接通邮。邮政企业以1元左右的信函单价、平均不到6元的包裹单价为全国居民持续提供服务，服务满意度接近85分，在全国公共服务中处于领先水平[①]。

① 资料来源：国家邮政局网站。

我国快递服务普惠特征更加明显，在助力农民增收致富方面发挥了重要作用。不同于发达国家动辄数十元甚至上百元的快递单价，我国快递服务平均单价10余元，基本2～3天可以到达大多数城市地区，性价比全球领先①。几十万平凡朴实的邮递员们默默奉献，穿行于崇山峻岭，为边远地区人民群众送去温暖和希望，作出了极不平凡的贡献。四百万起早贪黑的“快递小哥”像勤劳的小蜜蜂一样，风雨无阻地为人民群众的生活带来便利。我国邮政业年服务用户千亿人次，已经深入千家万户，成了人民群众日常生活不可或缺的一部分。

三、进入新时代，人民群众对邮政业提出更高要求

中国特色社会主义进入新时代，中国人均GDP超过8800美元，已经达到中等收入国家水平②，人民群众生活显著改善，对美好生活的向往更加强烈。党的十九大报告作出重要判断——中国社会主要矛盾已经为人民日益增长的美好生活需要和不平衡不充分的发展之间的矛盾。

在邮政业领域，人民群众需求的结构、层次、内容、水平等也发生了深刻变化：人民群众不仅要求寄递服务更快，还要求更可靠，实现“说到就到”的稳定预期，而不是时快时慢，无法预期；人民群众不仅要求按址、上门投递，还要求更有弹性、更多选择，希望能够选择何时投递、投到哪里，而不是被动等待，担心隐私和安全；人民群众不仅需要性价比高的服务，还需要更加丰富、增值更高的服务，满足不同场景、不同群体的个性化需求；人民群众不仅需要能够寄递普通物品，还需要能够寄递生鲜

---

① 笔者根据《2019年邮政行业发展统计公报》计算而得。

② 资料来源：《2017年国民经济和社会发展统计公报》。

食品、高端高值产品、医药产品等，凡是能想得到的，都能寄得了；人民群众不仅需要“寄全国”，还需要“寄全球”，拉近全球商品的地理距离和时间距离；人民群众不仅要求邮政业做好寄递服务，还要求能够提供综合物流服务，从仓储到配送，从售前到售后，贯穿供应链，真正实现一体化服务。这些都是经济社会发展和居民收入达到一定水平后的必然趋势，也是我国消费结构升级在邮政业领域的具体体现。总体而言，人民群众的需求更趋高端、更趋个性、更趋全面，不仅对时效性、可靠性、便利性等常规服务内容有更高要求，而且在个性化、绿色化、安全性等方面的要求日益增长。

同时，随着邮政业与新技术、新业态的紧密连接，与流通、制造、国际贸易、现代农业、政务、医疗、养老、旅游、设计等关联产业的融合联动，未来的邮政业需求将是泛在的、高频的，会像水、电、气一样，成为政务、商务、生产等社会经济活动的通用基础设施，将深刻改变人们的生产、工作和生活方式，真正须臾不可或缺。

四、新时代邮政业主要矛盾的具体表现

近年来，邮政管理部门已经意识到人民群众需求的变化，通过规划、政策、标准等手段，引导行业实施供给侧结构性改革，不断回应和满足人民群众的更高需要。然而，我国邮政业大而不强的基本业情没有变，发展不平衡不充分的问题依然突出。不平衡表现在城乡间、区域间、利益主体间、新旧动能间，制约了行业整体水平的提升。不充分表现在邮政业发展的质量和效益还不高，创新能力不够强，挖掘国内市场与开拓国际市场还有不小潜力空间等。这些发展不平衡不充分问题相互掣肘，产生了一系列发展中的矛盾。

发展规模和质效的矛盾日益突出。我国邮政业规模增速在全球邮政业中处于领先，业务收入增速是同期 GDP 增速的 3 倍多；邮政指定经营者员工数量和固定局所数量全球第一，业务收入稳居全球前三；快递业务量稳居世界第一，至 2017 年单日过亿件，至 2020 年全年超过 800 亿件①。然而与规模的亮点形成对比的，是我国邮政业发展的质效不高。对标发达国家，我们还处于劳动密集向科技和资本密集转型阶段，全行业劳动生产率偏低、利润率偏低、国际化程度偏低、科技投入总量偏低、中高端服务供给明显不足，企业综合实力不强。立足我国业情，我们稳定可靠的邮政普遍服务需求、精准高效的快递服务需求还得不到全面充分的满足，离高质量发展要求还有很大差距。

粗放发展方式与可持续的矛盾亟待破解。受传统粗放型发展模式的影响，行业关注环保生态不够，与中央绿色发展的要求还存在差距。过度包装、二次包装问题比较严重，包装回收和循环使用体系不健全，环保包装面临成本高和规模化生产不足的约束，供给不能满足潜在需求。运输结构性减排任务艰巨，推广新能源和清洁能源汽车、降低车辆排放强度任务繁重。面对越来越多的资源需求，百亿件量级的快递带来的环境问题越来越突出，如果任由粗放发展，将会导致巨大的生存危机与发展挑战。

新旧动能转换的矛盾初现端倪。我国邮政业传统动能存在弱化趋势，邮政普遍服务四项基本业务逐年萎缩，快递业务量年均增速开始放缓。与此同时，行业新动能释放还不充分，邮政业与制造业、现代农业的协同发展仍处于初级阶段，供应链领域参与不深，冷链领域刚刚起步，国际业务还未形成优势，新业务对全行业发展的贡献偏小。尽管部分企业加快了开拓新业务的步伐，但行业整体的供给结构仍然单一，迫切需要进一步深

① 笔者根据《万国邮政联盟》统计数据计算而得。

化行业供给侧结构性改革，提高供给对需求的适应性、有效性和灵活性。

区域协调发展矛盾尚未破题。我国快递发展具有高度的空间集聚特征，东部地区快递业务量收比重长期占全国80%以上，单个快递设施的产出效率明显高于全国平均水平，以全国41.1%的网点数量支撑78.6%的快递揽收量和58.3%的快递投递量。京津冀、长三角、珠三角这三大区域快递业务量、业务收入在全国占比约七成，广佛肇、深莞惠、苏锡常等23个大都市圈的快递业务量、业务收入占全国的六至七成①。全国范围看，还有相当一部分区域的快递发展水平偏低。对照国家西部开发、东北振兴、中部崛起、东部率先的区域发展总体战略要求，对照京津冀协同发展、长江经济带发展、粤港澳大湾区建设、长三角一体化发展等重大区域战略要求，我国邮政业区域协调发展还有很长的路要走。

末端建设与城市管理的矛盾有所升级。随着经济社会发展，土地、房租、劳动力等要素成本上扬，导致城市的场地空间资源、道路交通资源紧张。城市末端网络设施的集约化程度偏低，在部分业务量较大的城市地区，快递末端网点重复建设情况普遍，客观上造成了资源浪费、效率低下、过度竞争等问题。智能快件箱在部分社区商区因管理限制、进场费高、收益偏低，设置推进较为缓慢。智能包裹柜和信报箱等设施统一建设和综合利用推进难度大。部分邮政网点开放方式较为粗放，搭载业务种类驳杂，寄递业务弱化明显。总之，邮政末端网络建设与城市总体规划的融入度较低，不可避免地会产生建设和管理层面的矛盾。

企业总部利益与基层网点利益的矛盾更加复杂。部分加盟企业进入资本市场，单纯依赖业务量兑现利润承诺，导致价格竞争走向白热化、残酷化。加盟网点生存压力和潜在风险较大，盈利能力弱化，员工流失严重，

① 笔者根据国家、各省（市）邮政管理局统计数据计算而得。

暴露出较多安全隐患和服务质量问题。个别加盟企业总部经营困难，难以对加盟网点进行有力支持，容易产生维权事件，带来社会稳定风险。此外，外卖等新业态的出现进一步加大了员工流失率，成为矛盾长期积累的爆发窗口。

行业管理难度与管理资源匮乏的矛盾更加尖锐。行业监管能力与行业规模及增长速度不相匹配，对于党的十八大前夕成立的市（地）邮政管理部门而言，现在快递业务量规模是当时的10余倍，监管力量和监管资源都亟待加强。同时，传统的寄递渠道安全监管难度不断加大，数据安全、社会稳定等非传统安全风险也在增加。企业进入资本市场之后，并购重组日趋频繁，行业审查任务更加繁重。新疆、西藏等重点区域维稳要求高、压力大，重大活动安全保障措施层层加码，对行业安全监管提出更严格的要求。

行业边界延展与制度设计滞后的矛盾正在衍化。产业跨界融合发展，快递与快运、即时配送等物流业态的界限愈加模糊，与互联网的融合愈加紧密。企业平台化、集团化运作特征明显，介入供应链管理、冷链、仓储等服务领域。随着新业态新模式快速发展，行业监管出现了盲区。新业态监管要求高、跨度大、专业性强，在“谁审批谁监管、谁主管谁监管”的要求下，一些关键问题上的顶层制度设计显得滞后，产业政策难以覆盖和惠及新业态。此外，邮政普遍服务的法定内涵与人民需要、市场实践脱节问题，也亟待通过制度设计予以解决。

总而言之，行业发展进入新时代，提高行业供给体系质量和效益的任务还很繁重，转变发展方式、完善邮政业生态体系的任务还很繁重，实现行业治理体系和治理能力现代化的任务还很繁重。

主要矛盾是我们认识当下、规划未来、制定政策的客观基点。主要矛盾变了，工作重点、政策措施就要相应调整。结合当前任务与长远目标，坚持辩证唯物主义和历史唯物主义的方法论，着力解决好发展不平衡不充分的问题，更好地满足人民日益增长的美好生活用邮需求，这是全行业义不容辞的使命和责任。在今后一段较长的时期内，邮政业必须以习近平新时代中国特色社会主义思想为指导，深刻把握新时代邮政业的主要矛盾，科学谋划行业未来发展蓝图。要坚持稳中求进总基调，坚持以人民为中心，坚持质量第一、效益优先，以供给侧结构性改革为主线，抓重点、补短板、强弱项，推动发展质量变革、效率变革、动力变革，提高全要素生产率，与现代化经济体系充分融合，不断增强行业竞争力，不断提高行业服务水平，不断促进转型创新发展，不断创造邮政业发展新的里程碑。

第五章

迈上邮政强国建设新征程

党的十九大明确了全面建成社会主义现代化强国的战略安排，作出建设交通强国的重大战略部署。邮政强国是交通强国的重要组成部分，面向未来，行业要坚持以人民为中心，以深化邮政业供给侧结构性改革为主线，以创新为第一动力，建立现代化邮政业供给体系、生态体系和治理体系，充分发挥邮政业基础性先导性作用，建成人民满意、世界领先的邮政强国，为交通强国建设提供重要动力和有力支撑。

第一节　新发展格局下邮政业的重要作用

党的十九届五中全会通过的《中共中央关于制定国民经济和社会发展第十四个五年规划和二〇三五年远景目标的建议》提出了“加快构建以国内大循环为主体、国内国际双循环相互促进的新发展格局”，这是一个具有丰富内涵和重大意义的战略决策，是以习近平同志为核心的党中央基于中华民族伟大复兴的战略全局、适应世界百年未有之大变局加速变化、着眼我国即将进入新发展阶段而作出的重大战略部署，对我国“十四五”时期乃至更长一个时期的发展都具有极其重要的指导意义。

一、发挥优势　找准定位

双循环是以国内大循环为主体，在外部环境高度不确定的情况下，利用我国产业基础实力雄厚、产业链条完整，战略回旋空间大，超大市场规模的特点，畅通生产、分配、流通、消费等经济运行的各个环节推动实现内部自我循环；同时，摆脱过度依赖传统国际大循环模式，形成更多的面向南方国家，面向“一带一路”国家的国际大循环。从国内大循环与国内国际双循环的关系看，国内循环是基础，两者是统一体。国际市场是国内市场的延伸，国内大循环为国内国际双循环提供坚实基础。发挥我国超大规模市场优势，将为世界各国提供更加广阔的市场机会，依托国内大循环吸引全球商品和资源要素，打造我国新的国际合作和竞争优势。国内大循环绝不是自我封闭、自给自足，也不是各地区的小循环，更不可能什么都自己做，放弃国际分工与合作。要坚持开放合作的双循环，通过强化开放合作，更加紧密地同世界经济联系互动，提升国内大循环的效率和水平。可以说，推动双循环必须坚持实施更大范围、更宽领域、更深层次对外开放。

构建新发展格局需要付出长期艰苦的努力，各地区各部门都需要找准自己在国内大循环和国内国际双循环中的位置和比较优势，提高贯彻新发展理念、构建新发展格局的能力，制定具体的规划、政策和措施，使新发展格局变为现实、落到实处。邮政业连接生产和消费两端，汇集物流、信息流和资金流“三流”合一，是现代流通体系的重要组成，对于构建新发展格局具有战略性、基础性、支撑性、服务性作用。畅通国内大循环要求行业更好贯通生产、流通、分配、消费各个环节，支撑强大国内市场建设。促进国内国际双循环，要求加快建设自主可控的国际寄递物流服务体系，助力增强产业链供应链自主可控能力，行业要主动作为。

助力国内大循环，邮政业有三个方面的作用：

首先，是作为战略性基础设施的重要作用。作为国家主权的象征，邮政业自古就承担着通政、通商的历史使命。邮政业的定位表述从国家重要通信基础设施上升为国家战略性基础设施，既是对邮政业的充分肯定，也对邮政业提出新的要求。邮政业可以推动经济社会实现有序高效运转，畅通运输生命线，建立完备的应急物流体系，特别是在国家在突发情况和极端条件下，可以保障物资运输不停滞不瘫痪。在抗击新冠肺炎疫情过程中，邮政业为国家统筹推进疫情防控和服务经济社会发展做出了重大贡献，被社会各界誉为“疫情中的生命线”和“维系城市正常运转的摆渡人”。

其次，是畅通经济微循环的重要作用。受人员、规模、资金限制，中小微企业难以自行建立完善的物流、仓储系统，邮政业作为专业第三方，以快速低价专业的服务，有效弥补了这一短板，极大提高了中小微企业产品、资金周转效率，遍布末端的寄递网络，像“毛细血管”一样，滋养个体、私营经济健康蓬勃发展，有效畅通了末端经济的“微循环”，在充分利用社会零散资源，增强各类市场主体活力方面起到积极作用，成为促进经济转型发展的助推器。同时，邮政快递的发展在将便捷的服务网络带到农民身边的同时，也将新型的经营方式、新型的发展理念与新型就业形式带入新农村。邮政业大量吸纳农村剩余劳动力，为现代农业发展积累了人才、智力资源。邮政业有效促进新型农业经营主体发展壮大，促进农业转型升级。邮政网络的通达性与广泛性，将全国乃至世界市场连接乡村，有效解决农产品受季节和区域限制、农民市场话语权弱、种植跟风盲目性大等难题，有利于形成稳定的销售渠道，通过以消促产，以商促农，促进农业增产增收，有力推动农业生产规模化发展，极大地激发了农业发展内生动力，加速土地流转与新型农业经济主体快速兴起。

最后，是连接生产消费的重要作用。在生产侧，邮政业以其高效的运输能力，更加简洁的环节层级，大幅减少物流中间环节，不断促进一、二、三次产业扩大销售半径，缩短销售周期，有效避免库存冗余，降低产品损耗，提升产品内生价值，加速产品流通，加速资金周转，减少浪费。同时邮政网络有助于商品、资源、服务实现跨城乡、跨区域、跨行业自由流动，促进市场在资源要素配置中决定作用的有效发挥，推动资源在国内市场合理流动、优化配置，为构建国内公平统一、竞争有序的现代市场体系提供重要支撑。在消费侧，邮政业的高速发展打破了传统物流渠道与经销层级限制，在大幅降低物流与交易成本的同时，增强供需信息高频互动，助力供需更加迅速、精准、顺畅对接，使消费者可以用同样的价格选购更好更多更精准的产品，供需时滞大幅压缩，消费潜力加速释放，消费市场不断下沉，农村需求被充分激发，促进我国消费由单纯升级向多元体系构建发展。

助力国际大循环，邮政业有两个方面的重要作用：

服务消费全球化的重要作用。邮政业可有效促进全球化新引擎跨境电商的发展，助力实现“买全球、卖全球”、拓展国际贸易渠道、促进中小企业产品出口、满足人民消费升级需求、增进全球经济互联互通。

支撑制造业国际供应链的重要作用。建设与中国“世界工厂”地位相匹配的国际寄递物流服务体系，可以保障中国制造产品安全可靠运达世界各地，帮助制造业有效运用全球优势资源，保护民族产业不受贸易战与各种壁垒的冲击，维护国家经济和战略安全。

二、助力国内大循环

邮政快递体系作为国家战略基础设施，具有鲜明的公共性、商业性和公益性，积极推动包含快递在内的邮政基础设施纳入国家基本公共服务建设范畴，更好发挥邮政通政通民通商功能，着力保障国家政权，构建物流生命通道，在提高基本公共服务均等化水平，促进流通方式转型、促进消费升级，更好守护人民群众美好生活方面做出更多贡献，实现邮政业政治、经济、社会价值全面提升，更好助力畅通产业循环、市场循环、经济社会循环。

优化统筹基础设施网络。更好衔接综合交通网络，更好融入城乡基础设施布局，大幅提升邮政快递全程全网效能，促进设施共用共享。建设超级枢纽，在国家物流骨干网络的关键节点，构建4～6个年业务量超过400亿的超级邮政快递枢纽，增强超级枢纽在干线中转、跨区域流动与协调过程中的支柱作用。加强交邮衔接，推进邮政快递与交通枢纽在设施设备、土地规模、配套场所等方面的无缝衔接，充分发挥交通运输网络的支撑作用，打通低成本、高效率的快递物流“大动脉”。建强农村网络，加快推动农村网络下沉，合理规划各级网络节点功能、设施，进一步畅通城乡双向流通渠道，充分释放农村消费潜能。

深化与制造业的融合。聚焦生产性服务，加快向综合物流、现代供应链管理转型升级，为促进制造业向价值链中高端迈进提供重要支撑。强化设施配套。引导制造企业在布局生产基地时，提前考虑快递物流设施配套。推动各类高新技术园区、经济开发区、新型工业园区、小微企业园、自贸试验区等配套建设公共快递物流功能区，提升智慧供应链管理服务能力。培育试点示范，鼓励快递企业针对电子通信、汽车制造、生物医药等单位价值较高的产品，以及纺织服装、工艺品等个性化较强的产品，提供差异化寄递服务，促进精益制造和定制化生产发展。建设供应链体系，以寄递全流程的数字化推动供应链管理数字化，发展库存管理、线边物流、供应链一体化服务解决方案，拓展智能仓储、快运、整车、应急、定制化等创新业务，全面促进供应链生态平台建设。

服务农业提质增效。适应现代农业品牌化、产地化、精细化、高端化发展趋势，不断增强农产品寄递能力，助力消除农产品供需信息不对称，扩大销售渠道，缩短物流链条、降低流通成本，促进农村小生产与大市场有效对接。开展兴农行动，支持快递物流企业联合涉农主体参与特色农产品优势区建设，形成从田间和餐桌的产品集群，促进一乡一业、一村一品发展。推广“寄递+电商+农特产品+农户”模式，培育“快递+金银铜牌项目”，打造农特产品直通车。发展冷链快递，依托现有县级邮政、快递处理中心打造县级冷链物流基地，在重要农产品批发市场和产地建立冷链快递物流基地，增强产后预冷、贮藏保鲜、分级包装等基础设施建设，加强冷链运输工具配置，推广“生鲜电商+冷链宅配”“中央厨房+冷链配送”等冷链新模式。

拓展服务创新空间。紧跟移动互联网、共享经济和消费升级发展趋势，提供更为便捷、精细、高效的寄递服务和衍生服务，推动服务供给的动态延展。促进与新零售协同发展，结合前置仓、门店代发、社区配送等新型销售形式，压缩中间分拣环节，不断提升寄递服务的灵活性和柔性，与逆向物流、售后服务相融合，为消费者提供更多增值服务。增强与公共服务协同发展，推动邮政与教育、医疗、养老、治安、政务、文化、旅游等多个公共服务领域融合发展，有效发挥网络、渠道、人员多重优势，为促进跨界创新、多业融合提供重要媒介。培育新业态新模式，引导众包即时递送、共同递送等新业态新模式发展，实现末端投递资源与寄递服务需求的动态弹性匹配和实时精准对接。

做强做优做大龙头企业。推动企业兼并重组、深耕细分市场、开展差异化竞争，形成龙头企业、中小企业、创新型平台型企业错位发展的市场格局。推动引导邮政企业做强寄递主业，健全市场化经营机制，深化混合所有制改革，整合产品体系和网络资源，落实邮政普遍服务业务与竞争性业务分业经营，提升在快递物流领域竞争力、创新力、影响力，发挥“国家队”作用。鼓励支持快递企业加快迈向世界一流。支持重点快递企业加快向综合供应链企业转型，向科技和资本密集转型，培育若干家规模大、影响力强、品牌价值高、具有核心竞争力的“领头雁”企业。

三、助力国际循环

邮政业应当以支撑邮政强国建设为终极目标，短期着重打基础、聚资源、防风险，长期着重提品质、增效益、精布局，发挥社会主义经济制度优势，集中力量办大事，加快完善高效能的国际寄递体系，更好服务全球生产、全球流通和全球贸易。

建立畅通便捷的服务网络。建设一张通达全球主要国家和地区、海陆空通道并行、干线支线末端顺畅衔接的国际寄递网络。强枢纽，建成1～2个以货运为主的国际航空快递枢纽，支持基础条件好的国内航空寄递枢纽扩大国际业务，在区位优势突出、航空运输条件好、货运吞吐量大的城市建立境外航空寄递枢纽。借力全球抗疫援助，推动头部电商和快递企业构建国际骨干枢纽，结点成网；拓通道，打造中美、中欧、中非、中澳等远程国际航空寄递通道，完善日韩、东南亚、南亚、俄罗斯等周边地区航空寄递通道，开辟若干全球洲际航空寄递通道。优化中欧班列运邮件快件线路布局，推进渝新欧、义新欧、郑新欧等重点线路实现常态化规模化发展，协调推进邮件快件运输电子预报关机制建设，积极开辟入欧新通道。建末端，聚焦重点目标国家，加强境外业务总部、经营网点、海外仓等基础建设，构建稳定的端到端服务能力。支持企业融入东道国流通体系，与信誉度高、网络完善、服务优质的本地物流配送企业加强合作。

培育实力雄厚的市场主体。培育两家国际网络覆盖较广、航空运输能力较强、供应链服务较可靠、规模实力进入世界500强的寄递企业。国有企业方面，推动优势互补、强强联合，整合邮政快递、航空货运、综合物流、关务等资源，集中组织货源，发挥规模效应，打造一家具有国际寄递物流供应链能力的企业主体。推动邮政企业在混合所有制改革过程中，并购具备国际业务优势的民营企业，或引入国际化经验丰富的民营战略投资者。在民营企业方面，鼓励综合实力较强的快递企业通过“并购+合作+自建”相结合的方式，有效整合海外资源，有序拓展国际市场。支持有条件的快递企业积累全货机、航空专线等重资产和政策资源，提升重点区域跨境干线掌控力和竞争力，保证运输效率、邮件快件安全和信息安全。

大力发展跨境电商寄递。实现跨境电商寄递服务由规模扩张向高质量发展的过渡，服务品类更加丰富，服务“买全球、卖全球”的能力大幅增强，进出口业务量双向提升。延伸链条，支持寄递企业加强与跨境电子商务平台的合作，提供集仓储、包装、报关、寄递于一体的服务，提升跨境全链条服务承接度，提升跨境电商寄递服务附加值。细分需求，引导寄递企业结合时效、保险、包装和退换货等要求，丰富服务种类，为用户提供个性化多样化的服务选择。缩短时限，鼓励寄递企业改进业务流程，提升寄递效率，基本达到周边国家主要城市 5 天和全球主要城市 7 天的寄递时限水平。改进体验，鼓励寄递企业完善全程跟踪查询、多语种客服响应、满意度评价、涉外纠纷处理等机制。

强化供应链一体化能力。积极对接制造企业“走出去”需求，助力制造企业在全球布局生产力。应急为先，加快构建应急保障网络，完善预警机制，提升风险应对能力，优先服务被美国纳入出口管制实体清单的制造企业，积极化解供应链中断风险及可能造成的负面冲击。长效为策，支持寄递企业与制造企业建立互信互利、长效稳定的伙伴关系，引导寄递企业在制造企业的原材料和零部件国际采购、中间品跨国组装、最终产品全球流通等方面，有效承接并提供灵活多样、定制化、嵌入式的供应链服务。示范破题，依托长三角、粤港澳等世界级先进制造业集群和自由贸易试验区建设，聚焦电子通信、汽车、生物医药等高技术制造业，打造若干服务模式先进、协同创新活跃、价值创造明显的深度融合示范。

构建与国际接轨的规则机制。加快融入国际规则体系，不断提升我国邮政业在国际上的贡献度、话语权和影响力。适应规则，引导企业加深对跨国直接投资、国际多式联运、知识产权保护、可持续发展等重点领域国际规则的了解，在合规经营、信息披露、风险管理等方面与国际接轨。有效发声，在万国邮联向更多利益相关者开放、终端费体系改革、会费改革等重大改革和战略方案设计上提供中国智慧。积极向邮政国际组织的重要岗位输送人才。积极参与邮政业相关国际标准制修订，推进标准国际互认。深化合作，加深与海关、铁路、公路、航空、海事等国际组织的沟通交流，积极参与相关国际公约制修订，务实寻求通关便利化、国际铁路运邮、国际多式联运等方面的合作空间。

第二节　现代化邮政强国的总体要求和战略任务

党的十八大以来，在以习近平同志为核心的党中央领导下，我国实现了迈入邮政大国的历史性跨越，邮政业持续快速增长的良好态势，为国民经济和社会发展做出了重要贡献，为我国从邮政大国迈向邮政强国创造了发展条件、奠定了坚实基础。但是，与实现邮政业更高质量、更有效率、更加普惠、更可持续发展的要求相比，与世界邮政强国相比，我国邮政业还存在一定差距。整体来看，我国邮政业城乡区域发展仍然不够平衡，在畅通经济循环方面的作用发挥还不充分，邮政普遍服务发展与人民期待还有差距，行业中高端供给不足，国际服务体系短板突出，绿色、安全发展水平还有很大提升空间，市场主体综合实力还有不小差距，参与全球邮政业治理的能力有待提升。

一、顶层设计——《邮政强国建设行动纲要》

党的十九大明确了全面建成社会主义现代化强国的奋斗目标，提出了建设交通强国的重大战略部署。邮政体系是国家战略性基础设施和社会组织系统之一，是交通运输系统的重要组成部分。邮政强国建设是交通强国建设的重要篇章和有力支撑。为贯彻落实中央部署，国家邮政局于2018年1月成立了推进邮政强国建设领导小组，历时近两年，编制了《邮政强国建设行动纲要》（以下简称《纲要》）。在此过程中，注重坚持开门编制《纲要》，注重听取政、产、学、研等各方面的建议，数轮征求意见，充分吸纳各方智慧。作为《交通强国建设纲要》的行业篇章，注重加强统筹衔接，将《交通强国建设纲要》涉及邮政领域的重要任务全部纳入《纲要》，在目标任务中予以细化落实。

《纲要》以党的十八大以来我国迈入世界邮政大国为时代背景，以党的十九大提出的分两步建设社会主义现代化强国为时代要求，描绘了我国邮政业站在新起点、踏上新征程、到21世纪中叶全面建成邮政强国的宏伟蓝图。《纲要》是《交通强国建设纲要》的邮政篇章，是新时代做好邮政业工作的总抓手。

《纲要》是国家邮政局成立以来编制的第一部谋划15年、展望30年的中长期纲领性文件，是全行业站在新起点、迈向新征程的顶层设计和系统谋划，是新时代做好邮政业工作的总抓手。未来，邮政业发展的外部环境会发生多样的、深刻的甚至颠覆性的变化，邮政业的内涵和外延会实现与时俱进的拓展。坚持在党的领导下推进邮政强国建设，坚持以人民为中心的服务宗旨，坚持服务社会主义现代化强国建设大局，应当是贯穿行业发展的核心要求，也是邮政强国建设的初心和使命所在。以此为基本考虑，《纲要》体现出以下六个主要特点：

一是提升政治站位，突出行业战略性基础性先导性作用。《纲要》开宗明义地指出“邮政业是国家重要的社会公用事业，是推动流通方式转型、促进消费升级、助力生产发展的现代化先导性产业。邮政体系是国家战略性基础设施和社会组织系统之一”。针对战略性，《纲要》提出邮政强国建设要“为全面建成社会主义现代化强国贡献行业力量”，把握战略主动，主动服务国家战略。针对基础性，《纲要》在基础网络建设、提升公共服务水平、拓宽“寄递 +”领域等内容中体现了行业发挥的基础性作用。针对先导性，《纲要》在阶段性目标中体现了“先行”思维，在国际寄递物流供应链体系建设、创新业态模式等任务中体现了“超前”要求。

二是立足国际视野，找准我国在世界邮政强国中的位置。《纲要》坚持问题导向，在编制过程中，通过全面细致的国际对标，分析了我国邮政业与世界邮政强国的差距，明确需要追赶的领域。《纲要》坚持目标导向，提出到2035 年，我国邮政业部分地区和重点领域发展水平达到世界前列，到21 世纪中叶，我国邮政业普惠水平、规模质量、综合贡献位居世界前列。《纲要》通篇将邮政强国建设放在国际格局中，勾画了行业发展从跟跑到并跑，最终实现领跑的进阶路线。

三是紧跟时代变革，阐述以创新为第一动力的系统举措。《纲要》将“新一代科技革命和产业变革”作为行业发展最大的时代机遇，将“以创新为第一动力”置于指导思想高度，将“创新驱动”作为基本原则之一，将创新思维贯穿战略任务始终。《纲要》在服务创新方面提出“提升服务农村电商、跨境电商、零售新业态等的质量水平”“支持新业态新模式发展，推动服务供给动态延展”，在科技创新方面提出“强化企业科技创新主体地位”“加快产业数字化转型”，在治理创新方面提出“形成‘大寄递’治理格局”，准确把握了创新的重要领域和关键环节。

四是坚持市场导向，明确政府在发展治理中的角色定位。《纲要》将“坚持市场主导”作为基本原则之一，以“市场在资源配置中起决定性作用和更好发挥政府作用”为重要遵循，既体现了行业竞争程度高、企业主体作用强的特点，也体现了在邮政普遍服务、公平竞争环境等方面，政府应当发挥的托底保障作用。同时，由于重大颠覆性技术将促使产业组织形式和产业链条更具垄断性，跨界融合将更加普遍，《纲要》据此提出“建设现代治理体系”“构建齐抓共管、协同高效的寄递市场监管机制”的战略任务，这将是未来行业管理体制最突出的特征。

五是强调安全绿色，划出行业发展不可触碰的红线底线。《纲要》贯彻落实总体国家安全观和习近平生态文明思想，将“坚持安全发展”“坚持绿色环保”作为基本原则，将“加快建设绿色邮政”“加强安全体系建设”作为战略任务，强调要“坚持依法治理、源头治理、综合治理，强化安全文化建设”，强调应用信息化手段加强安全监管，强调要“建立与绿色理念相适应的快递包装法律体系、标准体系、政策体系”，彰显了邮政业发展的安全责任和环保责任。

六是创新框架结构，提出建设“三大体系”的战略任务。《纲要》遵循生产流通消费的大逻辑，立足经济社会发展的大视野，贯彻治理体系现代化的大部署，将“建设高质量服务供给体系、打造可持续产业生态体系、完善现代化行业治理体系”这三大体系作为战略任务的骨架，区别于传统的“基础设施、普遍服务、快递服务、交邮合作、走出去、监管、改革”结构，更好地将邮政业置于经济社会发展大画卷中，跳出邮政看邮政，展现长远视角，涵盖更多要素，兼具系统思维、理论高度与行业特色，更加科学地把握了邮政强国建设的方向和着力点。

二、建设邮政强国的重要意义

习近平总书记指出，“方向决定道路，道路决定命运”。建设现代化邮政强国，必须自觉融入党和国家工作大局，在服务国家战略中体现行业战略价值，在促进社会组织体系发展中彰显组织功能。建设邮政强国是中国特色社会主义进入新时代的必然要求，对于巩固上层建筑、夯实经济基础、增进民生福祉、服务开放大局具有重要意义。

（一）建设邮政强国是巩固国家政权基础的重要保障

邮政承担着传达政令、广播政声、维护政权的重要职责。党的十九大把坚持党对一切工作的领导作为新时代坚持和发展中国特色社会主义基本方略的首要内容，这就要求邮政系统将通政职能摆在更加突出的位置，贯彻总体国家安全观，以更加自觉的政治责任感和使命感，确保党报党刊高效传递、确保机要通信万无一失、确保寄递渠道安全畅通、确保邮政功能有效发挥。

（二）建设邮政强国是建设现代化经济体系的重要支撑

党的十九大作出建设现代化经济体系的重大部署，邮政业融合信息交流、物品递送、资金融通、文化传播等功能，贯通第一、第二、第三产业，服务生产流通消费，在新的形势下迫切需要在畅通经济循环、创新驱动发展、培育增长动能、促进均衡协调、推进绿色开放等方面发挥更大作用，助力我国经济持续增长和新一轮经济腾飞。

（三）建设邮政强国是满足人民日益增长的美好生活需要的重要途径

人民邮政为人民是行业的初心和使命。邮政关系国计民生，服务广大商家和亿万群众。进入高质量发展阶段，人民需要更多样的产品、更优质的服务、更丰富的功能、更绿色的方式，这就要求邮政业坚持以人民为中心的发展思想，进一步提高服务品质，提升服务体验，促进发展成果更平衡更充分地惠及全体人民和广大用户。

（四）建设邮政强国是服务国家开放大局的重要举措

党的十九大指出，中国将继续发挥负责任大国作用，积极参与全球治理体系改革和建设，贡献中国智慧和力量。邮政业在构建全球供应链、推动技术共享、促进资金人才流动、创新业态模式等方面需要当好先行，积极参与“一带一路”建设和开放型经济体系建设，服务社会主义现代化进程，助力全球供应链、产业链、价值链的融合与创新发展。

三、邮政强国的内涵

邮政强国是自身强与助力国家强、体系规模大与贡献作用大的有机结合，体现在八个方面：

一是支撑带动强。形成大众化、便捷化、专业化、国际化的现代邮政体系，在保障国家安全、促进区域协调、保障民生需求、扩大对外开放等方面的战略性基础作用更加突出。行业更深融入国民经济主战场，嵌入现代农业、先进制造产业链条和贸易网络，军民融合深入发展。

二是生产方式强。邮政业成为科技密集型和资本密集型产业，商流、物流、信息流、资金流聚集，形成产业集群和全产业链条。全行业能源消耗、包装污染、碳排放水平大幅降低，安全生产水平世界领先，可持续发展能力显著增强。

三是网络体系强。邮政与综合交通网络有机衔接，国内基本公共服务均等化水平更高，遍布城乡、面向全球的寄递网络格局形成。构建高效、通畅、多样、性价比高的现代邮政物流体系，国内快递物流园区形成规模，打造多个速递物流集散中心，仓配供应链体系形成，建成全球现代供应链、国际快件转运中心和跨境电商物流中心。

四是发展动能强。创新驱动战略在邮政业成效明显，建成一批行业重点实验室，行业自主创新能力取得突破，成为新技术、新模式、新服务的供给者、开拓者和引领者。邮政业科技数字化转型完成，大数据、人工智能在行业广泛应用，无人机、无人仓、无人车等智慧物流成为行业主流。

五是服务能力强。邮政业与政务、商务和生活服务业融合协同，成为国计民生不可缺少的重要内容，更加深刻改变人民工作和生活方式。具备一体化、多层次、综合化的服务功能，提供稳定可靠、灵活多样的服务体验，邮件快件定时发、精准达成为常态，中国邮政业服务标准成为世界标准。

六是治理体系强。邮政业法律法规系统配套，治理体系和诚信体系建设取得重大突破，公平、法治、开放、有序的竞争环境形成。行业监管实现政府、企业、协会多元主体共治，能力达到世界先进水平。行业涌现出一批劳动模范、产业技术能手，从业人员正当合法权益得到更好保护。

七是市场主体强。企业健全完善现代企业制度，资源配置效率更高，劳动、知识、技术、管理、资本等要素的活力竞相迸发，打造出中国快递企业航母群。市场主体朝着全流程、专业化、多元化、差异化方向发展，发展引领力不断增强，逐步实现高效协同、良性竞争的发展新格局。

八是国际影响力强。邮件快件数量和收入稳居世界第一，培育产生国际级快递品牌。在万国邮联等国际组织中发挥作用更大，具有制定国际邮政规则标准的主导权和话语权。全方位参与国际邮政事务，深度参与全球邮政治理体系建设，我国成为全球邮政业发展的创新高地、追赶标杆，成为未来寄递服务的探索者、引领者。

四、邮政强国建设思路、原则与目标

《纲要》指导思想提出贯彻习近平总书记新时代中国特色社会主义思想，落实“两个布局”、新发展理念和高质量发展要求，强调了一个中心——以人民为中心；一条主线——以供给侧结构性改革为主线；第一动力——以创新为第一动力；三个变革——推动质量变革、效率变革和动力变革；三大体系——建立供给体系、生态体系和治理体系，总目标是建成人民满意、保障有力、世界前列的邮政强国。邮政强国建设的总目标与交通强国建设的总目标保持一致，同时具有邮政业特点和内涵。“人民满意”是邮政强国建设的根本宗旨，是全行业始终坚守的价值追求。“保障有力”是邮政强国建设的基本定位，充分体现了邮政业助力生产发展、推动流通方式转型、促进消费升级的现代化先导性产业定位，高度契合了邮政体系是国家战略性基础设施和社会组织系统的行业地位。“世界前列”是邮政强国建设的重要标志，体现我国邮政业对世界邮政业的贡献和影响力。“人民满意、保障有力、世界前列”三者相辅相成，缺一不可，共同构成了邮政强国建设的总目标。

《纲要》提出五项基本原则：一是坚持普惠协调，既要保障邮政普遍服务，也要发展寄递领域公共服务。二是坚持市场主导，同时更好地发挥政府作用。三是坚持创新驱动，强化自主创新、推动“智能＋”和跨界融合。四是坚持安全发展，贯彻总体国家安全观，守住邮政业安全底线。五是坚持绿色环保，全面推进人与自然和谐共生的绿色邮政建设。

《纲要》提出，在2020年建成与小康社会相适应的现代邮政业的基础上，分两个阶段建设邮政强国。第一阶段到2035年，基本建成邮政强国，实现“四化”“两跃升”，即网络通达全球化、设施设备智能化、发展方式集约化、服务供给多元化；邮政业规模体量和发展质量大幅跃升。同时，邮政业收入占国内生产总值的比重与发达国家相当，部分地区和重点领域发展水平达到世界前列。第二阶段到21世纪中叶，全面建成邮政强国，实现“双全”和“三个前列”，即中国邮政业具备全球化网络、提供全产业服务，普惠水平、规模质量、综合贡献位居世界前列。

五、邮政强国战略任务与保障措施

《纲要》提出的战略任务，可概括为“三大体系”“十大任务”。“三大体系”各有侧重、相辅相成，是建设邮政强国的战略重点和基本路径。服务供给体系对应高质量发展要求，是邮政业适应主要矛盾转化的必然选择。产业生态体系对应可持续发展要求，是邮政业自身供给与外部环境发展到一定阶段的必然形态。行业治理体系对应现代化要求，是供给和生态体系发展到一定阶段对行业治理的必然要求。

第一个体系是建设高质量服务供给体系。《纲要》提出了四个方面的任务。一是加强基础网络建设。提出构建综合立体、通达全球、智能高效、安全便捷的服务网络体系，加快“空铁公水”和“骨干—枢纽—末端”寄递网络建设，鼓励同业和跨界运输、仓储、分拨、配送等资源共享。二是提升公共服务水平。提出巩固发展邮政事业，突出邮政中“政”的要求。与时俱进调整邮政普遍服务内涵与标准，强化邮政综合服务平台功能，提升均等化水平。进一步提高党报党刊投递服务水平，切实做好特殊服务。三是推进快递扩容增效。推动快递向更多满足生产性服务需求、高端高价值服务需求、线上线下一体化服务需求拓展。推动城乡区域协调发展，推进快递普惠发展，落实国家区域发展战略，建设协同发展示范区。四是支持市场多元发展。提出推动邮政企业混合所有制改革，提高快递产业集中度，鼓励外资快递发展，支持平台型集团型企业发展。加快国际化发展，提升国际通关水平，协同先进制造和科技企业出海。

第二个体系是打造可持续产业生态体系。《纲要》提出了三个方面的任务。一是拓宽“寄递+”领域。提出在民生方面大力拓展代办和政务寄递服务，助力乡村振兴，服务教育、健康、养老、文化、旅游、体育等产业。在生产方面提升服务农村电商、跨境电商、智能制造、零售新业态等的质量和水平，带动关联产业发展。支持即时递送等新业态、新模式发展。二是加快科技创新步伐。提出推进科研体系、标准体系建设，加快产业数字化转型，完善数据资源体系，拓展人工智能、区块链等重点技术应用范围，形成数据驱动发展的新形态。三是加快建设绿色邮政。提出完善绿色发展机制，建立与绿色理念相适应的快递包装法律体系、标准体系、政策体系。通过优化运输组织、升级运输装备、推广绿色建筑等方式，实现设施设备结构性减排。

第三个体系是完善现代化行业治理体系。《纲要》提出了三个方面的任务。一是提升政府治理能力。提出加强规范制度建设，推动行业各项制度更加成熟更加定型，推动构建从中央到地方权责清晰、依法监管、运转顺畅的工作体系。提升治理的公正性、精准性和有效性，推进数字政府建设，增强“互联网+监管”动能。二是营造良好市场环境。提出建设统一开放、公平竞争的高标准邮政市场体系，强化竞争政策基础地位。建设具有鲜明时代特色的邮政文化，大力弘扬“小蜜蜂”精神，关心爱护基层员工和“快递小哥”。三是推进治理协同创新。提出形成“大寄递”治理格局，构建齐抓共管、协同高效的寄递市场监管机制，包容审慎监管行业新业态、新模式，深度参与国际事务，加强国际交流合作。加强安全体系建设，坚持依法治理、源头治理、综合治理。健全共建共治机制，积极培育和发展行业社会组织，扩大社会参与渠道，丰富公众参与方式。

为保障《纲要》目标的实现，支撑战略任务落地，《纲要》从组织、法治、政策、人才、实施五个方面提出了要求。一是坚持党的领导，确保党在邮政业发展中始终总览全局、协调各方，确保邮政强国建设沿着正确方向前进。二是坚持依法治邮，把行业管理工作全面纳入法治轨道。三是完善政策保障，发挥现有政策的集成作用，分阶段研究制定支持邮政强国建设的政策措施，创造良好环境。四是强化人才保障，培养高素质干部，持续推进人才队伍建设，加强相关院校和邮政学科建设，激发和保护企业家精神。五是加强实施管理，将发展目标和重点任务融入五年规划压茬推进，及时督促、鼓励有条件的地区、企业先行先试。

第三节　建设世界一流邮政和快递企业*

党的十九大报告提出，要深化国有企业改革，发展混合所有制经济，培育具有全球竞争力的世界一流企业，要弘扬企业家精神，加快建设世界一流企业。世界一流企业并没有国际公认的衡量标准，德勤发布的《对标具有全球竞争力的世界一流企业——国际前瞻视野领航管理创新》，归纳

---

* 本章节所有数据均来自2019年邮政和快递企业财务相关公开报道，并由笔者整理、计算而得。折算成人民币按照2019年人民币兑相应外币的平均汇率计算。

出“具有全球竞争力的世界一流企业十要素”，包括四个企业管理的基础要素：战略管理、公司治理、管控与运营，领导力建设；以及六个提升企业竞争力的核心要素：国际化、人才管理、创新管理、品牌管理、并购管理和数字化。

一、我国邮政快递企业与世界领先水平的差距

对标世界一流邮政和快递企业——德国邮政（DPDHL）、美国联合包裹（UPS）、美国联邦快递（FedEx）相比，我国邮政快递企业在网络能力、资产积累、服务水平、规则适应、企业整体实力等方面，还有一些明显短板。

如表5－1所示，在《财富》杂志发布的2020年世界500强排名中，共有8家邮政和快递企业入围。本行业的第1名仍然是日本邮政，位居全球第60，比上年下降了8个名次。本行业的第2名是中国邮政，首次进入百强，排在第90名，比上年提升了11个名次，中国邮政从2012年在世界500强中排名第258，到2020年首次挺进百强，发展速度令人瞩目。德国邮政敦豪以往领先美国邮政十几个名次，这次反而落后了1个名次，主要是因为欧元兑美元的跌幅较大，实际上德国邮政的实力仍在稳步提升。其他企业的排名变化不大，都在3～5个名次范围内。

表5－1　　2020年世界500强上榜邮政快递企业

名称	2020年世界500强排名	同比名次变化	营收（百万美元）	利润（百万美元）
日本邮政	60	↓8	109914.7	4449.3
中国邮政	90	↑11	89346.8	4440.9

续表

名称	2020 年世界 500 强排名	同比名次变化	营收（百万美元）	利润（百万美元）
美国联合包裹	129	↑ 3	74094	4440
美国邮政	141	↓ 5	71154	-8813
德国邮政敦豪	142	↓ 18	70894.9	2935.8
美国联邦快递	148	↑ 4	69693	540
意大利邮政	350	↑ 5	36666.9	1502
法国邮政	433	↓ 5	29081.7	920

资料来源：《财富》杂志网站。

美国邮政、美国联邦快递、美国联合包裹年收入折合人民币分别为4907 亿元、4807 亿元、5110 亿元，合计近 1.5 万亿元，是我国邮政业年收入的 1.5 倍。中国邮政收入超过 6000 亿元，但寄递业务收入约为美国邮政的 1/6①。顺丰速运收入达到 1122 亿元，约为美国联合包裹公司的 1/5。通达系快递总部收入普遍在 200 亿~300 亿元量级②。

日本邮政、大和运输、佐川急便年收入折合人民币分别为 8085 亿元、1030 亿元、662 亿元，合计 9770 亿元，略超过我国邮政业年收入（9642.5 亿元）③。日本邮政与中国邮政均有较大收入份额的金融业务，仅比较寄递业务，日本邮政收入约为中国邮政的 3.5 倍④。顺丰速运收入略超过大和运输。通达系快递总部收入普遍不及佐川急便的一半。

欧洲的德国邮政、法国邮政、英国邮政年收入折合人民币分别为 4892

① 资料来源：《财富》杂志网站。
② 资料来源：《顺丰控股 2019 年年报》。
③ 资料来源：《2019 年邮政行业发展统计公报》。
④ 笔者根据日本邮政、德国邮政、法国邮政、英国邮政 2019 年年报整理而得。

亿元、2007 亿元、917 亿元，合计 7816 亿元，约为我国邮政业年收入的 81%[①]。德国邮政全业务板块以寄递为主，大幅超过中国、日本、英国、法国等邮政。德国邮政、法国邮政、英国邮政的快递物流业务板块收入折合人民币分别约 3700 亿元、600 亿元、250 亿元[②]。

可以看出，中国邮政业全行业收入不及美国、日本和欧洲 2 ~ 4 家企业合计。其原因主要有两点：一是价格偏低，企业增量不增收较为普遍。我国同城快递单价不超过 7 元，异地约 8 元，且价格战愈演愈烈[③]。美国同样重量和距离的快递价格是中国的 2 ~ 3 倍[④]，且普遍还在涨价。顺丰空运时效件起步价 23 元，美国联邦快递和联合包裹空运次日达单价为 18 ~ 20 美元。二是市场还不成熟，集中度不高，不利于企业由大变强。我国邮政市场仍在快速成长期，CR3 仅为 41%，美国 CR3 达到 90%，日本 CR3 超过 93%，欧洲 CR3 约为 60%[⑤]。

发达国家邮政快递早在 20 世纪就开始资产积累，而我国企业滞后长达数十年。从总资产来看，我国领军快递企业顺丰总资产年均增速超过 26%，仍远不及 FedEx（544 亿美元）和 UPS（579 亿美元），即顺丰拥有或控制，预期能带来经济收益的资源仅为美国两巨头的 1/4。顺丰要想在 5 年内达到美国两巨头当前水平，需保持 30% 的总资产增速，这十分困难。而美国两巨头总资产增速已稳定在 10% 以上。从有形资产来看，我们最大的短板是全货机，美国两巨头全货机数量（自有 + 租赁）合计 1200 余架，是我国全行业的 10 倍。从无形资产来看，我国快递服务品牌认知度和价值

---

① 笔者根据日本邮政、德国邮政、法国邮政、英国邮政 2019 年年报整理而得。

② 笔者根据德国邮政、法国邮政、英国邮政 2019 年年报整理而得。

③ 根据《2019 年邮政行业发展统计公报》中各细分类别快递业务的量收计算。

④ 与美国邮政、美国联邦快递、美国联合包裹的业务资费相比。

⑤ 根据中国、美国、日本主要邮政快递企业市场份额计算。

不高。2019 年全球品牌价值 100 强中，UPS、FedEx 和 DHL 品牌价值分别为 549 亿美元、201 亿美元和 166 亿美元，而我国没有上榜邮政快递企业，顺丰曾于 2018 年上榜，品牌价值 145 亿美元①。

此外，我国企业的并购经验也比较缺乏。美国联邦快递、美国联合包裹和德国邮政上市时间分别为 1978 年、1999 年和 2000 年，其间也多次通过兼并收购来扩大业务领域和市场份额，整合经验纯熟。大规模资本运作并不鲜见，2016 年德国邮政以 2.47 亿英镑收购英国邮政运营商 UK Mail，夯实其在欧洲最大电子商务市场的地位；同年美国联邦快递以 44 亿欧元的价格收购了荷兰天地快运，当年业务收入同比增速达到 19.8%，是收购前的近 4 倍。小规模资本运作更加频繁，不完全统计，自 2000 年开始法国邮政整合了近 20 个快递包裹品牌，从德国、英国、意大利等地理位置临近的欧洲国家，到印度、东南亚、巴西、南非等新兴市场国家，再到摩洛哥、布基纳法索等法语系国家②。我国快递企业自 2016 年陆续上市，在引入战略投资者方面存在趋同性。例如，阿里直接参股申通、圆通和百世等快递企业，削弱了企业议价能力，发展方向的同质化也不利于吸引二级市场投资者。赴美上市的中通遭遇了首日跌破发行价、数据造假指控，百世同样赴美遇冷，先后经历了融资减半、股价下滑等风险。

还有一份榜单也发人深思，即万国邮联 2020 年发布的 170 个国家的邮政发展综合指数排名。瑞士邮政毫无悬念蝉联第 1，美英德日法均在前 10，且指数均在 80 分以上。中国邮政排名第 18，指数为 66.85 分，比上年下降 0.97 分，下降了 3 个名次③。在亚太地区，中国邮政落后于日本、新加坡和新西兰。但在发展中国家，中国邮政排名最为靠前。邮政发展综合指

① 英国传媒集团 WPP 与咨询公司 Kantar 联合发布的 2019 年 BrandZ 全球品牌价值 100 强。

②③ 万国邮政联盟：《2020 年邮政发展报告》。

数有4个衡量维度：可靠性、覆盖面、需求强度、发展韧性，与规模大不大没有直接关系。中国属于国家经济和邮政业表现都较好的国家，但综合表现落后于比利时、荷兰等小的工业化国家。

二、强国必须有强企

为了更快向“世界一流企业”迈进，我国邮政快递企业既要练好内功，也要学会借助外力。具体而言，需要对标对表以下12个方面进行提升。

第一，建立起规范健全的法人治理结构。特别是以家族模式起家的加盟制快递企业，要加快形成科学决策、有效制衡的公司治理机制。集团母公司层面建立起外部董事占多数的规范董事会，能够充分发挥董事会对重大问题决策、经理层选聘、重大项目投资、大额资金使用和风险管控等方面的作用。母公司及所属企业董事会之间权责明确、运转协调，形成科学高效的集权分权体制。

第二，突出寄递主业，增强核心竞争力。通过并购重组、内部整合、精干主业、剥离辅业等优化配置资源，使优势资源向主业集中，产业布局和产业链结构不断完善，能够充分发挥协同效应和整体优势。

第三，提升自主创新能力，积极获取自主知识产权和核心技术。在具有自主知识产权或发明专利的核心技术上有重要突破，在国际标准的制定上有一定话语权。科研开发成果转化率较高，建立起产学研或官产学研一体化的创新体系。科技创新能力与科研投入占销售收入比重在国内同行业处于领先水平并接近或达到国际先进水平。

第四，提升国际化经营与运作能力。以全球性战略思维制定企业发展战略，在市场开拓、业务范围、资源占有、收入比重等方面国际化程度较高，本土化经营与管理取得实效，拥有较强的全球资源配置能力和资本运作能力，综合指标及各项关键指标处于国际同行业先进水平，社会形象良好，国际影响力较强。

第五，建设国际知名品牌。通过一流的质量服务管理、市场营销和商业模式有效实施品牌战略、开拓国际市场，实现与目标市场的高度契合，品牌文化建设成效显著，在国际上拥有知名统一的企业品牌或系列产品品牌，在价格和用户满意度上具有明显优势。

第六，实现合理的经济规模与较强的盈利能力。充分发挥规模效应，进入财富500强的企业排序有明显提升或地位不断巩固，盈利能力达到国际一流水平，给予股东较好的回报。

第七，适应国际竞争要求，进行内部改革，健全激励约束机制。充分引入竞争机制，人事、劳动、分配三项制度不断深化，形成职工能进能出、人员能上能下、收入能增能减的体制机制，保护职工合法权益。薪酬体系和用人制度能够吸引、留住并充分发挥人才特别是核心技术研发人才、高级管理人才以及国际化人才的积极性创造性。

第八，实行集中有效的集团管控模式。根据企业经营特点建立起科学有效的管控模式，实行集中有效的资金管理、采购管理、投资管理、资本运营等，建立起并不断完善以战略管控、财务管控和关键经营要素管控为核心的经营管控体系，对境外企业和境外资产管控有效，拥有较强的集团控制力。

第九，完善风险管理体系，增强风险管控能力。有健全的全面风险管理体系，制定并不断完善《企业风险管理手册》及《企业内部控制手册》。董事会在重大决策的风险管理中能够发挥主导作用，风险管理职能部门健全，落实全员岗位风险管理责任。风险管理信息系统完善，业务流程和管理流程科学高效，有良好的风险预警体系及相应的应急预案。在集团范围内建立起风险管理报告制度，对重大风险管控良好。

第十，提高管理信息化水平。充分利用信息化手段实现全集团范围内的管理制度化、制度流程化、流程信息化，建立起管理透明、系统集成、授权受控、安全可靠的管理信息系统，实现管控一体化，借助信息化平台不断增强企业管理创新能力。利用管理信息化手段实现对境外子企业的实时有效管控。管理信息化做到适时、高效、可持续、经济成本合理。

第十一，重视领导力建设，建立起学习型组织。重视全员在岗学习和离岗培训，加强以培育具有全球化视野、国际化经营运作能力和管理技术复合型为重点的企业高管人员领导力建设，高端人才队伍与国际基本接轨，领导人员素质和高管队伍结构不断优化。

第十二，培育先进独特的企业文化，积极履行社会责任。具有中国特色和本企业特色的企业文化和健康发展的核心价值观，以开放、包容、多元、共赢的文化要素促进国际化经营。社会形象良好，积极参与国际及行业性企业社会责任标准制定。

第四节　建设国际寄递物流供应链体系

《交通强国建设纲要》提出要“加快构建国际寄递物流供应链体系”，这对提升我国国际竞争力，推动“一带一路”高质量发展，不断增强人民群众获得感、幸福感、安全感，建设社会主义现代化强国具有重要战略意义。

一、国际寄递物流供应链体系建设上升到战略高度

我国将国际寄递物流供应链体系提升到前所未有的战略高度，一个重要的背景是大国博弈。从 2018 年开始，中美之间的贸易摩擦不断。2018 年 4 月，美国商务部发布公告称，美国政府在未来 7 年内禁止中兴公司向美国企业购买敏感产品。2019 年 5 月，美国联邦快递公司在没有说明的情况下，将华为的两件包裹转移到美国，并试图将另外两件包裹也转运到美国。虽然美国联邦快递致歉称华为快递被运至美国乃失误造成，但此次包裹转移事件削弱了我国本土制造企业与外资物流企业合作的信心，尤其是正值当前美国政府动用国家力量对华为开展全面打压之际。一旦寄递的核心技术资料、商业标书等商业情报被窃取或损毁，可能带来无法挽回的损失。

在美国商务部工业和安全局（BIS）把华为加入“实体清单”后，高通、博通、英特尔、英伟达、美光、ARM 等一批半导体企业相继中止对华为供货，微软、谷歌等互联网企业也中止了对华为的技术支持与软件服务，华为全球供应链生态系统或面临全面崩溃的风险。美国对华为在芯片、软件服务等上游供应链环节“断供”，其真实目的不仅在于减少中美贸易逆差，更在于把华为作为贸易谈判筹码，借机把中国从高技术产业的高生态位“驱逐”出去，让中国“永远”从事低端的配套产业，削弱中国在高技术产业上对美国的威胁。

当前，我国快递物流企业服务制造业还处于起步阶段，我国国际寄递物流服务体系还不完善，制造企业“走出去”基本是独立发展，自己设计企业全球供应链物流模式，自建海外仓，自选海外快递物流服务企业，并没有像外资企业那样进入中国发展时带着本国快递物流企业。

在国际干线运输中，海运是制造企业选择的最主要运输方式，海运服务商既有中资的中远海、招商轮船，也有外资的马士基、地中海航运、达飞等。空运主要承担轻小件、时效性较强的产品和 C 端产品运输。为我国制造企业提供国际空运服务的既有国内三大航空公司，也有境外的FedEx、UPS、DHL、国泰航空等。随着“一带一路”建设的推进，中欧班列逐渐开始承担华为、海康威视、京东方部分商品运输任务。公路运输则主要是涉及周边国家的跨国运输。制造企业的海外清关主要通过委托货代或者当地的代理公司完成。在国际供应链物流组织方面，华为与国际主要货代基本都有合作。为提升海外客户的体验，提高国际供应链物流效率，部分企业在国外重要节点，通过租赁第三方仓库设施设置了海外仓。

总体而言，制造企业对国际快递服务需求总量不大，且相对分散。寄递内件主要为样品（占大多数）、文件（发票、信用证、提单、合同等法律文书）及少数成品。目前，大部分制造企业国际快递业务主要委托 FedEx、UPS 和 DHL 完成。在 FedEx 未按名址投递事件发生后，大量企业开始将主要快递业务转交 DHL。相比发达国家，我国国际寄递物流服务体系仍处在转型升级的关键期，存在网络自主性不强、一体化服务能力欠缺、企业国际竞争力薄弱等突出问题。例如，中外运是全球第 3 大货代和第 6 大物流服务商，具备较强的物流组织能力。但由于海外通关能力弱和不掌握国外本地服务网络，导致一体化服务能力不足，不能提供我国企业迫切需要的端到端一体化综合解决方案。中国邮政虽具备万国邮联框架下的合作网络，但仅能实现信件类邮件寄递，在许多国家和地区不具备 30 千克以下包裹的海外通关、地面运输、末端配送能力。

大国博弈时代背景下，核心技术已经成为判断一个国家综合国力和国际竞争的重要标志。未来一段时期，既是中国加快科技发展、实现创新飞跃的机遇期，也是世界各国科技竞争的决胜期。2020 年中央经济工作会议指出：产业链供应链安全稳定是构建新发展格局的基础。要统筹推进补齐短板和锻造长板，针对产业薄弱环节，实施好关键核心技术攻关工程，尽快解决一批“卡脖子”问题。因此，我国在努力做到上游关键技术国产自主可控的同时，还要建立全球一体化的供应链物流体系，支撑本土高技术企业参与全球竞争，推动我国在高技术领域迈向全球产业链中高端，赢得国际竞争主动权。

随着中国制造2025战略深入实施，制造企业对外投资扩大，在全球范围内进行生产和服务布局，流通网络更复杂，对供应链一体化服务的需求增长。我国在全球价值链中地位提升，拥有自主知识产权的产品对供应链效率和安全的要求更加苛刻，需要中资寄递企业协同出海，保障中国制造产品安全可靠运达世界各地，帮助制造业有效运用全球优势资源，保护民族产业不受贸易战与各种壁垒冲击，维护国家经济和战略安全。但是，全球领先供应链企业竞争优势突出，在美欧等重要市场和航空运输等关键环节强势卡位，我国构建国际寄递物流供应链挑战严峻。

二、建设国际寄递物流供应链体系的途径

建设国际寄递物流供应链体系不是一日之功，短期要着重打基础、聚资源、防风险，长期要着重提品质、增效益、精布局。要加强顶层设计、完善治理体系、促进资源整合、培育壮大主体、深化产业协同，统筹谋划、综合施策、精准发力，为赢得国际竞争主动、维护国家安全提供战略支撑保障。

建设国际寄递物流供应链体系，首要任务是建立畅通便捷的服务网络。建设一张通达全球主要国家和地区、海陆空通道并行、干线支线末端顺畅衔接的国际寄递物流服务网络。要强枢纽，建成1～2个以货运为主的

国际航空快递枢纽，支持基础条件好的国内航空寄递枢纽扩大国际业务，在区位优势突出、航空运输条件好、货运吞吐量大的境外城市建立国际航空寄递枢纽。推动头部电商和快递企业构建国际骨干枢纽，结点成网。要拓通道，打造中美、中欧、中非、中澳等远程国际航空寄递通道，完善日韩、东南亚、南亚、俄罗斯等周边地区航空寄递通道，开辟若干全球洲际航空寄递通道。优化中欧班列运邮件快件线路布局，推进渝新欧、义新欧、郑新欧等重点线路实现常态化规模化发展，积极开辟入欧新通道。要建末端，聚焦重点目标国家，加强境外业务总部、经营网点、海外仓等基础建设，构建稳定的端到端服务能力。支持企业融入东道国流通体系，与信誉度高、网络完善、服务优质的本地快递物流企业加强合作。

建设国际寄递物流供应链体系，培育实力雄厚的市场主体是重要抓手。中长期内，我们要着力培育国际网络覆盖较广、航空运输能力较强、供应链服务较可靠、规模实力进入世界500强的寄递企业。国有企业方面，推动邮政速递物流混合所有制改革，与航空货运企业联合重组，整合运力、场站、仓储、清关等资源，打造一家具有国际寄递物流供应链能力的企业主体。民营企业方面，鼓励综合实力较强的快递企业通过“并购+合作+自建”相结合的方式，有效整合海外资源，有序拓展国际市场。支持有条件的快递企业扩大全货机规模，加密国际航线，提升重点区域跨境干线掌控力和竞争力，提升航空运输效率，保障邮件快件安全和信息安全。

建设国际寄递物流供应链体系，要以跨境电商寄递为切入点，实现跨境电商寄递服务由规模扩张向高质量发展转变，服务品类更加丰富，服务“买全球、卖全球”的能力大幅增强，进出口业务量双向提升。延伸链条，支持寄递企业加强与跨境电子商务平台的合作，提供集仓储、包装、报关、寄递于一体的服务，提升跨境全链条服务承接度，提升跨境电商寄递服务附加值。细分需求，引导寄递企业结合时效、保险、包装和退换货等要求，丰富服务种类，为用户提供个性化、多样化的服务选择。缩短时限，鼓励寄递企业改进业务流程，提升寄递效率，基本达到周边国家主要城市 5 天和全球主要城市 7 天的寄递时限水平。改进体验，鼓励寄递企业完善全程跟踪查询、多语种客服响应、满意度评价、涉外纠纷处理等机制。

建设国际寄递物流供应链体系，要加快补齐供应链一体化能力短板。要积极对接制造企业"走出去"需求，助力制造企业在全球布局，保持国际供应链畅通。应急为先，加快构建应急保障网络，完善预警机制，提升风险应对能力，积极化解供应链中断风险及可能造成的负面冲击。长效为策，支持寄递企业与制造企业建立互信互利、长效稳定的伙伴关系，在原材料和零部件国际采购、中间品跨国组装、最终产品全球流通等方面，有效承接并提供灵活多样、定制化、嵌入式的供应链服务。示范破题，依托长三角、粤港澳等世界级先进制造业集群和自由贸易试验区建设，聚焦电子通信、汽车、生物医药等高技术制造业，打造若干服务模式先进、协同创新活跃、价值创造明显的深度融合示范。

建设国际寄递物流供应链体系，要加快融入国际规则体系，不断提升我国邮政业在国际上的贡献度、话语权和影响力。要适应规则，引导企业加深对跨国直接投资、国际多式联运、知识产权保护、可持续发展等重点领域国际规则的了解，在合规经营、信息披露、风险管理等方面与国际接轨。要引领规则，在万国邮联向更多利益相关者开放、终端费体系改革、会费改革等重大改革和战略方案设计上提供中国智慧。积极向邮政国际组织的重要岗位输送人才。积极参与邮政业相关国际标准制修订，推进标准国际互认。要深化合作，加深与海关、铁路、公路、航空、海事等国际组织的沟通交流，积极参与相关国际公约制修订，务实寻求通关便利化、国际铁路运邮、国际多式联运等方面的合作空间。

建设国际寄递物流供应链体系，要打好政策"组合拳"。用地方面，保障国际航空寄递枢纽、国际邮件互换局（交换站）、国际快件监管中心、临空经济区邮件快件处理中心的用地需求。资金税费方面，鼓励政府和社会资本加强合作，加大对国际航空寄递枢纽、海外重大邮政快递基础设施、国际寄递物流重大信息平台建设的资金支持。鼓励寄递企业采购国产飞机，给予免税政策，对企业进口全货机给予税收优惠。通关方面，在重点航空快递枢纽口岸实现 7×24 小时通关。研究建立全球清关数据库，加强集约共享。支持寄递企业在重点目标国家获取清关资质。加强国际邮件互换局（交换站）建设，探索建立邮件、快件进出境一体化设施。航权航线方面，协调有关部门在航权开放和航线网络资源上更多考虑国际寄递物流供应链需求，支持企业战略性获取国际货运航线。

第五节　加快人工智能与邮政业深度融合

当前，全球科技创新空前密集活跃，新一轮科技革命和产业变革正在重构全球创新版图、重塑全球经济结构。以大数据、云计算、人工智能、物联网、区块链、5G 通信及量子信息为代表的新一代信息技术取得新的突破并加快应用。党中央、国务院高度重视科技创新特别是人工智能的发展。习近平总书记指出，人工智能是新一轮科技革命和产业变革的重要驱动力量，要深刻认识加快发展新一代人工智能的重大意义，促进其同经济社会发展深度融合，推动我国新一代人工智能健康发展。为此，中央先后出台了《新一代人工智能发展规划》《关于促进人工智能和实体经济深度融合的指导意见》，强调要坚持以市场需求为导向，以产业应用为目标，结合不同行业、不同区域特点，构建数据驱动、人机协同、跨界融合、共创分享的智能经济形态。

邮政业拥有巨大的运营规模和海量的数据资源，有着人工智能应用的广阔场景。国家邮政局系统谋划邮政业科技创新工作，提出以“科技强邮、智创未来”为导向，以加快人工智能与邮政业深度融合为主线，驱动邮政业生产技术更新、商业模式创新和治理方式革新，以六个领域为重点，加快推进邮政业“互联网+”向“智能+”升级。

一、“智能+”客户服务，促进服务品质化

推广基于“智能+”的客户服务软件，丰富完善智能下单、智能跟踪查询、电子支付等服务功能，提升服务便利程度。采用人脸、指纹等生物识别技术，提升智能服务终端的安全性能，推动智能信包箱、智能快件箱在城乡地区普及应用，推进普遍服务与快递服务一体化、智能化发展。加快推进无人机在偏远农村、交通不便地区推广应用，建立无人机运行管理平台，提升服务效率，促进城乡普惠。运用自然语言处理、机器学习等技术，推动智能客服在业务咨询、客户分流、自助下单、查询投诉等场景的应用，辅助完成沟通交流、信息反馈等业务，提供更加个性化、便捷化的服务。

二、“智能+”基础设施，促进网络智能化

加强智能收寄、分拣、投递等设备的推广应用，将寄递物品、运输车辆、服务人员、服务设施等物理元素转化为数字元素，形成数字化、可视化、智能化的寄递网络。充分利用5G技术实现基础设施的高效互联，畅通服务、生产、管理等全环节信息流，实现寄递网络全要素数据资源的广

泛覆盖、全面整合、系统应用。鼓励邮政企业和快递企业继续深入实施“库改云”，加快大数据中心建设，推动信息化应用向“邮政云”“快递云”平台迁移。通过大力推进基础设施数字化转型，进一步夯实算据、改进算法、提升算力，构建起邮政业实施“智能+”的坚实基础，为推进人工智能与邮政业深度融合提供有力保障。

三、“智能+”生产组织，促进运营高效化

推进基于计算机视觉的智能分拣系统，集成小黄手、机械臂等不同类型的工业机器人，自动完成识别、抓取、码放一系列分拣操作，推进处理（分拨）中心无人化建设，提升自动化作业水平。整合语言识别、图像识别、灰阶判读、机器智能等人工智能技术优势，研发推广具备“无人值守、快速检测、智能识别、自动判图、自动报警、自动筛选、自动贴标”等功能于一体的智能安检系统，提高安全检查效率和准确度。研发操作行为智能识别系统，自动识别“暴力操作”，为有效规范业务操作提供技术支持。研发新一代邮政快递数字地图，优化运输网络及收派路径，有效降低运递成本。加强车载感知、自动驾驶、车联网、物联网与人工智能技术的集成创新，积极推动无人驾驶汽车在运输环节的应用。

四、“智能+”关联领域，促进产业协同化

推动建设全国统一的寄递地址编码库，深度挖掘电商数据，强化上下游信息联通，科学布局仓储设施，实现信息数据实时共享、线上线下充分融合、国内国际一体发展。推动邮政快递企业与生产企业合建供应链协同平台，形成内嵌式、标准化的协同作业模式和流程，加快实现需求、库存

和物流信息的实时共享，提高服务响应速度和资源使用效率，提供专业化、精细化的供应链服务产品。这是下一步的主攻方向，在巩固服务网购成果的基础上，要向二产进军，对邮政业来说又是一轮新的变革。推动区块链、RFID 和温湿度传感设备等与 5G 网络充分结合，对医药、生鲜农产品等在途运输和进出库过程中的温湿度进行精准实时监控，实现全程不断链。充分发挥寄递网络广覆盖的优势，推动与政务、税务、警务、医疗、文化等公共服务平台的有效对接，拓展服务品种，提高服务便利性、多样性和可及性，助力乡村振兴和智慧城市建设，提升人民群众的幸福感、获得感和安全感。

五、“智能 +” 节能环保，促进运营绿色化

利用深度学习等技术，综合分析邮件快件数量、体积和包装箱尺寸等基础数据，智能推荐包装方案，实现科学简约包装。推广应用循环周转袋、循环箱、共享快递盒和冷链保温箱，提高包装利用率，降低资源消耗。做好这个事情，一是技术，二是商业模式。要在商业模式上打破企业、区域界限，统一编码，促进循环箱等在区域之间共享共用。依托智能传感和计算机视觉技术，实时感知、智能采集车辆位置、行驶速度、装载质量、驾驶行为等数据，加强车辆调度管控，科学安排双向装载率，提升运输效率。着力提高新能源车辆的安全性能和续航能力，持续扩大在中转盘驳、城市配送等环节的推广应用。继续在分拨中心、数据中心、管理中心等场所推广应用节水、节电和节能等新技术新装备，实施能源管理，降低能源消耗。

六、“智能＋”决策监管，促进治理现代化

推进邮政寄递渠道安全监管“绿盾”工程建设，提升数据监测、综合研判和协同监管能力，实现“动态可跟踪、隐患可发现、事件可预警、风险可管控、责任可追溯”目标。建设邮政业大数据中心，充分利用数据挖掘、处理和可视化等关键技术，有效支撑重大决策、运行研判、诚信管理、风险预警、应急处置、行政执法等管理活动，提升政府治理现代化水平。加强邮政业数据安全防护体系建设，加快区块链、态势感知等安全技术应用，开展关键信息基础设施识别认定工作，全面实施邮政业信息系统安全等级保护制度，提升数据安全预警和溯源能力，确保个人寄递信息和企业运行信息安全。加强政务信息资源整合，更好地与公安等部门联动配合，积极稳妥推进数据公开，畅通政府与公众的交互渠道，提升信息服务水平。

第六节　全面实现邮政业治理体系和治理能力现代化

党的十九届四中全会对坚持和完善中国特色社会主义制度、推进国家治理体系和治理能力现代化做出了重大决定。中国特色社会主义制度是党和人民在长期实践探索中形成的科学制度体系，我国国家治理一切工作和活动都依照中国特色社会主义制度展开。中国邮政业发展道路是中国特色社会主义制度在邮政业的生动实践，邮政业治理体系是国家治理体系的组成部分。

一、治理体系和治理能力现代化

“完善和发展中国特色社会主义制度、推进国家治理体系和治理能力现代化”作为全面深化改革的总目标，是党的十八届三中全会作出的《中共中央关于全面深化改革若干重大问题的决定》的一大亮点。习近平总书记指出，“从以经济体制改革为主到全面深化经济、政治、文化、社会、生态文明体制和党的建设制度改革，党和国家机构改革、行政管理体制改革、依法治国体制改革、司法体制改革、外事体制改革、社会治理体制改革、生态环境督察体制改革、国家安全体制改革、国防和军队改革、党的领导和党的建设制度改革、纪检监察制度改革等一系列重大改革扎实推进”。“我们始终坚持中国特色社会主义政治发展道路，不断深化政治体制改革，发展社会主义民主政治，党和国家领导体制日益完善，全面依法治国深入推进，中国特色社会主义法律体系日益健全，人民当家作主的制度保障和法治保障更加有力”。①

习近平总书记强调，我们要“牢牢把握改革开放的前进方向。改什么、怎么改必须以是否符合完善和发展中国特色社会主义制度、推进国家治理体系和治理能力现代化的总目标为根本尺度”②。在未来，国家治理体系和治理能力的现代化必将作为改革的根本尺度，继续体现在深化改革与扩大开放之中，发挥出应有的巨大作用。

---

① 习近平总书记在省部级主要领导干部学习贯彻十八届三中全会精神全面深化改革专题研讨班开班式上的重要讲话。

② 习近平总书记在庆祝改革开放40周年大会上的重要讲话。

二、邮政强国建设将为提升国家治理现代化提供重要支撑

寄递服务政务助力国家治理现代化。党的十九大报告明确提出：要转变政府职能，深化简政放权，创新监管方式，增强政府公信力和执行力，建设人民满意的服务型政府。“互联网+政务服务”以简政放权、放管结合、优化服务为核心，创新践行“互联网+”思维，以权力清单为基础，以数据共享和流程优化为重点，以大数据、云计算、移动互联网、物联网等新兴技术为支撑，以增强人民群众获得感为落脚点，开启了从“群众跑腿”到互联网“数据跑腿”的服务新模式，实现了由“政府端菜”向“群众点餐”的转变。事实充分证明，“互联网+政务服务”已经成为政府职能转变的新动力、建设服务型政府的重要路径、“放管服”改革的基本依托、推动释放市场潜力活力的新增长极和供给侧结构性改革的有力杠杆。而高效优质的寄递服务贯穿于“互联网+政务服务”的全环节和全流程，将极大地赋能“互联网+政务服务”，为提升国家治理现代化提供支撑。这其中，需要实现三个方面的升级——系统互通、流程重构、优势互补。

系统互通。在推动寄递服务政务时，寄递服务企业与政府业务部门遵循开放共享理念，通过互联网综合平台实现双方系统对接，实现远程体检、远程拍照、远程查验、远程缴费等功能，通过寄递服务营业场所远程上传客户信息至政府部门的业务平台，由政府部门完成业务办理并将各种证照等材料以邮寄形式寄给办理人。

流程重构。在业务流程重构时，坚持以人为本，充分应用“互联网+政务”形式，最大程度方便群众。居民只需要前往寄递服务营业网点申请办理政务服务业务，通过自助设备或者人工服务受理并收集基础资料，通

过系统传送至政府相关业务部门，或者通过邮寄方式将纸质材料寄给业务部门，业务部门审核材料后制作相关证照等，最后通过寄递服务送达居民。居民客户到寄递服务的网点提交相关信息资料便可完成整个业务流程，实现一站办理、一窗办结。

优势互补。利用现有的遍布城乡的寄递服务网点设施开展政务服务项目，不需要更多的软硬件投入，节省了财力、人力和物力，实现了资源利用的最大化。一方面，在网点资源上形成互补。全国拥有近 30 万个寄递服务网点，代办政务服务业务使得政府部门的服务下沉，社区、乡镇及村的群众可以就近办事，大大节省群众办事的时间成本和经济成本。另一方面，在人力资源上形成互补。政府部门在具体业务上具有专业权威性，在日常管理上具有丰富经验。寄递服务网点工作人员可接受相关业务培训、承担相应的资料采集和收集等简易工作，将减少政府相关部门集中办理业务的数量，更好满足人民群众的需求。

三、邮政业治理体系与治理能力现代化

改革开放以来，我们历经邮电分营、政企分开、加强普遍服务、放开快递市场、完善省以下监管体制等体制机制改革，走出了一条具有中国特色的邮政业发展道路。尤其是党的十八大以来，我们不断坚持和加强党对邮政业的领导，坚持“人民邮政为人民”立业初心，坚持邮政事业与邮政产业共同发展，坚持发挥市场在资源配置中的决定性作用、更好发挥政府作用，形成和完善了确保普遍服务、促进公平竞争、保障行业发展、维护市场秩序、绿色安全治理等一系列法规、政策、标准，健全邮政管理体制，邮政业的组织领导、政策法规、力量构成、资源要素等治理体系不断完善，行业治理体系和治理能力现代化水平明显提高，推动中国邮政业极

短时间内完成由小到大的历史跨越，迈向了高质量发展阶段，开启了由大到强的新征程，创造了中国服务业和世界邮政业发展奇迹，为全球邮政发展开辟了可复制的“中国模式”，提供了可推广的“中国方案”。

实践证明，中国邮政业发展道路和行业治理体系符合中央精神、中国国情、邮政业情，是既能充分解放和发展行业生产力又能确保人民共享行业改革发展成果的发展道路和治理体系；是能够促进行业融入国家和经济社会发展大局，调动各方面积极性、会聚各方面要素资源的发展道路和治理体系；是能够持续推动我国邮政业高质量发展，从邮政大国到邮政强国迈进，实现邮政业中国梦的发展道路和治理体系，具有显著的优势。

2019 年 9 月，十六部门印发了《关于认真落实习近平总书记重要指示推动邮政业高质量发展的实施意见》，提出到 2035 年，基本建成现代化邮政快递服务体系，行业科技创新和应用处于世界领先水平，邮政和快递网络覆盖全国城乡、通达世界各国，行业治理体系和治理能力现代化基本实现，拥有若干家具有较强国际竞争力的跨国企业集团，我国在世界邮政业的话语权和影响力进一步提升，进入世界邮政强国行列。国家治理体系与治理能力现代化目标的提出，也为邮政业管理理念和管理模式创新提供了重要指导。

行业治理现代化是从管理理念到管理方式的全面转型，主要包括邮政业治理体系现代化和治理能力现代化。邮政业治理体系现代化要体现治理体制机构与运行机制的现代化。治理能力现代化主要体现在治理队伍组织的现代化与邮政管理部门职能管理方式的现代化。行业治理能力现代化是治理体系现代化的执行保障，通过治理职能与职能方式体现行业现代化水平。

对于邮政管理部门来说，主要从治理主体、法治保障和良法善治的层面出发，包括多元共治、依法治邮、和谐善治三个方面的内容。

完善邮政业法规政策体系。贯彻落实习近平总书记对邮政业系列重要指示精神、支持民营快递企业发展、推进邮政业落实减税降费政策、促进跨境电子商务寄递服务高质量发展、规范快递与电子商务数据互联共享、规范快递末端服务车辆管理和使用等政策。

深化行业“放管服”改革。全面施行快递末端网点备案，精简分支机构备案手续。将国际快递业务（代理）经营许可审批权下放至海南、天津、广东。以邮政行政管理权力清单和责任清单为依据，准确界定行政权力边界，正确行使权力履行职责。

规范市场主体行为。推进行业诚信制度建设，运用信息公示、信息共享、信用约束等手段，构建邮政市场主体信用公示系统，提高企业和从业人员的失信成本，增强企业和从业人员信用意识。

建立政府法律顾问制度。建立法制机构人员为主体、吸收专家和律师参加的邮政法律顾问队伍，为重大行政决策、依法治邮提供外围支撑。要坚持把公众参与、专家论证、风险评估、合法性审查、集体讨论决定作为重大行政决策的必经程序，确保决策制度科学、程序公正、过程公开、责任明确。

深化行政执法体制改革。根据邮政管理部门机构特点，按照整合队伍、提高效率的原则，合理配置执法力量。推进综合执法，探索开展普遍服务、邮政市场综合执法的试点。市（地）局人员少，也可以考虑综合执法。完善县级邮政管理机构设置，探索由上级邮政管理部门设置派出机构履行监管职责的新途径。

四、邮政业实现治理现代化的推进路径

根据邮政业发展目标，到 2035 年基本实现治理体系与治理能力现代

化，未来一段时期内还需要切实转变理念、开拓创新、探索实践。

完善治理制度体系建设。着力填补邮政业法律政策制度体系空白，在重大关键领域实现立法全覆盖。结合“放管服”改革的要求，对现行法律法规进行评估检查，作出废、改、立、释的指引。突出治理的多方参与性，对涉及行政相对人权利义务的重要法律法规、政策文件的出台，应广泛听取基层邮政管理部门及相关企业、社会组织的意见建议。

清晰界定治理边界。完善邮政行政管理权力清单责任清单，以清单形式明确政府的权力界限，明确市场主体、行业组织等邮政市场主体的治理权限和相关责任。在党的统一领导下，各级邮政管理部门发挥治理主导作用，进一步激发各治理主体的协同作用，最大限度尊重市场规律，构建权责清晰、分工协作的综合治理格局。

强化行政决策民主和法治程序。提升科学化管理水平。政府行政决策的民主化和法治化，是政府治理能力现代化的重要标志。推行政府行政决策民主化和法治化是实现习近平总书记提出的“要加强对权力运行的制约和监督，把权力关进制度的笼子里，形成不敢腐的惩戒机制、不能腐的防范机制、不易腐的保障机制”的重要体现。

充分发挥邮政管理部门工作人员的主观能动性。第一，工作人员全面加强党建思想的学习，进而提升解决社会矛盾和经济冲突的问题的能力；第二，工作人员当不断进取，从各方面提高工作能力和个人素养；第三，工作人员需要完全具备服务人民、掌握政策、落实政策、开拓创新的工作素质，在工作实践中不断反思与总结来优化自身的综合能力；第四，工作人员必须深化强化党的工作理念，做好为人民服务的准备，要具有强烈的责任意识、勇于担当的精神、过硬的专业能力以及善于发现问题解决问题的能力素养。为监督促进政府工作人员的工作成效，要优化绩效考核、责任追究制，并严格按照要求执行监管责任制。各级邮政管理部门承担着政府治理社会的重要职责，是治理国家的主体，其工作人员个人素养的高低将直接影响政府治理能力的成效。

依托大数据提升邮政管理部门治理能力。大数据不仅是一种技术，更是深刻影响社会生活并可有效利用的重要资源。大数据作为新兴技术，不但可以整合碎片化的政务数据，还可以克服条块分割、信息壁垒等问题，要实现政府内部的工作效率和效能的提升，离不开政务智能化系统建设。在大数据赋能的作用下，政府统筹协同、各司其职，可以有效集成各类信息资源、快速形成优质信息聚合，从而实现治理职能的配置优化、工作流程的科学可行、操作步骤的简化合理、运行质量的全面提升。

新阶段开启新征程，邮政快递体系是国家竞争力的重要组成部分，邮政业要在构建新发展格局中找准定位、谋划战略。当前和今后一个时期，要按照“服务全领域、激活全要素，打造双高地、畅通双循环”的工作思路，发挥行业连接千城百业、联系千家万户、连通线上线下的优势，充分利用双重管理和万国邮联体系的制度优势，围绕提升行业在畅通中的价值，聚焦高质量发展、高效能治理，深化供给侧结构性改革，加强需求侧管理，提升行业供给体系对需求的适配性、要素资源对行业供给体系的保障力，形成需求牵引供给、供给创造需求的更高水平动态平衡，更好满足人民美好生活需要，在构建新发展格局中全方位释放邮政快递业在助力生产、促进消费、畅通循环中的重要作用，全方位提升行业贡献度和影响力。未来，现代化邮政强国建设必将实现！

参考文献

［1］北京市邮政管理局，全国邮委学术工作部：《中国邮政改革与发展研究》，人民出版社 2004 年版。

［2］北京市邮政管理局文史中心：《邮电史料》（中），北京燕山出版社 1995 年版。

［3］蔡火娣：《中央苏区赤色邮政探略》，载《百家论坛》2017 年第 7 期。

［4］《当代中国》丛书编辑委员会：《当代中国的邮电事业》，当代中国出版社 2020 年版。

［5］龚达才：《两岸通邮》，载《中国邮政》2018 年第 11 期。

［6］国家统计局：《中国运输邮电事业的发展：1949 年至 1987 年运输邮电统计资料汇编》，中国统计出版社 1989 年版。

［7］国家邮政局扶贫工作领导小组办公室：《邮政快递业助力脱贫攻坚实践与成果》，人民交通出版社 2021 年版。

［8］何林元：《海峡两岸通邮历史浅谈》，载《集邮博览》2009 年第 10 期。

［9］胡婷、陈艳君：《旧中国中华邮政的统一与发展述论（1912－1937）》，载《黄山学院学报》2005 年 8 月第 7 卷第 4 期。

［10］胡婷：《中华邮政（1912－1949）财务管理制度研究》，载《民国档案》2013 年第 2 期。

［11］胡雅萍：《中国共产党的地下交通》，载《保密工作》2013 年第 10 期。

［12］胡中升：《赤色邮政特征新论》，载《重庆邮电大学学报》2018年第30期。

［13］黄伟、蔡远游：《中国快递史话》，厦门大学出版社2019年版。

［14］江西省邮电管理局：《华东战时交通通信史料汇编：中央苏区卷》，人民邮电出版社1995年版。

［15］姜希河：《中国邮政简史》，商务印书馆1999年版。

［16］《老一辈党的秘书工作者的忠诚故事》，海南区党建网，2020年7月15日。

［17］李琳、许和平：《与两岸邮政共成长》，载《今日中国》2009年2月刊。

［18］刘葆：《中国邮政史上的特殊时期》，载《邮政研究》1996年第1期。

［19］刘波：《清末“客邮”的产生与影响》，载《云南社会科学》2013年第4期。

［20］刘立：《中国邮政技术进步的现状与对策研究》，载《南京邮电大学学报》2002年第4期。

［21］刘亚中：《试论“客邮”》，载《淮北煤师院学报》1989年第4期。

［22］楼祖怡：《中国邮驿发达史》，中华书局1990年版。

［23］鲁之玉、于致田、张伯义：《王诤传》，电子工业出版社1998年版。

［24］马修毅：《中央苏区的赤色邮政建设》，载《福建党史月刊》1990年第1期。

［25］庞培法：《1949年国共双方举办通邮通汇始末》，载《石油大学学报》1989年第2期。

[26] 邱明：《为闽西苏区开辟畅通的赤色邮路》，载《炎黄春秋》2017 年第 8 期。

[27]《誓言永恒——张宝泉烈士》，鹤山政府网，2017 年 12 月 13 日。

[28] 叔弓：《海峡两岸的桥》，载《台声》1997 年第 2 期。

[29] 王希祥：《我国邮政局所发展之趋势及今后应取之方针》，载《交通杂志》1936 年第 1 期。

[30] 吴基传：《中国通信发展之路》，新华出版社 1997 年版。

[31] 吴先锋：《邮电分营的理论探讨》，载《邮电企业管理》1998 年第 8 期。

[32] 夏天俊：《迈向现代化的伟大历程——中国报纸印刷业 60 年来的发展巨变》，载《中国报业》2009 年第 10 期。

[33] 许庆发：《正确认识苏区邮政》，载《中国集邮报》2013 年 5 月 24 日。

[34] 晏星：《中华邮政发展史》，台湾商务印书馆 1994 年版。

[35] 杨海荣：《邮政概论》（第二版），北京邮电大学出版社 2004 年版。

[36] 杨泰芳：《当代中国的邮电事业》，当代中国出版社 1993 年版。

[37] 叶美兰：《中国邮政通史》，商务印书馆 2017 年版。

[38] 易伟新：《略论晚清“客邮”》，载《益阳师专学报》2000 年第 2 期。

[39] 岳本勇：《论陕甘宁根据地邮政事业的精神及其指导意义》，载《青年科学》2014 年第 10 期。

[40] 翟宽：《新编集邮词典》，北京出版社 1993 年版。

[41] 张毅、贾玉平：《我国邮政法修订的背景、历程和主要内容》，载《邮政研究》2009 年第 25 期。

［42］《中华邮政彻底实现大一统　传邮万里国脉所系遍华夏（1912 年—1948 年）》，人民网，2015 年 11 月7 日。

［43］周焕德、何莉:《中国邮政绘就“十一五”蓝图》，载《中国邮政》2006 年第 1 期。

［44］周俊红:《试述闽赣两省赤色邮政的建立和发展》，载《保定师范学校学报》2005 年第 7 期。

［45］宗道一:《1950 年新中国在万国邮政联盟打开缺口》，共产党员网，2014 年 12 月8 日。

智慧物流与物流优化

刘志硕　著

電子工業出版社
Publishing House of Electronics Industry
北京 • BEIJING

内 容 简 介

在物联网、大数据、人工智能等先进信息技术背景下，智能与互联是现代物流的主要发展方向，而智慧物流是该发展方向下的产物。本书给出了智慧物流系统的定义，分析了智慧物流的产生、结构、高级特征与智能机理；对物流行业进行了总结，分析并定义了十种智慧物流服务模式，包括智能快递柜、普通网络配货、即呼即应配货、社区公共终端、供应链物流跟踪、云仓等，并给出了案例；针对物流系统中生鲜配送、垃圾分类回收调度、成品油二次配送优化、外卖配送动态调度等七个典型优化决策场景，建立了数学模型并设计了启发式算法。本书的运送工具涉及电动汽车、无人车、自主机器人等，算法包括蚁群算法、变邻域搜索算法、自适应大规模邻域搜索算法等。

本书理论联系实际，既可供交通运输、物流等领域的教学及科研人员、管理人员和工程技术人员阅读参考，也可供高年级本科生或研究生使用。

图书在版编目（CIP）数据

智慧物流与物流优化 / 刘志硕著. —北京：电子工业出版社，2023.7

ISBN 978-7-121-46030-2

Ⅰ. ①智… Ⅱ. ①刘… Ⅲ. ①智能技术—应用—物流管理—高等学校—教材 Ⅳ. ①F252.1-39

中国国家版本馆 CIP 数据核字（2023）第 138707 号

责任编辑：李筱雅
印　　刷：北京建宏印刷有限公司
装　　订：北京建宏印刷有限公司
出版发行：电子工业出版社
　　　　　北京市海淀区万寿路 173 信箱　　邮编：100036
开　　本：787×1092　1/16　印张：15.25　字数：318 千字　彩插：2
版　　次：2023 年 7 月第 1 版
印　　次：2025 年 3 月第 2 次印刷
定　　价：89.00 元

凡所购买电子工业出版社图书有缺损问题，请向购买书店调换。若书店售缺，请与本社发行部联系，联系及邮购电话：（010）88254888，88258888。

质量投诉请发邮件至 zlts@phei.com.cn，盗版侵权举报请发邮件至 dbqq@phei.com.cn。

本书咨询联系方式：（010）88254134，lixy@phei.com.cn。

前　言

物流系统是指在一定的时间范围和空间范围内，由需要位移的物流制品、物流资源、物流活动、物流信息及物流规范等若干相互制约的动态要素构成的具有特定功能的有机整体。随着经济全球化及供应链的纵深化发展，在移动互联网、物联网、大数据、人工智能、云计算等先进信息技术背景下，智能与互联是现代物流的主要发展方向。

智能的发展主要体现在物流服务智能、物流设备智能和物流过程智能上。其中，物流服务智能主要体现在基于内置服务的微计算机及软件实现的服务数量、位置、自我诊断、质量报警、使用状态信息发送、与使用者的交互等方面。物流设备智能主要是指将智能控制技术、计算机视觉等人工智能技术引入物流设备，使这些设备能够在某些方面代替人的脑力活动，能够像人一样具有解决某些特定问题的能力，从而提升物流的效率并加快物流的速度，如各类智能货架、自动拣货设备、自动分拣设备、自主移动机器人、无人机等。物流过程智能主要体现在组织、计划、调度、管理等方面。物流系统中存在越来越多的运筹与决策，并且由于外部环境复杂多变，这些运筹与决策的内容也日趋复杂，解决这些问题单纯依靠物流管理者还远远不够，需要采用大数据与智能化技术，将管理者的经验与专家的知识相结合，将定性分析与定量分析相结合，从历史数据中发现有价值的规律和知识，为管理者提供高质量的决策支持方案。

互联的发展主要体现在物流行业相关的供应链企业、政府机构、物品及人的智能互联上，上述元素构建了一个自适应的生态网络。就物流系统内部而言，在技术工具层面，需要将数据采集与转换系统、物流自动化装备，以及智能终端系统进行集成互联；在物流管理层面，需要将运输、仓储、配送、政府监管等信息系统进行集成，从而为供应链管理层次上的信息共享提供基础；在供应链管理层面，又要将各供应链主体的物流系统与生产、采购、销售、电子商务、财务、社交网络等其他系统集成，联结成供应链信息网络，使供应链中各主体能够及时准确地获取物流信息，为供应链的最优决策奠定基础。

智慧物流是现代物流在智能与互联发展方向下的产物，是智能物流系统发展的高级形态，具有以下功能：能够实现对物流的全面感知，为物流的智慧管理提供数据基础；能够实现供应链全过程的可视化，解决物流的跟踪、追溯、防伪等难题，让物流更安全、更快捷；能够主动发现异常情况，实现对物流过程的有效管控；能够基于大数据进行科学的管理和决策；能够更加广泛地整合社会物流资源，实现物流虚拟化运作；能够优化运输方式，提高运输效率，使物流过程更加绿色低碳、节能环保。

全书内容共 9 章。

第 1 章为智慧物流理论，分析了现代物流系统的发展和演化，指出了智能和互联是现代物流的主要发展方向，并给出了智慧物流系统的定义、特点及基本特征，分析了智慧物流的产生、定义、结构、高级特征与智能机理，阐述了智慧物流的客户服务目标、设施选址、运输及库存这四大决策主题并分析了解决手段。

第 2 章为智慧物流服务模式，对现代物流行业进行了归纳总结，定义了 10 种智慧物流相关服务模式，包括智慧物流信息网络、智能快递柜、网店专线、普通网络配货、即呼即应配货、社区公共终端、公路港、供应链物流跟踪、云仓、外卖配送，并介绍了每种服务模式的定义、现状、特点等，同时进行了案例分析。

第 3～9 章为物流优化，研究了物流系统中各决策场景的优化模型与算法。第 3 章将电动汽车应用于城市商超生鲜产品的冷链配送中，提出带硬时间窗的冷链电动车辆路径问题，建立以配送总成本最低为优化目标的数学模型，并设计蚁群算法进行求解。第 4 章将带隔舱的电动汽车应用于城市生活垃圾分类回收调度中，采用多种车型、车辆允许跑多趟的方式，提出带隔舱电动汽车的生活垃圾分类收运车辆路径问题，建立以总收运成本最低为目标的数学模型，设计蚁群算法进行求解，并进行不带隔舱和带隔舱两种模式的比较实验。第 5 章针对加油站的成品油配送，考虑加油站每种油品的油罐具有容量约束、加油站需要为卸油做准备等实际情况，提出多车型、车辆可运行多趟的带隔舱车辆路径问题，建立数学模型并设计变邻域搜索算法进行求解。第 6 章针对配送中心由 AGV 搬运货架至拣货台的“货到人”拣货模式，提出订单分配和 AGV 调度联合优化问题。该问题考虑了 AGV 在拣货台的排队等待情况，研究订单如何分配给拣货台、如何调度 AGV 搬运货架以满足拣货台需求，使得完成订单拣选的时间最短，建立数学模型并设计变邻域搜索算法进行求解。第 7 章将电动无人车引入餐饮外卖配送业务，考虑常温、热、冷三类餐食及换电需求，提出基于骑手与无人车的外卖配送动态调度问题，建立数学模型并设计自适应大规模邻域搜索算法进行求解，从而为外卖平台提供合理的车辆调度方案。第 8 章在快递物流网络中考虑公路、高铁、航空等多种运输方式，在考虑各订单的运到期限、运输容量等约束条件下，为各快递订单规划合理的联运方案和运输路线，使运输成本、转运成本及碳排放成本最低，提出多起点多终点带约束的最短路径问题，建立数学模型并设计混合蚁群算法和 MSAU 算法求解该问题。第 9 章针对供应商管理库存运作模式，将库存决策和运输决策进行联合优化，提出多品种、多周期、需求随机的库存运输问题，建立数学模型，提出基于运输费用分解法的两阶段迭代算法进行求解。

本书是笔者 20 余年理论研究与工程实践成果的总结，既强调智慧物流与物流优化理论和方法的科学性、系统性及先进性，又注重其可操作性和实用性。本书可供物流、交通运输、计算机等领域的教学及科研人员、管理人员和工程技术人员阅读参考，也可供物流工程、物流管理、工业工程、交通运输、电子商务、计算机应用等专业的高年级本科生或研究生使用。

研究生慎千慧、姚东鑫、徐诗雯、张凡、朱顺平、董子琦、刘若思等进行了资料收集与整理、算法编程实现、算例制作等工作，在此表示感谢。感谢所有本书所引用资料的作者。

由于智慧物流与物流优化的理论和方法还在不断发展中，新的模式、技术、方法将会不断涌现，加之笔者水平有限，书中难免存在错漏之处，恳请各位专家和读者不吝指正。

刘志硕

2022 年 11 月

目　录

第1章

智慧物流理论

1.1 物流系统及其发展与演化

1.1.1 物流系统

物流业是融合运输业、仓储业、货运代理业和信息业等的复合型服务产业，是国民经济的基础性产业。物流业涉及领域广，吸纳就业人数多，促进生产、拉动消费作用大，在促进产业结构调整、转变经济发展方式和增强国民经济竞争力等方面发挥着重要作用。进入21世纪以来，我国物流业总体规模快速增长，物流大国地位确立，物流需求显著增加，物流需求旺盛并将保持较长时间，物流运行效率有所提高，物流服务水平显著提高，物流发展的环境和条件不断改善，为进一步加快经济发展奠定了坚实基础。我国物流业在总体规模快速增长的同时，也存在物流运行效率偏低、物流成本较高、物流市场不规范、物流服务的集约化和组织化程度尚有待提高等问题。为解决这些问题，应通过信息化手段加快我国现代物流业的发展。

笔者从物流系统的构成要素出发，认为物流系统是指“在一定的时间范围和空间范围内，由需要位移的物流制品、物流资源、物流活动、物流信息及物流规范等若干相互制约的动态要素构成的具有特定功能的有机整体”。由此可见，物流制品、物流资源、物流活动、物流信息及物流规范是物流系统的五大构成要素。具体地，物流制品指物流系统的劳动对象，是物流概念中的“物质资料”或“物质实体”，主要包括成品、半成品、原材料、零部件、废弃物等；物流资源指物流系统中的物质和能量投入，主要包括物流设施（运输线路、仓库、配送中心等）、物流设备（存货设备、分拣设备、包装设备、信息设备、车载设备、加工设备等）、物流工具（交通工具、装卸工具、搬运工具、信息工具、办公设备等）、消耗材料（燃料、电力、保护材料等）、人力资源（司机、装卸工人、物流管理人员、物流专家、物流工程师等）、资金等；物流活动指实现物流功能的各项活动，如运输、仓储、保管、包装、流通加工、配送、物流管理等；物流信息指物流系统外部输入的及系统内部伴随物流活动而产生的各种信息，是联系系统各要素的纽带，从而促进系统各要素构成一个有机整体，随着社会经济的发展，物流信息无论是在社会经济信息系统中还是在物流系统本身中都占有越来越重要的位置；物流规范指物流系统的支撑体系，如体制、制度、政策、法规、标准等，是保证物流系统正常运转的不可或缺的要素。

1.1.2 物流系统的发展与演化

针对人类社会的发展历史及科学史的研究表明，人类在拓展生存空间、发展物流能力时，一方面，必然引入新的科学理念并开发新的技术、设备和方法；另一方面，当科技成果达到一定水平和数量时，必然会发生横向转移与扩散。科学理念与先进技术的融入，推动了物流系统渐变—跃变式进化，每一次跃变都标志着物流系统的一次革命，物流系统演化过程如图 1-1 所示。

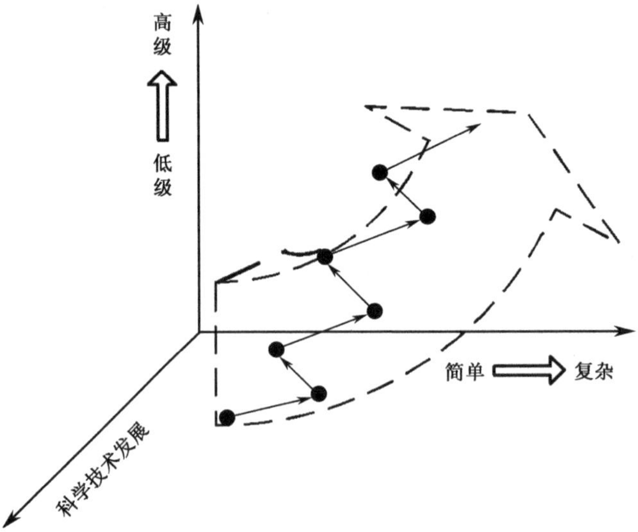

图 1-1 物流系统演化过程

具体来讲，物流作为实体运动的形态，其历史与人类历史一样悠久，远在商品流通之前，甚至人类还在进化的朦胧之中，物流这种形态就存在于世了，如原始社会中劳动工具的携带、农业社会中粮食和种子的仓储等。然而，物流系统并没有物流的历史如此悠久，它是伴随人们逐渐用系统的观点来认识和实践物流活动而产生与发展起来的。在第二次世界大战中，装卸、搬运、保管、运输等独立的功能要素，因战争的要求而出现链索化、一贯化乃至一体化趋势，是人们对物流系统的早期认识和实践。20 世纪 50 年代中后期，随着现代市场营销观念的形成，人们开始用整体的观点来分析市场营销中的各项物流活动，从而为物流系统科学奠定了基础。进入 70 年代，随着物流需求计划（MRP）、制造资源计划（MRP Ⅱ）、准时制（JIT）等供应链管理思想和方法的形成及计算机技术的发展，物流活动从流通领域延伸到生产领域，形成供应链物流系统。80 年代中后期，电子计算机技术的发展日益加快，EDI 技术不断成熟并被应用到物流中，带来了交易方式的变革。90 年代中后期，伴随着网络购物的迅猛发展，电子商务物流系统逐渐形成，为物流的纵深化发展带来了契机。

随着经济全球化及供应链的纵深化发展，在移动互联网、物联网、大数据、人工智能、云计算等先进信息技术背景下，智能与互联是现代物流的主要发展方向。

1. 智能

智能的发展主要体现在物流服务智能、物流过程智能和物流设备智能上。

1）物流服务智能

物流企业提供的产品是物流服务。物流服务智能主要体现在基于内置的微计算机及软件实现的服务数量、位置、自我诊断、质量报警、使用状态信息发送、与使用者的交互等方面。例如，在货物上粘贴条形码或 RFID 标签，在交通工具上安装车载卫星定位设备、传感器设备，在仓库中安装视频、传感器设备，以及快递员手持智能终端等，均可实现物流服务过程的跟踪和可视化。

2）物流过程智能

物流过程智能主要体现在组织、计划、调度、管理等方面。现代物流与供应链中存在越来越多的运筹和决策，而且由于外部环境复杂多变，这些运筹和决策的内容也日趋复杂。解决这些问题单依靠物流管理者还远远不够，需要采用大数据智能化技术，将管理者的经验与专家的知识相结合，将定性分析与定量分析相结合，从历史数据中发现有价值的规律和知识，为管理者提供高质量的决策支持方案。

3）物流设备智能

现代物流离不开自动化的物流设施与装备。在当今瞬息万变的市场环境下，企业如果能够以最快的速度对市场变化做出反应，就会赢得先机。物流作为贯穿商品从生产到销售整个过程的重要活动，其效率和速度直接影响了企业对市场的反应速度，因此企业对物流速度的要求也越来越高。物流设备的智能化是提高物流速度的重要手段，将智能控制技术、计算机视觉等人工智能技术引入物流设备，可以使这些设备在某些方面代替人的脑力活动，能够像人一样具有解决某些特定问题的能力，从而提升物流的效率并加快物流的速度。可以说，智能化是物流设备未来的发展方向。典型的智能物流设备包括各类智能货架、堆垛机、自动分拣设备、自动引导车（AGV）、自主移动机器人（AMR）等。

2. 互联

互联的发展主要体现在与物流业相关的供应链企业、政府监管机构、物品及人的智流制品、物流资源及物流规范有机集成并优化运行的实时、高效、合理的物流服务体系。它能够有效地提高企业的市场应变能力和竞争能力，为客户提供方便、快捷、及时、准确的服务。

2. 智能物流系统的含义

智能物流系统主要包括以下 4 层含义。

1）以信息运动为主线

信息是智能物流系统的核心要素，智能物流系统的一个重要目标就是比以往在更广泛的形式和更深入的层次上将信息技术、智能技术等大范围、全方位地运用到物流系统中，以提高信息的获取、传递、处理及利用能力。智能物流系统不仅可以为供应商、客户及合作伙伴提供一般的物流服务，还可以提供一些增值性服务，如物流全过程追踪、物流规划、市场预测等，从而满足供应链、电子商务及经济全球化的要求。

2）以满足客户需求为中心

智能物流系统以满足客户需求为中心，而不是以获利为中心。同时，在满足客户需求的前提下，通过对物流运作和管理过程的优化，尽量降低物流系统的总成本。系统实施和运行的总体目标就是使物流各项资源（基础设施、物流设备、人力资源等）发挥出最大效能，提高企业的市场应变能力和竞争能力，为客户提供方便、快捷、及时、准确的服务。

3）以集成和优化为手段

智能物流系统的实现离不开各种先进信息技术、智能技术的支持，但仅将这些技术在物流系统中进行简单应用是远远不够的，还应该将这些技术与管理技术、物流技术有机结合起来，在系统工程的原理和方法的指导下综合应用于物流的各环节，通过信息集成、资源整合、物流全过程优化与控制，实现物流、信息流、价值流的集成和优化运行，达到物流信息、物流活动、物流制品、物流资源及物流规范等要素的集成，从而提高企业的市场应变能力和竞争能力。

4）实质是一个复杂的人机大系统

智能物流系统在不同的领域，不同的应用背景，甚至与不同的现代物流技术，如快速反应（QR）、JIT 等的结合下，表现形式均会有所不同，但其实质是现代物流在信息化的基础上发展到的一个更高的阶段，即智能化阶段，是现代物流沿着智能与互联方向不断发展而最终形成的一个复杂的人机大系统。对于这种复杂的人机大系统的研究和实践应以系统工程思想为指导，充分考虑系统中物、事、人三者之间的关系，遵循“以人为主，人机结合”的原则，重视与专家群体的合作，发挥专家群体综合研究的优势，尽可能将定性与定量相结合，采用实用可行的方法与模型，以实现系统的综合集成。

1.2.2.2　智能物流系统的特点

智能物流系统具有一般物流系统所共有的特点，即整体性、相关性、目的性、环境适应性，同时还具有以下特点。

1. 时空跨度大

在现代经济社会中，企业间物流经常会跨越不同地域，国际间物流的地域跨度更大。智能物流系统通常采用储存的方式解决产需之间的时间矛盾，其时间跨度往往也很大。智能物流系统的跨度越大，其管理难度越大，对信息的依赖程度也越高。

2. 层次性

智能物流系统的层次性体现在系统层次性和智能层次性两个方面。就系统层次性而言，无论智能物流系统的规模大小，都可以分解成若干个相互联系的子系统，并且同时又是上一层更高级系统（社会经济系统）的子系统。这些子系统的多少和层次的阶数，是随着人们对智能物流系统的认识和研究的深入而不断深入、不断扩充的。系统与子系统之间、子系统与子系统之间，在时间和空间上及资源利用方面存在联系，也在总目标、总费用及总运行结果等方面存在相互联系。一般地，可以将智能物流系统分解成智能运输子系统、智能储存子系统、智能装卸搬运子系统、智能包装子系统、智能配送子系统、智能流通加工子系统及智能物流信息子系统七大子系统。这些子系统又可以进一步细分成二级子系统，如智能物流信息子系统可以进一步分解为智能物流订单信息子系统、智能运输信息子系统等。智能物流系统的系统层次如图 1-3 所示。

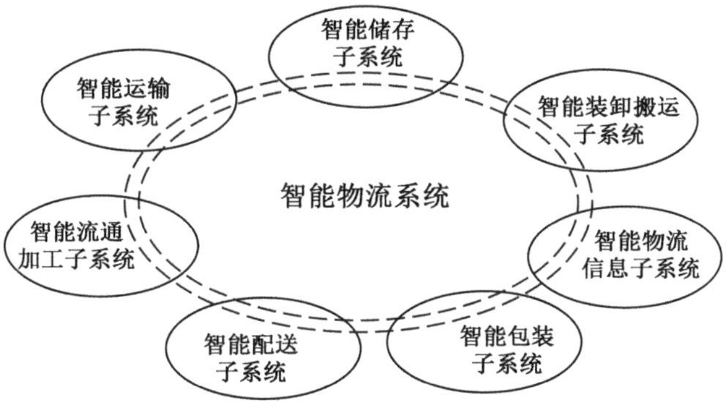

图 1-3　智能物流系统的系统层次

不同的物流领域及不同问题的复杂程度均会使智能物流系统表现出不同的复杂性，这就需要采用不同的信息技术和智能技术进行处理，从而使系统的信息获取、传递、处理及利用能力有所不同，并且能使智能物流系统的智能化水平表现出一定的层次性。智能物流系统分为初级、中级及高级三个层次，层次越高，系统的智能化水平越高，问题处理的能力也越强。智能化水平的提升主要表现在计算方式由数值计算转向符号计算，处理的内容由数值和数据转向知识，处理的问题由良性结构转向非良性结构。智能物流系统的智能层次如图 1-4 所示。

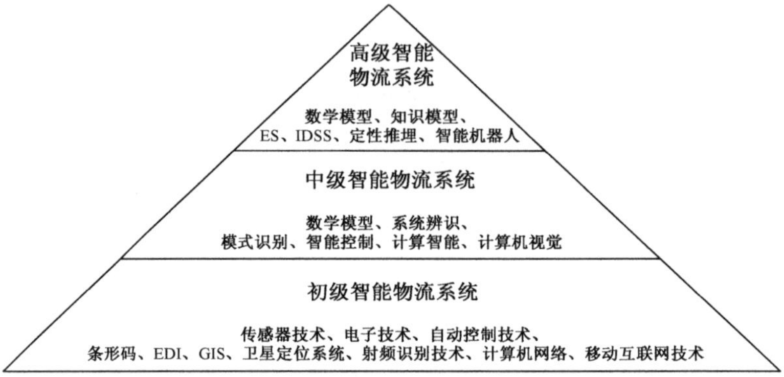

图 1-4　智能物流系统的智能层次

ES—专家系统；IDSS—智能决策支持系统；EDI—电子数据交换。

一般地，生产物流、销售物流、供应物流、回收物流及废弃物流等各类物流领域中的智能物流系统均具有上述系统层次和智能层次。

3. 动态性

智能物流系统一般会与多个生产企业和用户发生联系，需求、供应、渠道、价格的不断变化使智能物流系统受社会生产和社会需求的广泛制约，所以智能物流系统必须是具有环境适应能力的动态系统。为适应经常变化的社会环境，智能物流系统必须是灵活的、可变的。当社会环境发生较大的变化时，智能物流系统甚至需要进行重新设计。

4. 复杂性

智能物流系统的运行对象——“物”，可以是能够移动的全部社会物资资料，物资资料的多样性使智能物流系统具有复杂性。物资资料有成千上万种，从事物流活动的人员数量庞大，智能物流系统内的物资占用大量的流动资金，物流网点遍布各地。这些人力、物力、财力资源的组织和合理利用，是一个非常复杂的问题。此外，物流活动的全过程伴随着大量的物流信息，智能物流系统需要利用这些信息把各子系统有机地联系起来，而收集、处理物流信息，并指导物流活动，也是一项复杂的工作。

5. 多目标性

智能物流系统的最终目标是实现经济效益，但智能物流系统各要素间存在非常强烈的“效益悖反”现象，要同时实现物流时间最短、服务质量最佳、物流成本最低这几个目标几乎是不可能的。但是智能物流系统恰恰又要在这些矛盾中运行，并尽可能满足人们的要求。

1.2.2.3　智能物流系统的现代特征

智能物流系统除具备物流系统的一般特征外，还具备以下现代特征。

1. 智能化

智能化是智能物流系统的核心特征，也是区别智能物流系统与其他物流系统的主要标志，它实质上是物流信息化和自动化的高级形态。具体地，智能物流系统的智能化主要体现在物流作业智能化和物流管理智能化上。物流作业智能化主要体现为采用智能化技术（如智能控制技术、计算机视觉等），使机器（如自动分拣设备、自动引导车、智能机器人等）能够部分或全部代替人的工作和决策，从而有效提高物流作业的效率和安全性，减少物流作业的差错。物流管理智能化主要体现为智能化地获取、传递、处理与利用信息和知识，从而为物流决策服务。由于物流系统的复杂性，现代物流中存在越来越多的运筹与决策，如市场预测、库存决策、运输调度、仓库选址等，需要运用智能技术解决这些问题。涉及这方面的技术主要有智能感测技术（获取）、智能通信技术（传递）、智能计算机技术（处理）、智能计算技术（计算）、智能决策支持系统、专家系统、数据挖掘、数据仓库等。与物流作业智能化相比，物流管理智能化是智能物流系统的主要内容，占据更加重要的地位。

2. 集成化

智能物流系统具有明显的集成化特征。例如，先进的信息技术、智能技术等技术与物流管理技术的集成；各物流业务系统如运输管理系统、仓储管理系统等的集成；供应链环境下各企业信息系统的集成，等等。应用集成技术可以将物流系统各种功能及不同的信息系统有机地集成在一起，解决企业内部及企业之间各信息孤岛的软件和硬件的异地与异构问题，实现企业内部乃至整个供应链的信息共享，从而使企业或供应链能够在较短的时间内做出高质量的经营决策，有效地缩短交货期、降低成本，提高企业乃至整个供应链的竞争能力。具体地，智能物流系统的集成可以分为以下 3 个层次。

1）技术工具层次

在技术工具层次上，重点进行物流自动化装备、数据采集、转换系统与智能终端系统的集成。这可以使物流的基本作业进程一步到位，实现最优处理、自动化运行与数据采集传输等功能，能够减少工作量并提高工作效率，为更高层次的集成应用提供基础支持。

2）实体与业务层次

在实体与业务层次上，集成运输管理系统、仓储管理系统、配送分销管理系统与物流跟踪系统，使它们统一运行，全部归属到供应链管理的公共信息平台上进行优化处理。

3）供应链管理层次

在供应链管理层次上，集成信息平台、可视化处理、决策制定与计划优化、实时监控与快速反应及协同管理与虚拟等功能，提高物流服务的整体效率。

在以上层次中，集成的层次越高，其系统复杂程度越高，带来的效益往往也越大。

3. 网络化

物流的目的是实现物质资料的物理性移动。随着信息时代的到来，人们对商品的需求越来越个性化，配送的地域越来越分散，这就要求建立网络化的物流与配送网点。企业根据自身的营销范围和目标，以地区性或区域性物流集散及配送网络为基础，通过业务拓展和企业间的联合，逐渐建立全国范围内的物流和配送网络，提高智能物流系统的服务质量和配送速度。此外，智能物流系统的网络化还包括计算机通信网络，其是连接企业与供应商、客户、合作伙伴，以及企业内部各部门的信息通道。

4. 柔性化

智能物流系统不仅能够对市场做出快速反应，还能够根据客户“多品种、小批量、多批次、短周期”的需求特点，灵活组织和实施物流作业，是适应生产、流通与消费的需求而发展起来的一种新型物流模式。

1.2.2.4 智慧物流的定义

国内最早关于智慧物流的定义，是由中国物流技术协会信息中心联合几家单位于2009年12月提出的，它们指出智慧物流是利用集成智能化技术，使物流系统能模仿人类，具有思维、感知、学习、推理判断和自行解决物流中的某些问题的能力，包含智能运输、智能仓储、智能配送、智能包装、智能装卸及智能信息的获取、加工和处理等多项基本活动。王阳则从资源和成本的角度出发，认为智慧物流是把所有物流企业的物流信息汇总到一个平台上，进行集中分析，对运输车辆进行科学安排、合理调度使用，从而减少空载率，降低物流成本，提高物流效益的管理活动。胡安安认为智慧物流是以先进信息技术促进整个物流产业的基础设施、业务运营、管理决策和配套资源的发展，通过物流各环节、各企业的无缝集成实现物流全过程可自动感知识别、可跟踪溯源、可实时应对、可智能优化决策，通过技术、应用和管理方法的高度融合，实现低成本、高效率、优质服务、节能环保等多元化发展目标的现代物流管理模式。

在物联网背景下，戴定一发表了一系列文章探讨物联网与智慧物流。他认为“智能=信息化+自动化”，还认为物联网在物流中的应用驱动可以概括为“物联网促进物流智能化”，其中包含三个基本要点：一是如何部署更加广泛、及时、准确的信息采集技术，如 RFID、各类传感器、地理定位系统、视频采集系统等；二是如何实现这些信息的互联互通，使它们既满足专业的要求，也能实现便捷的开放和共享；三是信息如何管理、加工、应用，以解决各种现实问题，把虚拟世界的信息转化到实体世界的应用中来，也就是进入“智慧地球”的时代。他认为，智慧物流是物流信息化的高级阶段，物联网时代的智慧物流就是通过新技术实现更多信息的采集、更多资源的管控、更优化的流程，就是更加依赖信息资源来创造更多的价值，从而实现发展方式的转变。

笔者认为，智慧物流是物联网、云计算、大数据技术环境下的智能物流，是智能物流系统发展的一个更高级的阶段。

1.2.2.5　智慧物流产生的必然性

智慧物流是社会经济发展的必然要求，同时科学技术的进步也为其实现提供了现实基础。

1. 供应链发展的要求

随着全球经济一体化进程的加快和市场竞争激烈程度的加剧，现代企业面临的形势已经发生巨大变化。在激烈的市场竞争中，企业更直接地感受到来自多方面的压力，如全球市场的激烈竞争、品种的多样化、产品周期的缩短及顾客要求的提高，企业深知单纯依靠自身力量与对手竞争已经不能满足顾客需求。随着企业与企业之间依赖性的不断加强，企业必须与其所在供应链上的其他企业进行合作，通过信息共享实现优势互补、降低总成本等增强供应链的竞争力。市场竞争的实质已经发生了巨大变化，正如英国著名经济学家克里斯多夫所说，“真正的竞争不是企业与企业之间的竞争，而是供应链与供应链之间的竞争”。

供应链是由许多具有不同功能的节点企业构成的网链，每个节点企业都要实现特定的功能，这些业务实体负责完成从原材料的订购到产品生产，再将产品运送到最终用户手中的过程。这个过程包含了物流、资金流和信息流的流动，跨越不同的企业和区域。在供应链竞争环境下，供应链各参与方之间由过去单纯的竞争关系转变为既竞争又合作的联盟伙伴关系。因此，建立成员企业之间的紧密合作关系对于提升供应链整体竞争力尤为重要。物流是连接供应链内各主体的最重要的桥梁，是供应链活动的主要内容，因此供应链成员企业之间的紧密合作离不开物流信息的共享与可视化。以 JIT 为例，为实现“零库存”，需要供应商及时准确交货，并且要求供应商能够对订货的变化做出快速反应，实现与生产商的信息共享；要求高效率、低成本的物流运输和装卸方式；要求生产商能够与零售商进行信息共享，提高市场预测的准确程度。JIT 不但要求整条供应链的物流系统的信息获取和传递具有较高的实时性，而且要求对信息进行快速处理，以便及时为供应链管理者提供辅助决策支持功能，如市场预测、运输优化、库存控制等，而这些功能依靠传统物流系统是无法实现的。通过引入智慧物流，应用信息技术、智能技术及系统集成技术，一方面可以大大提高供应链各成员企业之间信息的共享性、可视性，另一方面也为信息处理提供了新的解决方案，提高了供应链决策的科学性和效率。

2. 电子商务发展的要求

21 世纪以来，我国电子商务发展迅猛，以“双 11”购物节为例，2021 年，天猫的“双 11”销售额高达 5403 亿元，比 2015 年增加了 4491 亿元。销售额逐年增加，说明淘宝网资金流、信息流效率惊人，然而需与之相匹配的物流的情况目前却不太理想。在节假日促销期间，由于第三方物流公司规模小、管理体制不规范、设施设备投入数量不足，很多物流公司出现爆仓、系统瘫痪等状况，物流已经成为电子商务飞速发展的障碍。

电子商务的发展带来了巨大的物流需求，同时也给物流企业提出了新的要求，如能够及时、准确获取和传递物流信息，为客户提供实时的货物和订单状态信息，对订单进行及时准确的处理，对运输车辆进行实时优化调度，准确预测货物的销售情况，优化库存，对供应商进行优化选择，等等。随着电子商务的不断发展，其对物流的要求将会越来越高。要满足这些要求，实现电子商务的高效运转，一个高效、畅通、智能化的物流系统是必不可少的。

3. 我国现实国情的要求

由于物流产业在国民经济中的基础作用，物流信息化已成为我国信息化战略的重要组成内容。然而，物流信息化在国外已发展了半个多世纪，信息化水平目前已经比较高，如果我们按照国外的轨迹去发展我国的物流产业，我国与发达国家之间在物流领域的“数字鸿沟”不仅不会缩小，反而会日益加大，我国物流企业在与国外企业的竞争中将毫无任何优势可言。因此，我们可以充分利用后发优势，从更高的层次着手发展现代物流，利用信息化技术和智能化技术改造传统物流产业，以实现我国传统物流产业的跨越式发展，在未来的国际竞争中立于不败之地。另外，我国传统物流产业走的是一条物质和能量高投入、高消耗的道路。显然，在秉承可持续发展理论的今天，这条发展道路越来越不能适应社会对物流产业的要求。因此，寻求避免物质和能量的高投入、高消耗，充分利用和挖掘现有基础设施的能力和潜力，满足社会日益复杂的物流要求，寻找物流产业可持续发展的有效途径是我国物流领域目前所面临的重要问题。智慧物流无疑是解决这一问题的有效途径，它通过提高物流经营管理的决策水平和物流作业的自动化水平，能够在很大程度上合理配置资源，提高物流效率和服务水平，节约大量物流成本，产生巨大的社会效益和经济效益。

4. 物流自身发展的内在要求

任何事物发展都有其内在的规律，都要经历从简单到复杂、从低级到高级的螺旋上升的过程。物流的发展也不例外，经历了由简单的静态储存物流、储运物流向复杂的一体化物流、供应链物流、电子物流的发展过程，物流信息化则经历了由简单粗放型、计算机简单应用型向信息管理系统化、整体化的发展过程。物流智能化是物流的信息化和自动化的高级形态。随着全球经济一体化和知识经济时代的来临，现代物流所面临的问题日趋复杂，外界环境的不确定性程度越来越高，简单的信息化和自动化将逐渐不能满足这些要求，因此需要发展具有解决复杂问题能力的智慧物流，以有效地解决这些问题，可以说智慧物流是物流发展的必然产物。

5. 智慧物流是“智慧地球”的重要组成部分

随着“智慧地球”概念的提出，物联网也深入各行各业，形成了垂直产业链，包括智能电网、智能交通、智慧物流、智能工业、智能农业、智能安防、智能医疗、智能环保、智能家居等。其中，物流业是最早接触物联网的行业之一，也是最早应用物联网技术，实现物流作业智能化、网络化、自动化的行业之一。智慧物流供应链标志着信息化在整合网络和管控流程中进入了动态、实时进行选择与控制的管理新阶段。

6. 智慧物流是物联网等技术在物流行业应用的产物

近年来，物联网、移动通信、云计算、大数据等先进信息技术及人工智能技术得到了迅猛发展，人们不断将这些技术应用于物流领域，开发了许多智慧物流应用产品。智慧物流是物联网等先进技术在物流领域应用所带来的必然产物。

1.2.2.6 智慧物流的高级特征

与一般的智能物流相比，智慧物流具有以下高级特征。

1. 全面感知

依靠 RFID、条形码、传感器、卫星定位、视频等技术，人们可以自动获取物流中的数据标识与信息，实现对物流的全面感知，为物流的智慧管理提供数据基础。传统物流中涉及的物流单元、物流工具、物流环境多种多样，对“物”的识别与控制往往受制于工具和流程，人工读取一个条形码需要花费 10 秒，机器读取条形码需要花费 2 秒；在智慧物流条件下，依靠电子标签和射频技术，对“物”的信息读取只需要 0.1 秒就可以自动完成，物流将因此变得更加快速。

2. 全过程可视化

在全面感知的基础上，通过智慧物流信息网络实现不同物流信息系统之间的互联互通，确定物流全过程中所有发生的事件，包括目标的身份（Who/Which）、位置（Where）、时间（When）、状态（What）和行为（How）等，从而实现供应链全过程的可视化，解决物流的跟踪、追溯、防伪等难题，让物流更安全、更快捷。以农产品为例，从播种、施肥到采摘、检验、包装、运输、入库、出库，直到摆到居民的餐桌上，依靠先进的信息技术，每个过程的细节都被记录在案。智慧物流不仅关注“结果”，也同样关注“过程”，实现了物流过程的全面跟踪与追溯，让物流变得更安全。

3. 更有效的物流管控

传统物流面对的是复杂多变的环境，天气情况、交通状态、特殊运输要求、各类突发事件无一不在考验着物流产业的智慧。通过实时的信息采集与分析技术，复杂环境的处理过程将变得简单、高效，智慧物流可以主动发现异常情况，甚至可以提前制定应急预案，实现实时的应对与处理，从而实现物流过程的有效管控。

4. 大数据及基于大数据的优化管理与决策支持

对于企业来说，大数据应用将成为未来竞争和发展的基础，数据将成为决定一个行业胜负的根本因素，最终将成为人类至关重要的资源。智慧物流系统的一个典型特征是大数据及基于大数据进行管理与决策。通过感知层的数据采集，智慧物流系统每天产生海量数据，如车辆/人员的定位数据、车辆的 OBD 数据、基于 RFID 的货物状态数据、订单数据等。面对竞争激烈的市场，如何适应快速变化的市场环境，挖掘隐藏在海量数据中的价值，成为物流行业转型升级的关键。以数据分析为支撑，物流企业可以对各区域的需求进行精准预测，优化各区域的库存控制水平，为客户提供更快捷的物流服务；可以进一步巩固与客户之间的关系，增强客户黏性，避免客户流失；可以做出正确决策，降低成本，提高效率；可以看到具体的业务运行情况，能够清楚地判断哪些业务利润率高、增长较快等，把主要精力放在真正能够给企业带来高回报的业务上，避免无端浪费，从而实现高效的运营。

5. 更广泛的资源整合与协同运作

通过智慧物流信息网络，能够更加广泛地整合社会物流资源，实现物流虚拟化运作。通过智慧物流信息网络，物流联盟成员之间、供应链成员之间进行单证传递和信息服务共享，实现协同运作与管理。

6. 更可持续的绿色低碳

依靠智能化集成技术应用平台，通过合理配置与调度，智慧物流可以优化运输方式，提高车辆满载率，减少车辆行驶里程，提高车辆行驶速度，改变传统物流存在的浪费资源、污染环境、不节能环保等问题，使物流过程面貌一新，更加绿色低碳、节能环保。

7. 多目标协同

在现代物流的发展过程中，在每一阶段关注的重点和驱动力都不相同，比如关注物流成本还是关注物流服务质量，关注运输成本还是关注库存成本，这给物流的决策与优化工作造成了极大的困难。智慧物流作为现代物流发展的高级层次，通过集成先进的信息技术，运用科学的管理决策理论和方法，可以做到"鱼与熊掌兼得"，在降低物流成本的同时提高物流的服务质量，实现精准决策与优化，同时实现低成本、高效率、优质服务、绿色环保等多元化发展目标。

1.2.2.7　智慧物流的结构

智慧物流是智能物流系统的一种高级形态，其结构与智能物流系统的结构基本类似。物联网、云计算、大数据等先进信息技术的发展带来了智慧物流，因此，站在信息采集、信息传递、信息处理、信息利用的角度，参考物联网的结构，智慧物流的结构如图 1-5 所示。

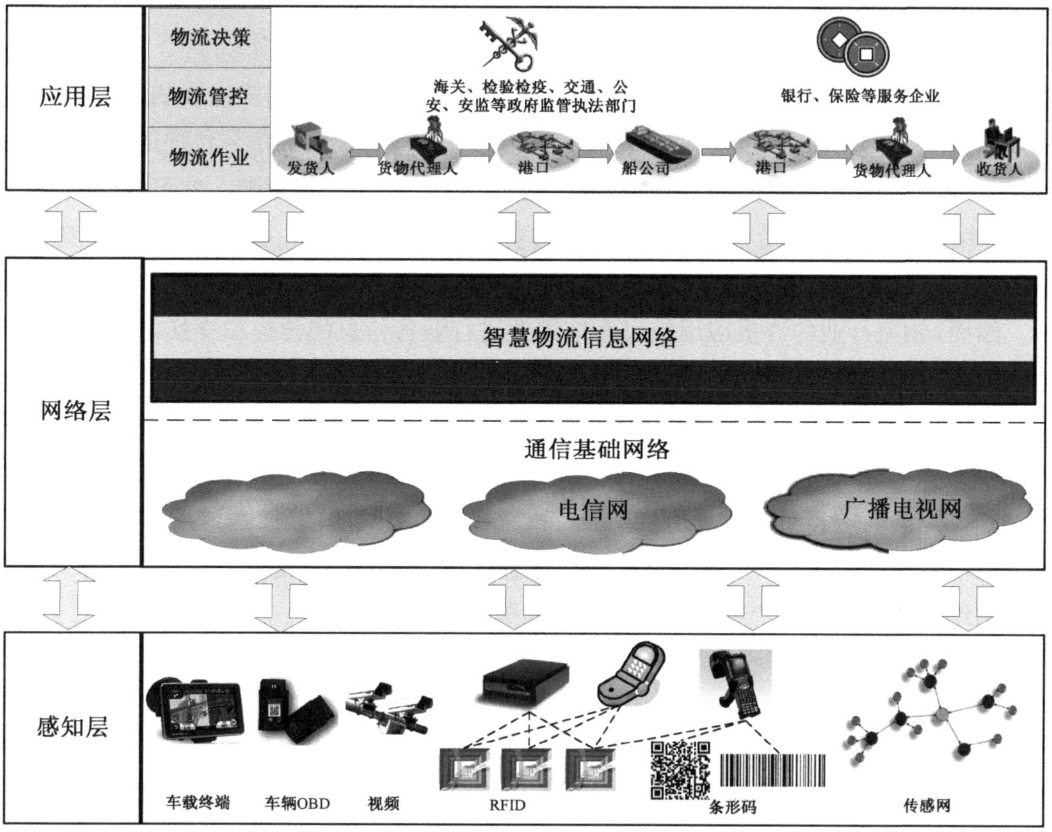

图 1-5　智慧物流的结构

智能的网络也称为“神经网”，可分为功能简单的“神经末梢”、功能复杂的“神经中枢”和连接二者的网络三部分。“神经末梢”相当于传感器、RFID 等采集信息的网络，“神经中枢”相当于集中式数据处理和服务的中心，把采集得到的信息经过复杂的深加工，再反馈到系统的各部分，做出协调、优化的应对措施，这是基于网络的智能发展趋势。这样的智能不同于“傻瓜相机”式的独立智能解决方案，而一定要基于网络及集中的数据处理和服务中心（以下简称数据中心），这是物联网时代的智能化最重要的特征。

1. 感知层

感知层是智慧物流的“神经末梢”。通过 RFID、条形码识别货物、托盘、集装箱及运输车辆的身份，通过传感器采集温度、湿度等环境信息，通过车载终端及车辆 OBD 采集车辆的位置、车况信息，通过视频采集仓库、道路、闸口、车辆的动态图像信息。这些数据通过信息网络传递给信息处理与应用系统。

2. 网络层

网络层用于连接智慧物流的“神经末梢”与“神经中枢”，并实现多个“神经中枢”之间的交互。智慧物流离不开通信基础网络的支撑，通信基础网络由互联网、电信网、广播电视网（3G）组成，它主要解决文字、语音、图像、视频等信息传递的问题。以互联网为例，它解决的是基本的通信通道问题，只要符合其通信标准，就可以传递文字、语音、图像、视频，但其对所传递的信息内容没有要求和标准。可以使用通信基础网络实现感知层数据向应用层的信息处理应用系统传递。

然而，物流行业的许多应用信息系统需要进行业务信息的传递和交换，以开展业务。如果直接通过通信基础网络进行信息交换，其成本高、效率低，并且难以解决一些跨部门、跨行业的信息交换与整合问题。这时，就需要建立专门的智慧物流信息网络，以实现应用信息系统之间的业务信息传递和交换。该网络建立在互联网等通信网络的基础上，针对各种业务制定相应的业务信息交换标准，规范所交换的信息的内容，应用信息系统接入该信息网络后，可以实现与其他应用信息系统之间的信息传递与交换，即智慧物流信息网络主要用于实现“神经中枢”之间的信息交换。

3. 应用层

应用层是智慧物流的“神经中枢”。物流信息处理与应用系统通过获取感知层的物流动态数据和通过智慧物流信息网络，同其他物流信息处理与应用系统之间实现互联互通，从而实现物流作业、物流管理与控制、物流决策支持三个功能。

物流作业。通过物流感知，实现物流自动化作业，如自动化立体仓库、货物自动分拣、仓库自动通风等。

物流管理与控制。通过物流感知，以及同其他信息处理与应用系统之间的互联，实现物流的可视化跟踪和预警，以及物流全过程的有效管控。

物流决策支持。通过数据的集聚，建立数据中心，运用大数据处理技术，对物流进行优化、预测、诊断、评价、分类、聚类、影响分析、关联规则分析、回归分析等，为物流运营提供决策支持。

1.2.2.8　智慧物流的智能机理

智慧物流的智能机理，可以通过信息的智能获取、智能传递、智能处理、智能利用来分析。

1. 智能获取

智能获取技术主要包括条形码技术、传感器技术、射频技术、卫星定位技术（GPS、北斗卫星导航）、视频技术、图像识别技术、文字识别技术、语音识别技术、机器人视觉技术等，这些技术目前已在智慧物流中得到广泛应用。智能获取技术能够使物流从被动走向主动，在物流过程中实现主动获取信息、主动监控车辆与货物、主动分析信息，使商品从源头开始就可以被跟踪和管理，使信息流快于实物流。

2. 智能传递

智能传递技术应用于企业内部、外部的数据传递。智慧物流的发展趋势是实现整个供应链管理的一体化、柔性化，这离不开数据的交换与传递。智慧物流的智能传递技术主要体现在通信基础网络和智慧物流信息网络上。通信基础网络的智能传递技术主要包括智能网技术、智能化网络管理与控制技术，以及智能网络信息搜索技术等智能通信技术，采用智能 Agent 技术和计算智能技术（如神经网络、遗传算法、蚁群算法等）进行网络的优化管理与实时控制，如 QoS 路由优化等。在 SOA 架构技术环境下，智慧物流信息网络的智能传递技术主要包括基于 Web Service 的物流信息服务搜索与发现技术、物流信息服务组合技术、消息中间件技术等。

3. 智能处理

智慧物流的智能化水平在很大程度上取决于它代替或部分代替人进行决策的能力。智能处理技术是智慧物流系统进行“决策”的核心技术。通过对大数据进行分析与处理，建立优化、预测、评价、诊断、数据挖掘模型，为企业和政府的物流决策提供支持。智能处理技术主要包括系统优化、系统预测、系统诊断、大数据技术、专家系统、数据挖掘、智能决策支持系统、智能计算技术、智能体技术等。

4. 智能利用

智能利用主要体现在两个方面。一方面是智慧物流系统，该系统是人机系统，人是智慧物流系统的重要组成部分，在智能处理的基础上，物流管理人员基于决策支持信息作用于物流系统，这体现的是人的智能。另一方面是物流自动控制，智能控制技术是将智能理论应用于控制技术而不断发展起来的一种新型控制技术，主要用来解决用传统方法难以解决的复杂系统的控制问题，通常这些控制问题具有复杂性、随机性、模糊性等特点，利用数学方法难以精确描述。智能控制技术目前主要包括模糊控制技术、神经网络控制技术、学习控制技术、专家控制技术等。随着经济的发展，物流系统中的控制问题，如物流作业领域的物流设备的监控、移动机器人拣货系统（Robotic Mobile Fulfillment System）、自动分拣机器人、AS/RS 仓库的计算机控制等将会变得越来越复杂，并且这些问题的解决效果将会极大地影响系统的效率和反应速度。

1.3 智慧物流的决策主题及解决手段

运输决策、库存决策等物流决策问题是智慧物流的一项重要内容。所谓决策，一般是指为了达到一定目的，对遇到的情况和问题从两个以上的备选方案（或手段）中选择一个有效方案（或手段）的过程。在经济全球化发展的今天，第三方物流企业面临的环境复杂多变，物流管理者面临着大量的决策问题，如车辆路径优化、库存优化、仓库选址优化等，并且决策问题本身也在不断发生变化，如由简单的 TSP 问题到有车辆容量的 VRP 问题，再到有时间窗的 VRP 问题，由简单的确定需求库存决策到随机需求库存决策，再到运输和库存联合决策等。物流决策问题的总体趋势是由简单到复杂，由低级到高级，由良性结构到不良结构，由明确的问题到不明确的问题。由于物流决策问题种类繁多且复杂多变，仅依靠物流管理者的经验进行科学决策变得越来越困难，如何有效进行科学决策已成为物流管理者共同面临的难点问题。

智慧物流能够结合定性和定量分析，将物流管理者的经验和专家的知识有机结合起来，利用先进的信息技术、人工智能、运筹学、决策科学、行为科学、心理学等技术和方法对物流决策问题进行分析与处理，从而为物流管理者提供决策支持，实现物流决策的科学化。事实上，决策支持是智慧物流的一个核心功能，在智慧物流中占有相当重要的地位。智慧物流中信息获取、传递、处理的一个主要目的就是为决策支持提供数据基础和实现手段。智慧物流对科学决策的支持能力可以说是衡量其智能程度的一项重要指标。

1.3.1　决策主题

智慧物流中的物流决策主要包括客户服务目标决策、设施选址决策、库存决策，以及运输决策四个决策主题，如图 1-6 所示。各决策主题之间并不是独立的，而是相互联系、相互作用的，因此，在进行决策时应充分考虑各决策主题之间的相互影响，对各决策主题之间存在的悖反关系进行综合考虑。下面对各物流决策主题进行详细分析。

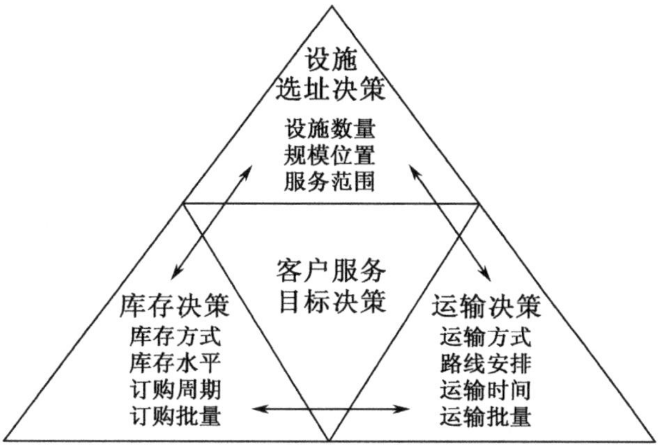

图 1-6　智慧物流的决策主题

1. 客户服务目标决策

企业能够为客户提供的服务水平比其他任何因素对系统设计的影响都要大。如果服务水平较低，可以在较少的存储地点集中存货，利用较廉价的运输方式。如果服务水平较高，那么情况恰恰相反。但是，当服务水平接近上限时，物流成本比服务水平上升得更快。因此，确定服务水平成为物流决策的首要任务。

2. 设施选址决策

储存点及供货点的地理分布构成设施选址决策的基本框架，其内容主要包括确定设施的数量、地理位置、规模，以及分配各设施所服务的市场范围，这样就确定了产品到市场之间的路线。好的设施选址方案应考虑所有的产品移动过程及相关成本，包括从工厂、供货商经中途储存点然后到达客户所在地的产品移动过程及成本。通过不同的渠道来满足客户需求，如直接由工厂供货、供货商供货，或经选定的储存点供货等，会影响总的分拨成本。寻求成本最低的需求分配方案或利润最大的需求分配方案是设施选址决策的核心。

3. 库存决策

库存决策的重要性在于，库存物资占用大量的资金，需要大量的人力去管理。由于实际需要及问题的复杂性，库存问题有取之不尽的实际场景，并且不断产生大量的新问题。以美国制造业与贸易业为例，1976年的库存账面值为2760亿美元，相当于同年美国国内生产总值的 17%。因此，通过合理的库存管理使库存量即使降低到很低的百分比，也能为企业或国家带来显著的经济效益，是智慧物流的一个重要目标。所以，如何科学地组织库存，对库存进行有效控制就成了智慧物流一个极为重要的决策主题。

库存控制主要需要解决以下3个问题：①确定库存检查周期；②确定订货量；③确定订货点（何时订货）。也就是说，一方面，如果订货周期已确定，需要决策在什么时间为哪些客户送货，若订货周期未知，则需要决策在整个规划期内该以什么样的频率为客户提供服务；另一方面，在了解客户的需求信息后，决策者需要确定给所服务客户的配货量（或对供应商的订货量）。

4. 运输决策

运输决策是物流决策中至关重要的一个问题。一般地，在物流系统的总成本中，运输成本占30%以上，因此对运输进行优化决策也成为智慧物流的一项十分重要的任务。运输决策主要包括运输方式、运输批量和运输时间及路线的选择等。这方面涉及的比较典型的运输问题主要有产销平衡运输问题、产销不平衡运输问题、TSP 问题、最短路问题、中国邮路问题、车辆路径问题、多式联运路径优化问题等。

上述各决策主题之间并不是独立的，而是相互联系、相互作用的，尤其是运输决策和库存决策之间存在密切的联系，库存决策会通过运输批量和订货周期影响运输决策，而运输决策又会反过来影响库存决策。然而，运输决策和库存决策之间的关系体现在物流成本上却往往是“效益悖反”的。例如，若使用小批量、多频率的运输方式，则运输成本高而库存量低；若用大批量、小频率的运输方式，则运输成本低而库存量高。也就是说，一方的最优决策是以牺牲另一方的利益为代价的。然而，在以往的物流管理活动中，通常是分别对这两个问题进行决策的，而对二者之间的效益悖反关系却未予考虑。在物流一体化、集成化向纵深发展的趋势下，将这两大决策问题纳入同一个体系框架下进行统一考虑就成为必然。

1.3.2 解决手段

解决智慧物流中各决策问题的手段大致可分为三种：一是靠经验的积累，凭主观做判断；二是建立数学模型，求解最优策略；三是采用定性与定量相结合的启发式方法。目前，对一些常用问题模型已经研究和设计了相应的标准求解算法（如产销平衡运输问题），这些算法虽然可以有效解决很多实际问题，但多是局限于良性结构问题，即问题结构比较清晰、所含元素之间关系明确、边界清楚、有明确的最优判定准则、能拟定求解的程序步骤、所要求计算量不至于过大等。然而，在实际中很多问题不具有良性结构，套用传统标准方法处理难以求得满意解，或者即使求得满意解也会存在计算量过大的问题。这时，与其偏离事实或忽略修正重要条件而勉强套用传统标准方法，不如保持问题的本来面目，建立符合实际的非标准模型。前者虽然可简化求解，但得到的解由于偏离了实际情况而难以付诸实现；后者则由于模型涉及因素多，难以套用传统标准方法求解。在后面这种情况下，为了得到问题的近似解和较好解，分析人员必须结合人的感知力和洞察力，从较基本的模型方法中寻求联系，得到解决问题的思路和途径，用结构化的序列去逼近非结构化问题，实现的启发式算法不一定苛求最优解，而是将“满意解”作为评价准则。

参考文献

[1] 申金升，关伟，高辉. 基于 ITS 和 EC 的智能物流系统[J]. 交通运输系统工程与信息，2001，1（4）：294-298.

[2] 戴定一. 物联网与智能物流[J]. 中国物流与采购，2010，8（10）：22-23.

[3] 戴定一. 物流信息化与智能物流[J]. 办公自动化，2010，11（21）：14-17.

[4] 戴定一. 再谈物联网与智能物流[J]. 中国物流与采购，2010，23：36-38.

[5] 胡安安，黄丽华，张成洪. 解读“智慧物流”[J]. 上海信息化，2014，3：44-47.

第 2 章

智慧物流服务模式

2.1 现代物流体系的构成

现代物流体系由物流网络、物流作业及其管理、运营主体、物流组织模式、物流信息化构成。

2.1.1 物流网络

按照《物流术语》（GB/T 18354—2021）的定义，物流网络指物流过程中相互联系的组织和设施的集合。一般认为，物流网络由物流基础设施网络、物流组织网络、物流信息网络三者有机结合而成。其中，最基础的是物流基础设施网络，它是整个物流管理活动赖以生存和发挥效能的物质基础，由物流节点（物流园区、配送中心、仓库、码头、货场等）及各节点之间的不同运输方式的运输线路共同组成。物流基础设施网络的好坏直接影响物流网络的效率和效益。

2.1.2 物流作业及其管理

1. 物流作业

物流作业包括运输、仓储、配送、装卸搬运、包装、流通加工。运输是物流的中心环节之一，作用是消除物品的空间间隔，它可以扩大经济的作用范围，在一定程度上促进物价的平均化。运输的方式主要包括公路运输、铁路运输、航空运输、水路运输和管道运输。仓储是物流的另一个中心环节，作用是消除物品的时间间隔，使物品产生时间价值。在物流系统中，仓储除了起着物品保管的作用，还起着缓冲、调节与平衡作用。

配送是指在经济合理区域范围内，根据用户的要求，对物品进行拣选、加工、包装、分割、组配等作业，并按时送达指定地点的物流活动。装卸搬运是物流的非增值环节，是运输与仓储的基础和桥梁。装卸搬运包括装上、卸下、移送、拣选、分类、堆垛、入库、出库等活动。包装是物流的辅助环节，是物品在装卸搬运和运输之前进行某种程度的捆扎或装入适当的容器中的活动，便于物品的保护、搬运、运输等。流通加工是物流的增值性辅助活动，是平衡生产、运输与需求之间矛盾的主要手段，包括分解、组装、表面处理等。

2. 物流作业管理

物流作业管理包括物流成本管理和物流质量管理。物流成本是物流过程消耗的各种劳动和物化劳动的货币表现。物流成本管理不单是管理物流成本，更重要的是用成本的手段管理物流。物流成本管理包括成本预测与计划、成本信息收集、成本计算、成本分析、成本决策与成本控制。物流质量管理包括物品质量保证、物流作业质量管理和物流服务质量管理。

2.1.3　运营主体

运营主体分为单个企业和企业联盟。单个企业涉及的物流环节比较有限，易于管理和控制；企业联盟是指由多个企业结成联盟共同完成物流任务，它一般涉及物流全部环节，难于管理和控制。企业联盟又包括物流联盟和虚拟物流企业两种形式。

1. 物流联盟

对于物流联盟，目前没有统一的定义，不同的学者或组织有不同的看法，没有统一的术语，也可以称其为物流战略联盟。

《物流术语》（GB/T 18354—2021）将物流联盟定义为：两个或两个以上的经济组织为实现特定的物流目标而采取的策略安排。田宇认为，物流联盟是为了取得比单独从事物流活动更好的效果，企业间形成的相互信任、共担风险、共享收益的物流伙伴关系。企业之间不完全采取能使自身利益最大化的行为，也不完全采取能使共同利益最大化的行为，它们只是在物流方面通过契约形成优势互长、要素双向或多向流动的中间组织。狭义的物流联盟存在于非物流企业之间，广义的物流联盟还包括第三方物流。汪标认为，物流联盟是指两个或两个以上的经济组织为了实现特定的物流目标而采取的长期联合与合作。物流联盟既包括非股权参与型的松散合作，也包括股权参与型的紧密合作，但并不形成独立的法人主体，联盟内各企业是独立的经营者。物流联盟的形式包括：签订长期合作伙伴的关系、股权参与、物流系统接管、共同投资建立专用性资产。周剑青认为，物流联盟是以物流为合作基础的企业战略联盟，它是指为了取得比单独从事物流活动更好的效果，两个或多个企业之间重新整合各成员企业的物流资源，结合成相互信任、共担风险、共享收益的组织。冯海强认为，物流联盟是指两个或两个以上物流企业之间，为了实现资源共享、成本共担或者优势互补等特定的战略目标，在保持自身独立性的同时，通过股权参与或契约联合，结成较为稳定的物流合作伙伴关系，以达到共同拓展物流市场、降低物流成本、提高物流效益的目的。

笔者认为，物流联盟是战略联盟在物流行业的应用。所谓战略联盟，是指由两个或两个以上有着对等经营实力的企业（或特定事业和职能部门）之间，出于对整个市场的预期和企业自身总体经营目标、经营风险的考虑，为达到共同拥有市场、共同使用资源等战略目标，通过契约而结成的优势互补、风险共担、要素双向或多向流动的松散型网络组织。因此，物流联盟是指两个或两个以上经济组织之间为了实现特定的物流目标而进行的长期联合与合作，结合成相互信任、共担风险、共享收益的组织。其中，经济组织之间不形成独立的法人主体，物流联盟内的各主体是独立的经营者。经济组织包括物流企业间联盟及物流企业与工商企业间联盟。

2. 虚拟物流企业

对于虚拟物流企业，目前也没有统一的定义，也没有统一的术语，也可以称为物流动态联盟、物流虚拟企业。

根据《物流术语》（GB/T 18354—2021），虚拟物流是指为实现企业间物流资源共享和优化配置，以减少实体物流的方式，基于信息技术及网络技术所进行的物流运作与管理。王雄认为，虚拟物流企业是指拥有不同关键资源的若干个物流企业，为了快速响应某一物流市场机遇，通过一定的协议结成的暂时性的联盟。李学伟、曾建平和卢勃认为，虚拟物流企业是以一个综合性物流企业为核心，联合众多的专业型物流企业（包括其他综合型物流企业的单项物流能力），通过一定的协议，为完成一项或者一个时期内的物流项目而成立的虚拟经营组织。汪贻生等人认为，虚拟物流企业是指两个或两个以上的物流企业为了快速响应已出现的或根据预测即将出现的某一物流市场机遇，通过一定的协议，在相互信任、共担风险、共享收益的基础上，以计算机网络通信技术为平台，致力于完成一项或者一个时期内单个物流企业难以高效完成的物流服务项目而成立的一种无边界的临时的经营组织。

笔者认为，虚拟物流企业是动态联盟在物流行业的应用。所谓动态联盟，是指法律上相互独立的、具有独特核心能力的企业、研究所、个人等在不涉及所有权的前提下为了赢得某一市场机会而结成的非永久性联合体。因此，虚拟物流企业是指两个或两个以上的物流企业为了获得某一市场机遇，在不涉及所有权的前提下，通过一定的协议，以计算机信息网络技术为依托组成的非永久性经营组织。

2.1.4 物流组织模式

物流组织模式主要有自营物流、第三方物流、第四方物流。

自营物流是指企业的供应、生产、销售等环节的物流由企业自己组织完成。自营物流便于企业管理与控制整个物流活动，但是难以降低物流成本、提高物流效率。

第三方物流的定义如下：物资供方、需方之外的物流服务提供方在特定的时间段内按特定的价格根据合同的约定向物流需求方提供个性化、系列物流服务的交易方式，这种物流服务是建立在相互信任的长期合作关系和现代电子信息技术基础之上的活动。

关于第四方物流，目前没有形成统一的定义。埃森哲公司的约翰·盖特纳认为，第四方物流提供商是一个供应链的集成商，它对公司内部和具有互补性的服务商所拥有的不同资源、能力和技术进行整合与管理，并提供一整套供应链解决方案。

笔者认为，第四方物流企业指为第一、第二、第三方物流提供物流服务，以提高物流效率和供应链的工作能力的企业。这些物流服务包括物流资源整合与交易服务、物流信息交换服务、物流金融服务、供应链解决方案等。

2.1.5 物流信息化

物流信息化是指企业运用现代信息技术对物流过程中产生的全部或部分信息进行采集、分类、传递、汇总、识别、跟踪、查询等一系列处理活动，以实现物流信息的辅助市场交易功能、业务控制功能、工作协调功能、支持决策和战略功能。物流信息化主要包括物流装备的信息化和物流管理的信息化。

物流装备的信息化是指把信息技术应用到现代物流装备中，使货物的接收、分拣、装卸、运送、监控等环节可以以自动化、智能化的方式来完成，实现货物的自动识别、自动分拣、自动装卸、自动存取等，从而提高物流作业效率。物流装备的信息化在发达国家的发展比较早且目前比较成熟，并且随着技术的进步还在不断改进，主要以信息技术改造工业自动化装备的形式体现。

物流管理的信息化是指将信息技术应用到物流管理的各方面，包括企业内部管理的信息化和企业之间协作的信息化。由于信息技术的发展和普及，特别是互联网技术具有可以有效解决信息共享、信息传输、信息标准和信息成本等问题的优点，大大推进了物流管理信息化的进程。

相关的物流信息技术主要有自动识别和数据采集技术（如条形码、RFID）、电子数据交换技术（EDI）、交通工具的卫星定位与调度技术（GPS、GIS）、物流自动化设备的计算机控制技术（AS/RS 计算机控制系统）、物流管理信息系统（如 TMS、WMS 等）、物流公共信息平台。

2.2 现代物流服务模式

现代物流业是现代服务业的一个重要组成部分。服务业的概念最早源于西方“第三产业”这个概念，西方不少经济学家都从不同角度对第三产业进行过分析。按照1935年费希尔提出的观点，第三产业泛指旅游、娱乐、文化、艺术、教育、科学和政府活动等以提供非物质性产品为主的部门。1957年，克拉克丰富了费希尔关于第三产业概念的内涵，把国民经济结构明确地分为三大部门：第一大部门以农业为主，包括畜牧业等；第二大部门以工业为主，包括制造业、采矿业等；第三大部门以服务业为主，包括建筑业、运输业、通信业、商业、金融业、专业性服务和个人生活服务、政府行政、律师事务和军队服务等。

现代服务业是一个典型的具有中国特色的词汇，在我国最早出现在1997年9月党的“十五大”报告中。现代服务业是指以现代科学技术特别是信息网络技术为主要支撑，建立在新的商业模式、服务方式和管理方法基础上的服务产业，它既包括随着技术发展而产生的新兴服务业态，也包括运用现代技术对传统服务业进行的改造和提升。典型的现代服务业有电子商务、现代物流、数字医疗、数字内容、数字社区、数字教育、数字旅游、电子金融。现代物流业应用先进的管理和信息技术对传统物流业进行改造与提升。

服务是指为他人做事，并使他人从中受益的一种有偿或无偿的活动，服务不以实物的形式而是以提供劳动的形式满足他人某种特殊需要。物流服务是指为满足客户需求所实施的一系列物流活动过程及其产生的结果。2013年颁布的《物流企业分类与评估指标》（GB/T 19680—2013）中将物流服务定义为“为满足客户需求所实施的一系列物流活动过程及其产生的结果”。物流服务一般包括运输、仓储、配送、装卸搬运、包装、流通加工、信息处理等基本物流服务，以及增值物流服务。

笔者认为，物流服务模式是指对为客户提供物流服务时所采用的一般方式方法的总结，用来描述物流服务的不同方面，如物流服务范围、物流服务内容、物流运营主体、物流组织模式、物流服务流程等。其中，物流服务范围的大小影响着物流企业的运作方式和策略，包括市内、区域、国内和国际。

2.3　智慧物流相关服务模式

2.3.1　智慧物流信息网络

1. 概述

智慧物流信息网络是指在物联网、云计算、大数据等先进技术基础上，针对物流与供应链协同运作管理的需求，依托互联网、电信网等通信基础设施，连接物流信息孤岛，提供物流信息交换与大数据服务的高效、可靠、安全、标准化的物流信息共享服务体系，提供和支撑智慧物流创新服务的实现。

智慧物流信息网络不仅是一个 IT 信息网络，更是一个物流信息共享服务体系，由 IT 信息网络、服务模式、标准规范共同构成。服务模式的作用是解决该智慧物流信息网络如何定位、如何建设、如何运营的问题。对于那些以实现企业之间物流信息共享为目的的智慧物流信息网络，服务模式至关重要，它是该网络能否建成、能否存活、能否持续发展的关键。从这个意义上来讲，智慧物流信息网络绝不仅是 IT 信息网络，更是一种信息交换、信息共享的机制，这种机制必须能够让企业和有关政府部门愿意参与进来，实现物流信息共享。

智慧物流信息网络依托通信基础设施建立。对于不同的智慧物流信息网络，其 IT 信息网络的结构会有所不同，并且依赖信息交换的模式及信息网络的功能也不同。智慧物流信息网络一般由数据中心、管理节点、交换节点及接入的物流信息孤岛组成。

智慧物流信息网络的核心功能是连接物流信息孤岛、实现信息交换，包括数据交换和信息服务交换，为用户的智慧物流创新服务提供支撑。智慧物流信息网络的核心目标是实现跨信息系统的信息共享，跨信息系统是智慧物流信息网络的核心特征。

信息系统之间信息的交换离不开信息标准化，包括接入标准、信息格式标准等。标准化是智慧物流信息网络的一个重要特征。

在信息交换的基础上建立数据中心，提供大数据创新服务。数据中心是智慧物流信息网络的重要组成部分。数据中心根据网络的定位，有的服务于企业内部，有的服务于地区或行业，有的服务于全国，甚至还有的服务于国际。大数据是智慧物流信息网络的又一个重要特征，它是智慧物流信息网络的“金矿”，是智慧物流创新服务的基础，是未来竞争力增长的重要源泉，是在市场中立于不败之地的根本因素，也是当今智慧物流信息网络所面临的重要机遇和挑战。

2. 案例

1）东北亚物流信息服务网络

为提高东北亚地区的物流效率和服务能力，推进东北亚物流信息资源共享，促进区域经济和运输服务贸易发展，2010 年 12 月 2 日，中国、日本、韩国三国的交通运输部门在中国杭州签署《东北亚物流信息服务网络合作机制备忘录》，旨在建立东北亚物流信息服务网络（NEAL-NET），推动三国物流信息互联共享，提高东北亚地区整体物流信息服务水平。

NEAL-NET 是国际性的、非营利性的物流信息互联、交换和共享技术交流与应用合作机制，致力于实现供应链上不同物流节点间的物流信息无缝链接。NEAL-NET 的主要目标有三个：一是实现三国物流信息系统的互联互通；二是鼓励开展物流信息标准与技术研究；三是促进技术交流、培训与推广应用。

2011 年，中国、日本、韩国三国技术专家分别在韩国釜山、中国宁波、日本横滨、中国杭州召开了四次 NEAL-NET 技术会议，就集装箱运输领域船舶动态信息和集装箱状态信息互联共享有关技术方案，并就用户管理和认证机制技术方案进行了深入研究和探讨，在接口标准制定、数据定义等方面达成了诸多共识，其中接口标准被统一命名为 NEAL-NET 标准，为有效推进中国、日本、韩国三国港口物流信息共享奠定了坚实基础。

中国、日本、韩国港口物流信息互联试点工作已取得阶段性成果。其中，试点第一阶段工作即船舶动态信息互联共享已按照 NEAL-NET 标准完成接口改造和三国联调测试，并于 2011 年 12 月 6 日正式开通 NEAL-NET 物流信息共享服务接口，三国试点港口（中国宁波—舟山港、日本东京—横滨港及韩国釜山港）基本实现船舶动态信息互联共享。

2）新加坡 PortNet

PortNet 由新加坡港务集团（PSA）建设并从 1985 年开始提供服务，是连接用户与港口管理部门的港口 EDI 系统。目前约有 1500 家公司使用，每年处理约 8000 万票业务。在 PortNet 的用户当中，船舶公司占 60%，货主和货运代理占 20%，卡车公司占 20%。

PortNet 开始时仅作为数据信箱使用，随着信息量逐渐增加，又增加了船舶到离监测功能、在港船舶监测功能和化学品数据库功能，随后又发展为数据双向交换功能。1987 年，PSA 与马士基公司首先实现了计算机到计算机的通信联系，进行电子数据交换；1988 年，PSA 和中国香港国际码头公司建立了第一条海外通信线路，进行电子交换集装箱装载，提高了堆场和船舶的调度工作效率，加快了船舶周转时间；1989 年，PSA 实施 PortNet，其功能也一直在拓展中，通过采用 EDIFACT 报文标准，该 EDI 网络系统已被 1200 多家公司使用。

PortNet 提供的服务涵盖以下内容：船舶靠港时程查询、货柜/货物清单查询、货柜货物追踪及化学危险品数据库查询等；提供海运相关信息、船舶动态数据；电子文件交换、货柜舱单、危险品申报、靠港申请及出港时程预报等通关自动化。

PortNet 通过贸易网络（TradeNet）与关贸网络相连，还可与国贸及签审机关实现数据交换。可以说 PSA 每年 1600 万吨的吞吐量及新加坡经济的快速发展与 PortNet、TradeNet 的成功运作是分不开的。PortNet、TradeNet 两个系统相互结合，实现了企业与政府部门的在线信息交换，同时实现了通关的无纸化。物流企业运用信息技术积极开发即时网上存货搜寻、货物跟踪及管理系统，为港口扩建、港口与内陆物流企业间、物流企业与服务对象间进行信息共享和即时传递物流信息创造了条件。

3）全国重点营运车辆联网联控系统

2010 年，以上海世博会公路交通和道路运输安全保障为契机，交通运输部针对“两客一危”车辆（旅游包车、三类以上班线客车和危险货物运输车辆），启动了全国重点营运车辆联网联控系统的建设工作，通过建设该系统，制定统一的信息交换标准，整合全国各省（市）车辆卫星定位动态信息监控资源，实现全国范围内重点营运车辆动态信息的跨区域、跨部门信息交换和共享，构建全国营运车辆联网联控综合监管体系。在全国范围内首次实现了重点营运车辆动态数据的跨区域交换，弥补了各省道路运输管理部门对外省来访车辆无法监管的缺点，并且首次实现了各省重点营运车辆动态与静态信息在部级平台的统一集中，使交通运输部可以有效掌握道路运输行业的总体运行情况。全国重点营运车辆联网联控系统共接入省级平台 31 个，入网车辆 80 余万辆。

4）中国香港 DTTN

中国香港贸易通电子有限公司，又称贸易通（Tradelink），于 1988 年由 11 家知名机构合作创办，包括两家主要银行、两家货柜码头公司、一个空运货站及多个主要商会，目的是推动中国香港商界广泛使用电子商贸，从而促进中国香港贸易便利化。作为电子商贸的先锋，贸易通自 1997 年起已开始为贸易界提供政府电子贸易文件服务（GETS）。贸易通多年来致力于提升服务品质及发展契合客户需要的服务，深得业界信赖与支持，稳居政府电子贸易服务市场的领先地位。凭借雄厚实力，贸易通于 2003 年 7 月被中国香港物流委员会选定开发及运营“数码贸易运输网络”（DTTN）系统，其提供的电子物流平台可促进供应链内不同单位（包括其海外贸易伙伴）的电子文件互换。

5）国家交通运输物流公共信息平台

国家交通运输物流公共信息平台（LOGINK）是由交通运输部与国家发展和改革委员会牵头，由相关职能部门、科研院所、软件开发商、物流供应商多方共建的一个开放、共享的物流单据和服务电子交换基础网络。LOGINK 主要实现基础交换和公共信息服务两大功能。

（1）基础交换功能。

基础交换功能主要解决跨国、跨行政区域、跨行业、跨部门的各类物流公共信息平台和物流产业链上下游企业之间缺乏统一数据交换标准，以及信息孤岛、信息传递效率低、信息集成能力弱、信息交换成本高等问题。具体功能如下。

① 物流业务数据交换。

跨区域交换。实现各类物流信息平台的跨区域数据交换，交换内容主要包括物流产业链相关企业间业务单据信息、异地车货源信息、从业人员或企业物流活动历史记录信息、异地危险品运输信息等。

跨国交换。实现我国与其他国家的物流信息共享，共享内容主要包括港口集装箱状态信息、参与跨国运输的船舶动态船期信息等。

② 物流公共信息服务交换。

跨行业交换。通过物流信息基础交换网络实现交通运输行业与其他行业的物流信息交换，交换内容主要包括海关部门的通关状态信息、公安部门的人员身份信息、工商部门的物流企业注册信息等。

跨部门交换。通过物流信息基础交换网络实现 LOGINK 与交通运输行业内各相关部门政务信息系统的物流服务信息交换，所链接的系统主要包括交通运输部道路运输司负责的道路运政管理系统、交通运输部水运局负责的交通电子口岸等。

（2）公共信息服务功能。

公共信息服务功能主要解决国家层面物流公共信息服务资源零散、物流行业信息服务需求难以得到满足的问题。LOGINK 秉持“统一标准，互联互通，共享服务”的理念，主要依托交通运输部及行业已有的相关政务系统，可提供的公共信息服务内容如下。

① 物流基础设施信息查询服务。

提供路网、场站、航道、港口等物流基础设施的静态基础信息及运行动态信息的查询服务，为物流企业科学高效地选择运输路径与运输方式、降低运输成本提供帮助。

② 物流政策法规信息查询服务。

提供物流行业相关的政策、法规、标准等各类信息查询服务，为物流产业链上各类企业及时掌握行业发展方向及动态、优化企业经营战略提供帮助。

③ 物流信用信息查询服务。

提供物流活动相关方（如运输经营业户、驾驶员、营运车辆等）的身份、资质、信用信息查询服务，从而解决物流市场交易中存在的信息不对称、不透明问题，为物流业诚信体系的逐步构建奠定基础。

④ 国际及中国港澳台地区物流信息共享服务。

提供国际及中国港澳台地区物流信息共享服务功能，实现包括港口集装箱状态、船期动态等信息的共享交换功能。

2.3.2　智能快递柜

1. 概述

智能快递柜在国内出现的时间并不长，是快递领域的一个新鲜事物。目前，对其的称谓也比较多，如自助提货柜、智能提货柜、智能快递存储柜、智能快递箱、智能快件箱等，本书将其统称为智能快递柜。

智能快递柜成为解决物流的“最后一公里”问题的有效方法，是传统快递向智能快递转型的重要标志。2013 年 10 月 31 日，国家邮政局正式发布《智能快件箱》行业标准，指出智能快件箱是指设立在公共场合，可供寄递企业投寄和用户提取快件的自助服务设备。2020 年以来，受新冠疫情影响，智能快递柜因其能够实现无接触配送而得到了更加快速的发展。

笔者认为，智能快递柜物流服务模式是指为解决物流的“最后一公里”问题，在社区里使用智能快递柜供寄递企业投递和用户自寄自提文件、包裹等物品的一种服务模式。其运营模式如下。

按照运营主体划分，智能快递柜的运营模式可分为电子商务企业自建自用模式、快递企业自建自用模式、第三方运营公司公用模式三种。电子商务企业和快递企业将智能快递柜建成之后大多以自用为主。第三方运营公司投资建设智能快递柜后，将其开放给所有电子商务企业和快递企业使用。

电子商务企业自建自用模式。电子商务企业为了实现线上线下的对接，进一步提升用户体验，建设自己的自提柜，并且采取免费使用的方式为用户提供自提柜。这种运营模式的目的不在于依靠快递柜盈利，而是服务于自己的线上销售。采用该模式的典型企业有京东、亚马逊。另外，为了实现无接触配送，美团外卖也开始采用智能快递柜服务模式，在高校的门口设置智能取餐快递柜，外卖员将餐食从一侧放入智能取餐快递柜的餐格，校园内的师生则从另一侧取餐。

快递企业自建自用模式。快递企业建设自己的快递柜，强化快递末端服务，可以大大节省人力成本和时间成本。该模式采用对外开放的使用模式，可以很好地降低企业的运营成本。采用该模式的典型企业有京东、亚马逊、UPS、DHL。

第三方运营公司公用模式。第三方运营公司依靠自己丰富的软件开发经验和成熟的科研团队建设智能快递柜，作为快递公司与用户之间的中介，收取一定的租用与购买费用。该模式是国内目前较为普遍且比较成熟的智能快递柜运营模式。采用该模式的典型企业有丰巢、速递易、近邻宝、菜鸟。该模式的基本流程为，终端配送人员将消费者在电商平台购买的商品配送至相关智能快递柜并将其放入后，配送系统会通过短信等方式通知消费者进行取件，消费者凭借配送系统所发的取件密码就能完成取件。在这期间，配送人员改变了以往需要将物品以面对面的形式给消费者进行交付的模式，只要将物品配送至距离消费者最近的智能快递柜，就已经完成“最后一公里”配送任务。

2. 案例

1）丰巢智能快递柜

2015 年 6 月 6 日，顺丰、申通、中通、韵达、普洛斯五家物流公司联合发布公告，共同投资创建深圳市丰巢科技有限公司（以下简称“丰巢”），研发并运营面向所有快递公司、电子商务物流使用的 24 小时自助开放平台——丰巢智能快递柜，以解决快递末端配送难的问题。2020 年，丰巢与中邮速递易进行战略重组，完成 200 多个城市、27 万多个网点的布局。

2）京东智能快递柜

京东智能快递柜对于京东用户提供免运费服务，用户不需要支付寄存费，但邮件寄存三天以上未取则默认为拒收货。使用智能快递柜的用户都可获得免费服务，不过为保证货物安全，购买的货物只能以中小件为主，价格在 1 万元以下，并且不包括生鲜品类。

2.3.3　网店专线

1. 概述

传统物流专线是网店专线的前身，兴起于 19 世纪八九十年代。传统物流专线的运营模式是采用专线运输将货物送到省会城市，然后由省会城市中转再送到二级、三级城市，或者在货物到达省会城市后外包给目的地所在的一级城市的中短途专线物流公司，由它们将货物配送到该区域的二级、三级城市及乡镇。

随着电子商务的飞速发展，我国出现了许多针对专线物流资源交易的物流信息平台，呈现出蓬勃发展的生机与活力。这些物流信息平台采用了各种各样的服务模式，网店专线是其中一种典型服务模式，采用这种模式的典型企业是阿里巴巴。

笔者认为，网店专线是指多家专线物流公司以网店形式入驻物流信息平台，分别将公司网点分布、货运线路、车型及价格等基本物流专线服务信息在平台上展示，以供货主选择并交易的电子商务货运物流模式。简单来讲，网店专线相当于用经营淘宝网的方式来经营物流专线，是物流领域的“淘宝网”。二者的区别是，淘宝网销售的是产品，而网店专线销售的是物流专线服务。

随着阿里巴巴等一批专线平台的出现，传统的专线物流公司及新兴的第三方物流企业纷纷以物流专线形式入驻，为客户提供更多对比、选择的空间，形成了目前独特的网店专线。

2. 案例

阿里物流，即阿里巴巴物流服务平台，是阿里巴巴旗下的在线物流服务，于 2010 年

4 月开始搭建。目前，阿里物流已积聚了德邦物流、天地华宇、新邦物流、佳吉快运、大田陆运等 70 多家专业物流公司，整合了全国 50 万条线路，拥有上万个物流网点。用户可以使用阿里物流进行运价查询与对比、网点查询、物流跟踪，并且可以直接给物流公司下单。阿里物流还提供了运单的全生命周期管理服务，能够帮助用户及时了解货物的运输情况。用户在交易后可以对物流公司的服务进行评价或投诉，以促进物流公司提高服务意识，进而提高整个物流行业的服务水平。

2.3.4　普通网络配货

1. 概述

在传统货运市场中，个体司机数量占据运力市场的 70%以上，货主作为运力需求方，需要用车时往往不是直接找司机，而是通过中介，中介在信息交易市场把货运需求信息推送给前来揽活的司机，并收取占运费总额 10%～30%的中介费。在这种车货匹配模式下，交易周期持续时间长、效率低，司机被动等待信息的时间成本进一步转嫁到货主身上，造成货运成本居高不下。

普通网络配货作为一种新型车货匹配模式，利用移动通信技术搭建车货匹配平台，将货主与信息中介、货主与司机直接联系起来，从而有效提升车辆调度效率、降低运输成本、优化运输管理。

普通网络配货目前缺乏相关定义。笔者认为，普通网络配货是指运力需求方利用第三方应用平台发布用车需求（包括路线、时间、货物类型和质量、体积、车型需求等），由平台在线进行精准车货匹配，促使运力需求方与运力提供方达成交易的货运物流模式。

普通网络配货具有以下特点：第三方应用平台针对货主和车主分别提供客户端应用，用户经注册认证后方可使用；适合整车中长途运输，在城际货运中具有优势；多采用动态定价的模式，以竞价方式达成交易；目标市场主要是运力需求不确定、个体车主流动性大的车货匹配市场，即车主与货主之间是陌生关系。

采用普通网络配货的典型企业有路歌、满帮。

2. 案例

1）路歌

路歌成立于 2002 年，是国内最早服务于中国公路物流领域的互联网平台之一。成立之初，路歌就致力于推动货运行业的数字化，推出了路歌管车宝、路歌好运宝等移动应用程序，还推出了服务货车司机的“卡友地带”职业社区。经过近 20 年的发展，路歌已经形成了以网络货运为核心的包括车后服务、物流金融等多种新业态的全链路数字货运平台。截至 2021 年 6 月 30 日，在路歌平台注册的货车司机数量已经超过 380 万，月营业额达 30 亿元。

2）满帮

2017 年，货车帮和运满满合并，成立满帮集团，为数百万独立货车司机提供互联平台。满帮是一家基于移动互联网技术开发的免费手机管车配货平台，为公路运输物流行业提供高效的管车配货工具，同时为车找货（配货）、货找车（托运）提供货主和车主全面的信息及物流平台服务。满帮偏重线下业务，平台用户基本来自线下，其主推的业务模式是做货车司机与货运代理人（含中介性质的物流公司、信息公司）之间的匹配。在货主、货运代理人、货车司机三者之间，货主是相对不够专业的一方。满帮并不主张在一开始就把货运代理人这个中间环节去掉，而是将货运代理人掌握的货源信息匹配给合适的司机。

近年来，随着国家大力发展无车承运人，上述网络配货平台也向无车承运人方向发展。平台以承运人的身份与托运方签订运输合同，委托实际承运人完成道路货物运输。货物交付完成后，货车司机获得相应运费，平台则负责向托运方开具增值税发票，实现业务流、资金流与票据流的一致性。

2.3.5 即呼即应配货

1. 概述

即呼即应配货通常被称为“货车版滴滴打车”，与滴滴打车一样采取与出租车相似的计价方式，不同的是“货车版滴滴打车”还面临着飞货的问题。除严格审核货车司机的资质以提高可信度和对运输途中的货车精确定位外，配货平台往往还要求货车司机缴纳保证金，以及出现飞货、货损时平台采用先行赔付等措施来吸引货主。即呼即应配货是近年来新出现的一种车货匹配模式，目前缺乏相关文献和定义。

笔者认为，即呼即应配货是指货主使用智能移动终端，通过第三方应用平台以广播的方式向车主的智能移动终端推送用车需求（包括路线、时间、货物类型和质量、体积、车型需求等），收到推送信息的车主在衡量地理信息和报价等条件之后选择是否进行抢单以达成交易的货运物流模式。

即呼即应配货模式具有以下特点：第三方应用平台针对货主和车主分别提供客户端应用（均为移动 App），经注册认证后，用户在任何时间和任何地点都能用手机登录使用；产品模式通常分为同城货运和城际货运两种；多采用静态定价的模式，同一地区的同一车型采用平台公布的统一计费标准；货主与车主直接沟通，减少了中间环节，完成抢单即达成交易，快捷高效；充分利用了信息技术包括定位技术和移动通信工具，较好地解决了车货信息不对称的问题，在一定程度上减少了空载、等待、道路无限占用等不经济的运输行为。

采用即呼即应配货的 App 有货拉拉、快狗打车、1 号货的、蓝犀牛搬家等。它们能够提供更快速的车货匹配，既节省了货主的时间成本，也提高了车主的运营效率。目前，即呼即应配货在大城市的发展情况更为乐观，人口效应带来的集中需求及城市道路交通的通行限制都给即呼即应配货平台带来了竞争优势。与此同时，平台在迅速扩张后也应加强货车司机的把控，对整个运送过程实行更严格的监督，从而保证行业的健康发展。

2. 案例

1）蓝犀牛搬家

蓝犀牛搬家成立于 2013 年 11 月，于 2014 年和 2015 年先后获得君联和百度的投资，是“车型起步价+公里数+楼层”收费模式的开创者。蓝犀牛搬家 App 提供明码标价和全程搬运的 24 小时搬家服务，用户可自助下单，实时查看订单轨迹，全程无现金支付。蓝犀牛搬家是以搬家服务为主要业务的同城即时货运平台，采用定价抢单、直接抽成的商业管理模式。

截至目前，蓝犀牛搬家已为数千万用户提供专业省心的搬家服务，好评率高达 99.8%，管理搬家师傅上万名，覆盖全国 30 多个一、二线城市。

2）货拉拉

货拉拉于 2013 年创立，成长于粤港澳大湾区，是一家从事同城/跨城货运、企业版物流服务、搬家、零担、汽车租售及车后市场服务的互联网物流企业。

货拉拉提供同城即时整车货运平台，主要解决同城货运需求（用户）与货运资源（车和司机）无法良好匹配的问题。货拉拉通过共享模式整合社会运力资源，完成海量运力储备，依托移动互联、大数据和人工智能技术，搭建“方便、科技、可靠”的货运平台，实现多种车型的即时智能调度，为个人、商户及企业提供高效的物流解决方案。

同城业务主要由中小型面包车、小型厢货车、小型平板车、中货车等车型承接。用户只需要在 App 或小程序等应用平台一键下单，系统即可匹配附近货车完成运输。

货拉拉全面开展中长途大货车业务，以满足用户使用大货车进行长中短途整车运输的需求，目前大货车业务有 5.2 米、6.8 米、7.6 米、9.6 米、13 米五种车型可供客户选择，采用的是“一口价”模式。

2.3.6　社区公共终端

1. 概述

社区终端物流服务一直不尽如人意，主要存在以下问题：

（1）门店少；

（2）配送车辆停放散乱，影响社区形象，甚至阻塞交通；

（3）社区终端配送时间短且机动性强，配送服务不到位，妥投率低；

（4）管理不规范，囿于现有条件，货物丢失、破损等情况时有发生，造成服务满意度不高。

于是，社区公共终端物流服务应运而生。

笔者认为，社区公共终端物流服务是指为了满足社区居民的终端配送需求，以社区“最后一公里”为服务半径设立共同配送站，为社区居民、高校师生提供标准化、集中化配送的服务模式。采用社区公共终端物流服务模式的典型企业有菜鸟驿站、近邻宝等。

社区公共终端物流服务模式与传统物流“最后一公里”配送相比，具有以下优势。

（1）社区物流公共终端物流服务模式让快件配送更加迅速、高效、有序，提高了快件的妥投率与自提比例。

（2）以社区为服务对象，带来更舒适的服务体验。一般来说，工作人员本身来自社区，可以更方便地与客户进行沟通，提高信赖感与认可度。

2. 案例

2013 年，阿里巴巴、顺丰、圆通、申通、中通、韵达等共同组建菜鸟网络，启动在全国多个城市建设仓储系统的“中国智能骨干网”项目。

菜鸟网络建成了一张覆盖 200 多个县、10000 多个村的农村末端配送网络；在城市，超过 4 万个“菜鸟驿站”构成菜鸟网络的城市末端网络。菜鸟网络体系下的“菜鸟驿站”是指经过天猫官方授权建立的为天猫及淘宝会员提供代收包裹、代发快递、优惠导购、淘宝代购、充值缴费、票券代理等便民服务的线下实体店。

代收包裹服务是指由天猫服务站针对消费者网购存在的收货不便、保护地址隐私等问题提供的一种物流服务。消费者可授权指定的服务站为其代收包裹，并在一定时间内进行免费保存。代发快递服务是指由天猫服务站针对消费者发快递不方便的问题而提供的一种物流服务，消费者可通过指定的天猫服务站为其代发快递，不用亲自将快递包裹交给快递员，而由天猫服务站代为交给快递公司寄出。

2.3.7 公路港

1. 概述

公路港物流服务的创建者传化物流认为公路港是基于科学规划和设计建设的功能模块，是着力构建的一站式、综合性、系统性、集成化、网络化的全国性、综合性物流公共服务平台。

笔者认为，公路港是一个依托公路运输的物流枢纽（园区、基地），具有运输组织与管理、中转，以及换装、装卸搬运、储存、多式联运、金融、交易信息流通和辅助服务等功能的综合性物流园区。

公路港通过结合实体平台和信息平台，集聚与整合物流资源，有效提高车货匹配效率，实现物流企业和社会车辆这两大物流主体在公路港内集约化经营、信息化管理的目标。

根据公路港的定义，可以给出公路港物流服务的定义。公路港物流服务是指依托公路港所提供的线下物流网络和线上交易服务平台，向公路物流主体提供一系列物流服务的模式。

2. 案例

传化物流的定位是物流平台集成服务商，是服务公路物流的综合性、平台型物流企业，传化公路港是“以组织化、信息化、标准化为切入点，以物流资源集聚为基础，以促进信息交易和服务效率为核心，以网络化为载体，以整合提升供应链效率为方向”的物流企业集群发展平台。

位于浙江萧山的传化公路港已有 480 多家来自省内外的专业运输、仓储、零担、货运代理等物流企业入驻，运输网络整合了 40 多万辆的社会车源，日整合车辆达 4000～5000 辆，日承运货物量达 40000～50000 吨。通过各种整合资源的协调运作，传化公路港服务杭州市及周边地区具有一定规模的制造企业和商贸企业达 20000 多家，为其降低物流成本近 20%。

在线下，传化物流强化了公路港在每个城市中的物流中心地位。传化物流计划在全国布局 170 个左右的传化公路港基地，目前初步形成覆盖 27 个省份的物流骨干网，公路港数量达 60 余个，年车流量达 4000 万余次。

在线上，传化物流开发了陆鲸、易货嘀、传化运宝三大平台，依托传化物流公路港标准化的线下资源体系，同时实现了长途货运、城市“最后一公里”及专业企业间需求三个层次的全覆盖，有效增强了客户黏性，并且提升了长期竞争力。

2.3.8　供应链物流跟踪

物品需要流经供应链多个成员，各物流环节由多个企业负责。供应链各成员需要对物品进行跟踪以获取物品的状态信息，从而为企业经营提供决策支持。为了满足供应链上物品的跟踪需求，本节提出供应链物流跟踪服务。供应链物流跟踪服务是指物品流经供应链多个环节，物品在各环节的状态信息被采集和处理并共享给供应链上的成员企业及其客户。

供应链物流跟踪服务主要分为集中跟踪型和分布跟踪型两大类型，其中集中跟踪型包括集中式仓库（Centralized Warehouse）模式、集中式索引（Centralized Indexing）模式、集中式流程（Centralized Process）模式、集中式订阅（Centralized Subscription）模式四类；分布跟踪型包括分布式索引（Distributed Indexing）模式和跟踪供应链（Follow the Chain）模式。无论采用哪种模式，物流状态信息都来源于多个企业，需要统一制定物流状态信息标准。

1. 集中式仓库模式

在集中式仓库模式中，全局有一个中央仓库。物品在流经供应链上各环节时，产生的状态变化事件一方面在本地存储，另一方面直接通过智慧物流信息网络写入仓库。这个过程可通过两种手段完成：一是仓库主动到各企业的信息系统中收集新的物流状态变化事件；二是企业的信息系统主动向仓库提交或报告新的物流状态变化事件。因此，用户直接在仓库中查询，即可获得物品在供应链中流动的详细信息。

该模式的优点是实现简单，用户接口也很简单，查询速度快。但是该模式存在局限性：一个问题是，仓库如何有效地存储如此海量的数据，而且还能有效地响应海量的访问；另一个问题是安全问题，企业的信息系统对于本地的数据应该是绝对控制，尤其是对于复杂的多级安全（如对于不同级别的用户返回不同程度的信息），该模式无法做到这一点。所以，该模式适用于物流状态变化事件数据完全共享、数据规模小、访问量小的供应链环境。

大部分企业采用这种模式实现物流跟踪，如 LOGINK 物流跟踪中心。

2. 集中式索引模式

在集中式索引模式中，全局有一个中央发现服务器。物品在流经供应链上各环节时，产生的状态变化事件一方面在本地存储，另一方面以地址索引的形式向中央发现服务器报告。用户以某一标准的标识（如物品、单证、托盘的 EPC 代码、128 条形码，集装箱的标识代码，车辆牌照号码等）为输入向中央发现服务器发出查询请求，由中央发现服务器返回一系列索引地址，然后用户自行访问各地址，整合成最终结果，即可获得物品在供应链中移动的详细信息。

该模式有三个优点：一是实现简单；二是安全，各企业的信息系统只公开物流状态变化事件的索引信息，用户对详细信息的访问完全由各企业的信息系统进行访问控制，可以根据用户不同的安全级别返回相应的信息；三是中央发现服务器负担较轻，因为中央发现服务器存储的是地址索引而不是完整的物流状态变化事件，同时数据库查询负担也相应减轻。该模式的局限性在于用户接口复杂，用户需要查询中央发现服务器和各企业的信息系统，虽然查询中央发现服务器的速度较快，但是加上查询各企业的信息系统的时间，总体响应速度变慢。所以，该模式适用于物流状态变化事件数据部分共享的大规模的供应链环境。

NEAL-NET 即采用这种模式。

3. 集中式流程模式

在集中式流程模式中，全局有一个中央发现服务器。物品在流经供应链上各环节时，产生的状态变化事件在本地存储，但并不以地址索引的形式向中央发现服务器报告。用户预先设置一个流程，明确物品所要流经的特定节点（如港口、仓库、运输企业、海关等），当物品离开某个节点后，中央发现服务器再以某种定时器的方式向其下一个节点不断轮循。一旦物品到达特定节点，相关事件信息存入本地数据库，并受理中央发现服务器的查询，返回相应的事件信息给中央数据库。物品在同一个节点内部也可能会发生多次状态变化，中央发现服务器亦以某种定时器的方式向特定节点不断轮循，以及时获取物品状态的变化。

该模式的优点是能够减少各企业的信息系统的负担，只需要一个服务调用接口即可。该模式的局限性在于当中央数据库中有大量未完成的流程时，中央发现服务器会同时存在大量轮循工作。

中远物流跟踪中心即采用这种模式。

4. 集中式订阅模式

物流跟踪中心为多个供应链提供跟踪服务，每个供应链拥有一个主导企业，由主导企业在物流跟踪中心建立自己的供应链，并维护物流状态订阅表，设置该供应链的成员企业各自订阅哪些物流状态。供应链成员企业在发布物流状态时，主动向物流跟踪中心发布相关物流状态。物流跟踪中心收到发布的物流状态时，查阅该供应链的物流状态订阅表，确定该物流状态应该向哪些供应链成员企业发布。物流跟踪中心将该物流状态向相关供应链成员企业发布。

该模式的优点是物流状态订阅表由各主导企业建立和维护，减轻了物流跟踪中心的负担，并且有针对性地查阅和发布物流状态信息，能够提高物流跟踪服务的准确率和服务时间。该模式的局限性在于当订阅内容和订阅企业发生变化时，需要对每张物流状态订阅表不断进行修改和更新。

美国的 EFM 系统即采用这种模式。

5. 分布式索引模式

分布式索引模式与集中式索引模式大体类似，二者之间的主要区别是，集中式索引模式只有一个中央发现服务器，而分布式索引模式的中央发现服务器是分布式的，由多个发现服务器构成一个分布式网络，索引信息存储在这个分布式网络中。

在分布式索引模式中，有一个分布式的发现服务器网络。物品在流经供应链上各环节时，产生的状态变化事件一方面在本地存储，另一方面以地址索引的形式向本地发现服务器报告。用户以某一标准标识为输入向本地发现服务器发出查询请求。本地发现服务器按照一定的规则在整个发现服务器网络中搜索此物品标识的相关信息服务地址，并将这一系列信息服务地址返回给用户。然后，用户自行访问各地址，整合成最终结果，即物品在供应链中移动的详细信息。

EPC 的静态 ONS 系统即采用这种模式。

6. 跟踪供应链模式

跟踪供应链模式是一种分布式的模式。在这种模式下，需要将查询引擎安装在各企业的信息系统中，各企业的信息系统对本地物流状态变化事件进行绝对的访问控制。本地查询引擎接收查询并结合本地数据和本地安全策略给出一个查询结果，基于该结果，最初的查询被重写（可能会加入本地的某些结果数据），并沿着供应链发往下游企业的信息系统的查询引擎，如此递归地查询下去，这个过程称为“Process and Forward”。在各企业的信息系统上的查询结果也是递归地返回，最后整合为物品在供应链中移动的详细信息返回给初始查询者。

该模式的优点是采用分布式策略取消了中央的仓库，避免了中央查询压力。该模式的局限性在于实现非常复杂，需要设计专门的事件格式标准及查询引擎，而且查询的响应时间较长，因为一个查询沿着供应链将变成多个查询，而且在每个查询引擎上的处理比较复杂。所以，该模式适用于企业的信息系统完全控制本地数据、数据规模小、访问量小的供应链环境。

EPC 的动态 ONS 系统即采用这种模式。

2.3.9 云仓

为适应电子商务的发展，传统物流企业开始向电子商务物流方向转变，物流企业推出了高效率、低成本的仓配一体化运营服务产品，而拥有自建仓储和配送团队的电商平台更是借助仓配一体化来保证客户体验。仓配一体化已经成为我国物流业发展的新方向。

服务于电子商务的仓储又叫云仓。云仓基于 EDI 和云计算等信息技术实现物流数据分析、智能化分单、优选派送组合等功能，有效帮助广大电商平台上的卖家实现快速准确的订单分拣、调配、包装、出库。

云仓与传统单仓的管理差异巨大，云仓的特点有全网仓储资源共享、全面可视化、全网订单驱动快速响应、供应链计划全面协同、扁平化的供应链渠道等。从发展趋势来看，单仓运营模式将逐渐被云仓替代，云仓的商业模式不再靠仓储租金和作业费用获取利润，而由新的商业模式替代。未来云仓的盈利将主要依靠供应链增值服务、金融服务、大数据服务，而非仓储作业。

根据云仓的建设和运营主体，可以将云仓划分为以下四大类型。

1. 电商平台类——京东、亚马逊等

此类云仓由电商企业自建，主要通过多区域的协同仓储实现整体效率最优化，保证电商平台的客户体验，从而增强用户黏性。京东即是如此，通过构建云仓和大数据挖掘不同地区不同品类的消费者的消费情况，进而更好地进行预测，从而快速做出反应。

京东、亚马逊的仓库主要服务于自营的 B2C 业务。同时，也向其电商平台上的部分第三方卖家提供仓配服务。就京东而言，由京东负责配送的第三方卖家的商品一般储存在京东的仓库中。

2. 物流快递企业类——顺丰云仓、百世云仓

由物流快递企业所建立的云仓，大多数是为了更好地进行仓配一体化。以顺丰云仓为例，顺丰云仓网络的构成主要是“信息网+仓储网+干线网+零担网+宅配网”。其通过多仓组合实现全网协同，通过大数据驱动全网的调拨，提高效率。顺丰云仓目前涉足的行业除了传统的行业如服装、电子产品等，还包括生鲜冷链、汽车、金融等相对专业化程度较高的行业。

3. 第三方仓储公司类

在“双 11”时，部分快递企业爆仓现象严重，即使没发生大规模的爆仓现象，货物仍可能会滞后几天发出，商家还需面对各种扫尾问题，如漏发、错发和商品破损。相比而言，京东和亚马逊的自建物流就很少会遇到这样的窘境，但它们因身份所限，无法将优质的物流服务提供给淘宝网平台的中小卖家。

由此，第三方物流服务商应运而生。这类云仓的成长非常迅速，能够充分利用自身现有的仓储资源，针对云仓的业务需求特点加以改造升级，并提供自动化、信息化和可视化的服务。虽然其配送环节相对不足，但是可以通过采取必要的措施实现与快递企业的配送无缝对接。

4. 第四方物流类

第四方物流公司不自建或租赁仓储，而通过信息平台来整合社会仓储物流资源，以及运输与快递资源，建立云仓，为电子商务商家提供仓配一体化服务。

2.3.10 外卖配送

在外卖发展过程中，主要出现了两种配送模式：一种是商家拥有独立的外卖配送系统，如肯德基、麦当劳等提供线上点单和餐饮配送服务的商家，它们拥有独立的配送人员和配送车辆，由各自商家专门管理，也只服务于自家的商品配送；另一种是专门的第

三方外卖配送平台，如美团、饿了么等，它们为入驻平台的商家提供外卖配送服务，这种模式的市场规模较大，配送效率直接影响平台收益，因此需要科学化的管理体系来维持高效运作。

目前，第三方外卖配送平台主要的配送模式有派单和抢单两种。派单主要面向平台旗下的全职骑手，平台在接到订单后，集中调度运力，安排骑手逐一配送。抢单则是面向兼职骑手，骑手对于平台发布的订单有选择地接受，并且配送顺序也由骑手自己安排。这两种模式各有优劣。在派单模式中，骑手由平台直接管理，可基于骑手的任务量分配订单，从整体上调控分配，保证了每个订单都有人送，有利于提高配送服务的质量和专业化水平，并且综合考虑订单分配和配送路径优化，从而加快配送效率。因为派单一般指派范围在 3 千米以内的订单，配送范围较为集中，所以其缺点在于配送范围受限，外卖高峰时期运力不足。在抢单模式中，配送范围较派单模式更广，可提供同城一小时内送达的配送服务，辐射范围更大。在配送过程中，骑手可以根据自己的行进路线抢单，并且每单收益直接归于骑手，因而骑手具有较高的积极性。抢单模式的缺点在于平台难以从整体上配置运力并对配送调度进行规划，对骑手缺乏约束力，所以经常出现订单没人抢的情况，并且骑手的服务质量参差不齐，专业化水平有待提高。

2022 年，我国出台了《网络餐饮服务餐饮安全管理规范》，指出在餐饮配送过程中宜采用“无接触配送”方式。因此，各大外卖平台相继提出新的外卖配送方式，使用电动无人车或无人机对园区、校园、封闭楼宇进行外卖配送，此举在很大程度上避免了取送餐过程中骑手与顾客的接触，在新冠疫情期间有效避免了交叉感染。2020 年年初，美团无人车“魔袋 20”在北京顺义落地，负责买菜业务中的生鲜配送。截至 2021 年 5 月，“魔袋 20”在顺义完成了 3.5 万多单的配送任务，累计行驶近 30 万千米。截至 2022 年 3 月底，阿里巴巴无人车“小蛮驴”已累计送达快递超过 1000 万件。可以看出，无人车、无人机等新配送模式正在不断兴起，并且随着无人机和无人驾驶技术与应用的不断深化，无人车和无人机势必成为未来城市配送的重要力量。

参考文献

[1] 田宇，朱道立. 物流联盟形成机理研究[J]. 物流技术，2000（2）：34-36.

[2] 汪标. SCM 环境下制造业与物流业联动发展物流战略联盟模式探析[J]. 物流工程与管理，2010，32（10）：12-13，16.

[3] 周剑青，周万森，金红宇，等. 港口企业组建物流联盟的途径[J]. 世界海运，2005（3）：20-22.

[4] 冯海强. 基于战略联盟模式的第三方物流企业成长研究[D]. 武汉：武汉理工大学，2008.
[5] 王雄. 动态物流联盟运作管理理论与方法研究[D]. 长沙：中南大学，2008.
[6] 李学伟，曾建平，卢勃. 中国物流交易模式理论[M]. 北京：北京交通大学出版社，2004.
[7] 汪贻生，王丰，姜大立，等. 论虚拟物流研究及其发展[J]. 重庆大学学报（自然科学版），2005（2）：141-145.
[8] 杨贵斌. 动态联盟合作伙伴选择研究[D]. 武汉：武汉理工大学，2004.
[9] 盖特纳. 战略供应链联盟[M]. 北京：经济管理出版社，2003.
[10] 中华人民共和国国家质量监督检验检疫总局，中国国家标准化管理委员会. 物流企业分类与评估指标：GB/T 19680-2005[S]. 2005.
[11] 国家邮政局. 智能快件箱：YZ/T 0133-2013[S]. 2013.

第3章 基于电动汽车的城市商超生鲜配送问题

3.1 引言

随着食品工业与电子商务行业的迅速发展，人们对于生鲜农产品和医药产品的需求不断增加，冷链物流市场规模不断扩大。截至2019年，我国冷链物流市场规模创历史新高，达到3391.2亿元。与此同时，随着消费升级，人们对于物流服务提出了更高的要求，尤其是在生鲜农产品和医药产品等对温度有特定需求的易变质易腐产品领域。食品或药品是否新鲜、安全，运送时间是否及时和准确都成为消费者衡量物流服务水平高低的标准。

虽然近年来我国物流服务水平大幅提高，各大物流公司及企业都在加大对提高物流配送效率的研究和设施设备建设的投资，但在冷链物流运输领域与国外仍存在较大差距。据不完全统计，目前美国、日本等发达国家的易腐产品冷藏运输率已经超过了90%，其冷链的流通率能够达到95%以上，肉禽类产品的冷链运输已经实现100%流通。相比之下，我国的水产品、果蔬和肉类的冷链流通率分别只有41%、22%、34%，冷藏运输率分别只有69%、35%、57%。国内农产品普遍采取在常温条件下流通的方式，仅在储藏环节采用低温冷藏处理，导致产品腐烂变质等问题频发，冷链过程中“断链”现象严重。

为了解决国内冷链物流需求与供应不平衡，冷链物流的成本高、流通率低、基础设施落后等问题，国家先后出台了《物流业发展中长期规划（2014—2020年）》《“十四五”农产品冷链物流发展规划》《“十四五”现代物流发展规划》等一系列利好政策，大力推进冷链物流标准和服务体系的建设、基础设施网络的布局、信息化技术的提升，以及冷链物流企业运营能力的提高。其中，2017年国务院办公厅颁布的《关于加快发展冷链物流保障食品安全促进消费升级的意见》明确提出了基本建立“全程温控、标准健全、绿色安全、应用广泛”的冷链物流服务体系的发展目标，旨在提高生鲜易腐产品流通率，建立绿色安全的物流体系，为生鲜易腐产品的安全提供法律保障，并且指出要统筹规划冷链物流基础设施的建设，构建覆盖全国的冷链物流基础设施网络，聚焦农产品产地“最先一公里”和城市配送“最后一公里”等突出问题。2017 年，国务院办公厅颁布的《关于积极推进供应链创新与应用的指导意见》提出要加强农产品和食品冷链设施及标准化建设。国家的一系列针对冷链物流行业的政策法规为冷链物流的发展营造了积极良好的政策环境，从各角度推动了整个物流行业的转型升级，为物流业的发展保驾护航。

与此同时，冷链物流的快速发展也会带来更加严重的环境污染和能源消耗问题。目前，我国冷链物流行业基本采用燃油冷藏车作为运输工具，但有关数据显示，燃油冷藏车在行驶过程中排放的尾气量是普通燃油车的 1.3 倍左右。因此，将污染小且不依赖化石能源的电动冷藏车应用于冷链物流，必将成为冷链物流业新的发展方向。目前，已有一些物流企业开始尝试将电动冷藏车投入冷链配送环节中，但电动冷藏车存在续航里程短、充电时间长、制冷需要消耗更多电能、现有社会充电桩建设密度小等缺点，因此如何利用现有资源合理规划路径，在提高配送效率和减少污染的同时降低配送总成本显得尤为重要。

冷链物流路径优化问题是车辆路径问题在冷链物流领域的延伸。由于装载货物的特殊性，车辆从配送中心出发后，需要一直维持车厢的温度，直至送完该行程的最后一个货物。相对于一般物流，冷链物流显然会给环境和能源带来更大挑战。将电动汽车应用于冷链物流，可以在一定程度上解决环境污染和能源消耗问题。目前，鲜有文献考虑将电动汽车应用于冷链物流配送优化。笔者将电动汽车与冷链物流配送相结合，考虑电动汽车能耗特点、社会充电桩的充电需求、客户的时间窗要求，提出了带硬时间窗的冷链电动车辆路径问题，建立了以配送总成本最少为优化目标的数学模型，并设计了一种混合蚁群算法进行求解。

3.2 国内外研究现状

3.2.1 冷链物流路径优化问题研究现状

冷链物流路径优化问题是车辆路径问题在冷链物流领域的延伸。国内外学者针对该问题进行了大量研究，取得了诸多研究成果。

当使用没有制冷设备的车辆配送生鲜产品时，生鲜产品可能会腐烂变质。因此，客户对生鲜产品配送的及时性要求很高，并经常设置严格的时间窗。Osvald、Amorim 和

Govindan 对生鲜产品建立了带时间窗的车辆路径优化问题（Vehicle Routing Problem，VRP）的 VRPTW 模型，该模型考虑了产品腐烂造成的损失。交通状况对生鲜产品的配送有很大影响，因为交通拥堵会造成配送时间延长，从而导致生鲜产品的变质。因此，Ferani 根据交通网络高峰和非高峰时段的不同行驶速度，为每个路段设定了固定速度，并建立了考虑客户满意度和碳排放的数学模型。

当使用冷藏燃油汽车进行生鲜产品的配送时，车辆制冷将消耗额外的能量，带来更多的碳排放。因此，一些学者从减少碳排放的角度研究了生鲜产品的污染路径问题（Pollution Routing Problem，PRP）。Wang 提出了一个基于碳税的带时间窗的冷链 PRP，并在目标函数中考虑了碳排放成本。Mahla 提出了一个基于不确定需求的碳税监管机制下的冷链库存路径问题。Li 描述了一个用于生鲜食品的多车型 VRP，并考虑了燃料消耗、制冷能耗和配送车辆的碳排放成本。戴夏静从蓄冷模式下多种温度共同配送的调度问题出发，建立了考虑时间窗约束的多温共配问题模型，该模型以总配送成本为优化目标，包括运输成本、蓄冷箱成本和时间惩罚成本，并设计了遗传算法。

现有文献很少关注生鲜产品的电动汽车路径优化问题（Electronic Vehicle Routing Problem，EVRP）。在本节中，电动汽车（Electrically-Chargeable Vehicle，ECV）被应用于生鲜产品的配送。生鲜产品的燃油 VRP 经常考虑产品的腐烂损失和碳排放，而在生鲜产品的 EVRP 中，使用了冷藏 ECV，因此无须考虑产品的腐烂损失和碳排放，但需要考虑配送期间公共充电站的制冷能耗和充电要求。此外，一旦所有产品从 ECV 卸下，就不再需要制冷。这些额外的要求大大增加了解决问题的难度。

3.2.2 电动汽车路径优化问题研究现状

EVRP 结合了电动汽车的特点，如功耗和充电，是绿色车辆路径问题（Green Vehicle Routing Problem，GVRP）的分支，由 Conrad 和 Figliozzi 于 2011 年首次提出。EVRP 需要考虑在配送期间充电。Felipe 和 Keskin 在 EVRP 中考虑了三种充电策略：快速、中等和慢速。试验结果表明，混合充电策略的效率优于单一充电策略。从充电水平的角度来看，大多数文献都假设 ECV 必须在充电站完全充电，而少量文献允许部分充电。Keskin 提出，部分充电选项可能会显著改善车辆路由决策。为了节省时间，ECV 还可以直接在电池交换站（Battery Swapping Stations，BSS）更换电池。Verma 提出了一种 EVRP 的变体，它具有时间窗和充电站，允许可用的充电站同时作为充电站和交换站。Jie 提出了一个带 BSS 的两级电容约束电动汽车路径问题。Yang、Hof 和 Zhang 讨论了电动汽车电池交换站选址路径联合优化问题。杨珺等人提出综合考虑换电站的选址问题和电动汽车的路径优化问题，构建了以总成本最低为优化目标的混合整数规划数学模型，并设计了改进的禁忌搜索算法来求解这类问题，就充电量和充电时间之间的关系而言，它可以定义为线性函数或非线性函数。Keskin 研究了一种具有软时间窗的 EVRP，其中，当 ECV 在充电站充电时，在一天的不同时段，充电排队等待时间不同，并使用了非线性充电函数。从车辆一次出行的允许充电次数来看，可分为单次充电和多次充电。Erdelić 讨论了一个 EVRP，其中包括时间窗和配送期间的多个或单个充电策略。试验结果表明，多个充电策略可以有效地减少电动汽车的数量，但会增加充电时间，而单个充电策略的结果恰恰相反。在本节的研究中，允许 ECV 在路上充电一次，并且假设每次充电都将以固定的充电速度快速达到完全充电状态。

一些学者将混合车队引入 EVRP。Goeke 提出了一个带有时间窗和混合车队的 EVRP，固定规模的车队由 ECV 和燃油车辆组成。试验结果表明，目标函数的选择对 ECV 在车队中的使用水平也有很大影响。Murakami 描述了混合车队的 EVRP，并通过比较混合车队和燃油车车队，展示了引入 ECV 的效果。Hiermann 介绍了一个 VRP，该 VRP 由传统混合动力车、插电式混合动力车和 ECV 组成。Zhao 研究了一个由传统车辆和 ECV 组成的混合车队的 VRP，以总运行成本和时间惩罚成本最小为目标，建立了双目标规划模型。

电动汽车电池容量有限，其续航里程比燃油汽车短得多，因此，EVRP 更加关注能源消耗。大多数 EVRP 假设 ECV 的能耗与行驶距离呈线性关系，但事实上，许多因素都会影响 ECV 的能耗，如速度、负载、坡度和加速度。Goeke 提出了一个非线性能耗模型，该模型结合了 ECV 的速度、坡度和货物负载分布，该模型重点研究了负载对 ECV 能耗的影响，假设行驶速度恒定。Murakami 和 Zhang 考虑了 ECV 能耗中的速度、斜率和其他因素，但速度是随机的，没有得到优化。Basso 在 EVRP 中引入了一些道路网能量估算系数，这些系数包含有关地形、速度、动力传动系统效率，以及交通信号灯处加速和制动效果的信息。由于存在加速和制动，ECV 在行驶过程中的速度不是恒定的，而是由 3 个固定速度组成：起动速度、稳定速度和制动速度。此外，Pelletier 在 EVRP 中引入了能耗不确定性；这种不确定性主要是由天气和路况等外部因素、驾驶员行为等内生因素造成的。

从国内外研究现状可以看出，目前鲜有文献考虑将电动汽车应用于冷链物流配送。究其原因，可能是电动汽车总体上来讲仍是一个新事物，无论技术上还是应用上都还存在诸多不足或不便之处，在物流行业尤其是冷链行业的应用还非常少，因而没有引起学者的足够重视。近年来，随着我国电动汽车行业的快速发展，电动汽车应用越来越普遍，许多城市建设了大量社会充电桩，并且已经有一些冷链企业开始尝试使用电动汽车进行城市配送。因此，本章将电动汽车与冷链物流配送相结合，提出了社会充电站环境下带硬时间窗的电动汽车冷链车辆路径问题，建立了相应的数学模型，并设计了求解这些问题的混合蚁群算法，为相关理论研究和行业应用提供支撑。

3.3 问题描述和模型建立

3.3.1 问题描述

本章研究具有多个隔舱的电动汽车应用于生鲜产品配送，提出基于电动汽车的多温区车辆路径（Electric Vehicle Routing Problem With Multiple Temperature Zones，EVRP-MTZ）问题。EVRP-MTZ 问题描述为一个配送中心使用多种多隔舱的电动冷链物流车辆向区域内的客户配送生鲜产品，客户需求已知。车辆在行驶过程中可以到公共充电站充电，客户有硬时间窗要求，车辆不得晚于最晚时间到达，求总成本最低的配送方案。

基本假设如下：

（1）只有一个配送中心，车辆从配送中心出发，最后返回配送中心；

（2）在行驶过程中可以充电，每次都充满；

（3）每辆车只配送一趟，出发时车辆满电；

（4）客户需求已知，配送中心一次性满足每个客户的需求；

（5）车辆隔舱可以根据实际装载商品调节温度，可以装载任意温区的产品，隔舱数量与温区数量一致；

（6）客户有硬时间窗要求，用$[e_i, l_i]$表示；

（7）车辆充电速度恒定且已知为v；

（8）在行驶过程中车辆每公里的动力电耗与车辆质量呈线性关系；

（9）外界环境温度固定，温度区越低，空间越大，单位时间制冷的耗电量就越高；

（10）若在配送出发时隔舱为空，则该隔舱不制冷；若中途卸货使隔舱变空，则该隔舱继续制冷。

3.3.2 模型建立

为便于建立模型，须设定相关的集合、参数和决策变量，如表 3-1 和表 3-2 所示。

表 3-1　集合和参数设置

符号	描述	单位
C	$\{1,2,\cdots,N\}$，配送点集合	—
K	车辆集合	—
F	$\{1,2,\cdots,l\}$，充电站集合（含虚拟电站）	—
$0,N+1$	配送中心	—
V	$V=C\cup F\cup\{0,N+1\}$	—
M	货物种类集合	—
D	隔舱集合，各车型的隔舱数量相同	—
f_k	车辆 k 的固定成本	元/辆
h	单位耗电量成本	元/kW • h
d_{ij}	节点 i,j 之间的距离	km
v	充电速度	kW • h/h
$e_i l_i$	节点 i 的最早接受服务时间，最迟接受服务时间	—
t_{ij}	车辆从 i 到 j 的行驶时间	h
p_k	配送车辆 k 的载重量	kg
p_{kd}	配送车辆 k 的隔舱 d 的容量	kg
q_i	配送点 i 的总需求量	kg
q_{im}	配送点 i 对货物 m 的需求量	kg
G_k	车辆 k 电池最大容量	kW • h
s_i	配送点 i 的服务时间	h
a_k b_k	车辆 k 单位里程耗电量相关参数	—
c_{kdm}	车辆 k 的隔舱 d 装载 m 温区货物时制冷单位时间消耗的电能	kW • h/h

表 3-2　决策变量

符号	描述	单位
x_{ijk}	(0, 1)，车辆 k 是否访问 arc(i,j)	—
y_{ikdm}	(0, 1)，表示客户 i 的货物 m 由车辆 k 的隔舱 d 交付唯一性，对于充电站和 DC，该值均为 0	—
z_{kdm}	(0, 1)，表示车辆 k 的隔舱 d 是否装载了温区 m 的货物	—
u_{ik}	连续变量，车辆 k 到达客户 i 时的剩余电量（kW • h）u_{0k}=G$_k$	—
t_{ik}	连续变量，车辆 k 到达节点 i 的时刻，t_{0k} =0	—
g_{ikdm}	连续变量，车辆 k 离开节点 i 时隔舱 d 内温区 m 货物的载重量	kg
t_{ik}^{+}	车辆离开节点的时刻	—
w_{ikd}	表示车辆 k 离开客户 i 时，隔舱 d 中是否有货，否为 0，表示空	—
T_{ikd}	表示车辆 k 离开客户 i 时，若隔舱 d 在该客户卸空了，则记录该时刻。当 i 为 DC 或 F 时，该值默认为 0	—
T_{kd}	表示车辆 k 的隔舱 d 卸空的时刻	—

1. 目标函数

EVRP-MTZ 问题以配送总成本最低为目标函数，总成本由固定成本 Z_1 和可变成本构成，其中可变成本包含运输成本 Z_2 和制冷成本 Z_3。

1）固定成本

为完成配送任务，企业需要投入资金来维持整个配送流程的运行，包括车辆购置、支付员工工资、管理运营等。这些资金被分配到每辆配送车辆上，则固定成本为

$$Z_1 = \sum_{i \in C \cup F} \sum_{k \in K} x_{0ik} f_k \tag{3-1}$$

2）运输成本

由于采用电动冷链车进行配送，运输成本体现为维持车辆动力所消耗的电能，其费用在车辆行驶时产生，可表示为

$$Z_2 = h \sum_{i \in V \setminus N+1} \sum_{j \in V \setminus 0, i \neq j} \sum_{k \in K} x_{ijk} d_{ij} (a_k \sum_{d \in D} \sum_{m \in M} g_{ikdm} + b_k) \tag{3-2}$$

3）制冷成本

为保证商品的质量，须提供对应的低温环境，在这种条件下，电动冷链车通过制冷装备以消耗电能方式给车厢创造合适的温度，这会产生制冷费用，其费用在行驶途中（不包括车辆完成配送任务回到配送中心的这段路途）、卸货期间和充电期间产生，可表示为

$$Z_3 = h \sum_{k \in K} (t_{N+1,k} \sum_{d \in D} \sum_{m \in M} z_{kdm} c_{kdm}) \tag{3-3}$$

2. 数学模型

EVRP-MTZ 问题的数学模型如下。

$$\min Z = \sum_i Z_i \tag{3-4}$$

$$\sum_{i \in V \setminus N+1, i \neq j} \sum_{k \in K} x_{ijk} = 1, \forall j \in C \tag{3-5}$$

$$\sum_{i \in V \setminus N+1, i \neq j} x_{ijk} - \sum_{i \in V \setminus 0, i \neq j} x_{jik} = 0, \forall j \in C \cup F, \forall k \in K \tag{3-6}$$

$$\sum_{i \in C \cup F} x_{0ik} = \sum_{j \in C \cup F} x_{j,N+1,k} \leqslant 1, \forall k \in K \tag{3-7}$$

$$\sum_{i \in F, j \in V \setminus 0} x_{ijk} \leqslant 1, \forall k \in K \tag{3-8}$$

$$\sum_{i \in S} \sum_{j \in S} x_{ijk} \leqslant |S| - 1, \forall S \subseteq V, 2 \leqslant |S| \leqslant N + l + 2, \forall k \in K \tag{3-9}$$

$$\sum_{i \in C} \sum_{m \in M} y_{ikdm} q_{jm} \leqslant p_{kd} \ , \forall k \in K, d \in D \tag{3-10}$$

$$\sum_{m \in M} g_{ikdm} \leqslant p_{kd}, \forall i \in V / N+1, k \in K, d \in D \tag{3-11}$$

$$\begin{gathered} g_{jkdm} + y_{jkdm} q_{jm} x_{ijk} - p_{kd} \left(1 - x_{ijk}\right) \leqslant g_{ikdm}, \\ \forall i \in V / \{N+1\}, j \in C, i \neq j, k \in K, d \in D, m \in M \end{gathered} \tag{3-12}$$

$$g_{jkdm} - p_{kd}(1 - x_{ijk}) \leqslant g_{ikdm}, \forall i \in V / \{N+1\}, \\ j \in F, i \neq j, k \in K, d \in D, m \in M \tag{3-13}$$

$$g_{ikdm} \begin{cases} > 0, & \text{if} \quad z_{ikdm} = 1 \\ = 0, & \text{else} \end{cases}, \forall i \in V / \{N+1\}, k \in K, d \in D, m \in M \tag{3-14}$$

$$T_{ikd} = \begin{cases} t_{ik}^{+}, & \text{if} \quad \sum_{m \in M} g_{ikdm} = 0 \,\&\, \sum_{m \in M} y_{ikdm} = 1 \\ 0, & \text{else} \end{cases}, \forall i \in V / \{N+1\}, k \in K, d \in D, m \in M \tag{3-15}$$

$$T_{kd} = \max\{T_{ikd}\}, \quad \forall i \in V / \{N+1\} \tag{3-16}$$

$$\max\{e_i, t_{ik}\} + (s_i + t_{ij}) x_{ijk} - L(1 - x_{ijk}) \leqslant t_{jk}, \forall i \in C \cup 0, \forall j \in V / \{0\}, i \neq j, \forall k \in K \tag{3-17}$$

$$t_{ik} + (t_{ij} + (G_k - u_{ik}) / v_i) x_{ijk} - L(1 - x_{ijk}) \leqslant t_{jk}, \forall i \in F, \forall j \in V / \{0\}, i \neq j, \forall k \in K \tag{3-18}$$

$$t_{ik}^{+} = \max\{e_i, t_{ik}\} + s_i, \forall i \in C, \forall k \in K \tag{3-19}$$

$$0 \leqslant t_{ik} \leqslant l_i, \forall i \in V, \forall k \in K \tag{3-20}$$

$$u_{jk} \leqslant u_{ik} - [d_{ij}(a_k \sum_{d \in D} \sum_{m \in M} g_{ikdm} + b_k) + (t_{ij} + s_i + \max\{e_i - t_{ik}, 0\}) \sum_{d \in D} (w_{ikd} \sum_{m \in M} c_{kdm} z_{kdm})] \\ x_{ijk} + G_k(1 - x_{ijk}), \forall i \in C, \forall j \in V / 0, \forall k \in K, i \neq j \tag{3-21}$$

$$u_{jk} \leqslant G_k - [d_{ij}(a_k \sum_{d \in D} \sum_{m \in M} g_{ikdm} + b_k) + t_{ij} \sum_{d \in D} (w_{ikd} \sum_{m \in M} c_{kdm} z_{kdm})] x_{ijk} + G_k(1 - x_{ijk}), \\ \forall i \in F \cup 0, \forall j \in V / 0, \forall k \in K, i \neq j \tag{3-22}$$

$$0 \leqslant u_{ik} \leqslant G_k, \forall i \in V, \forall k \in K \tag{3-23}$$

$$\sum_{k \in K} \sum_{d \in D} y_{ikdm} \leqslant 1, \forall i \in C, m \in M \tag{3-24}$$

$$w_{ikd} = \begin{cases} 1, & \text{if} \quad \sum_{m \in M} g_{ikdm} > 0 \\ 0, & \text{else} \end{cases}, \forall i \in V / \{N+1\}, k \in K, d \in D, m \in M \tag{3-25}$$

$$z_{kdm} = \begin{cases} 1, & \text{if} \quad \sum_{i \in C} y_{ikdm} \geqslant 1 \\ 0, & \text{else} \end{cases}, \forall k \in K, d \in D, m \in M \tag{3-26}$$

$$\sum_{m \in M} z_{kdm} \leqslant 1, \quad \forall k \in K, d \in D \tag{3-27}$$

$$x_{ijk} \in \{0,1\}, y_{ikdm} \in \{0,1\}, \forall i \in V \setminus N+1, j \in V \setminus 0, i \neq j, k \in K, d \in D, m \in M \tag{3-28}$$

式（3-4）为目标函数，其含义是使总配送成本最少；式（3-5）表示保证所有客户只被服务一次；式（3-6）建立了路线的连续性条件；式（3-7）表示确保每辆车离开配送中心后回到配送中心，方向固定且每辆车只交付一次；式（3-8）表示保证每次访问充电站最多使用一次，即并非必须使用所有充电站；式（3-9）消除了子路径；式（3-10）表示车辆每个隔舱给客户点配送货物的总量不超过该隔舱的容量限制；式（3-11）和式（3-12）表示确保隔舱中货物总和不超过隔舱容量；式（3-13）和式（3-14）保证隔舱中的剩余负载满足所有商店的需求；式（3-15）和式（3-16）确定车辆 k 的隔舱 d 被清空的时间；式（3-17）和式（3-18）表示当 i 分别为客户、配送中心、充电站时节点 i 和节点j的时间关系，L是一个很大的数。式（3-19）确定车辆k从商店i出发的时间；式（3-20）确保到达时间早于硬时间窗的l_i；式（3-21）至式（3-23）表示当i分别为客户、配送中心、充电站时的电池状态，保证电量不是负数；式（3-24）确保每个订单仅由一个隔舱交付；式（3-25）和式（3-26）表示变量之间的关系；式（3-27）保证每个隔舱仅专用于一类商品，隔舱允许是空的；式（3-28）是决策变量的范围。

3.4 蚁群算法

EVRP-MTZ 问题属于 NP-hard 问题。当节点的规模比较小时，可以采用分支定界法、列生成法等精确方法求解；当节点的规模比较大时，解空间呈指数级增长，须采用近似方法、元启发式方法求解。Elshaer 对近十年发表在国际顶级学术期刊上的 500 余篇 VRP 研究论文进行统计，将求解算法分为邻域搜索、群体搜索两大类。统计结果显示，在最有效的算法中，邻域搜索类有禁忌搜索算法（Tabu Search）、变邻域搜索算法（Variable Neighborhood Search）、自适应大规模邻域搜索算法（Adaptive Large Neighborhood Search）；群体搜索类有蚁群算法、粒子群算法（Particle Swarm Optimization）。本节将蚁群算法和局部搜索算法相结合，构造了一个混合蚁群算法来求解 EVRP-MTZ 问题。

3.4.1 概述

蚁群算法最早由 M.Dorigo 提出，算法的灵感源于蚂蚁集体觅食的行为，是对自然界蚂蚁觅食过程进行模拟的一种模拟进化算法。具体可以描述为：蚂蚁在寻找食物的过程中会释放一种叫作“信息素”的物质，它们对这种信息素有感知能力，信息素浓度越高，蚂蚁选择同一条路径觅食的概率更高。觅食活动开始时，这群蚂蚁随机地选择下一个地点寻找食物，此时蚁群处于无秩序、无规律的状态。随着觅食活动的进行，蚂蚁释放的信息素在不断累积的同时也会有一定程度的挥发。但因为蚂蚁通过最短路径寻找到食物并立即返回时所使用的时间最短，所以蚂蚁从这条路径往返的频率也最高，因此信息素挥发程度最小，这条路径上积累的信息素的浓度也最高，吸引更多的蚂蚁选择该路径。最终，所有的蚂蚁都集中到同一条路径寻找食物，这条路径就是最佳路径，对应的就是解决问题的最优解。蚂蚁觅食的活动过程如图 3-1 所示，其中实线箭头和虚线箭头分别表示两条不同的路径，可以看出实线的长度显然更短。

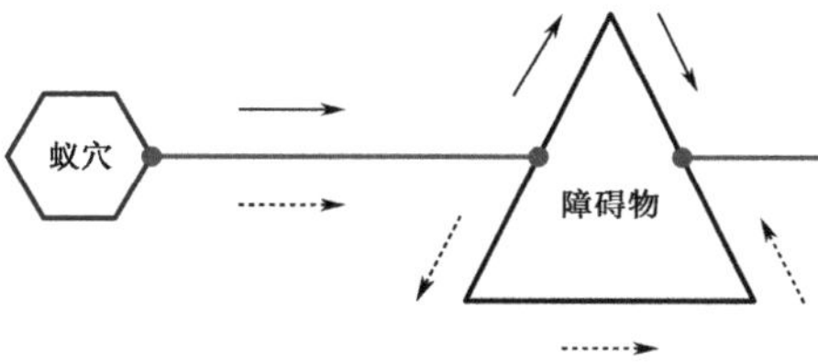

图 3-1　蚂蚁觅食的活动过程

蚂蚁的这种智能行为是一种具有多样性的正反馈行为。多样性使蚂蚁具有创新能力，不会陷入无限循环，而正反馈使蚂蚁能够将有效信息进行储存并模仿学习，这是一种学习强化的能力。根据蚂蚁这种智能行为设计出的具有鲁棒性和较好的搜索解的能力的算法便称为蚁群算法。蚁群算法容易陷入局部最优解，因此常常会根据特定问题在蚁群算法的基础上加入局部优化算子，以改善蚁群算法的性能。

蚁群算法的基本流程如图 3-2 所示。

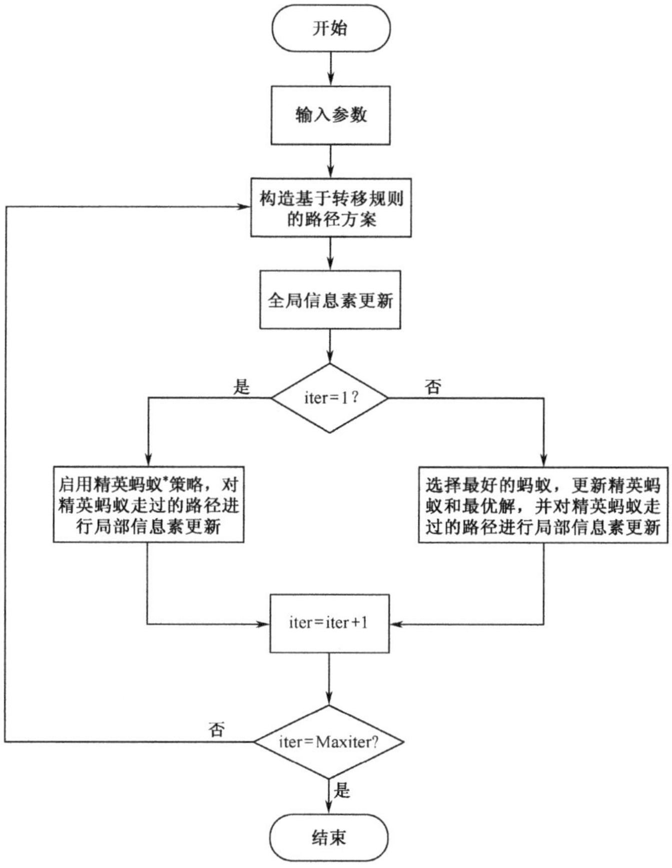

图 3-2　蚁群算法的基本流程

* 精英蚂蚁的概念参见 3.4.4 节。

3.4.2 转移规则

转移规则是蚂蚁选择下一个访问地点的依据，每条路径的启发式信息与信息素不同，因此每条路径上的转移概率也不同，转移概率越大，蚂蚁选择的概率越大。本章的启发式信息除了考虑传统蚁群算法中的信息素浓度和路径距离因子，还考虑了路径节约值和时间窗因子。转移规则按以下方式设计。

首先，按递减顺序生成吸引力值 ξ_{ij} 的排序列表，ξ_{ij} 的计算如公式（3-29）所示。

$$\xi_{ij}=\left[\eta_{ij}\right]^{\alpha}\left[\tau_{ij}\right]^{\beta}\left[\mu_{ij}\right]^{\gamma}\left[\mathrm{TM}_{ij}\right]^{\delta} \tag{3-29}$$

其中，ξ_{ij} 为节点 j 对节点 i 的吸引力大小，η_{ij} 为两个顶点位置之间的距离的倒数，τ_{ij} 是当前顶点 i 和可能的顶点 j 之间的路径上的信息素的量，μ_{ij} 表示节点 i 到节点 j 的节约值，TM_{ij} 是节点 i 与节点 j 的时间窗匹配度。参数 α、β、γ、δ 是影响启发式信息参数值的相关系数。

时间窗匹配度定义如公式（3-30）所示。

$$\mathrm{TM}_{ij}=\begin{cases}\dfrac{L_j-E_j}{L_i-E_i}+tm_0, & \text{if } \left[E_i+T_i+t_{ij},L_i+T_i+t_{ij}\right]\cap\left[e_j,l_j\right]\neq\varphi \\ tm_0, & \text{if } L_i+T_i+t_{ij}<e_j\end{cases} \tag{3-30}$$

E_i 和 L_i 分别表示蚂蚁 k 实际到达节点 i 的最早时刻和最晚时刻，T_i 表示在 i 点的服务时间，t_{ij} 表示蚂蚁 k 从节点 i 到节点 j 的时间。

$$\left[E_j,L_j\right]=\begin{cases}\left[\max\left\{E_i+T_i+t_{ij},e_j\right\},\min\left\{L_i+T_i+t_{ij},l_j\right\}\right], & \text{if } \left[E_i+T_i+t_{ij},L_i+T_i+t_{ij}\right]\cap\left[e_j,l_j\right]\neq\varphi \\ \left[e_j,e_j\right], & \text{if } L_i+T_i+t_{ij}<e_j\end{cases} \tag{3-31}$$

由式（3-31）可知，$\left[E_i+T_i+t_{ij},L_i+T_i+t_{ij}\right]$ 与 $\left[e_j,l_j\right]$ 的重叠部分越大，蚂蚁在 j 点服务完成再从 j 点出发，转移到下一个节点的时间灵活性越高，越有利于蚂蚁在当前路径中访问更多的客户，也有利于局部搜索阶段的插入操作和对车辆容量的充分利用。

其次，假设 $\mathrm{allowed}_k^w$ 表示当前可访问的节点 j 的集合，P_{ij} 表示蚂蚁 k 的转移概率，转移概率的计算式如式（3-32）所示。

$$p_{ij}=\frac{\xi_{ij}}{\sum_{h\in \mathrm{allowed}_k^w}\xi_{ih}},\ j\in \mathrm{allowed}_k^w \tag{3-32}$$

最后，所有的蚂蚁都根据转移规则，使用轮盘赌法选择下一个访问的节点，直到蚂蚁遍历所有的客户点，形成一套可行的解决方案。

3.4.3 路径构造过程

初始状态时，tabu_k 表示已访问过的客户点集合，此时 $\text{tabu}_k = \phi$，所有的蚂蚁都位于配送中心，一只蚂蚁模拟一辆电动车，从配送中心出发，在满足各隔舱容量约束、电能约束和时间窗约束的前提下，尽可能多地访问客户，直到没有可访问的客户为止，此时当前这只蚂蚁返回配送中心。然后再从配送中心出发模拟另一辆电动车尽可能多地访问剩余的客户，直到没有客户能够访问为止。当所有的客户都被访问后，当前这只蚂蚁形成的多个回路就构成了一个完整的解决方案。在这个过程中，当前蚂蚁可能处于 3 种状态下：①在配送中心；②在客户点；③在充电站。对于不同类型的节点 i，可以选择转移的节点 j 的类型不同，因此这 3 种状态下的蚂蚁选择转移的节点 j 的路径构造过程伪代码如下。

```
Procedure 构建路径
初始化：y_0^k ← Q, C_k ← 0, L_k ← 0
Repeat
    IF 蚂蚁定位在配送中心
        按照转移规则将蚂蚁转移到客户 j
    Else IF L_k ∈ V
        IF allowed_k = φ
            IF 存在客户满足容量约束且最近的充电站 f* 满足电量约束
                将蚂蚁转移到充电站 f*
            Else
                将蚂蚁转移到配送中心
            End IF
        Else allowed_k ≠ φ
            按照转移规则将蚂蚁转移到 j（客户或配送中心）
        End IF
    Else IF L_k ∈ F
        按照转移规则将蚂蚁转移到 j（客户或配送中心）
    End IF
Until 送完所有客户
Return route_k
End procedure
```

L_k 表示蚂蚁的状态，allowed_k 表示可访问的客户点集合，可访问客户需要满足以下3个约束条件。

容量约束：判断转移的节点 j 的需求是否能够装载于该车辆 k 中，当蚂蚁位于配送中心时任何客户均满足该约束条件。

时间窗约束：蚂蚁在 $[e_0,l_0]$ 时段内的某些（个）时刻从配送中心出发，到达客户 j 的时刻小于客户 j 的时间窗下限 l_j。

电能约束：只需要满足以下任意一种情况即可。

① 蚂蚁去了节点 j 后，还有足够的电量返回配送中心。

② 蚂蚁去了节点 j 后，还有足够的电量到达离 j 点最近的充电站。

在路径构造过程中，蚂蚁会对多种车型分别进行尝试，最终保留使得成本最低的车型选择方案。

3.4.4 信息素更新策略

信息素作为指导蚂蚁下一步活动的重要影响因子之一，其值过高或过低都会影响启发式信息，因此设计了信息素的更新规则。在所有蚂蚁的解决方案都执行了局部优化策略并达到最优之后，需要对当前信息素进行全局更新。将找到最好解的蚂蚁称为精英蚂蚁，对精英蚂蚁走过的路径进行全局信息素更新。参考 Martin Reed 的信息素更新策略，对传统蚁群算法的信息素更新策略进行了改进，本节的全局信息素更新策略为

$$\tau_{ij}^{\text{new}} = (1-\rho)\cdot\tau_{ij}^{\text{old}} + \rho\cdot\Delta\tau_{ij}^{\text{bs}}, \forall i,j \in T^{\text{bs}} \tag{3-33}$$

其中，τ_{ij}^{new} 表示执行全局信息素更新策略之后任意两节点 i 和 j 之间的信息素浓度，τ_{ij}^{old} 表示执行全局信息素更新策略之前任意两节点 i 和 j 之间的信息素浓度，ρ 表示信息素的挥发速度，T^{bs} 表示迄今为止找到的最佳路径，$\Delta\tau_{ij}^{\text{bs}}$ 表示在本次迭代中节点 i 和节点 j 之间留下的信息素值。$\Delta\tau_{ij}^{\text{bs}}$ 的计算模型为

$$\Delta\tau_{ij}^{\text{bs}} = \frac{1}{L^{\text{bs}}} \tag{3-34}$$

其中，L^{bs} 表示迄今为止找到的最佳路径的行驶总路程。

此外，由于蚁群算法的正反馈机制，越好的路径行走的蚂蚁越多。行走的蚂蚁越多，释放的信息素也越多，该路径的信息素浓度越高。信息素浓度越高，又会吸引更多的蚂蚁选择这条路径。长此以往，尽管存在一定的挥发，该路径的信息素浓度也远高于其他路径，导致算法出现停滞，陷入局部最优解。因此，为了避免蚁群算法出现停滞，应提高算法的全局搜索能力，需要对路径上的信息素浓度设置固定的范围，即 MIN-MAX 策略（Stutzle）。

3.4.5 局部优化策略

参考 Eshtehadi 和 Demir 的局部优化操作，设计如下 4 个局部优化算子：随机交换两个节点（Relocate）、将一段客户反转（Reverse）、2-opt 充电桩插入，以及最差耗电客户算子（Worst-Customer）。其中，前两个算子为传统的局部优化算子，后两个算子描述如下。

2-opt 充电桩插入算子。在待优化的路径方案中，选择一条带充电站的回路，删除当前回路中的充电站，随机选择两个客户点，将这两个客户点之间的所有客户点的访问顺序反转，遍历当前回路中的客户点，判断是否需要插入充电站，如果需要则使用局部充电站插入算法对充电站的选择进行优化，选择使得目标总成本最低的位置插入充电站。

最差耗电客户算子将运输耗电成本较高的客户排除在外。总运输耗电成本根据前一个客户到后一个客户的运输耗电成本之和计算。例如，算子每次选择使得总成本增加最大的节点 $j^* = \underset{j\in N}{\operatorname{argmax}}\left\{\left|f_{ij}+f_{jk}\right|\right\}$ 移除。然后将移除的节点插入使得总成本增加最小的且满足所有约束的位置。判断插入移除节点的那条路径是否需要充电站，如果需要则通过局部充电站优化算法对充电站进行优化，选择使得总成本增加最低的充电站进行插入。最终，该算子会导致解决方案中的运输耗电量降低。

3.5 实验分析

用于测试算法性能的算例来源于 Schneider。本章针对 EVRP-MTZ 问题的特点，对 Schneider 的算例集进行改编，制作出满足要求的算例集。

实验环境如下：

（1）操作系统：Windows 10；

（2）CPU：Intel Core i7-8550U（频率为 3.4GHz）；

（3）运行内存：16G；

（4）编程软件：Dev−C++。

3.5.1 实验设计

实验所用算例来源于 Solomon 关于车辆路径问题的算例集，对其算例集进行改编，建立适用于 EVRP-MTZ 问题的基准算例集。基准算例集包括 35 个算例，每个算例都均包括 100 个客户点和 20 个充电站。根据客户点的分布情况将算例分为集群式分布（C 类）、随机式分布（R 类）和混合式分布（RC 类）3 种类型，其中 C 类 12 个算例，R 类 12 个算例，RC 类 11 个算例。电动汽车的性能参数和蚁群算法的参数，分别如表 3-3、表 3-4 所示。

表 3-3 电动汽车的性能参数

参数	描述	取值	单位
h	单位耗电成本	1	元
f_1^1	车型 1 固定成本	200	元
f_1^2	车型 2 固定成本	300	元
v	车辆行驶速度	60	km/h
$P1$	车型 1 的载重量	0.21	t
$P2$	车型 2 的载重量	0.6	t
Q_1	车型 1 的电池容量	60	kW • h
Q_2	车型 2 的电池容量	76	kW • h
a_0^1	车型 1 单位里程耗电量相关的参数	0.055	kW • h/（t·km）
a_0^2	车型 2 单位里程耗电量相关的参数	0.075	kW • h/（t·km）
b_0^1	车型 1 单位里程耗电量相关的参数	0.5	—
b_0^2	车型 2 单位里程耗电量相关的参数	0.7	—

表 3-4 蚁群算法的参数

参数	描述	取值	单位
m	蚂蚁数量	50	个
L	迭代次数	100	次
p	信息素挥发速度	0.2	—
T_{max}	信息素最大值	6	—
T_{min}	信息素最小值	0.001	—
a	转移概率信息素因子	1	—
b	转移概率路程因子	2	—
u_0	转移概率节约值因子	1	—
t	转移概率时间窗因子	2	—

实验不考虑隔舱容量不相等的情况，车型 1 三个隔舱的容量均为 0.07 t，车型 2 三个隔舱容量均为 0.2 t。隔舱的单位制冷耗电量参考陈哲对于电动车冷链物流配送中的实验数据，结合生活中载重 1 t 左右的电动冷藏车装载冷藏货物制冷耗电大约为 2 kW •h/h 的一般情况，设置具体参数值如表 3-5 所示。

表 3-5 不同隔舱制冷耗电参数

参数符号	制冷单位时间耗电量/kW・h/h	参数值
c_{1d1}	车型 1 的隔舱 d 装载常温货物	0.5
c_{1d2}	车型 1 的隔舱 d 装载冷藏货物	1
c_{1d3}	车型 1 的隔舱 d 装载冷冻货物	1.5
c_{2d1}	车型 2 的隔舱 d 装载常温货物	2
c_{2d2}	车型 2 的隔舱 d 装载冷藏货物	2.5
c_{2d3}	车型 2 的隔舱 d 装载冷冻货物	3

3.5.2 实验结果

将不包含局部优化策略的蚁群算法记为 ACO。将 ACO 与各个局部优化算子单独结合，得到 4 个混合蚁群算法，分别记为 Relocate、Reverse、Worst-Customer、2-opt。HACO 代表 ACO 算法与 4 个局部优化算子同时结合所形成的混合蚁群算法。实验结果如表 3-6 所示，其中，Z 表示路径方案的配送总成本，ΔZ 表示各个混合算法求得的解相对于 ACO 所求得的解的偏差。

表 3-6 实验结果

算例	ACO	Relocate		Reverse		Worst-Customer		2-opt		HACO	
	Z	Z	ΔZ /%	Z	ΔZ /%	Z	ΔZ /%	Z	ΔZ /%	Z	ΔZ /%
c101	4916.61	4886.10	0.62	4258.03	13.39	4838.77	1.58	3744.39	23.84	3838.62	21.93
c102	6129.75	5457.88	10.96	5587.50	8.85	6072.11	0.94	4124.78	32.71	4124.78	32.71
c105	4792.39	5266.38	−9.89	5313.61	−10.88	5556.58	−15.95	3984.09	16.87	4033.12	15.84
c107	5243.21	5868.94	−11.93	5287.39	−0.84	5392.90	−2.85	4255.25	18.84	4229.69	19.33
c108	4629.16	5113.94	−10.47	4246.57	8.26	5102.54	−10.23	3968.78	14.27	3867.85	16.45
c109	4944.94	4676.43	5.43	4825.24	2.42	4908.99	0.73	3718.01	24.81	3657.07	26.04
c201	5717.39	5483.79	4.09	5370.52	6.07	5352.58	6.38	4427.54	22.56	4403.98	22.97
c202	4526.73	4599.63	−1.61	4575.51	−1.08	4427.56	2.19	4209.97	7.00	3907.39	13.68
c203	4945.78	4778.94	3.37	4782.51	3.30	4377.04	11.50	4286.84	13.32	4345.96	12.13
c205	4696.16	4487.79	4.44	4825.29	−2.75	4485.42	4.49	3592.82	23.49	3620.93	22.90
c206	5130.58	4617.49	10.00	4765.91	7.11	4908.06	4.34	3941.50	23.18	4104.98	19.99
c207	4002.15	4213.96	−5.29	4485.13	−12.07	4451.24	−11.22	3961.47	1.02	3794.41	5.19
r101	8890.79	7969.56	10.36	8360.72	5.96	9576.72	−7.72	5573.59	37.31	5270.05	40.72
r102	8451.74	7278.93	13.88	6850.38	18.95	8053.58	4.71	4924.28	41.74	5117.49	39.45
r106	6745.04	5855.13	13.19	6307.21	6.49	6098.28	9.59%	4488.90	33.45	4347.17	35.55
r107	6037.42	5853.60	3.04	5650.86	6.40	6224.53	−3.10	3946.74	34.63	4103.14	32.04
r109	5805.33	5441.55	6.27	5781.34	0.41	5999.47	−3.34	4298.46	25.96	4393.10	24.33
r110	5115.44	5450.12	−6.54	4956.76	3.10	4976.95	2.71	4018.97	21.43	3824.76	25.23
r201	5050.08	5057.02	−0.14	5027.68	0.44	5161.60	−2.21	4249.33	15.86	4207.73	16.68
r205	4498.43	4192.01	6.81	4250.72	5.51	4307.25	4.25	3993.05	11.23	3826.92	14.93

续表

算例	ACO	Relocate		Reverse		Worst-Customer		2-opt		HACO	
	Z	Z	ΔZ /%	Z	ΔZ /%	Z	ΔZ /%	Z	ΔZ /%	Z	ΔZ /%
r206	4209.05	4288.72	−1.89	4463.81	−6.05	4373.33	−3.90	3901.47	7.31	3893.89	7.49
r207	4627.15	4172.99	9.82	4232.17	8.54	4370.98	5.54	3946.88	14.70	3810.38	17.65
r209	4376.61	3993.25	8.76	4285.55	2.08	4329.56	1.08	3972.52	9.23	3892.74	11.06
r210	4416.02	4083.76	7.52	4022.95	8.90	4273.65	3.22	3875.60	12.24	3746.84	15.15
rc101	8267.34	7803.58	5.61	6928.87	16.19	7696.79	6.90	5027.89	39.18	5050.60	38.91
rc102	6385.36	5865.92	8.13	6415.74	−0.48	6739.53	−5.55	5034.82	21.15	4954.12	22.41
rc106	5357.34	5030.50	6.10	5966.61	−11.37	6205.65	−15.83	4493.38	16.13	4303.21	19.68
rc107	5738.20	5377.31	6.29	5304.08	7.57	5864.30	−2.20	4023.49	29.88	4027.15	29.82
rc201	5665.15	5720.05	−0.97	5996.57	−5.85	5706.42	−0.73	5056.99	10.74	4870.61	14.03
rc202	5587.97	5701.63	−2.03	5439.37	2.66	5613.68	−0.46	4873.51	12.79	4919.09	11.97
rc203	5596.85	5231.85	6.52	5331.79	4.74	5324.07	4.87	4525.44	19.14	4573.16	18.29
rc205	5670.61	5136.11	9.43	5330.10	6.00	5655.21	0.27	4529.44	20.12	4636.78	18.23
rc206	5637.22	5560.27	1.37	5212.19	7.54	5448.01	3.36	4366.12	22.55	4375.22	22.39
rc207	5358.10	5021.49	6.28	5030.29	6.12	4941.93	7.77	4109.35	23.31	4397.45	17.93
rc208	5366.16	4496.61	16.20	4874.83	9.16	4967.62	7.43	4147.91	22.70	4431.95	17.41
平均值	—	—	3.82	—	3.57	—	0.24	—	20.71	—	21.16

结果显示，2-opt 和 HACO 算法的改进效果最好，分别达到了 20.71%和 21.16%；而 Relocate 和 Reverse 对于解的改进能力一般，分别只有 3.82%和 3.57%。Worst-Customer 表现最差，仅有 0.24%。从单个算例来看，所有 5 种混合蚁群算法均能够对大部分算例加以改进。2-opt 和 HACO 算法所改进的算例占比达到了 100%。此外，对于近一半算例（16 个），2-opt 取得了比 HACO 更高的改进率。将 4 种策略混合使用不如单独使用 2-opt 的效果好。出现这种现象的原因可能是：① 其他策略尤其是 Worst-Customer 对混合策略蚁群算法造成了干扰；② 迭代次数还不够，混合策略蚁群算法的优势未得到充分发挥。

3.6 小结

本章根据实际情况提出了基于电动汽车的多温区车辆路径（EVRP-MTZ）问题，构建了以车辆固定成本、运输成本和制冷成本总和最低为目标的数学模型，考虑载重对车辆能耗的影响及隔舱与温区不对应的情况，分析了研究问题的约束条件。设计了混合蚁群算法求解该问题，并且设计了四个局部优化算子避免算法陷入局部最优解，同时构建算例集。实验结果表明，所设计的混合蚁群算法能够有效求解 EVRP-MTZ 问题，验证了混合蚁群算法比单纯蚁群算法性能更好。

参考文献

[1] Osvald A, Stirn L Z. A vehicle routing algorithm for the distribution of fresh vegetables and similar perishable food[J]. Journal of Food Engineering, 2008, 85(2): 285-295.

[2] Amorim P, Parragh S N, Sperandio F, et al. A rich vehicle routing problem dealing with perishable food: a case study[J]. TOP: An Official Journal of the Spanish Society of Statistics and Operations Research, 2014, 22(2): 489-508.

[3] Govindan K, Jafarian A, Khodaverdi R, et al. Two-echelon multiple-vehicle location–routing problem with time windows for optimization of sustainable supply chain network of perishable food[J]. International Journal of Production Economics, 2014, 152: 9-28.

[4] Zulvia F E, Kuo R J, Nugroho D Y. A many-objective gradient evolution algorithm for solving a green vehicle routing problem with time windows and time dependency for perishable products[J]. Journal of Cleaner Production, 2020, 242: 118428.

[5] Wang S Y, Tao F M, Shi Y B, et al. Optimization of Vehicle Routing Problem with Time Windows for Cold Chain Logistics Based on Carbon Tax[J]. Sustainability, 2017, 9(5): 694-717.

[6] Li D, Cao Q. Optimization of green fresh food logistics with heterogeneous fleet vehicle route problem by improved genetic algorithm[J]. Sustainability, 2020, 12(5): 1946.

[7] 戴夏静，梁承姬. 带时间窗的蓄冷式多温共配冷链配送问题研究[J]. 重庆师范大学学报（自然科学版），2017，5: 23-30.

[8] Conrad R G, Figliozzi M A. The recharging vehicle routing problem[C]//Proceedings of the 2011 industrial engineering research conference. IISE Norcross, GA, 2011, 8.

[9] Keskin M, Laporte G, Çatay B. Electric vehicle routing problem with time-dependent waiting times at recharging stations[J]. Computers & Operations Research, 2019, 107: 77-94.

[10] Schneider M, Stenger A, Goeke D. The electric vehicle-routing problem with time windows and recharging stations[J]. Transportation science, 2014, 48(4): 500-520.

[11] Felipe Á, Ortuño M T, Righini G, et al. A heuristic approach for the green vehicle routing problem with multiple technologies and partial recharges[J]. Transportation Research Part E: Logistics and Transportation Review, 2014, 71: 111-128.

[12] Keskin M, Çatay B. A matheuristic method for the electric vehicle routing problem with time windows and fast chargers[J]. Computers & operations research, 2018, 100: 172-188.

[13] Keskin M, Çatay B. Partial recharge strategies for the electric vehicle routing problem with time windows[J]. Transportation research part C: emerging technologies, 2016, 65: 111-127.

[14] Montoya A, Guéret C, Mendoza J E, et al. The electric vehicle routing problem with nonlinear charging function[J]. Transportation Research Part B: Methodological, 2017, 103: 87-110.

[15] Zuo X, Xiao Y, You M, et al. A new formulation of the electric vehicle routing problem with time windows considering concave nonlinear charging function[J]. Journal of Cleaner Production, 2019, 236.

[16] Xiao Y, Zuo X, Kaku I, et al. Development of energy consumption optimization model for the electric vehicle routing problem with time windows[J]. Journal of Cleaner Production, 2019, 225: 647-663.

[17] Froger A, Mendoza J E, Jabali O, et al. Improved formulations and algorithmic components for the electric vehicle routing problem with nonlinear charging functions[J]. Computers & Operations Research, 2019, 104: 256-294.

[18] Erdelić T, Carić T, Erdelić M, et al. Electric vehicle routing problem with single or multiple recharges[J]. Transportation Research Procedia, 2019, 40: 217-224.

[19] Goeke D, Schneider M. Routing a mixed fleet of electric and conventional vehicles[J]. European Journal of Operational Research, 2015, 245(1): 81-99.

[20] Murakami K. A new model and approach to electric and diesel-powered vehicle routing[J]. Transportation Research Part E: Logistics and Transportation Review, 2017, 107: 23-37.

[21] Zhang S, Gajpal Y, Appadoo S S, et al. Electric vehicle routing problem with recharging stations for minimizing energy consumption[J]. International journal of production economics, 2018, 203: 404-413.

[22] Yang J, Sun H. Battery swap station location-routing problem with capacitated electric vehicles[J]. Computers & operations research, 2015, 55: 217-232.

[23] Hiermann G, Puchinger J, Ropke S, et al. The Electric Fleet Size and Mix Vehicle Routing Problem with Time Windows and Recharging Stations[J]. European Journal of Operational Research, 2016, 252(3): 995-1018.

[24] Hof J, Schneider M, Goeke D. Solving the battery swap station location-routing problem

with capacitated electric vehicles using an AVNS algorithm for vehicle-routing problems with intermediate stops[J]. Transportation Research Part B: Methodological, 2017, 97(MAR.): 102-112.

[25] Schiffer M, Walther G. The electric location routing problem with time windows and partial recharging[J]. European Journal of Operational Research, 2017, 260(3): 995-1013.

[26] Cortés-Murcia D L, Prodhon C, Afsar H M. The electric vehicle routing problem with time windows, partial recharges and satellite customers[J]. Transportation Research Part E Logs and Transportation Review, 2019, 130: 184-206.

[27] Pelletier S, Jabali O, Laporte G. The electric vehicle routing problem with energy consumption uncertainty[J]. Transportation Research Part B: Methodological, 2019, 126: 225-255.

[28] Verma A. Electric Vehicle Routing Problem with Time Windows, Recharging Stations and Battery Swapping Stations[J]. EURO Journal on Transportation and Logistics, 2018, 7(4), 415-451.

[29] Jie W, Yang J, Zhang M, et al. The two-echelon capacitated electric vehicle routing problem with battery swapping stations: Formulation and efficient methodology[J]. European Journal of Operational Research, 2019, 272(3): 879-904.

[30] Zhang S, Chen M, Zhang W. A novel location-routing problem in electric vehicle transportation with stochastic demands[J]. Journal of Cleaner Production, 2019, 221(JUN.1): 567-581.

[31] Zhang S, Chen M, Zhang W, et al. Fuzzy optimization model for electric vehicle routing problem with time windows and recharging stations[J]. Expert systems with applications, 2020, 145: 113123.

[32] Basso R, Kulcsar B, Egardt B, et al. Energy consumption estimation integrated into the Electric Vehicle Routing Problem[J]. Transportation Research, 2019, 69(APR.): 141-167.

[33] 杨珺，冯鹏祥，孙昊. 电动汽车物流配送系统的换电站选址与路径优化问题研究[J]. 中国管理科学，2015，23（9）：87-96.

[34] Elshaer R, Awad H. A taxonomic review of metaheuristic algorithms for solving the vehicle routing problem and its variants[J]. Computers & Industrial Engineering, 2020, 140: 106242.

[35] Reed M, Yiannakou A, Evering R. An ant colony algorithm for the multi-compartment vehicle routing problem[J]. Applied Soft Computing, 2014, 15(2): 169-176.

[36] Stutzle T, Hoos H. MAX-MIN Ant System[J]. Future Generation Computer Systems, 2000, 16(8): 889-914.

[37] Dorigo M, Maniezzo V, Colorni A. Ant system: optimization by a colony of cooperating agents[J]. IEEE Transactions on Systems, Man, and Cybernetics, Part B (Cybernetics), 1996, 26(1): 29-41.

[38] Demir E, Bektaş T, Laporte G. An adaptive large neighborhood search heuristic for the pollution-routing problem[J]. European journal of operational research, 2012, 223(2): 346-359.

第 4 章 基于电动汽车的城市生活垃圾分类回收调度问题

4.1 引言

随着我国城市化进程的加快和人民生活水平的日益提高，城市生活垃圾数量呈现逐年增长的态势。据国家统计局有关数据，2009—2018 年全国生活垃圾收运量逐年递增，如图 4-1 所示。其中，2018 年全国生活垃圾收运量高达 22802 万吨，较 2017 年增长 5.95%，“垃圾围城”正在给我们敲响警钟。城市生活垃圾得不到有效的分类回收和利用，会带来很多负面影响，如污染环境、影响人们健康生活，以及造成资源的巨大浪费等。为有效解决日益凸显的城市生活垃圾分类回收问题，我国近年来出台了《生态文明体制改革总体方案》《生活垃圾分类制度实施方案》《“无废城市”建设试点工作方案》等政策来支持垃圾分类回收工作。各地方政府也不断加强垃圾分类回收工作，纷纷出台了与生活垃圾管理相关的文件。2018 年 3 月，广州市政府发布的《广州市生活垃圾分类管理条例》中要求配备分类运输车辆将生活垃圾分类运输至转运站、贮存点或处理场所。2019 年 1 月，上海市人民代表大会制定的《上海市生活垃圾管理条例》中提到要使用专用车辆将需要收运的生活垃圾分类运输至转运场所或处置场所。2019 年 11 月，北京市人民代表大会常务委员会修订的《北京市生活垃圾管理条例》中规定对生活垃圾必须进行分类投放、收运和处理。截至 2022 年，全国已经有 46 个垃圾分类重点城市，我国对城市生活垃圾进行分类收集、运输和处理已经是大势所趋。

然而，在城市生活垃圾收运过程中，绝大部分城市目前仍采用燃油车进行收运。由于城市生活垃圾收运量巨大，采用燃油车进行收运既加快了化石能源的消耗速度，又产生了更多的尾气排放，给环境带来了更大的压力。与燃油车相比，电动汽车能够减少对化石能源的消耗，降低对环境的污染。因此，在可持续发展的大背景下，电动汽车势必替代燃油车，逐渐成为城市环卫与物流配送的主流运输工具。目前，从国家到地方各部门均在大力推广应用电动汽车。在政策方面，2014 年 7 月，国务院办公厅发布了《关于加快新能源汽车推广应用的指导意见》（以下简称《意见》），《意见》指出，贯彻落实发展新能源汽车的国家战略，以纯电驱动为新能源汽车发展的主要战略取向，重点发展纯电动汽车、插电式（含增程式）混合动力汽车和燃料电池汽车，以市场主导和政府扶持相结合，建立长期稳定的新能源汽车发展政策体系，创造良好发展环境，加快培育市场，促进新能源汽车产业健康快速发展。2015 年 3 月，交通运输部发布《关于加快推进新能源汽车在交通运输行业推广应用的实施意见》，提到将插电式混合动力和纯电动汽车应用于城市公交、出租和物流配送等领域。在车型方面，2019 年 6 月，工业和信息化部发布的《新能源汽车推广应用推荐车型目录》中，新能源专用车共有 1105 款入选，其中，物流车产品入选 706 款，占比约 64%；新能源环卫车产品 177 款，占比约 16%。我国已有城市将新能源汽车，尤其是纯电动汽车应用于环卫作业和垃圾运输。据有关数据，2019 年，新能源环卫车销量排名前五的城市分别为深圳、北京、长沙、广州和郑州，如表 4-1 所示。深圳、北京均大规模采购了新能源垃圾运输车，其中绝大部分是纯电动卡车。环卫已经成为继城市物流配送后另一个大批量应用纯电动卡车的领域。随着电动汽车的发展，采用电动汽车代替燃油车是未来城市生活垃圾收运的发展方向。

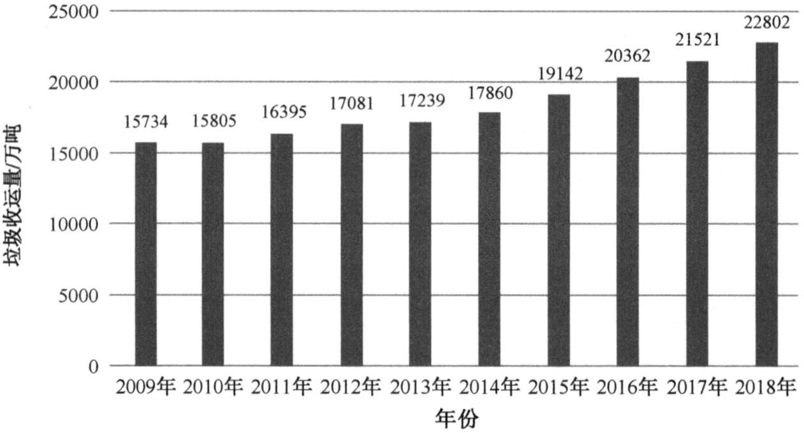

数据来源：国家统计局

图 4-1　城市生活垃圾收运量（2009—2018 年）

随着我国城市生活垃圾分类收运工作的不断深入，已有部分城市开始使用电动卡车进行生活垃圾分类收运。然而，这些城市均是针对每种垃圾采用专用车辆进行收运，即分类单独收运模式，这样无疑会大大增加对垃圾点的访问次数，从而增加收运任务的总行驶里程，进而增加总收运成本。带隔舱的电动汽车在满足载重的条件下，可以将一个垃圾点的所有类型垃圾一次性运走，从而减少访问垃圾点的次数，进而减少总行驶里程，最终有效降低收运成本。因此，本章将带隔舱的电动汽车应用于城市生活垃圾分类收运，提出带隔舱的电动汽车的生活垃圾分类收运车辆路径问题，以总收运成本最小为目标，制定了科学合理的收运路线方案，从而降低收运成本，提高垃圾分类收运效率。

表 4-1　部分城市新能源环卫车的销量（2019 年）

序号	城市	路面养护车/辆	垃圾运输车/辆	环卫作业车/辆	总销量/辆
1	深圳	95	472	452	1019
2	北京	18	409	379	806
3	长沙	12	33	107	152
4	广州	16	38	54	108
5	郑州	30	18	49	97
6	晋城	6	43	28	77
7	濮阳	19	0	47	66
8	天津	3	60	0	63
9	西安	0	19	26	45
10	平顶山	13	3	28	44
11	厦门	8	29	5	42
12	廊坊	15	5	20	40
13	上海	9	12	12	33
14	佛山	9	8	14	31
15	济南	2	4	25	31
16	宁波	0	28	1	29
17	南京	6	13	9	28
18	苏州	0	22	2	24
19	武汉	10	6	8	24

4.2　城市生活垃圾分类收运和处理

4.2.1　生活垃圾分类方式

在全国 46 个垃圾分类重点城市中，除福州市和广元市外，其他城市对于生活垃圾分类均采用四分类方式。采用四分类方式的城市在其他垃圾和易腐垃圾的称谓上略有不同，例如，上海称之为干垃圾和湿垃圾，但本质上都是将垃圾进行干湿分类。

2019 年 11 月，住房和城乡建设部发布了《生活垃圾分类标志》，将生活垃圾类别调整为 4 个大类。生活垃圾分类类别和内容如表 4-2 所示。

表 4-2 生活垃圾分类类别和内容

分类类别	内容	举例
可回收物	可循环利用的废弃物	贵腐酒瓶、易拉罐、旧金属钥匙、A4 纸、KFC 纸包装袋、布包、布笔袋等
有害垃圾	对人体健康或者自然环境产生危害的零星废弃物，单位集中产生的除外	1 号电池、LED 灯（含水银）、驱虫药、药瓶、废药、彩色相片、过期指甲油、胶合剂、暖身贴、染发剂等
厨余垃圾	易腐的生物质废弃物	包菜叶、残花、白煮蛋壳、变质米饭、车厘子核、残渣剩饭、鱼骨头、豆腐渣、地瓜皮、大蒜皮等
其他垃圾	除以上三类垃圾外的其他生活废弃物	3D 眼镜、DVD、贝壳类废弃物、被污染的报纸、车票、窗纱等

四类垃圾的图标在文字、颜色和图案上均有差异，如图 4-2 所示。

图 4-2 四类垃圾的图标

4.2.2 生活垃圾分类收集方式

生活垃圾分类收集方式可以按照包装方式、收集过程和收集时间进行划分，如表 4-3 所示。

表 4-3 生活垃圾分类收集方式

划分依据	名称	特征
按包装方式划分	散装收集	会造成污染，将逐步淘汰
	封闭收集	袋装收集比较普遍
按收集过程划分	上门收集	分为居家上门收集和管道收集
	定点收集	垃圾箱（桶）、集装箱收集等
按收集时间划分	定时收集	定时段收集垃圾
	不定时收集	不定时段收集垃圾

在靠近生活垃圾产生源头的位置普遍采用的收集容器为垃圾箱（桶），并且针对每类垃圾设置不同颜色和标识的垃圾箱以便人们分类投放。四分类方式的垃圾箱如图 4-3 所示。

图 4-3　四分类方式的垃圾箱

4.2.3　生活垃圾分类收运模式

在生活垃圾分类收运过程中，根据有无中转站，收运模式可分为直接收运模式和间接收运模式。直接收运模式是车辆将各个垃圾点特定类型的垃圾直接运输到垃圾处理厂。因为垃圾处理厂地理位置偏远且服务区域广，所以运输距离远。直接收运模式适合商业地区、单位大院等场所的生活垃圾的收运，这些场所的垃圾量往往很大，多采用整车运输。间接收运模式是在垃圾点和垃圾处理厂之间增设中转站，收运过程分为两个阶段，第一个阶段为从垃圾点到中转站的收运，第二个阶段为从中转站到垃圾处理厂的转运。第一个阶段由于垃圾点的垃圾量有限，多属于零担运输，需要拼车。第二个阶段由于不同垃圾的处理厂位置不同，一般采用整车运输。直接收运模式和间接收运模式的流程分别如图 4-4 和图 4-5 所示。本章针对间接收运模式中的第一个阶段进行研究，即从垃圾点到中转站这一收运过程。

在间接收运模式中，从中转站到垃圾处理厂，一般采用专用车辆收运特定类型垃圾。从垃圾点到中转站，有以下 3 种收运模式可以选择。

（1）采用专用车辆进行垃圾分类单独收运：为每类垃圾配备专用的垃圾收运车，实现每类垃圾的分类单独收运。

（2）采用通用车辆进行垃圾分类联合收运：车辆每次只运输一类垃圾，但是车辆是通用的，不指定垃圾类型。

（3）采用带隔舱的车辆进行垃圾分类收运：使用带隔舱的车辆同时分类收运某个垃圾点的不同类型垃圾。本节采用这种收运模式，并且由于有害垃圾的特殊性，为避免污染其他垃圾，采用专用车辆对其进行收运，对其他三类垃圾采用带隔舱的车辆进行垃圾分类收运。

目前，各城市采用的多为第一种收运模式，即采用专用车辆进行垃圾分类单独收运，但这种收运模式会造成垃圾点的多次访问，从而增加车辆的使用次数及行驶里程。第二种收运模式由于车辆需要清洗，一般不被采用。第三种收运模式目前还很少使用，主要原因在于，受技术和生产成本的影响，目前市场上还缺乏合适的车型。但这种带隔舱的车辆能够同时分类收运垃圾点的不同类型垃圾，从而有效减少垃圾点的访问次数，极大地提高收运效率。随着带隔舱车型的出现，相信这种收运模式会成为未来发展的方向。

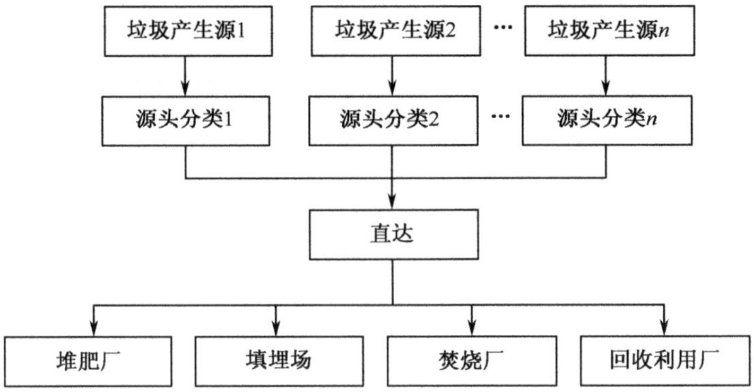

图 4-4　直接收运模式的流程

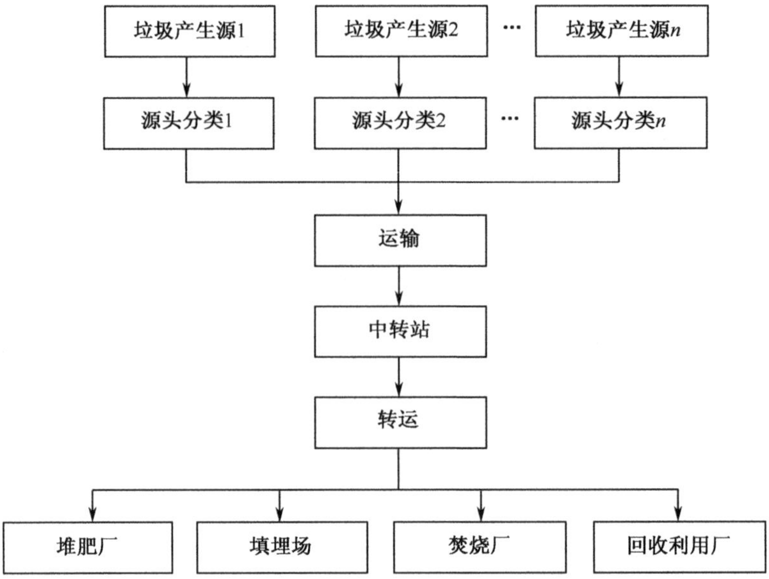

图 4-5　间接收运模式的流程

4.2.4　生活垃圾分类处理

在完成生活垃圾分类回收后，通常会采用垃圾再生、焚烧、堆肥、填埋等方式进行处理。可回收物通过分选最终运往回收利用厂进行资源化处理；厨余垃圾大多通过焚烧和堆肥进行处理，焚烧处理产生的热量可用于发电和供暖，堆肥处理可以将垃圾转化成卫生无味的腐殖质，用来改善土壤质量；有害垃圾一般交给具有资质的企业进行无害化处理；其他垃圾一般采用焚烧或填埋处理，焚烧过程中产生的烟气需要做进一步的处理，焚烧残渣主要用来做路砖原料。

4.3　国内外研究现状

Beltrami 最早在 1974 年开始研究城市垃圾收集路线优化问题，Tung 等人研究了越南河内垃圾收运的带时间窗车辆路径（VRPTW）问题，并提出了一个包含构造和改进两个阶段的启发式算法。Kim 研究了 VRPTW 问题，考虑了多个垃圾处理场、车场与垃圾处理场不在同一位置、车辆多行程和司机的午休时间等因素，以收运成本、时间惩罚成本和等待时间成本之和最小为目标进行建模，并通过遗传算法进行求解。Benjamin 等人针对 Kim 研究的 VRPTW 问题，提出了两种元启发式算法，即禁忌搜索和可变邻域搜索（VNS）。Nuortio 等人研究了芬兰东部城市固体废物收运车辆路线和时间表的优化问题，并开发了一种可变邻域阈值元启发式算法来解决废物收运问题。Angelelli 等人研究了带有中间设施的多周期 VRP，并估算了不同废物收运系统的运行成本：包括三人组的传统系统、侧面装载机系统和可拆卸车身的侧面装载机系统。Alumur 等人提出了一个危险废物选址—路径问题模型，旨在明确在何处设立处置设施、采用何种技术，以及如何将不同类型的危险废物输送到兼容的处理设施。Asefi 等人讨论了车队规模，并构建了将 VRP 与单隔舱车辆混合的系统，该系统由转运站、处理中心、回收中心和处置中心组成，车队从客户处收集固体废物后，在转运站进行分类。Aliahmadi 等人提出了两级城市垃圾收集和运输系统的双目标 VRP，包括垃圾箱、仓库、多车型车辆、中间设施和填埋场。

住宅垃圾收运通常涉及为私人住宅提供服务，这意味着沿着街道收集生活垃圾，在北美这种情况较为普遍。这种 VRP 被认为是一个弧路由问题。Amberg 等人引入了多中心容量约束弧路由问题，并将其转化为带弧约束的多中心容量约束最小生成树问题。建筑垃圾等工业垃圾的收集通常被视为滚装运输问题，这是一个特殊的路径问题。Wy 等人解决了工业垃圾收集的滚装运输问题，包括通常在建筑工地或购物中心进行大型集装箱的提取、运输、卸载和倾倒，提出了一种由大邻域搜索和各种改进方法组成的混合元启发式方法来解决该问题。此外，Yazdani 等人提出了一个用于建筑和拆除废物收运的 VRP，目的是最大限度地降低交通成本，其中，建筑物与回收设施之间的行驶时间是随机的。

上述研究没有使用带隔舱的车辆来分类收运垃圾。然而，在实践中，垃圾通常分为多种类型，为了避免混装，需要采用带隔舱的车辆进行收集和运输。Reed 等人开发了一种蚁群优化算法，用于解决基本的带隔舱车辆路径优化（Mutti-Compartment VRP，MCVRP）问题，用于收集客户的玻璃和纸张等可回收垃圾，车队对客户回收箱中的垃圾进行路边分类，但该研究仅考虑了车辆通行能力约束，未建立数学规划模型。Henke 等人提出了一种具有灵活隔舱尺寸的 MCVRP，用于收运客户的不同颜色的玻璃垃圾。客户可能会被访问多次，以收集不同类型的废物，该 MCVRP 推荐采用单一车型，但隔舱的大小可以离散变化，并且隔舱的数量可以小于产品类型的数量。Masoud 等人也研究了分类垃圾收集 MCVRP，该研究采用多种车型，车辆有不同的行驶时间限制，每个隔舱专用于一种类型的垃圾。每种垃圾都有若干车场和若干处置设施。车辆应访问所有处置设施，并在各个处置设施处卸下相应类型的垃圾。但该研究没有考虑时间窗，每辆车只能出行一次。

总之，在垃圾收运车辆路径问题上，前人研究了带容量限制的垃圾收运车辆路径问题、带时间限制的垃圾收车辆路径问题，并逐步延伸到考虑交通拥堵的垃圾收运车辆路径问题、垃圾分类单独收运车辆路径问题、具有多车型带隔舱的垃圾分类收运车辆路径问题等，但这些问题均是针对燃油车。本章问题的特点是带硬时间窗、多车型、多隔舱、车辆允许跑多趟，采用电动汽车进行生活垃圾分类收运，将带隔舱的电动汽车应用于垃圾分类收运。

4.4 问题描述和模型建立

4.4.1 问题描述

本章的垃圾分类收运问题描述为如下。一个垃圾中转站负责城市某片区域的垃圾分类收运，在一个时间周期内，派出多个不同车型且带隔舱的电动汽车从各个客户（垃圾投放点）分类收运不同类别的生活垃圾。车辆访问各个客户收集垃圾，装满后返回垃圾中转站卸载。若还有任务尚未完成并且时间允许，则可以再次派出该辆车。车辆在行驶途中若需充电，可在社会充电站进行充电，或者返回垃圾中转站后再充电。客户和垃圾中转站均有硬时间窗要求。要求生成完成所有客户分类收运任务的车辆调度方案，并使得总收运成本最小。总收运成本主要考虑车辆固定成本和车辆能耗成本。

因此，城市生活垃圾分类收运电动车辆路径问题可看作是带有硬时间窗、具有多种车型（Heterogeneous Fleet）、车辆带隔舱（Multiple Compartments）、车辆能运行多趟（Multiple

Trips）的电动车辆路径问题（Electric Vehicle Routing Problem），简称为 EVRP-HMM。

问题的基本假设如下：

（1）只设一个垃圾中转站，空载车辆从垃圾中转站出发，装满垃圾后再返回垃圾中转站卸载；

（2）垃圾中转站设有充电桩，车辆出发前充满电，中途可在社会充电站充电，采用快充方式，并且每次充满，可充多次；

（3）垃圾中转站有多种车型的车辆，各车型车辆的数量已知，拥有足够的运力，并且每辆车都带隔舱，隔舱数量与垃圾类型数量相等，各隔舱大小已知，并且各个隔舱固定装载一种指定类型的垃圾；

（4）一辆车可以服务多个垃圾点，但每个垃圾点只能由一辆车访问一次；

（5）每个垃圾点每种垃圾的数量已知，并且不超过车辆相应隔舱的容量；

（6）在收运途中，每类垃圾的装载量不能超过相应隔舱的容量；

（7）不同车型额定电量、单位里程耗电量已知；

（8）垃圾中转站运营时间窗已知，车辆出发时间不得早于开始运营时间，车辆返回时间不能晚于结束运营时间；

（9）每个垃圾点的时间窗已知，车辆提前到达时需要等待，但不允许延迟到达；

（10）每辆车的车速恒定、充电速度恒定。

4.4.2　模型建立

$C=\{1,2,\cdots,n\}$ 表示垃圾投放点集合，F 表示公共充电站集合，节点 0 和 $n+1$ 分别表示垃圾中转站的起点和终点。由于一个充电站可以被多次访问，为了保证一个充电站只允许访问一次，引入虚拟充电站，将实际的充电站复制多个，即 $F'=\{1,\cdots,l\}$，包括实际充电站及其虚拟充电站。令 $V'=C\cup F'$，$V_0'=C\cup F'\cup\{0\}$，$V_{n+1}'=C\cup F'\cup\{n+1\}$，$F_0=F'\cup\{0\}$，$V=C\cup F'\cup\{0\}\cup\{n+1\}_0$，节点 i 到节点 j 的距离为 d_{ij} km，行驶时间为 t_{ij} h。$K=\{1,2,\cdots,N\}$ 表示车辆集合，有多种车型，车辆 k 的固定成本为 F_k 元/辆，单位行驶里程的耗电量为 h_k kW・h/km，电池额定电量为 Q_k kW・h，装载垃圾 r 的隔舱容量为 G_{kr} kg，充电速度为 v kW・h/h，在垃圾投放点 i 的装垃圾时长为 s_i h，在垃圾中转站卸下垃圾时长固定为 t_d，电价为 c 元/kW・h。垃圾投放点 i 垃圾 r 的质量为 q_{ir} kg。各节点的时间窗为 $[e_i,l_i]$。R 表示垃圾种类及相应装载隔舱的集合。对任意节点均满足 $h_k\left(d_{ij}+d_{j,n+1}\right)\leqslant Q_k$。

M_k 表示车辆 k 运行趟数集合 $M_k=\{1,\cdots,M\}$，M 为趟数上限。用每类垃圾的总收运量除以所有车型中装载该类垃圾的最小隔舱的容量，得到不同垃圾各自最大的收运趟数，然后取其最大值即为车辆运行趟数上限 M 。可以用公式描述为：令 $M_r=\dfrac{\sum i\in *q_{ir}}{\min\left\{G_k^r\right\}}$，$\forall r\in R,k\in K$ ，则 $M=\max\left\{M_r\right\}$ 。

该模型的决策变量如表 4-4 所示。

表 4-4　决策变量

符号	描述	单位
x_{ijkm}	车辆 k 第 m 趟从节点 i 驶向节点 j 时为 1，否则为 0	—
t_{kmi}	车辆 k 第 m 趟到达节点 i 开始服务的时刻，t_{km0} 表示车辆的出发时刻	—
p_{kmi}	车辆 k 第 m 趟到达节点 i 的剩余电量，$p_{km0}=Q_k$	kW・h
x_k	使用车辆 k 时为 1，否则为 0	—
y_{km}	车辆 k 启用第 m 趟时为 1，否则为 0	—

EVRP-HMM 的数学模型如下：

$$\min Z=\sum_{k\in K}x_kF_k+\sum_{i\in V_0',j\in V_{n+1}',i\neq j}\ \sum_{k\in K,m\in M_k}x_{ijkm}d_{ij}h_kc \tag{4-1}$$

$$\text{s.t.}\ \sum_{i\in V_0',i\neq j}\ \sum_{k\in K,m\in M_k}x_{ijkm}=1,\forall j\in V' \tag{4-2}$$

$$\sum_{i\in V_0',i\neq j}x_{ijkm}-\sum_{i\in V_{n+1}',i\neq j}x_{jikm}=0,\forall j\in V',\forall k\in K,m\in M_k \tag{4-3}$$

$$\sum_{i\in V'}x_{0ikm}=\sum_{j\in V'}x_{j(n+1)km}=y_{km},\forall k\in K,m\in M_k \tag{4-4}$$

$$y_{km}=\begin{cases}1,\text{if}\ \sum\limits_{i\in V_0'}\ \sum\limits_{j\in V_{n+1}'}x_{ijkm}\geqslant 1, & \forall k\in K,m\in M_k\\ 0,\text{else}\end{cases} \tag{4-5}$$

$$x_k=\begin{cases}1, & \text{if}\ \sum\limits_{m\in M_k}y_{km}\geqslant 1,\forall k\in K\\ 0, & \text{else}\end{cases} \tag{4-6}$$

$$\sum_{i\in V_0',j\in V_{n+1}',i\neq j}x_{ijkm}\leqslant |S|-1,\quad \forall S\subseteq V,2\leqslant |S|\leqslant n+l+2,k\in K,m\in M_k \tag{4-7}$$

$$y_{k(m+1)}\leqslant y_{km},\forall k\in K,m\in M_k \tag{4-8}$$

$$\sum_{i\in C,j\in V_{n+1}',i\neq j}x_{ijkm}q_{ir}\leqslant G_{kr},\forall r\in R,k\in K,m\in M_k \tag{4-9}$$

$$0\leqslant p_{kmj}\leqslant p_{kmi}-x_{ijkm}h_kd_{ij}+Q_k\left(1-x_{ijkm}\right),\quad \forall i\in C,j\in V_{n+1}',i\neq j,k\in K,m\in M_k \tag{4-10}$$

$$0\leqslant p_{kmj}\leqslant Q_k-x_{ijkm}h_kd_{ij}+Q_k\left(1-x_{ijkm}\right),\forall i\in F_0,j\in V_{n+1}',k\in K,m\in M_k \tag{4-11}$$

$$t_{k(m+1)0}=t_{km(n+1)}+t_d+\frac{Q_k-p_{km(n+1)}}{v},\forall k\in K,m\in m_k \tag{4-12}$$

$$t_{km0}+t_{0j}x_{0jkm}-l_0\left(1-x_{0jkm}\right)\leqslant t_{kmj},\forall j\in V',k\in K,m\in M_k \tag{4-13}$$

$$t_{kmi}+\left(s_i+t_{ij}\right)x_{ijkm}-l_0\left(1-x_{ijkm}\right)\leqslant t_{kmj},\forall i\in C,j\in V_{n+1}',k\in K,m\in M_k \tag{4-14}$$

$$t_{kmi} + \frac{(Q_k - P_{kmi})}{v} + t_{ij}x_{ijkm} - E(1 - x_{ijkm}) \leqslant t_{kmj}, \forall i \in F', j \in V'_{n+1}, k \in K, m \in M_k \quad (4\text{-}15)$$

$$e_i \leqslant t_{kmi} \leqslant l_i, \forall i \in V, k \in K, m \in M_k \quad (4\text{-}16)$$

$$x_{ijkm} = \{0,1\}, \forall i, j \in V, i \neq j, k \in K, m \in M_k \quad (4\text{-}17)$$

式（4-1）为目标函数，其含义是使总收运成本最小，总收运成本由固定成本和车辆电能能耗成本构成；式（4-2）确保每个客户和充电站只能由一辆电动车访问一次；式（4-3）表示客户和充电站需满足节点流量平衡准则，即电动车到达该节点后必须离开该节点；式（4-4）～式（4-6）确保所有电动车均从停车场出发，完成任务后返回停车场；式（4-7）保证车辆每趟所构造的路线中不会出现任何回路；式（4-8）确保车辆在启用了第 m 趟后，才允许启用下一趟；式（4-9）表示车辆的隔舱容量约束；式（4-10）表示车辆从客户出发至客户/充电站/停车场的电量约束；式（4-11）表示车辆从停车场或充电站出发至客户/充电站/停车场的电量约束；式（4-12）表示车辆上一趟与下一趟的时间关系，车辆到达停车场后，卸货并充满电；式（4-13）表示从停车场出发至到达客户/充电站的时间关系；式（4-14）表示从客户出发至到达客户/充电站/停车场的时间关系；式（4-15）表示从充电站出发至到达客户/充电站/停车场的时间关系，其中 E 是一个足够大的正数；式（4-16）表示硬时间窗约束。

4.5 蚁群算法

本节针对 EVRP-HMM 的特点，设计一种融入局优化算子的混合蚁群算法进行求解。算法总体步骤如下。

初始化各参数，算法迭代次数 iter $\leftarrow$ 1

Repeat

  For each ant k **do**

    路径构造过程，得到一个可行解 $route_k$

  End For

    局部优化算法

    全局信息素更新

   iter $\leftarrow$ iter $\leftarrow$ +1

Until iter>Max_iter

Return $route_{best}$

4.5.1 转移规则

转移规则是蚁群算法最关键的法则之一，它决定蚁群算法的蚂蚁是以什么标准去选择到达下一节点的路径，是蚂蚁在路径构造中不可或缺的一部分。在 EVRP-HMM 中，将信息素浓度和节点之间的路径距离来作为转移概率的影响因素，用公式表示为

$$\xi_{ij}=\left[\tau_{ij}\right]^{\alpha}\left[\eta_{ij}\right]^{\beta} \tag{4-18}$$

其中，ξ_{ij} 是下一个节点 j 对节点 i 的吸引值的大小，τ_{ij} 表示节点 i 和节点 j 之间路径上信息素的量，η_{ij} 表示当前节点 i 与节点 j 之间距离倒数，α、β 为相关系数。

定义 allowed_v 为备选节点 j 的集合，从节点 i 转移至集合 allowed_v 中节点 j 的概率可以表示为

$$P_{ij}=\frac{\xi_{ij}}{\sum\limits_{h\in \text{allowed}_v}\xi_{ih}},\ j\in \text{allowed}_v \tag{4-19}$$

根据上述转移概率公式，可以求得从节点 i 到 allowed_v 集合中每个节点的概率，再使用轮盘赌法选出备选节点 j，以此方式确定路径的排列方案，并最终得到可行的路线方案。

4.5.2 路径构造过程

在蚁群算法中，由 N 只蚂蚁构成一个蚁群。每只蚂蚁从停车场出发，通过转移规则和信息素更新规则，不断访问客户或充电站，直到遍历所有客户，最终返回停车场，从而构造一个可行解。基本过程为，蚂蚁 n 模拟一台车辆 k，在 $T_{k0}=e_0$ 时刻从停车场出发，受车辆货物容量、车辆电能、时间窗的约束，只能访问部分客户，再返回配送中心，从而构造一个回路。该车辆不断出发，直到受车场 l_0 的约束不能再出发为止。然后，蚂蚁 n 再模拟一台新的车辆 k'，在 $T_{k'0}=e_0$ 时刻从停车场出发，访问剩余的客户，再构造一个回路。不断重复该过程，直至遍历所有客户，从而构造一个由多个回路构成的解。

转移规则采用 Liu 设计的转移规则，并采用 Bell 提出的小窗口策略。此外，需要强调的是，由于停车场有时间窗，需要对客户的原始时间窗进行修正，以确保车辆在该时间窗内的任意时刻可以到达并可以来得及返回停车场，即 $e_i=\max\{e_0+t_{0i},e_i\}$，$l_i=\min\{l_0-t_{0i}-s_i,l_i\}$。

在 EVRP-HMM 中，节点分为三种类型，即垃圾中转站、垃圾点、充电站。不同类型的节点 i 可以选择转移的节点 j 类型不尽相同。现将垃圾分类收运路径构建步骤描述如下。

1. 车辆 k 位于停车场且为首趟

蚂蚁 n 随机选择一台车辆 k 。车辆满电时能够保证从垃圾中转站出发访问任意垃圾投放点并返回，因此不考虑电量约束，将尚未收运并且同时满足容量、时间窗约束的垃圾投放点放入可行集合 allowed_k 。时间窗约束为 $T_{k0}+t_{0j}\leqslant l_j$ ，其中，由于车辆是首趟出发，有 $T_{k0}=e_0$ 。

然后，使用转移规则，计算 allowed_k 中各个节点的概率 P_{ij} ，并按概率从中随机选择一个节点 j 。车辆离开节点 j 的时刻为 $T_{kj}=\max\left\{e_j,T_{k0}+t_{0j}\right\}+s_j$ ，剩余的电量为 $g_{kj}=Q_k-d_{0j}h_k$ ，下一步转到“3.车辆 k 位于垃圾投放点”。

2. 车辆 k 位于停车场且为非首趟

从未访问的垃圾投入点集合中找出满足容量、时间窗约束的垃圾投放点，形成可行集合 allowed_k 。时间窗约束公式与首趟相同，区别在于 T_{k0} 为车辆上一趟返回停车场并充满电后的时刻。

（1）如果 $\text{allowed}_k=\varnothing$ ，那么按转移规则转移到下一个垃圾点 j 。T_{kj} 与 g_{kj} 的计算公式与“1.车辆 k 位于停车场且为首趟”一致，下一步转到“3.车辆 k 位于垃圾投放点”。

（2）如果 $\text{allowed}_k=\varnothing$ ，那么蚂蚁 n 再随机选择另一辆未分配任务的车辆（记为 k' ）。重新计算 allowed_k ，如果仍为 $\varnothing$ ，则表明所有垃圾点均已被访问，路径构造过程结束；否则车辆为首趟出发，出发时刻 $T_{k'0}=e_0$ ，下一步转到“1.车辆 k 位于停车场且为首趟”。

3. 车辆 k 位于垃圾投放点

根据容量约束、电能、时间窗约束的不同情形，蚂蚁可以选择去下一个垃圾投放点、充电站或者停车场。从未访问的垃圾投放点集合中找出满足容量、电能、时间窗约束的垃圾投放点，形成可行集合 $\text{y}_i^k\geqslant(t_{ij}+s_j)*l+d_{ij}*h+\min\{d_{j,N+1}\times h,d_{if*}\times h+t_{if*}\times l\}$ 中，时间窗约束为 $T_{ki}+t_{ij}\leqslant l_j$ ；电能约束采用防缺电策略（Look Ahead Strategy），用于确保蚂蚁去了垃圾点 j 后，还有足够的电量返回停车场 $n+1$ ，或者到达距离垃圾点 j 最近的充电站 $f*$。电能约束条件为 $h_k\left(d_{ij}+\min\left\{d_{j,n+1},d_{jf^*}\right\}\right)\leqslant g_{ki}$ 。判断规则如下。

（1）如果 $\text{allowed}_k\neq\varnothing$ ，将停车场加入可行点集中，再按转移规则转移到下一个垃圾点 j ，或者返回停车场。若选择转移至垃圾点 i ，则 $T_{kj}=\max\left\{e_j,T_{ki}+t_{ij}\right\}+s_j$，$g_{kj}=g_{ki}-d_{ij}h_k$ ，下一步转到“3.车辆 k 位于垃圾投放点”。

（2）如果存在垃圾点 j 满足容量和时间窗约束，但不满足电能约束，且 $g_{kj}\geqslant d_{if^*}\times h_k$ ，$\text{y}_i^k\geqslant d_{if*}\times h+t_{if*}\times l\}$ 则将蚂蚁直接转移到离节点 i 最近的充电站 $f*$，充电直至充满，$T_{kf^*}=T_{ki}+t_{if^*}+\left(Q_k-\left(g_{ki}-d_{if^*}h_k\right)\right)/v_3$，再更新 $g_{kf^*}=Q_k$，下一步转到“4.车辆 k 位于充电站”。

（3）若上述两种情形均不能满足，则蚂蚁只能返回停车场。

4. 车辆 k 位于充电站

根据容量约束、时间窗约束的不同情形，蚂蚁可以选择去下一个垃圾投放点或者停车场。

（1）如果有可行的垃圾投放点，将停车场加入可行点集中，再按转移规则转移到下一个垃圾点 j，或者返回停车场。若选择转移至垃圾点 j，则 $T_{kj}=\max\left\{e_j,T_{ki}+t_{ij}\right\}+s_j$，$g_{kj}=Q_k-d_{ij}h_k$，下一步转到“3.车辆 k 位于垃圾投放点”。

（2）如果没有可行的垃圾投放点，那么必须返回停车场。

蚂蚁返回停车场后，如果还有客户未访问，那么将蚂蚁移至停车场 0，充至满电，于是有 $T_{k0}=T_{ki}+t_{i,n+1}+\dfrac{Q_k-\left(g_{ki}-d_{\mathrm{i},n+1}h_k\right)}{v_3}$，再更新 $g_k=Q_k$，下一步转到“2.车辆 k 位于停车场且为非首趟”；若所有客户均被访问了，则该蚂蚁完成了路径构造任务，生成了一个解。

4.5.3 局部优化算子设计

外国学者 Balseiro 等针对带时间窗的车辆路径问题，基于传统蚁群算法提出了采用交换算子进行算法的设计，包括单回路交换算子和跨回路交换算子。笔者受 Balseiro 的启发，基于本节问题的特点设计了不同的局部优化算子。以下是各局部优化算子的设计。

局部优化算子 1：针对每只蚂蚁得到的路径方案，选择其中一条回路，在该回路中随机选择某个垃圾点进行移除，再将移除的垃圾点插入到与其相邻的上一个垃圾点的前面，其他节点的访问顺序保持不变。

局部优化算子 2：针对每只蚂蚁得到的路径方案，选择其中一条回路，在该回路中随机选择两个垃圾点，再将两个垃圾点的访问顺序进行互换，其他节点的访问顺序保持不变。

局部优化算子 3：针对每只蚂蚁得到的路径方案，选择其中两条回路，在两条回路中分别随机选择两个垃圾点，再将两个垃圾点进行交换，其他节点的访问顺序保持不变。

局部优化算子 4：针对每只蚂蚁得到的路径方案，选择路径方案中等待时间最长的垃圾点进行移除，再尝试将该垃圾点依次插入到此路径方案所有位置，其他节点的访问顺序不变。

4.5.4　信息素更新策略

蚁群算法中的蚂蚁在搜索路径时会沿途释放信息素，后面的蚂蚁会根据路径上是否存在信息素及信息素的浓度来判断下一步的去向。信息素更新策略能够通过改变路径上信息素的浓度影响蚂蚁的去向。本节主要采用全局信息素更新策略进行信息素的更新，即当所有蚂蚁构造完路径后，对任意两节点之间的信息素浓度进行更新。全局信息素更新公式如下：

$$\tau_{ij}^{a}=(1-\rho)\tau_{ij}^{b}+\Delta\tau_{ij}^{b} \tag{4-20}$$

$$\Delta\tau_{ij}^{b}=\sum_{v=1}^{u}\Delta\tau_{ij}^{v} \tag{4-21}$$

其中，τ_{ij}^{b} 为进行全局信息素更新之前节点 i 和节点 j 之间的信息素浓度，τ_{ij}^{a} 为进行全局信息素更新之后节点 i 和节点 j 之间的信息素浓度， ρ 为信息素挥发系数， $\Delta\tau_{ij}^{v}$ 表示第 v 只蚂蚁在节点 i 和节点 j 之间释放的信息素浓度， u 为种群中蚂蚁的数量。

除此之外，本节还使用了精英蚂蚁策略。将所有蚂蚁构造的路线方案的总成本进行比较，选取总成本较小的 5 只蚂蚁作为精英蚂蚁，对精英蚂蚁走过的路径上的信息素进行更新。信息素更新公式如下：

$$\tau_{ij}(t+1)=\tau_{ij}(t)+\frac{1}{\cos t_{v}},\quad \forall i,j\in \text{route}_{v},\quad v=1,2,\cdots,5 \tag{4-22}$$

其中，$\tau_{ij}(t)$ 为采用精英蚂蚁策略进行信息素更新之前节点 i 和节点 j 之间的信息素浓度，$\tau_{ij}(t+1)$ 为采用精英蚂蚁策略进行信息素更新之后节点 i 和节点 j 之间的信息素浓度，$\cos t_{v}$ 表示蚂蚁 v 构建的路线方案对应的总成本大小， route_{v} 为蚂蚁 v 构建的路线方案。

另外，为避免路径上的信息素浓度过大或者过小，采用最大最小蚂蚁策略规定节点之间的信息素浓度在区间 $[\tau_{\min},\tau_{\max}]$，即当节点之间的信息素浓度比 $\tau_{\min}$ 小时，令其为 $\tau_{\min}$，当节点之间的信息素浓度比 $\tau_{\max}$ 大时，令其为 $\tau_{\max}$。

4.6　实验分析

本节实验所用算例均来源于 Schneider 设计的算例。本节针对 EVRP-HMM 的特点，对上述算例集进行改编，设计出满足要求的算例集，设计的算例集分为小规模算例集和大规模算例集。小规模算例集有 24 个，垃圾投放点数量分别有 5 个、10 个，大规模算例集有 56 个，垃圾投放点数量为 100 个。不同垃圾投放点数量下的算例都含 C、R 和 RC 三种位置分布形态，C 类算例中垃圾投放点的分布形态呈集群式，R 类的分布形态呈随机式，而 RC 类的分布形态则是集群式和随机式混合。

蚁群算法参数：蚂蚁数量 50 只；迭代次数 100 次；信息素权重系数 $\alpha=2$；能见度权重系数 $\beta=1$；C-W 节约值权重系数 $\sigma=7$；信息素保持率 $\rho=0.95$；信息素初始浓度 $\tau_{ij}=10, \tau_{\max}=100, \tau_{\min}=1$；局部优化算子迭代次数 100 次。

实验环境如下：

（1）CPU：Intel Core i5-5200U；

（2）运行内存：8G；

（3）操作系统：Windows10；

（4）编程语言：C 语言。

4.6.1 小规模算例实验分析

小规模算例集用于分析混合蚁群算法求解小规模问题的性能。采用 CPLEX 编程实现本书所建数学模型，求得 24 个小规模算例的最优解，或者在 7200 秒内求得的最优上界值，用 $L(S)$ 表示，对每个算例运行 10 次混合蚁群算法，用 $L(S^*)$ 表示其中的最优解，实验结果如表 4-5 所示。其中，t 表示程序运行时间，单位为 s，Δ 表示混合蚁群算法的最优解与 CPLEX 所得解之间的差距，Avg 表示 10 次运行的平均目标值。

表 4-5　小规模算例实验结果

算例	CPLEX		混合蚁群算法		
	$L(S)$	t/s	$L(S^*)$	t/s	Δ
C101-5	443.70	10.47	443.70	0.36	0.00
C103-5	450.66	2.82	450.66	0.35	0.00
C206-5	437.49	8.72	437.49	0.35	0.00
C208-5	460.79	1.33	460.79	0.44	0.00
R104-5	425.38	11.73	425.38	0.33	0.00
R105-5	445.57	18.42	445.57	0.38	0.00
R202-5	866.34	5.87	866.34	0.38	0.00
R203-5	515.15	24.22	515.15	0.46	0.00
RC105-5	466.33	14.62	466.33	0.36	0.00
RC108-5	457.62	2.75	457.62	0.33	0.00
RC204-5	478.87	2.13	478.87	0.35	0.00
RC208-5	461.49	9.30	461.49	0.39	0.00
C101-10	462.79	28.42	462.79	0.66	0.00
C104-10	480.69	817.38	480.69	1.39	0.00
C202-10	495.58	7200	487.27	1.13	−1.68
C205-10	488.07	52.85	488.07	1.64	0.00
R102-10	462.94	76.31	462.94	0.84	0.00
R103-10	506.74	7200	505.85	0.90	−0.18

续表

算例	CPLEX		混合蚁群算法		
	$L(S)$	t/s	$L(S^*)$	t/s	$\varDelta$
R201-10	476.03	3278.32	476.03	0.91	0.00
R203-10	469.81	532.76	469.81	1.09	0.00
RC102-10	483.72	7200	464.11	1.15	-4.05
RC108-10	487.19	7200	483.47	0.70	-0.76
RC201-10	514.19	115.29	514.19	1.13	0.00
RC205-10	506.48	7200	504.31	1.71	-0.43
Avg	489.32	1778.19	487.87	0.74	-0.30

结果表明，混合蚁群算法可以有效地解决所有小规模算例。CPLEX 在时限内找到了 12 个算例（5 个垃圾点）和 7 个算例（10 个垃圾点）的最优解，混合蚁群算法能够获得所有这些算例的最优解。在有 10 个垃圾点的 5 个算例中，CPLEX 仅在 7200 s 内找到上限。混合蚁群算法发现的这 5 个算例的最好解平均比 CPLEX 提供的上限高出 1.42%。混合蚁群算法的平均运行时间仅为 0.74 s，而 CPLEX 的平均运行时间为 1778.19 s。需要注意的是，CPLEX 的运行时间不是找到最优解或上限所需的时间，而是在找到最优解或达到时间限制后停止的时间。

4.6.2　大规模算例实验分析

大规模算例集用于验证局部优化算子是否能够有效提升蚁群算法的性能。针对 56 个大规模算例，分别采用蚁群算法和融合局部优化算子的混合蚁群算法对其进行求解，对每个算例各运行 10 次，用 $L(S^*)$ 表示算法运行 10 次所搜索到的最好解，Avg 表示 10 次运行的平均目标值，t 表示程序运行时间，$\varDelta$ 表示混合蚁群算法所找到的最好解相较于蚁群算法对目标的改进率，大规模算例实验结果如表 4-6 所示。C101 算例的算法收敛曲线如图 4-6 所示。

表 4-6　大规模算例实验结果

算例	蚁群算法			混合蚁群算法			
	$L(S^*)$	Avg	t/s	$L(S^*)$	$\varDelta$	Avg	t/s
C101	1801.18	1805.40	41.88	1646.66	-8.58	1745.78	55.34
C102	1982.91	2014.59	41.88	1868.20	-5.78	1898.79	65.33
C103	5208.92	5321.69	27.50	4956.91	-4.84	5047.54	61.35
C104	3848.81	3931.90	48.87	3510.80	-8.78	3681.77	64.21
C105	4288.88	4337.87	38.58	4003.58	-6.65	4104.99	53.91
C106	3637.66	3649.85	29.22	3529.95	-2.96	3566.47	63.07
C107	2890.79	2916.36	26.00	2768.40	-4.23	2793.04	24.81

续表

算例	蚁群算法			混合蚁群算法			
	$L(S^*)$	Avg	t / s	$L(S^*)$	Δ	Avg	t / s
C108	2155.03	2164.70	34.07	1998.16	−7.28	2117.17	48.31
C109	2680.43	2698.62	31.78	2434.28	−9.18	2589.80	39.26
C201	3237.90	3275.21	32.77	3040.74	−6.09	3079.68	48.64
C202	3214.91	3266.13	39.47	3013.13	−6.28	3073.27	65.05
C203	5309.30	5347.24	30.68	4958.42	−6.61	5131.60	45.09
C204	5374.59	5446.13	31.09	5166.88	−3.86	5271.47	51.78
C205	5355.48	5409.66	30.59	5091.44	−4.93	5245.02	45.64
C206	3931.18	3950.71	29.57	3685.75	−6.24	3760.92	58.73
C207	3919.24	3977.60	31.52	3240.51	−17.32	3361.63	58.60
C208	3932.02	3972.11	34.11	3865.80	−1.68	3889.25	54.12
R101	3891.46	3921.58	31.99	3495.67	−10.17	3707.17	69.69
R102	4801.95	4860.21	30.11	4490.66	−6.48	4612.86	62.89
R103	4502.42	4575.20	27.92	4175.86	−7.25	4328.51	51.78
R104	4785.16	4859.35	35.74	4571.80	−4.46	4665.54	62.64
R105	4783.77	4823.39	30.49	4206.54	−12.07	4564.54	28.03
R106	3862.15	3910.35	47.96	3679.81	−4.72	3742.31	71.26
R107	3255.60	3270.71	36.80	3063.37	−5.90	3121.44	79.50
R108	2748.39	2817.09	39.18	2532.18	−7.87	2640.99	61.38
R109	3803.66	3823.51	29.92	3693.52	−2.90	3730.95	52.55
R110	3889.80	3924.03	32.96	3801.97	−2.26	3828.40	51.66
R111	3912.58	3927.48	33.43	3805.82	−2.73	3849.91	56.11
R112	3864.43	3884.61	36.04	3687.04	−4.59	3771.36	45.65
R201	3930.44	3950.07	25.71	3717.45	−5.42	3824.71	44.91
R202	3808.76	3831.53	37.49	3633.88	−4.59	3674.82	50.05
R203	3879.28	3896.48	35.54	3723.87	−4.01	3779.93	57.97
R204	2882.01	2912.29	33.00	2732.29	−5.19	2783.91	61.80
R205	2954.25	2972.68	34.33	2803.63	−5.10	2835.41	45.86
R206	2908.48	2937.72	35.74	2809.41	−3.41	2853.09	48.38
R207	2815.77	2850.30	32.85	2721.68	−3.34	2750.64	43.69
R208	2816.01	2835.46	39.39	2711.83	−3.70	2731.02	62.68
R209	5455.85	5499.98	37.81	5159.12	−5.44	5268.12	63.98
R210	5435.97	5476.40	30.34	5229.10	−3.81	5258.15	55.06
R211	5272.08	5302.97	35.80	5024.65	−4.69	5122.52	64.98
RC101	5229.96	5294.86	41.92	4878.08	−6.73	5051.32	56.74
RC102	5208.52	5266.71	27.62	4899.48	−5.93	4985.20	83.42
RC103	6087.38	6098.57	45.65	5381.83	−11.59	5737.09	58.73
RC104	5281.74	5321.60	50.16	4945.43	−6.37	5112.41	30.81
RC105	4958.96	5029.89	43.30	4768.70	−3.84	4803.19	71.51

续表

算例	蚁群算法			混合蚁群算法			
	$L(S^*)$	Avg	t/s	$L(S^*)$	$\varDelta$	Avg	t/s
RC106	4787.96	4824.53	35.83	4537.88	−5.22	4598.71	59.56
RC107	3172.36	3193.83	36.40	3009.10	−5.15	3059.03	55.97
RC108	2504.72	2834.37	47.59	2438.36	−2.65	2459.89	77.82
RC201	2085.76	2113.28	40.37	1973.83	−5.37	2010.81	97.80
RC202	1487.17	1494.43	40.88	1433.75	−3.59	1457.40	87.13
RC203	2823.87	2857.74	24.91	2571.81	−8.93	2725.98	18.16
RC204	2358.31	2373.08	39.86	2215.82	−6.04	2267.81	70.17
RC205	2010.74	2038.88	39.82	1859.96	−7.50	1899.84	71.24
RC206	1666.05	1742.71	34.12	1520.00	−8.77	1579.97	62.67
RC207	5297.66	5341.84	39.85	5199.71	−1.85	5245.68	57.81
RC208	5435.39	5490.95	37.62	5182.27	−4.66	5287.58	59.86
平均值	—	—	35.64	—	−5.81	—	57.41
C	3692.31	3734.46	34.09	3457.62	−6.55	3550.50	53.13
R	3924.36	3959.28	34.37	3716.14	−5.22	3802.01	56.20
RC	3774.78	3832.33	39.12	3551.00	−5.89	3642.62	63.71

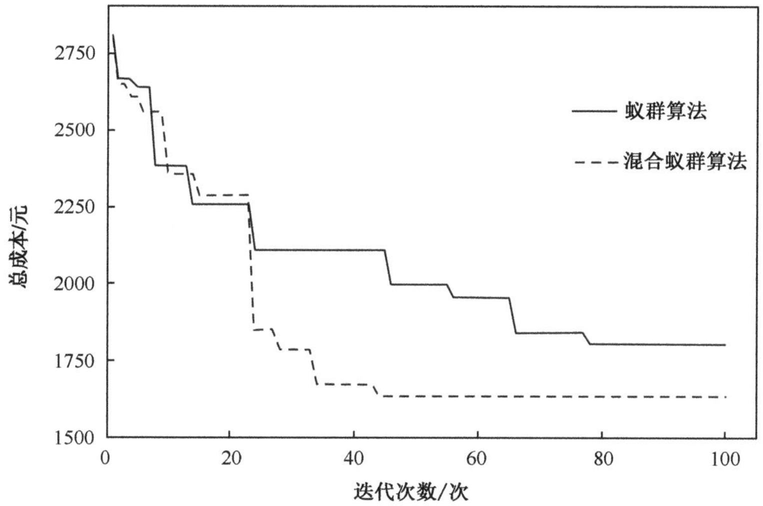

图 4-6　蚁群算法和混合蚁群算法的最佳解决方案演变（C101）

结果表明，混合蚁群算法和蚁群算法的最优解之间的平均差距为 5.81%。值得注意的是，在所有情况下，混合蚁群算法的最优解都优于蚁群算法，这是因为局部优化搜索。在计算时间方面，蚁群算法的平均时间为 35.64 s。由于局部优化搜索，混合蚁群算法的平均时间增加到 57.41 s。

对于 C、R 和 RC 实例，如图 4-7 所示，平均差距分别为 6.55%、5.22%和 5.89%。

局部搜索算子的改进效果在垃圾点聚集的情况下最好，而在垃圾点随机分布的情况下最差。蚁群算法对这三类算例的计算时间分别为 34.09 s、34.37 s 和 39.12 s，而混合蚁群算法的计算时间分别为 53.13 s、56.2 s 和 63.71 s。这表明，对于具有聚集点的算例，算法的搜索时间最短，而对于具有混合分布的算例，算法的搜索时间最长。

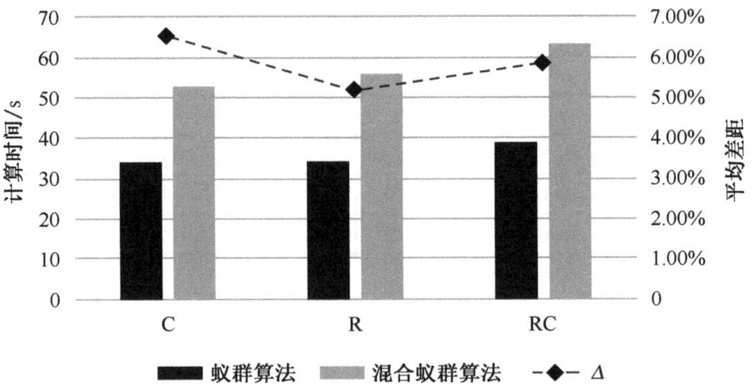

图 4-7　C、R 和 RC 实例的计算时间和间隔

4.6.3　带隔舱与不带隔舱的实验比较

本部分实验用于对带隔舱和不带隔舱两种运作模式进行比较。本节参照某市实际的垃圾分类收运网络，构建了一个由 150 个垃圾点、7 个社会充电桩和 1 个垃圾中转站组成的垃圾收运网络。晚班次各节点的时间窗均为[0,480]min。该垃圾中转站共收集 3 种垃圾，分别为可回收垃圾、厨余垃圾和其他垃圾。据调查，收运每类垃圾的比例大致为 28.65%、57.79%和 13.56%，某个班次的总收运量约为 40 t。因为缺乏各垃圾投放点的各类垃圾量数据，所以参考上述各类垃圾的比例和总运量随机生成各个垃圾投放点的各类垃圾量，并要求单个垃圾点的各类垃圾量小于车辆相应隔舱的容量。有 3 种车型可供选择，载重分别为 1.5 t、2 t、2.5 t，电池容量分别为 60 kW • h、70 kW • h、80 kW • h，充电速度为 50 kW • h/h，并按照每类垃圾重量的比例分割成 3 个隔舱，形成 3 种带隔舱的车型。各车型的单位里程耗电量分别为 0.3 kW • h/km、0.4 kW • h/km、0.5 kW • h/km，固定成本均为 200 元/次，电价为 1.5 元/kW • h，车辆行驶速度为 40 km/h，在中转站卸垃圾的时间为 10 min。带隔舱车辆（Multi-Compartment Vehicle，MCV）和不带隔舱车辆（Single-Compartment Vehicle，SCV）在垃圾点装垃圾所需时间分别为 3 min 和 2 min。

分别针对不带隔舱模式和带隔舱模式，各运行混合蚁群算法 10 次，用 Avg 表示 10 次运行的平均目标值，$L(S^*)$表示运行 10 次所搜索到的最好解，*FC*、*VC*、*m*、*L*、*R* 分别表示最好解的固定成本、可变成本、车辆使用数量、总行驶里程及充电次数。*Δ* 表示混合蚁群算法带隔舱模式相对不带隔舱模式的改进率，如表 4-7 所示。

表 4-7 不带隔舱与带隔舱模式对比

	Avg	$L(S^*)$	FC	VC	m	L	R
SCV	1985.38	1776.63	1200	576.63	6	972.4	4
MCV	1320.62	1282.49	960	322.49	4	562.8	1
Δ/%	−33.48	−27.81	−20.00	−44.07	−33.33	−42.12	−75.00

结果表明，在该实例中，当使用不带隔舱的车队时，需要 6 辆车，在其最好解中，总行驶距离为 972.4 km。然而，如果使用带隔舱车队，只需要 4 辆车，总行驶距离显著减少至 562.8 km。显然，当使用带隔舱车队时，每辆车都可以在一个点上收集所有类型的垃圾，而使用不带隔舱的车队时，每辆车只能收集一种类型的垃圾。每个垃圾处理点需要 3 辆不带隔舱车辆前往，因此所需的 ECV 数量从 4 辆增加到 6 辆，总里程从 562.8 km 显著增加至 972.4 km。此外，每辆不带隔舱车辆平均访问的垃圾点要比带隔舱车辆多，每趟行程里程也显著增加，在公共充电站充电的次数由 1 次增加到 4 次。在总成本方面，使用带隔舱车队时，最优解的总成本为 1282.49 元，与不带隔舱车队相比下降了 27.81%；10 次运行的平均成本从 1985.38 元下降到 1320.62 元。结果表明，使用带隔舱车队后，所需车辆数量和总里程显著减少，从而显著节约成本。

4.7 小结

本章研究了城市生活垃圾分类收运电动车辆路径问题。基于此构建了社会充电站环境下 EVRP-HMM 的数学模型，设计了一种混合蚁群算法求解该问题，并构建了算例集。实验结果表明，所设计的混合蚁群算法能够有效求解小规模和大规模节点的 EVRP-HMM，并且验证了混合蚁群算法比单纯蚁群算法性能更好，尤其是在求解大规模算例上。最后将混合蚁群算法应用到垃圾分类收运实例中，通过大规模实例分别基于不带隔舱和带隔舱模式进行实验，并对不带隔舱和带隔舱模式下的实验结果进行对比，从而验证了带隔舱模式的优越性。

参考文献

[1] Beltrami E J, Bodin L D. Networks and vehicle routing for municipal waste collection[J]. Networks, 1974, 4(1): 65-94.

[2] Dang T V, Pinnoi A. Vehicle routing-scheduling for waste collection in Hanoi[J].

European Journal of Operational Research, 2000, 125(3): 449-468.

[3] Kim B, Kim S, Sahoo S. Waste collection vehicle routing problem with time windows[J]. Computers & Operations Research, 2006, 33(12): 3624-3642.

[4] Benjamin A M, Beasley J E. Metaheuristics for the waste collection vehicle routing problem with time windows, driver rest period and multiple disposal facilities[J]. Computers & Operations Research, 2010, 37(12): 2270-2280.

[5] Nuortio T, Kytöjoki J, Niska H, et al. Improved route planning and scheduling of waste collection and transport[J]. Expert Systems with Applications, 2006, 30(2): 223-232.

[6] Angelelli E, Speranza M G. The periodic vehicle routing problem with intermediate facilities[J]. European Journal of Operational Research, 2002, 137(2): 233-247.

[7] Alumur S, Kara B Y. A new model for the hazardous waste location-routing problem[J]. Computers & Operations Research, 2007, 34(5): 1406-1423.

[8] Asefi H, Shahparvari S, Chhetri P, et al. Variable fleet size and mix VRP with fleet heterogeneity in Integrated Solid Waste Management[J]. Journal of Cleaner Production, 2019, 230(SEP.1): 1376-1395.

[9] Aliahmadi S Z, Barzinpour F, Pishvaee M S. A novel bi-objective credibility-based fuzzy model for municipal waste collection with hard time windows[J]. Journal of Cleaner Production, 2021(May 10): 296.

[10] Amberg A, Domschke W, Vo S. Multiple center capacitated arc routing problems: A tabu search algorithm using capacitated trees[J]. European Journal of Operational Research, 2000, 124(2): 360-376.

[11] Wy J, Kim B I. A hybrid metaheuristic approach for the rollon–rolloff vehicle routing problem[J]. Computers & Operations Research, 2013, 40(8): 1947-1952.

[12] Yazdani M, Kabirifar K, Frimpong E, et al. Improving Construction and Demolition Waste Collection Service in an Urban Area Using a Simheuristic Approach: A Case Study in Sydney, Australia[J]. Journal of Cleaner Production, 2020, 280: 124138.

[13] Reed M, Yiannakou A, Evering R. An ant colony algorithm for the multi-compartment vehicle routing problem[J]. Applied Soft Computing, 2014(15): 169-176.

[14] Henke T, Speranza M G. The multi-compartment vehicle routing problem with flexible compartment sizes[J]. European Journal of Operational Research, 2015, 246(3): 730-743.

[15] Rabbani M, Farrokhi-asl H, Rafiei H. A hybrid genetic algorithm for waste collection problem by heterogeneous fleet of vehicles with multiple separated compartments[J]. Journal of intelligent & fuzzy systems, 2016, 30(3): 1817-1830.

[16] Liu Z S, Shen J S, Chai Y T. Hybrid Multiple Ant Colonies Algorithm for Capacitated

Vehicle Routing Problem[J]. Journal of System Simulation, 2007, 19(15): 3513-3520.

[17] Bell J E, Mcmnllen P R. Ant colony optimization techniques for the vehicle routing problem[J]. Advanced Engineering Informatics, 2004, 18(1): 41-48.

[18] Balseiro S R, Loiseau I, Ramonet J. An Ant Colony algorithm hybridized with insertion heuristics for the Time Dependent Vehicle Routing Problem with Time Windows[J]. Computers & operations research, 2011, 38(6): 954-966.

[19] Stutzle T, Hoos H. MAX-MIN Ant System[J]. Future Generation Computer Systems, 2000, 16(8): 889-914.

[20] Schneider M, Stenger A, Goeke D. The Electric Vehicle-Routing Problem with Time Windows and Recharging Stations[J]. Transportation Science, 2014, 48(4): 500-520.

第 5 章 基于带隔舱的车辆的成品油二次配送优化问题

5.1 引言

石油石化产业是我国经济重要的支柱之一，关系着国家的生存和发展，对国计民生具有十分重要的战略意义。成品油是指原油经生产加工后，形成的一类符合国家标准的替代燃料，主要包括煤油、汽油、柴油等产品。1992 年开始，我国成品油开始了市场化探索，大批民营资本进入该领域；1998 年，中国石油、中国石化两大集团公司相继成立，开始实行以上中下游、产供销、内外贸为一体的管理模式，同时，政府相继出台政策和规定，使成品油批发权集中于中国石化和中国石油，从而规范成品油市场秩序；自 2005 年起，石油石化行业开始新一轮改革，符合国家规定的企业可以申请并获得成品油的批发和零售资质；2009 年，中国海油获得了成品油批发资质，在之后多年的发展中，我国逐渐形成了中国石化、中国石油、中国海油三足鼎立的市场格局。这一时期，由于政策的放开，埃克森美孚、壳牌、BP、道达尔等外资企业和有实力的民营企业在中国拓展业务，成品油市场的垄断局面逐步被打破，国内形成了以国有石油石化企业为主导，国内民营企业和大型外资石油企业积极参与的多元化竞争格局。

随着政策的逐步放开和经济的飞速发展，我国汽车保有量不断提升，这也促进了汽油消费量的大幅提升和柴油消费量的稳步发展。根据公开资料数据，从 2004 年到 2019 年，我国汽油消费量从 4695.76 万吨增加至 12845.00 万吨，年复合增长率达到 6.94%。随着家庭消费能力的提高，人们使用汽车出行的需求进一步提升，成品油消费仍将保持稳步增长趋势。与此同时，由于近年来新能源汽车技术的发展和国家的大力推广，电动汽车产业化水平不断提升，未来的燃料将向清洁环保的新能源方向发展，传统燃油市场受到的冲击将越来越强。

根据成品油行业面临的前景和挑战，成品油企业应不断采取有效手段提高企业经济利润并降低成本，这对于企业的生存具有重要意义。物流是企业活动中不可或缺的一环，甚至可称为企业的第三利润源泉。2019 年，中石油销售板块实现营业收入 21653.91 亿元，经营亏损 5.65 亿元。中石化营销及分销事业部经营收入 14310 亿元，利润达 291 亿元，但分摊到单站，每个盈利不足 100 万元。石油石化企业盈利状况不佳甚至亏损，物流配送方面的短板是重要因素之一。

目前，国内成品油的物流模式主要是通过划分配送区域，在区域内建立独立运营的销售子公司，以完成辖区内的油品配送。成品油流通过程可分为一次配送和二次配送。一次配送是指将成品油从炼油厂运输至各区域的油库，主要依靠管道进行运输，也有部分依靠水路和铁路进行运输；二次配送是指将油品从油库运送到各加油站，主要依靠专门的油罐车进行运输。成品油流通过程如图 5-1 所示。

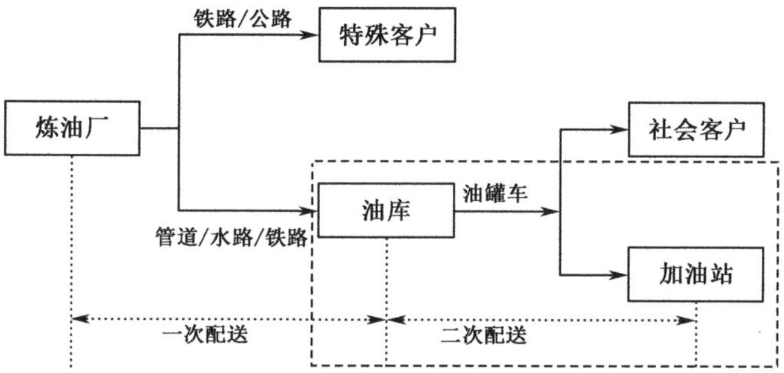

图 5-1　成品油流通过程

二次配送是成品油供应链的末端环节，在现有的成品油物流体系中，该环节占总物流成本的 60%～70%，有较大的改进空间。对二次配送这一环节进行调整与优化，是油品销售企业降低运输成本、提高配送效率的重要手段。

本章主要从路径优化角度研究成品油二次配送优化问题。该问题是车辆路径问题，一般需要考虑多种车型、多种油品、车辆带隔舱、油品不能混装、油罐容量有限、加油站有工作时间窗等约束条件，要求合理选择运输车辆、安排车辆路径，尽量避免车辆往返、重复运输，减少配送时间，满足加油站的配送时间条件等。对这一多约束条件、多目标的复杂问题的研究，能够节约人力，有效提高物流配送效率，提高客户满意度，大大降低成品油销售企业的物流成本，提高企业核心竞争力。

本章在总结成品油二次配送研究现状，以及带隔舱的车辆路径问题研究现状的基础上，根据实际成品油二次配送特点，提出了一种车辆带隔舱（Multi-compartment）、车辆可运行多趟（Multi-trip）、多车型（Heterogeneous Fleet）、带罐容和工作时间窗（Time Window）的 VRP（MMHVRPTW）问题，并建立该问题的数学模型。然后设计变邻域搜索算法求解这一问题，结合大邻域搜索算法的思想设计了一种邻域结构。最后通过A公司实例和改编的标杆算例验证了算法的性能。

5.2 国内外研究现状

针对加油站配送优化问题，国外学者开展了诸多研究。Coelho 等人以加油站的油罐和车辆的隔舱是否可分割定义并对比了四类带隔舱的车辆路径问题（Multi-Compartment Vehicle Routing Problem，MCVRP）：油罐和隔舱均可分割、油罐不可分但隔舱可分割、油罐可分但隔舱不可分割、油罐和隔舱均不可分割，建立了各类问题的数学模型，并设计了分支定界和分支剪切方法。Avella 等人研究了单油库、多车型的 MCVRP，使用分支定价方法求解了小规模算例。Cornillier 等人研究了更为贴近实际情况的成品油二次配送问题，考虑了在一天的配送期内，多车场、多车型、车辆数有限、油品不可混装、油品有硬时间窗等约束，以利润最大化为目标，构造了一种基于回路选择模型的启发式算法，但该研究假设一个加油站只能被访问一次。Wang 和 Liang 等人研究了带硬时间窗和多趟的加油站配送优化问题，以车辆固定成本和运输成本最小为优化目标，设计了结合禁忌搜索与局部分支定界搜索的启发式算法。Wang 和 Kinable 等人研究了多车型带隔舱的成品油二次配送优化问题，车辆可以配送多趟，并以最小化完工时间为目标，设计了自适应大规模邻域搜索算法，但该研究没有考虑加油站油罐的容量约束，车辆可以在缺货之前的任意时刻访问加油站。Wei 等人研究了主动配送模式下高速公路加油站的成品油配送优化问题，建立了数学规划模型并采用精确数学方法求解，该模型中加油站需求未知，一个油罐在调度期内允许配送多次，车辆可运行多趟，但车辆不带隔舱且只允许满载运输，每趟也只允许服务于一个油罐。

国内学者在加油站配送优化领域也开展了一些研究。马义飞等人研究了求解加油站配送优化问题的遗传算法。宋洁蔚等人在加油站配送优化问题中考虑了加油站的油罐容量，并在综合考虑订货点、销售速度函数、不允许断货的基础上，计算得到各油品配送的硬时间窗，但所使用的车辆不带隔舱。戴锡等人研究了主动配送模式下的加油站配送优化问题，考虑了多车型、多油库、带隔舱车辆，基于人机结合的理念设计了一种交互式方法，他们所研究的问题贴近实际，但没有建立数学规划模型且路径改进算子的设计未针对问题的特点。张立峰等人建立了多油库、多车型、带隔舱、硬时间窗的加油站配送优化问题的数学模型，并设计了两阶段算法求解，该模型假设一个加油站只允许由一辆车访问一次。王茜等人研究了客户带优先级的多车型的 MCVRP，设计了反应机制和导引机制，以动态调整深度搜索与多样搜索之间的平衡。王旭坪等人采用蚁群算法和禁忌搜索结合的混合算法，求解多车型、带隔舱和软时间窗的加油站配送优化问题，假设车辆数量不限，并对比了需求可分拆和不可分拆两种情况，认为可分拆模式可在降低成本的同时更好地提升车辆满载率。李珍萍等人以车辆的固定成本和运输成本最小为优化目标，研究了考虑卸载顺序的加油站配送优化问题，每个隔舱只允许装载一种特定的油品且具有固定的卸载顺序。

5.3　问题描述与假设

5.3.1　问题描述

成品油二次配送车辆路径问题是一种复杂的车辆路径问题。每个加油站有若干种油品，比如在中国，汽油油品有 92 号、95 号、98 号，柴油有 0 号，每种油品存储于单独的油罐中。由于汽油和柴油绝对不可混合，一般采用专用油罐车对柴油进行单独配送。对于不同品种的汽油，可以采用同一台带隔舱的油罐车进行配送。因此，本节仅针对汽油油品的二次配送进行研究。

假设各加油站的油品需求已知，需求量不大于最小车型的容积，即可能需要装入多个隔舱。当油罐车到达加油站开始为某一油品卸油时，要求该油品油罐的剩余容积必须能够满足当前的配送量。将油罐能够容纳配送量的时间点称为容纳点。我们要求加油站的各种油品在任何时刻均不得断货，即加油站各油品的油罐不能为空，因此，油罐车要在断货之前到达加油站。将加油站某一油品售罄的时间点称为断货点。容纳点和断货点共同构成加油站该油品的油罐时间窗，油罐车只能在这一时间段内为加油站的油罐注入相应的油品。油罐车到达加油站后，必须静置一段时间（如 15 min），并且在油罐车卸油期间，加油站需要暂停对外服务，由此可知，为避免带来损失，油罐车到达加油站的次数越少越好。

油库的运营时段由开始服务时间和关闭时间构成，也称为调度期。油罐车必须在调度期内运行，调度期内油罐车可以运行多趟，但是第一趟的开始时间必须晚于油库开始服务时间，最后一趟回到油库的时间必须早于油库关闭时间。

为加油站配送油品的油罐车往往是不同质的，但它们均带有隔舱。在同一趟配送中，每个隔舱只能装载一种油品，不同趟可以装载不同油品。如果前一趟和后一趟装载油品相同，隔舱就不需要清洗。每种车型的固定成本、单位行驶距离成本、隔舱数量、车辆容积均不相同。车队有自有油罐车，但自有油罐车数量有限，当自有车辆不够时，可以租借外部车辆，外部车辆的固定成本远高于自有车辆。

车队为加油站配送油品时需要考虑到车队的车辆固定成本、行驶成本及加油站卸油时的停用损失。本节将成品油二次配送车辆路径问题看作多车型、带时间窗、车辆可运行多趟的 MCVRP。最终需要确定的是车辆的调度计划，即车辆配送各个订单的顺序，包括车辆每一趟开始运行时间和结束运行时间，以及每个订单分别由哪一辆车的第几趟配送和配送时间。

5.3.2 问题假设

该问题的基本假设如下。

（1）只有一个油库，油库中每种油品的库存量足够，车场位于油库内。

（2）用订单表示一个加油站的一种油品的需求，需求量已知，需求量不高于最小车型的容积，即可能需多个隔舱来满足。

（3）加油站各油品的油罐容积已知。

（4）车辆从油库出发，最终回到油库，车辆禁止超载。

（5）不同车型的固定成本、可变成本、车辆数、隔舱数、单个隔舱容积已知，同一种车型每个隔舱的容积均相同。

（6）自有车辆数有限且车型不同，允许租借的车辆数不限但只能租借一种车型。自有车辆不足时，才允许租借外部车辆。

（7）车辆到达加油站后，需要在加油站静置一段时间。

（8）每个加油站的同一种油品只能配送一次，不同油品可以多次配送，即访问加油站的次数不能多于加油站的油品数。

（9）每个隔舱只能装载一种油品，不得混载。但是，下一趟可以装载另一种油品。

（10）车辆的每个隔舱均装有计量器，同一个隔舱可以用于配送同一油品的多个订单，允许隔舱不满载。

（11）车辆运行趟数不限，第一趟开始时间必须晚于油库开始服务时间，最后一趟返回油库的时间必须早于油库关闭时间。

（12）油库和加油站均在调度期内运营。加油站每种油品（订单）的油罐时间窗、调度期共同构成该订单的配送时间窗。该时间窗为硬时间窗，即车辆早到需等待，不允许缺货，车辆必须在断货点之前到达。

（13）车辆装油所需时长固定，卸油流速已知。

（14）在初始时刻，加油站各油品的油罐的库存量已知，各油品销售速度恒定且已知。

（15）不同加油站之间的距离，油库与各个加油站之间的距离已知。

（16）总成本包括车辆固定成本、行驶成本，以及加油站卸油时的停用损失，以最小化总成本为目标。

如图 5-2 所示，有 2 台车辆和 5 座加油站。车辆#1 只配送一趟，为加油站 A 配送 92 号和 95 号汽油，为加油站 B 和 C 配送 92 号汽油。车辆#2 配送了两趟，在第一趟中，给加油站 E 配送了 92 和 95 号汽油，给加油站 D 配送了 95 号汽油；在第二趟中，给加油站 B 配送了 95 号和 98 号汽油，给加油站 A 和 C 配送了 98 号汽油。

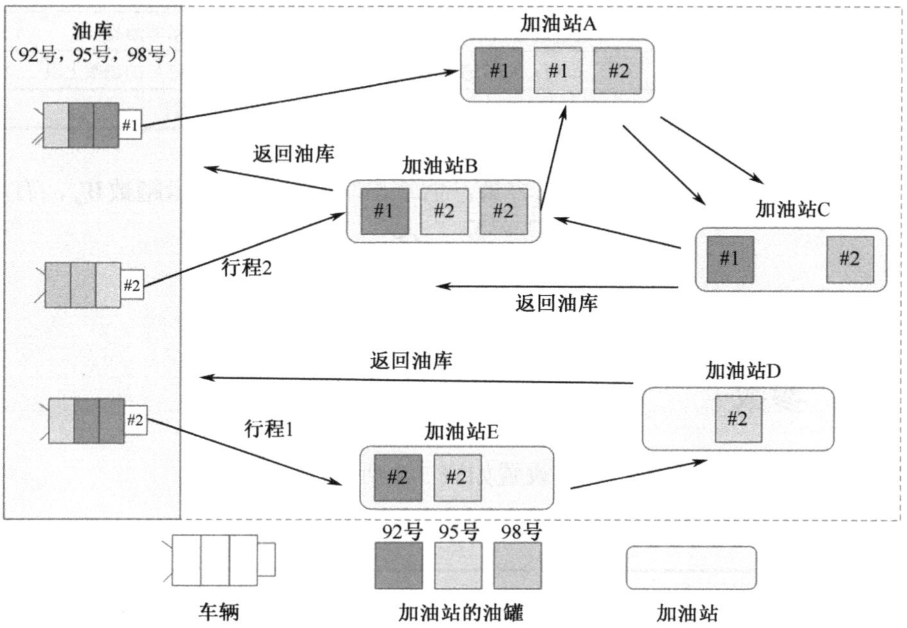

图 5-2　MMHVRPTW 问题示意图

5.4　数学建模

5.4.1　集合

MMHVRPTW 问题的数学模型相关集合如表 5-1 所示。用集合 $\{0, N+1\}$ 表示油库节点的集合，V^* 表示加油站节点的集合，V 表示油库节点和加油站节点的并集。

表 5-1　MMHVRPTW 问题的数学模型相关集合

符号	描述
$0, N+1$	油库，分别表示起点和终点
V^*	加油站集合 $\{1, 2, \cdots, N\}$
V	$V^* \cup \{0, N+1\}$

续表

符号	描述
V^0	$V^* \cup \{0\}$
V^{N+1}	$V^* \cup \{N+1\}$
L	车辆集合 $L_1 \cup L_2$
L_1	自有车辆集合 $\{1,2,\cdots,K\}$，K 已知
L_2	租用车辆集合 $\{1,2,\cdots,M\}$，M 为足够大的量
R	油品集合 $\{0,1,2,\cdots,O\}$，O 已知，0 表示非油品
M_k	车辆 k 运行趟数集合 $M_k=\{1,\cdots,W_k\}$,W_k 为车辆 k 的趟数上限
D_k	车辆 k 的隔舱数量集合 $\{1,2,\cdots,F_k\}$

用油品的配送总量除以车辆 k 的容量，估算出车辆的最大收运趟数 W_k，有

$$W_k=\frac{\sum_{i\in V^*}\sum_{r\in R}Q_i^r}{C_k},\forall k\in L$$

5.4.2 参数

MMHVRPTW 问题的模型参数设置如表 5-2 所示。

表 5-2 MMHVRPTW 问题的模型参数设置

符号	描述	单位
O_i^r	表示加油站 i 的油品 r 的需求订单	—
Q_i^r	订单 Q_i^r 的需求量，当 i 为油库时，记为 0	L
p_i^r	当加油站 i 的需求量大于 0 时，取值 1；其余情形均取值 0	—
ON	表示订单的总量	—
d_{ij}	节点 i 到节点 j 的距离。$d_{ij}=0$，用于加油站内部转移时，向另外一种油品配送	km
K_k	第 k 辆车有 K_k 个容积相同的隔舱	—
c_k	第 k 辆车单个隔舱的容积为 c_k	L
C_k	第 k 辆车的总容积，$C_k=K_k\times c_k$	L
v_{car}	车辆的运行速度	km/min
e_0	油库的开始服务时间	min
l_0	油库的关闭时间	min
T_{0l}	装油时长	min
v_d	卸油流率	L/min
H_i^r	加油站 i 的油品 r 的油罐容量	L
I_i^r	e_0 时刻，加油站 i 的油品 r 油罐中的始库存量	L
s_i^r	加油站 i 的油品 r 的销售速度	L/min
α_k	车辆 k 单位行驶里程的费用	元/km
β_k	车辆固定成本	元/车

续表

符号	描述	单位
p	车辆到达一个加油站后固定卸油准备时间	min
γ	每次访问加油站时因停业产生的损失，当一次访问给加油站卸载多种油品时，只计一次	元/次
tw_{i0}^r	加油站 i 的油品 r 的最早配送时刻	min
tw_{i1}^r	加油站 i 的油品 r 的最晚配送时刻	min

根据油罐容积 H_i^r，调度期开始 e_0 时刻油罐中剩余油量 I_i^r，油品销售速度 s_i^r，可以计算出调度期内加油站的油罐时间窗。

设加油站 i 的油品 r 的容纳点为 accommodate_i^r，根据容纳点的定义可知，到达容纳点时刻，油罐中剩余容积等于加油站该油品的配送量，容纳点的计算公式为

$$\text{accommodate}_i^r=\begin{cases}\dfrac{Q_i^r+I_i^r-H_i^r}{s_i^r}+e_0, & \text{if } Q_i^r+I_i^r-H_i^r\leqslant 0\\ e_0\quad, & \text{else}\end{cases}\tag{5-1}$$

设加油站 i 油品 r 的断货点为 stockout_i^r，根据断货点的定义，断货点时刻，油罐中剩余油量为 0，断货点的计算公式为

$$\text{stockout}_i^r=\frac{I_i^r}{s_i^r}+e_0\tag{5-2}$$

车辆必须在油罐的容纳点之后、断货点之前到达，因此，加油站 i 油品 r 的油罐时间窗为 $[\text{accommodate}_i^r,\text{stockout}_i^r]$。

从油库的时间窗来看，车辆最早到达加油站的时间必须晚于车辆在调度期开始时刻离开油库访问加油站的时间，设车辆最早到达加油站 i 的时间为 arrive_{i1}^r；车辆在为加油站的油品配送完成之后，必须在调度期结束之前回到车场，设车辆最晚到达时间为 arrive_{i2}^r，这一时间段组成车辆到达时间窗，计算公式如下：

$$\text{arrive}_{i1}^r=e_0+T_{0l}+\frac{d_{0i}}{v_{\text{car}}}\tag{5-3}$$

$$\text{arrive}_{i2}^r=l_0-\frac{d_{0i}}{v_{\text{car}}}-\frac{Q_i^r}{v_d}-p\tag{5-4}$$

加油站 i 的油品 r 的油罐时间窗 $[\text{accommodate}_i^r,\text{stockout}_i^r]$，车辆到达时间窗 $[\text{arrive}_{i1}^r,\text{arrive}_{i2}^r]$，共同构成加油站 i 油品 r 的配送时间窗 $[\text{tw}_{i0}^r,\text{tw}_{i1}^r]$。配送时间窗的计算公式如下：

$$\text{tw}_{i0}^r=\max\{\text{accommodate}_i^r,\text{arrive}_{i1}^r\}\tag{5-5}$$

$$\text{tw}_{i1}^r=\min\{\text{stockout}_i^r,\text{arrive}_{i2}^r\}\tag{5-6}$$

由于加油站不允许缺货，车辆必须在配送时间窗 $[\text{tw}_{i0}^r,\text{tw}_{i1}^r]$ 内到达，早到必须等待，不允许晚到。

5.4.3 变量

变量的符号及其描述如表 5-3 所示。

表 5-3 变量

符号	描述
$x_{ijkm}^{r1,r2}$	0-1 决策变量，车辆 k 第 m 趟是否在给节点 i 的油品 r_1 配送后，行驶至节点 j，配送油品 r_2。其中，$i,j \in V,k \in L,m \in M_k,r_1,r_2 \in R$
Z_{ikmd}^{r}	0-1 决策变量，表示车辆 k 第 m 趟的隔舱 d 中是否装有订单 O_i^r 所需的油。其中，$i \in V^*,r \in R,k \in L,m \in M,d \in D_k$
g_{ikm}^{r}	0-1 变量，表示加油站 i 的油品 r 是否来自内部分载配送，即在同一个加油站，卸完别的油品后，再卸油品 r。当存在 r_1，使得 $x_{iikm}^{r_1,r}=1$ 时，$g_{0km}^{r}=1$，其余均为 0。其中，$i \in V,k \in L,m \in M_k,r \in R$
VN	表示访问加油站的总次数
t_{ikm1}^{r}	表示车辆 k 第 m 趟到达节点 i 的时刻，其中，$i \in V^*,k \in L,m \in M_k,r \in R$
t_{ikm2}^{r}	表示车辆 k 第 m 趟在节点 i 的开始服务时刻，其中，$i \in V^*,k \in L,m \in M_k,r \in R$
wt_{ikm}^{r}	表示车辆 k 第 m 趟在节点 i 的等待时长，其中，$i \in V^*,k \in L,m \in M_k,r \in R$
y_{kmd}^{r}	0-1 变量，表示车辆 k 第 m 趟隔舱 d 是否装载油品 r。其中，$i \in V^*,k \in L,m \in M_k,r \in R,d \in D_k$
B_{ikm}^{r}	0-1 变量，表示订单 O_i^r 是否由车辆 k 第 m 趟来配送。其中，$i \in V,k \in L,m \in M_k,r \in R$
S_k	0-1 变量，车辆 k 是否启用，其中，$k \in L$
SM_{km}	0-1 变量，车辆 k 是否启用第 m 趟

5.4.4 数学模型

1. 目标函数

目标函数为

$$\min(\cos t_1+\cos t_2+\cos t_3) \tag{5-7}$$

$$\cos t_1=\sum\nolimits_{r_1,r_2\in R}\sum\nolimits_{i\in V^0}\sum\nolimits_{j\in V^{N+1}}\sum\nolimits_{k\in L}\sum\nolimits_{m\in M_k} x_{ijkm}^{r_1,r_2}\times d_{ij}\times\alpha_k \tag{5-8}$$

$$\cos t_2=\sum\nolimits_{k\in L} S_k\times\beta_k \tag{5-9}$$

$$\cos t_3=\mathrm{VN}\times\gamma \tag{5-10}$$

其中，

$$\mathrm{VN}=\mathrm{ON}-\sum\nolimits_{r_1,r_2\in R}\sum\nolimits_{i\in V^*}\sum\nolimits_{k\in L}\sum\nolimits_{m\in M_k} x_{iikm}^{r_1,r_2} \tag{5-11}$$

式（5-7）为目标函数，目标为成本最小，成本由三部分构成，第一部分 $\cos t_1$ 为车辆的路径成本，根据式（5-8）计算；第二部分 $\cos t_2$ 为车辆的固定成本，根据式（5-9）计算；第三部分 $\cos t_3$ 为加油站停用损失，根据式（5-10）和式（5-11）计算。

2. 车辆装载约束

式（5-12）表示车辆的装载量限制，式（5-13）表示车辆隔舱容量约束，式（5-14）、式（5-15）表示一个隔舱只允许装一种油品。式（5-16）、式（5-17）、式（5-18）表示需求不为 0 的订单只由一台车的一个或多个隔舱来满足，式（5-19）和式（5-20）用于建立两个变量之间的关系，表示任意订单均有车辆配送。

$$\sum_{r_1,r_2\in R}\sum_{i\in V^o}\sum_{j\in V^{N+1}} x_{ijkm}^{r_1,r_2}Q_j^{r_2}\leqslant C_k,\forall k\in L,m\in M_k \tag{5-12}$$

$$\sum_{i\in V^*} B_{ikm}^r Q_i^r\leqslant\sum_{d\in D_k} y_{kmd}^r c_k,\forall k\in L,m\in M_k,r\in R \tag{5-13}$$

$$y_{kmd}^r=\begin{cases}1, & \text{if }\sum_{i\in V^*} Z_{ikmd}^r\geqslant 1\\ 0, & \text{else}\end{cases},\forall k\in L,m\in M_k,d\in D_k,r\in R \tag{5-14}$$

$$\sum_{r\in R} y_{kmd}^r\leqslant 1,\forall k\in L,m\in M_k,d\in D_k \tag{5-15}$$

$$B_{ikm}^r=\begin{cases}1, & \text{if }\sum\limits_{d\in D_k} Z_{ikmd}^r\geqslant 1\\ 0, & \text{else}\end{cases},\forall i\in V^*,k\in L,m\in M_k,r\in R \tag{5-16}$$

$$\sum_{d\in D_k}\sum_{k\in L}\sum_{m\in M_k} Z_{ikmd}^r\geqslant p_i{}^r,\forall i\in V^*,r\in R \tag{5-17}$$

$$\sum_{k\in L}\sum_{m\in M_k} B_{ikm}^r=p_i^r,\forall i\in V^*,r\in R \tag{5-18}$$

$$\sum_{d\in D_k} Z_{ikmd}^{r_1}\geqslant\sum_{j\in V^{N+1}}\sum_{r_2\in R} x_{ijkm}^{r_1,r_2},\ \forall k\in L,m\in M_k,r_1\in R,i\in V^* \tag{5-19}$$

$$\sum_{d\in D_k} Z_{jkmd}^{r_2}\geqslant\sum_{i\in V^o}\sum_{r_2\in R} x_{ijkm}^{r_1,r_2},\ \forall k\in L,m\in M_k,r_2\in R,j\in V^* \tag{5-20}$$

3. 车辆访问约束

式（5-21）、式（5-22）表示不访问需求为 0 的订单，而对于需求不为 0 的订单，只允许访问一次。式（5-23）表示车辆访问加油站后必须离开。式（5-24）、式（5-25）表示车辆从油库出发，最终返回油库。式（5-26）表示车辆连续访问的两个订单是否来自同一加油站。

$$\sum_{r_1\in R}\sum_{i\in V^o}\sum_{k\in L}\sum_{m\in M_k} x_{ijkm}^{r_1,r_2}=p_j^{r_2},\ \forall j\in V^*,r_2\in R \tag{5-21}$$

$$\sum_{r_2\in R}\sum_{j\in V^{N+1}}\sum_{k\in L}\sum_{m\in M_k} x_{ijkm}^{r_1,r_2}=p_i^{r_1},\forall i\in V^*,r_1\in R \tag{5-22}$$

$$\sum_{i\in V^*}\sum_{r_1\in R} x_{ijkm}^{r_1,r_2}=\sum_{i\in V^*}\sum_{r_1\in R} x_{jikm}^{r_2,r_1},\forall j\in V^*,r_2\in R \tag{5-23}$$

$$\sum_{j\in V^*}\sum_{r\in R} x_{0jkm}^{0,r}=\sum_{j\in V^*}\sum_{r\in R} x_{i(N+1)km}^{r,0}=SM_{km},\forall k\in L,m\in M_k \tag{5-24}$$

$$\sum_{j\in V^*}\sum_{r_2\in R}\sum_{r_1\in R\backslash 0} x_{0jkm}^{r_1,r_2}=\sum_{j\in V^*}\sum_{r_2\in R}\sum_{r_1\in R\backslash 0} x_{i(N+1)km}^{r_2,r_1}=0,\forall k\in L,m\in M_k \tag{5-25}$$

$$g_{ikm}^r=\begin{cases}1, & \text{if}(\sum\limits_{r_1\in R} x_{iikm}^{r_1,r}=1,i\in V^*)\text{or }i=0\\ 0, & \text{else}\end{cases},\ \forall k\in L,m\in M_k,r,r'\in R \tag{5-26}$$

4. 车辆使用约束

式(5-27)、式(5-28)表示车辆在启用了第m趟后，才允许启用第$m+1$趟。式(5-29)、式（5-30）表示自有车辆全部启用之后，才允许启用租借车辆。

$$\mathrm{SM}_{km}=\begin{cases}1, & \text{if} \sum_{r_1,r_2\in R}\sum_{i\in V^o}\sum_{j\in V^{N+1}} x_{ijkm}^{r_1,r_2}\geqslant 1, \forall k\in L, m\in M_k \\ 0, & \text{else}\end{cases} \tag{5-27}$$

$$\mathrm{SM}_{km}\geqslant \mathrm{SM}_{k(m+1)}, \forall k\in L, m\in M_k \tag{5-28}$$

$$S_k=\begin{cases}1, & \text{if} \sum_{m\in M_k}\mathrm{SM}_{km}\geqslant 1 \\ 0, & \text{else}\end{cases}, \forall k\in L \tag{5-29}$$

$$S_k\geqslant S_{k'}, \forall k\in L_1 k'\in L_2 \tag{5-30}$$

5. 时间约束

式（5-31）、式（5-32）表示车辆连续访问的两个订单之间的时间关系。式（5-33）表示等待时长计算公式。式（5-34）表示订单的硬时间窗约束。式（5-35）表示油库的开始服务时间。式（5-36）表示车辆在油库不同趟之间的时间关系。

$$t_{jkm2}^r\geqslant t_{jkm1}^r+x_{ijkm}^{r',r}wt_{jkm}^r-M(1-x_{ijkm}^{r',r}),\ \forall i\in V^0, j\in V^{N+1}, k\in L, m\in M_k, r,r'\in R \tag{5-31}$$

$$t_{jkm1}^r\geqslant t_{ikm2}^{r'}+x_{ijkm}^{r',r}\left((1-g_{ikm}^{r'})\times p+\frac{Q_i^{r'}}{v_d}+\frac{d_{ij}}{v_{\mathrm{car}}}\right)-M(1-x_{ijkm}^{r',r}), \forall i\in V^0, j\in V^{N+1}, k\in L, m\in M_k, r,r'\in R \tag{5-32}$$

$$wt_{ikm}^r=\max\{0, tw_{i0}^r-t_{ikm1}^r\}, \forall i\in V^*, k\in L, m\in M_k, r\in R \tag{5-33}$$

$$tw_{i0}^r\leqslant t_{ikm2}^r\leqslant tw_{i1}^r, \forall i\in V^*, k\in L, m\in M_k, r\in R \tag{5-34}$$

$$t_{0k12}^r=e_0+T_{0l}, \forall k\in L, r\in R \tag{5-35}$$

$$t_{0k(m+1)2}^r\geqslant t_{(N+1)km1}^r+T_{0l}, \forall k\in L, m\in M_k, r\in R \tag{5-36}$$

6. 其他约束

其他约束为

$$x_{ijkm}^{r_1,r_2}=0,1,\quad i,j\in V, k\in L, m\in M_k, r_1,r_2\in R \tag{5-37}$$

$$Z_{ikmd}^r=0,1,\quad i\in V, k\in L, m\in M_k, r\in R, d\in D_k \tag{5-38}$$

5.5 变邻域搜索算法设计

1997 年，Mladenovic 和 Hansen 基于以下三个事实提出了变邻域搜索算法（Variable

Neighborhood Search，VNS）：第一，当前解的一个邻域结构的局部最优解不一定是另一个邻域结构的局部最优解；第二，全局最优是所有可能的邻域结构的一个局部最优解；第三，对于大多数问题，多个邻域的局部最小往往非常接近。这三个事实表明，局部最优解往往会提供一些全局最优的信息。

VNS 是一种升级的局部搜索算法，通过利用系统的改变邻域的思想使当前解跳出局部最优。VNS 主要包括在邻域中搜索（Local Search）的过程及邻域改变（Neighborhood Change）过程。在邻域中搜索到当前解在该邻域结构的局部最优（Local Optimum），通过改变邻域结构跳出当前局部最优。一般情况下，搜索的邻域越大，搜索范围越广，时间越慢，解的质量越好。在距离空间中，邻域一般被定义为以定点为圆心的圆，组合优化问题中，邻域定义为由给定转化规则对给定问题域上每结点进行转化所得到的问题域上结点的集合。邻域动作是一个函数，通过这个函数，能够产生当前解相应的邻居解集合。

VNS 已被广泛应用于调度问题（Scheduling Problems）、选址问题（Location Problems）、图论（Graph Problems）、聚类分析（Cluster Analysis）等问题。近年来，VNS 已被广泛应用于 VRP 问题，其结果稳定性高。可以根据不同问题的性质和目标设置不同的邻域结构，适用范围广，容易实现，因此本节采用 VNS 对初始解进行改进。

VNS 主要包含搜索局部最优和跳出局部最优两个过程。基本 VNS 的伪代码如下。

```
Function VNS(x, k_max, t_max):
    Repeat
        k ← 1;
        Repeat
            x' ← Shake(x, k);
            x" ← FirstImprovement(x')
              NeighborhoodChange(x, x", k);
        Until  k = k_max
            t ← CpuTime()d;
    Until  t > t_max
    Return  x
```

改变邻域结构的伪代码如下。

```
Function NeighborhoodChange(x, x', k):
    If  f(x') < f(x)
        x ← x'; k ← 1
    Else
        k ← k + 1
    End
```

变邻域下降（Variable Neighborhood Descent，VND）算法是将基本变邻域搜索中的抖动过程去掉。在当前解的邻域中寻找局部最优解，若该邻域中能够找到比当前解更优的解，则以新解作为新的当前解，重新从第一个邻域开始搜索，否则，继续搜索下一个邻域。VND 的伪代码如下。

```
Function VND(x, k'_max);
    Repeat
        k ← 1
        Repeat
            x' ← argmin_{x∈N'(k)} f(x)
            NeighborhoodChange(x, x', k)
        Until k = k'_max;
    Until no improvement is obtained
    End
```

5.5.1 初始解生成

在 MMHVRPTW 问题中，每个订单只能访问一次。本节将一次从油库出发再返回油库的环定义为路径（Route 或 Trip），将一辆车运行的所有路径定义为一个行程（Loop）。

一般情况下，车辆装载量越大，能够访问的加油站越多，车辆的固定成本与路径成本之和越小，大车型效益高于小车型，因此本节将车辆按照从大到小的顺序排列，按照顺序依次选择车辆。

生成初始解的流程如图 5-3 所示。订单列表 list 中存储着所有未被安排的订单。当 list 不为空时，从车型列表 truck_type 中按顺序取出一种车型 t。将 list 中所有订单生成该车型能够装载的路径集 route_list，然后将生成的路径集构建形成行程集，再将行程分配给该车型的各台车辆，一辆车只负责一个行程，当生成的行程数量等于该车型的车辆数时，该车型所有的车辆都被安排完毕。将已安排的订单从 list 中删除，选择下一种车型，重复上述过程，直到所有的 list 为空。

在生成初始解的过程中，有两个非常关键的步骤，一个是生成车型对应的路径，另一个是将路径构造成针对该车型的行程。

1. 生成路径

从订单列表中随机选择一个订单，插入一个新的路径，然后考察未被安排的订单中满足当前路径时间窗约束和装载量约束的订单，逐个计算它们插入当前路径时的成本增加量。成本增加量越小的订单，被选择的概率越大，即采用轮盘赌法选择下一个插入当前路径的订单。重复上述过程，直到没有订单能够满足当前路径的装载和时间窗条件，从而生成一条新的路径。

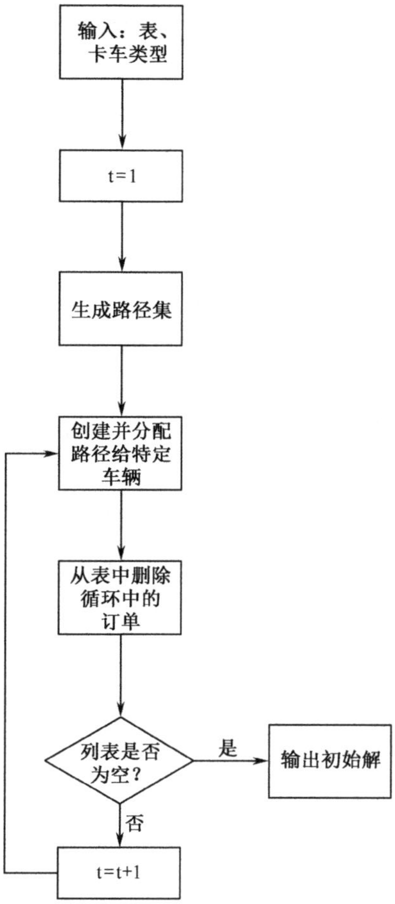

图 5-3 生成初始解的流程

2. 构造行程

得到能够由当前车型配送的所有路径之后，需要将路径安排到单个车辆，构成车辆的行程。

首先，计算每个路径从车场的最早出发时间、最晚出发时间，作为路径的时间窗起点和终点。其次，计算完成路径需要的时间和在路径中的等待时间，按照等待时间从短到长的顺序对路径排序。最后，按照顺序依次取出路径，加入当前车辆的行程，直到没有满足时间窗约束的路径。

5.5.2 邻域结构设计

通过总结不同文章中使用的邻域结构，结合 MMHVRPTW 问题的特点，本节设计了 7 种邻域结构。

（1）交换点 1（Exchange-Ⅰ）：在解中任选两个订单，交换这两个订单的位置。

（2）转移路径（Shift-Ⅰ）：将一辆车的一个路径（Route）取出，随机插入到另一辆车的行程（Loop）中。

（3）转移订单（Shift-Ⅱ）：任选一个订单，将订单从当前位置取出，然后插入到其他位置。

（4）转移加油站（Complete Station Shift）：任选一个加油站，将该加油站的所有订单从解路径中取出，一起插入到某辆车的行程（Loop）中。访问加油站的次数越多，准备成本越高。该邻域可以有效减少加油站访问次数，降低准备成本。

（5）交换部分片段（Partial Exchange）：任选两个路径（Route），从这两个路径中分别选择一个片段，交换这两个片段。

（6）移除车辆（Remove Truck）：任选一辆车，将该车辆的行程（Loop）从当前解中移除，得到不完整解，再将该车辆所访问的订单节点依次插入不完整解中，得到完整解。该邻域可以快速减少车辆数。移除策略为，根据车辆的装载量，采用轮盘赌法选择一辆车，车辆装载量越小，选择概率越大，从当前解中移除该车辆的所有订单，将移除的订单加入未被安排的订单集合。然后采用三种插入策略将这些订单再插入到解中，这三种策略分别为：

① Greedy Insertion：客户插入到使其成本增加量最小的位置；

② Greedy Insertion Perturbation：在 Greedy Insertion 的基础上设置扰动，使订单不一定插入到成本最小的位置，随机生成扰动因子 $d(d \in [0.8,1.2])$，通过 $\text{New}\cos t = \text{Actual}\cos t \times d$ 计算新的成本增加量，将 $\text{New}\cos t$ 最小的客户，插入扰动后成本增加量最小的位置；

③ Regret Insertion：选择后悔值最大的订单，插入到其最佳位置。后悔值定义为当前订单最好插入位置与次好插入位置之差。

每次执行该邻域结构时，随机选择一种插入策略。

（7）转移车辆（Shift Truck）：任选一辆车，将当前车辆的所有路径插入到比当前车辆更小且未被使用的车辆中，以降低固定成本。

5.5.3 算法框架

本节采用 VND 作为优化算法基本框架，优化算法流程如图 5-4 所示，基本步骤如下。

步骤 1：给定初始解 x，$N_k(k=1,\cdots,k_{\max})$ 表示邻域结构集合，k 表示邻域结构 k，$1,\cdots,k_{\max}$ 的顺序，$N_k(x)$ 表示 x 的 k 邻域的解集。令当前邻域结构为 $k=1$，并以 x 作为当前最优解。

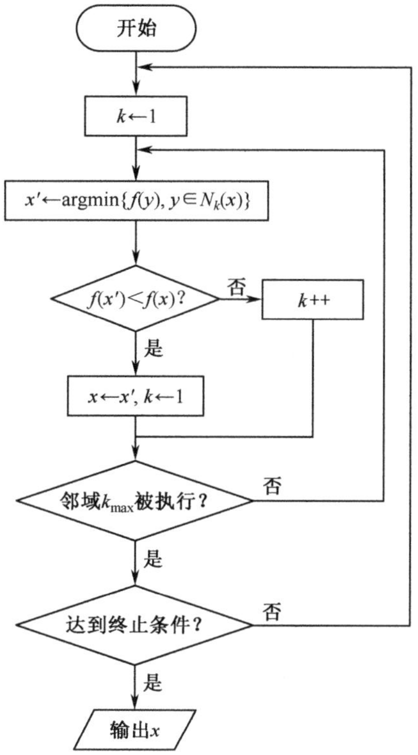

图 5-4　优化算法流程

步骤 2：在 x 的邻域 k 中执行局部优化操作，即从解集 $N_k(x)$ 中，得到局部最优解 x'。局部优化操作采用最先改进方法（First Improvement），即首先令当前最优解为 x，迭代次数 iter=0，在当前解 x 的邻域中搜索到一个新解 x'，并且使 $x''=x'$。如果新解 x' 的目标函数值 $f(x')<f(x)$，则转步骤 3；否则，$x''=\min\{x',x''\}$，迭代次数 iter 加 1，重复上述过程。若迭代 L 次仍未找到比 x 更好的解，则结束迭代，输出所搜索到的局部最优解 $x'=x''$，转步骤 3。

步骤 3：将当前最优解 x 与局部最优解 x' 比较。若目标函数 $f(x')<f(x)$，则 $x\leftarrow x'$，即用 x' 替换 x 作为当前最优解，并令 $k\leftarrow 1$；否则当前最优解 x 不变，$k\leftarrow k+1$，即从邻域结构集合中取下一个邻域作为当前邻域结构，返回执行步骤 2。

步骤 4：重复执行步骤 2 和步骤 3，直至 k_{max} 邻域结构被执行完。

步骤 5：重复执行步骤 2 和步骤 4，直至满足算法终止条件。在本节中，考虑运行时间要求，将终止条件设置为最大迭代次数 T。当算法迭代 T 次后，输出当前最优解 x，并将其替换精英库及种群中的最优个体。

5.6 实验分析

首先从 Solomon 的标杆算例中随机选择 54 个算例，将这 54 个算例用不同的策略改编为 MMHVRPTW 问题的算例，将本节提出的不包含移除车辆邻域的 VNS-Ⅰ和包含移除车辆邻域的 VNS-Ⅱ应用于算例，验证算法的有效性。其次将本节的算法用于 A 公司的大规模实际配送网络中，验证本节提出算法的实用性。本节算法采用 python3.7 编程实现，算例测试环境如下：

（1）CPU：3.4Hz；

（2）运行内存：16G；

（3）操作系统：Windows7。

5.6.1 标杆算例实验分析

1. 构造算例

由于目前没有 MMHVRPTW 的标杆算例，本节选择 54 个 Solomon 的带时间窗的标杆算例，将这 54 个算例用不同的策略改编成 MMHVRPTW 的算例。

Solomon 的算例集由两种加油站规模的算例构成：25 个加油站的小规模算例集，以及 100 个加油站的大规模算例集。每个算例集中包含 3 类不同分布类型客户，分别是 C、R、CR，算例集 C 中的客户位置是聚类产生的；算例集 R 中的客户位置是随机生成的；算例集 CR 中客户位置既有聚类产生的，也有随机生成的。

本节采用了 4 种改编策略（S1、S2、S3、S4）将上述两种规模的算例集改编 MMHVRPTW 问题。第一种改编策略（S1），需求平均分割，由 Fallahi 等提出，假设有 3 种产品，将每个客户的需求量平均分成 3 个部分，每辆车平均分成 3 个隔舱，在分割客户的同时，时间窗不变，只有一种车型；第二种改编策略（S2）也是 Fallahi 等提出的，需求量不均衡分割，设 q_i 为客户总需求，则第一种产品的需求量为 $q_i^1 = q_i^{k_1}$（random $k_1 \in \{3,4,5\}$），第二种产品的需求量为 $q_i^2 = (q_i - q_i^1)^{k_2}$（random $k_2 \in \{2,3,4\}$），第三种产品 $q_i^3 = (q_i - q_i^1 - q_i^2)$，将给定的一种不带隔舱的车型平均分成 2 个隔舱、3 个隔舱和 4 个隔舱，变为三种车型，时间窗不变，同一客户不同产品的时间窗相同；第三种改编策略（S3）按照固定比例分割订单，第一种产品的需求量占总需求的 2/9，第二种产品的需求量占总需求量的 1/3，第三种产品的需求量占总需求量的 4/9，将给定车型改编为三种车型，每辆车总容积之比为 1:1.5:2.25，每种车型都有 3 个隔舱。第四种策略（S4）将不同客户的需求随机平均分为 1 种产品、2 种产品和 3 种产品。

2. 25 个加油站的小规模算例实验

25 个加油站规模的算例共 19 个。对于每个算例，首先生成初始解，其次采用 VNS-Ⅰ、VNS-Ⅱ分别运行 5 次，记录 5 次运行的平均运行时间，以及求解结果的平均成本和最小成本，结果如表 5-4 所示。其中，Δ=（平均值−最小值）/最小值，表示算法的稳定性，其值越小代表算法稳定性越好。

表 5-4　25 个加油站的小规模算例求解结果

算例编号	改编策略	订单数量/个	初始解/元	算法	计算时间/s	平均解/元	最好解/元	Δ/%
C1_25	S1	75	22870.10	VNS-Ⅰ	**90.70**	9093.66	8874.44	2.47
				VNS-Ⅱ	144.35	**8818.58**	**8803.32**	**0.17**
C2_25	S1	75	11694.28	VNS-Ⅰ	**70.37**	6236.40	5628.42	10.80
				VNS-Ⅱ	142.29	**5136.51**	**5091.13**	**0.89**
C3_25	S2	75	12243.08	VNS-Ⅰ	**55**	5703.26	5573.88	2.32
				VNS-Ⅱ	126.23	**4741.63**	**4702.46**	**0.83**
C4_25	S3	75	13945.73	VNS-Ⅰ	**50.96**	6139.93	6014.20	2.09
				VNS-Ⅱ	132.26	**5343.47**	**5234.58**	2.08
C5_25	S1	75	17906.04	VNS-Ⅰ	**61.86**	9126.68	8997.03	1.44
				VNS-Ⅱ	157.70	**7790.03**	**7730.91**	**0.76**
C6_25	S2	75	14859.75	VNS-Ⅰ	**44.43**	8985.59	8687.48	3.43
				VNS-Ⅱ	224.94	**7110.69**	**7044.37**	**0.94**
C7_25	S3	75	13107.64	VNS-Ⅰ	**49.05**	5612.36	5482.59	2.37
				VNS-Ⅱ	146.83	**5264.82**	**5244.69**	**0.38**
R1_25	S1	75	29336.21	VNS-Ⅰ	**72.25**	13518.65	13234.41	2.15
				VNS-Ⅱ	179.57	**12197.28**	**12095.58**	**0.84**
R2_25	S2	75	24405.16	VNS-Ⅰ	**127.34**	21899.36	21422.70	2.23
				VNS-Ⅱ	232.10	**20586.16**	**20245.72**	**1.68**
R3_25	S3	75	22468.93	VNS-Ⅰ	**60.98**	**18225.95**	**18168.03**	0.32
				VNS-Ⅱ	133.83	18233.99	18189.28	**0.25**
R4_25	S1	75	15000.07	VNS-Ⅰ	**33.62**	11486.60	11098.69	3.50
				VNS-Ⅱ	101.48	**10900.88**	**10647.49**	**2.38**
R5_25	S2	75	10703.19	VNS-Ⅰ	39	9002.64	8662.24	3.93
				VNS-Ⅱ	**28.41**	**9320.92**	9267.50	**0.58**
R6_25	S3	75	7176.20	VNS-Ⅰ	**25.13**	6446.01	6243.34	3.25
				VNS-Ⅱ	38.36	**6340.31**	**6221.49**	**1.91**
RC1_25	S1	75	14996.04	VNS-Ⅰ	119.12	13136.92	12657.38	3.79
				VNS-Ⅱ	**118.27**	**12799.03**	**12653.85**	1.15

续表

算例编号	改编策略	订单数量/个	初始解/元	算法	计算时间/s	平均解/元	最好解/元	Δ/%
RC2_25	S2	75	25529.61	VNS-I	**107.47**	23695.21	23023.09	2.92
				VNS-II	109.88	22786.69	**21896.99**	4.06
RC3_25	S3	75	37489.13	VNS-I	**206.92**	34120.92	34083.02	**0.11**
				VNS-II	213.77	**32004.11**	**31384.89**	1.97
RC4_25	S1	75	20460.99	VNS-I	**47.20**	15987.58	**15384.28**	3.92
				VNS-II	54.85	**15795.32**	15689.65	**0.67**
RC5_25	S2	75	12747.93	VNS-I	**51.21**	9017.30	8846.18	**1.93**
				VNS-II	74.39	**7232.56**	**7032.19**	2.85
RC6_25	S3	75	12938.85	VNS-I	**35.53**	11526.06	11321.48	1.81
				VNS-II	50.09	**9737.69**	**9629.64**	**1.12**

从表中数据可以看出，总体上，VNS-I 所找到的各个算例的最好解，其平均值为 12284.36 元，相对 VNS-II 的平均值 11516.09 元要高 6.25%。大多数情况下，VNS-II 能够找到优于 VNS-I 的解，并且其算法稳定性较好，但花费的时间较长。对于算例 RC4_25，VNS-I 能够找到更好的解，主要原因是该算例调度期长，时间窗离散程度较高，客户需求量少，可以用较少的车辆运行多趟完成配送，对于这种类型的问题，由于 VNS-II 比 VNS-I 多了一个消除车辆的算子，虽然增加了算法运行时间，但是不能得到更好的解。绝大多数情况下，VNS-I 运行时间更短，而对于算例 R5_25 和 RC1_25，VNS-II 的用时更短。

3. 100 个加油站的大规模算例实验

针对 17 个加油站规模为 100 的算例，各算例均采用策略 S4 分割订单，生成的订单数量为 200 个左右。分别使用 VNS-I 和 VNS-II 求解，结果如表 5-5 所示。

表 5-5　100 个加油站的大规模算例求解结果

算例编号	改编策略	订单数量/个	初始解/元	算法	计算时间/s	平均解/元	最好解/元	Δ/%
C1_100	S4	190	24178.69	VNS-I	**454.98**	12963.40	10932.24	18.58
				VNS-II	705.93	**8333.66**	**7849.73**	**6.17**
C2_100	S4	195	11981.88	VNS-I	**270.03**	8255.97	7914.80	4.31
				VNS-II	760.04	**6436.21**	**6187.77**	**4.02**
C3_100	S4	198	14753.56	VNS-I	**346.90**	8377.66	7500.82	**11.69**
				VNS-II	584.63	**4994.71**	**4169.41**	19.79
C4_100	S4	196	18814.20	VNS-I	**201.27**	14489.38	14225.16	**1.86**
				VNS-II	653.02	**8308.99**	**7825.48**	6.18

续表

算例编号	改编策略	订单数量/个	初始解/元	算法	计算时间/s	平均解/元	最好解/元	Δ/%
C5_100	S4	194	19256.21	VNS-Ⅰ	**300.33**	11978.89	10777.54	11.15
				VNS-Ⅱ	727.77	**7128.81**	**6528.44**	**9.20**
C6_100	S4	194	14057.11	VNS-Ⅰ	**260.30**	9602.98	8408.27	14.21
				VNS-Ⅱ	763.10	**6713.53**	**6554.64**	**2.42**
R7_100	S4	188	40648.95	VNS-Ⅰ	1424.06	35633.75	**33413.67**	6.64
				VNS-Ⅱ	**1292.09**	**34576.43**	33982.78	**1.75**
R8_100	S4	186	26310.12	VNS-Ⅰ	**306.49**	24413.05	23618.94	**3.36**
				VNS-Ⅱ	444.47	**22521.61**	**20614.65**	9.25
R9_100	S4	194	47557.08	VNS-Ⅰ	629.40	35057.88	33450.23	4.81
				VNS-Ⅱ	**569.83**	**32641.50**	**32084.19**	**1.74**
R10_100	S4	205	21075.81	VNS-Ⅰ	**112.34**	17051.76	15436.72	10.46
				VNS-Ⅱ	682.09	**14996.95**	**14064.38**	**6.63**
R11_100	S4	187	17349.13	VNS-Ⅰ	**134.24**	15793.42	15439.81	2.29
				VNS-Ⅱ	367.61	**15465.32**	**15266.52**	**1.30**
RC12_100	S4	199	46854.08	VNS-Ⅰ	691.53	44349.20	43008.91	3.12
				VNS-Ⅱ	**622.33**	**43353.22**	**42595.89**	**1.78**
RC13_100	S4	194	55334.65	VNS-Ⅰ	**698.53**	47488.81	45736.44	3.83
				VNS-Ⅱ	732.48	**46065.46**	**44977.85**	**2.42**
RC14_100	S4	191	46561.89	VNS-Ⅰ	**625.92**	39779.68	39167.39	**1.56**
				VNS-Ⅱ	792.01	**37965.52**	**36736.86**	3.34
RC15_100	S4	193	29875.87	VNS-Ⅰ	**271.54**	23485.75	20207.20	16.22
				VNS-Ⅱ	410.56	**19138.10**	**17682.26**	**8.23**
RC16_100	S4	206	22330.03	VNS-Ⅰ	**210.32**	19362.83	17280.04	12.05
				VNS-Ⅱ	844.03	**16649.69**	**16079.53**	**3.55**
RC17_100	S4	198	36209.14	VNS-Ⅰ	**187.70**	33327.40	31919.16	4.41
				VNS-Ⅱ	259.73	**31667.93**	**30843.06**	**2.67**

根据表中数据可以看出，对于 100 个客户、200 个订单左右的算例，VNS-Ⅱ往往能找到比 VNS-Ⅰ更好的解，而且大多数情况下解的稳定性要优于 VNS-Ⅰ。对于时间窗分布均匀、单个时间窗口较窄、调度期较长的算例，采用 VNS-Ⅰ往往能在更快时间内得到较好解，而对于其余类型的算例，采用 VNS-Ⅱ往往能在合理时间内找到更好的解。

5.6.2　实例分析

以 A 公司在某市的实际配送网络作为大规模加油站配送实例。调度期为 12 小时，共 720 分钟。调度期内需要从一个油库向该市的 73 个加油站配送 177 个订单。共有 3 种油品，配送总量为 1432700 升，共有 3 种自有车型，1 种租借车型。

处理原始数据后，得到的部分加油站数据如表 5-6 所示。表中第一行为油库信息，油库编号为 0，油库的加油站编号为 0，油品为 0，需求量为 0，时间窗起点为 0，终点为 720。

表 5-6　部分加油站数据

订单编号	加油站编号	油品类型	需求量/L	时间窗起点/min	时间窗终点/min
0	0	0	0	0	720
1	1	2	3000	15.38	686.62
2	1	1	14500	15.38	675.12
3	2	1	10500	570	666.19
4	2	3	13000	94	663.69
5	3	1	5500	417	677.03
6	3	3	10000	22.47	623
7	4	2	11000	353	417
8	4	1	2500	135	679.03
9	4	3	11000	23.47	670.53
10	5	1	7000	57	653.16
11	5	3	21000	108	639.16

首先运行初始解代码 10 次，初始解如图 5-5 所示。

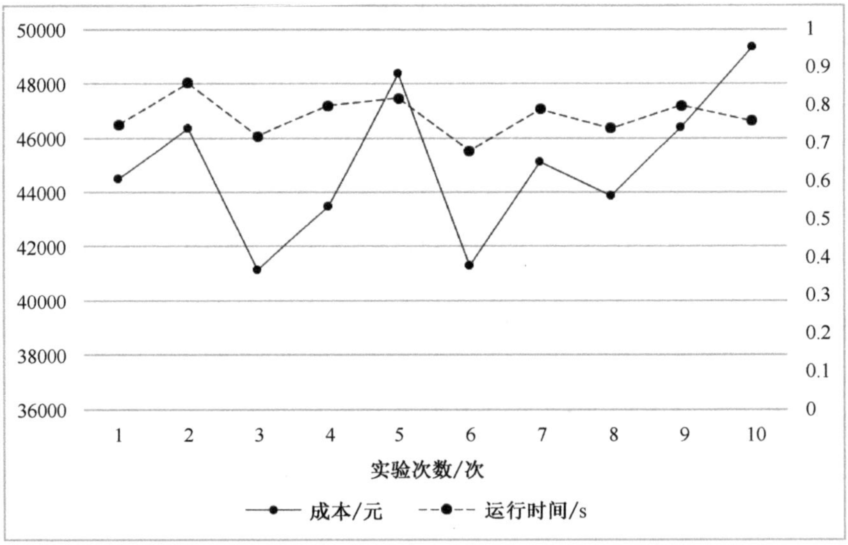

图 5-5　初始解

由图 5-5 可知，往往在 1 秒内即可生成实例的初始解，生成解的成本范围为 40000～50000 元，波动较大。初始解最小成本为 41134.44 元，最大成本为 49332.04 元。

分别以成本最小的解和成本最大的解为初始解，运行优化算法 VNS-II，优化结果如表 5-7 所示。采用最小初始解的算法收敛过程如图 5-6 所示，采用最大初始解的算法收敛过程如图 5-7 所示。

表 5-7　优化结果

运行序号	初始解（41134.44）		初始解（49332.04）	
	运行时间/s	成本/元	运行时间/s	成本/元
1	343.83	21668.11	551.96	21315.94
2	296.95	21473.48	707.62	21684.05
3	333.85	20959.35	579.38	22280.80
4	371.78	22463.92	577.76	21789.17
5	350.25	21551.86	**369.03**	22373.17
6	**251.92**	22607.43	650.48	21591.82
7	355.68	22071.59	397.75	21899.78
8	344.98	21895.03	519.78	**19979.61**
9	425.80	21629.20	370.32	20701.65
10	489.10	**20618.10**	533.53	21218.91
平均值	356.41	21693.81	525.76	21483.49

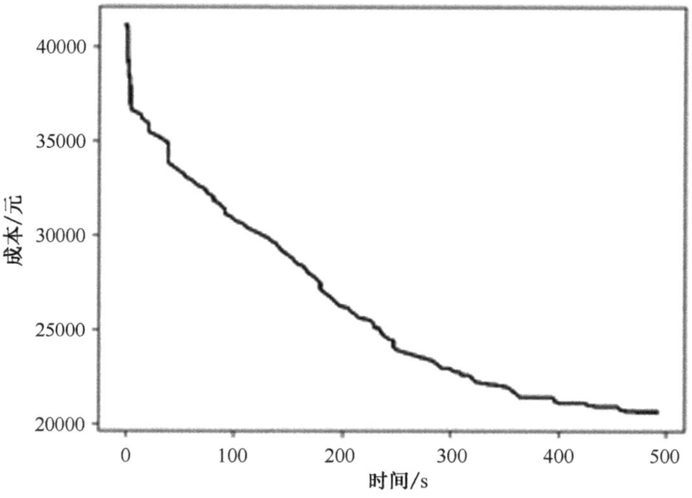

图 5-6　采用最小初始解的算法收敛过程

由表 5-7 可知，VNS-II 能够对初始解大幅度进行优化，优化效果较好。采用不同的初始解，其优化结果相差不大。采用成本小的初始解，算法的运行时间较短。

以成本最高的解作为初始解，对比 VNS-II 和 VNS-I，结果如表 5-8 所示。

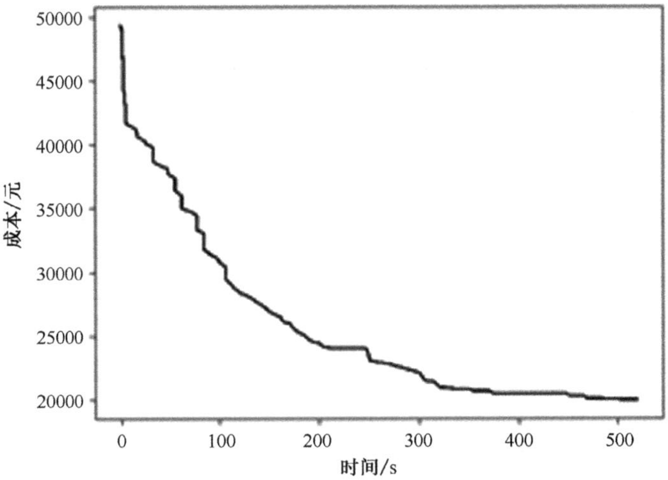

图 5-7　采用最大初始解的算法收敛过程

表 5-8　VNS-Ⅰ与 VNS-Ⅱ对比结果

运行序号	VNS-I		VNS-II	
	运行时间/s	成本/元	运行时间/s	成本/元
1	340.73	22142.60	551.96	21315.94
2	316.30	23460.60	707.62	21684.05
3	**283.08**	23722.70	579.38	22280.80
4	373.13	22014.62	577.76	21789.17
5	364.28	**21649.24**	**369.03**	22373.17
6	351.14	22476.11	650.48	21591.82
7	364.07	22717.16	397.75	21899.78
8	322.14	24204.40	519.78	**19979.61**
9	343.82	22167.35	370.32	20701.65
10	327.86	22213.79	533.53	21218.91
平均值	338.66	22676.86	525.76	21483.49

从表 5-8 可以看出，VNS-II 优化后的平均值和最小值均小于 VNS-Ⅰ，但是 VNS-II 运行时间较长，平均运行时间为 525.761 秒，约是 VNS-Ⅰ 的 1.5 倍。

综上所述，对于成品油二次配送车辆路径问题的大规模实例，VNS-II 能够在合理时间内得到较好的结果，本节提出的 Remove Truck 邻域具有一定的实际应用意义。

5.7　小结

为加油站配送油品是一种复杂的车辆路径问题。油罐车往往带有多个隔舱，车队希望能够提高车辆使用效率，加油站希望在满足需求的情况下减少车辆访问次数。本章首先分析加油站补货问题实际情况，考虑了带隔舱、加油站每种油品的油罐具有容量约束、加油站需要为卸油做准备等因素，将加油站补货问题作为一种 MMHVRPTW 问题，建立了这一问题的数学模型，目标函数是最小化成本。然后采用包含 7 种邻域结构的变邻域搜索算法求解数学模型，其中一种邻域结构 Remove Truck 是结合大邻域搜索算法的思想改编而来。最后通过改编标杆算例以及 A 公司的实例实验结果证明包含 Remove Truck 的 VNS 优化效果更好，算法能够在合理时间内生成较好的车辆路径方案。

参考文献

[1] Cornillier F, Boctor F, Renaud J. Heuristics for the multi-depot petrol station replenishment problem with time windows[J]. European Journal of Operational Research. 2012, 220(2): 361-369.

[2] Coelho L, Laporte G. Classification, models and exact algorithms for multi-compartment delivery problems[J]. European Journal of Operational Research, 2015, 242(3): 854-864.

[3] Avella P, Boccia M, Sforza A. Solving a fuel delivery problem by heuristic and exact approaches[J]. European Journal of Operational Research, 2004(152): 170-179.

[4] Wang, B, Liang Y, Yuan M, et al. A meta-heuristic method for the multireturn-to-depot petrol truck routing problem with time windows. Petroleum Science, 2019, 16 (3): 701-712.

[5] Wang L, Kinable J, Woensel T. The fuel replenishment problem: A split-delivery multi-compartment vehicle routing problem with multiple trips[J]. Computers and Operations Research, 2020(118), 104904.

[6] Wei X, Liao Q, Zhang H, et al. MILP formulations for highway petrol station replenishment in initiative distribution mode. Petroleum Science, 2021, 18(3): 994-1010.

[7] 马义飞，孙晓燕. 成品油二次配送调度优化模型及其遗传算法求解[J]. 运筹与管理，2010，19（6）：73-78.

[8] 宋洁蔚，荣冈. 成品油配送中时间窗的确定及运输的安排[J]. 系统工程理论与实践，2003，23（4）：63-69.

[9] 戴锡，叶耀华，吴勤旻，等. 油品配送车辆路径问题的交互式求解方法[J]. 系统工程理论与实践，2004，24（6）：749-753.

[10] 张立峰，易万里，刘晓兰. 基于两阶段算法的大规模成品油二次配送优化[J]. 系统工程理论与实践，2016，36（11）：2951-2963.

[11] 王茜，吉清凯，胡祥培. 多车型多车槽 VRP 的混合导引反应式禁忌搜索算法[J]. 系统工程理论与实践，2016，30（3）：179-187.

[12] 王旭坪，詹红鑫，孙自来，等. 基于蚁群混合禁忌算法的成品油多舱配送路径优化研究[J]. 系统工程理论与实践，2017，37（12）：3215-3226.

[13] 李珍萍，周文峰，张煜炜，等. 考虑卸载顺序约束的成品油二次配送车辆路径问题[J]. 控制与决策，2020，35（12）：2999-3005.

[14] Mladenovic N, Hansen P. Variable neighborhood search[J]. Computers & operations research, 1997(24): 1097-1100.

[15] Hansen P, Mladenovi N, Jose A, et al. Variable neighborhood search[J]. European Journal of Operational Research, 2008, 191(3): 593-595.

[16] Gupta S R, Smith J S. Algorithms for single machine total tardiness scheduling with sequence dependent setups[J]. European Journal of Operational Research, 2006, 175(2): 722-739.

[17] Hansen P, Mladenovic N. Variable neighborhood search for the p-median[J]. Journal of Heuristics, 2004, 10(3): 293-314.

[18] Cédric Avanthay, Hertz A, Zufferey N. A variable neighborhood search for graph coloring[J]. European Journal of Operational Research, 2003, 151(2): 379-388.

[19] Costa L R, Aloise D, Mladenovic N. Less is more: basic variable neighborhood search heuristic for balanced minimum sum-of-squares clustering[J]. Information Science, 2017(415): 247-253.

[20] Olli B. A reactive variable neighborhood search for vehicle routing problem with time windows[J]. Informs journal on computing, 2003, 15(4): 347-368.

[21] Hemmelmayr V C, Doerner K F, Hartl R F. A variable neighborhood search heuristic for periodic routing problems[J]. European journal of operational research, 2009, 195(3): 791-802.

[22] Alinaghian M, Shokouhi N. Multi-depot multi-compartment vehicle routing problem, solved by a hybrid adaptive large neighborhood search-ScienceDirect[J]. OMEGA, 2018(76): 85-99.

[23] Henke T, Speranza M G. The multi-compartment vehicle routing problem with flexible compartments sizes[J]. European journal of operational research. 2015, 246(3): 730-743.

[24] Shaw P. Using Constraint Programming and Local Search Methods to Solve Vehicle Routing Problems[M]. Berlin: Springer, 1998.

[25] Ropke S, Pisinger D. An Adaptive Large Neighborhood Search Heuristic for the Pickup and Delivery Problem with Time Windows[J]. Transportation Science, 2006, 40(4): 455-472.

[26] Fallahi A E, Prins C, Calvo R W. A memetic algorithm and a tabu search for the multi-compartment vehicle routing problem[J]. Computers & Operations research. 2008, 35(5): 1725-1741.

第 6 章

“货到人”拣货系统中 AGV 优化调度问题

6.1 引言

随着人力成本越来越昂贵，用智能机器人取代人工、发展智能物流已经逐渐成为一种趋势。2016 年国家三部委联合发布的《机器人产业发展规划（2016—2020 年）》指出，到 2020 年自主机器人年产量达到 10 万台，服务机器人年销售收入超过 300 亿元。2018 年国家发展和改革委员会联合交通运输部发布的《国家物流枢纽布局和建设规划》中明确指出，加强新技术、新装备创新应用，鼓励场内自动导引车、智能穿梭车、智能机器人、无人机等装备在国家物流枢纽内的应用。国家发布的一系列产业规划为物流机器人的发展营造了良好的政策环境，有力支持了物流行业的转型升级。

在配送中心作业的各环节中，拣货作业是整个配送中心作业系统的核心。拣货作业是根据顾客的订货要求或配送中心的送货计划，尽可能迅速、准确地将商品从其储位或其他区域拣取出来，并按一定的方式进行分类、集中、等待配装送货的作业流程。根据拣货员是否在仓库中移动以拣取商品，可以将拣货模式分为“人到货”模式和“货到人”模式。“人到货”模式，即拣货员推着拣货车在仓库中移动，按照订单的需求从货架上拣取商品，然后将商品送回拣货台，这样就完成了一次订单拣选过程。在使用传统“人到货”模式的配送中心，与拣货作业直接相关的人力成本占 50%，拣货作业时间约占整个配送中心作业时间的 40%。“货到人”模式，即拣货员在拣货台直接从通过自动化设备运输到台前的储存单元中拣取商品，无须在仓库中走行。“货到人”模式比“人到货”模式可以提高至少两倍的拣选效率。

一般来说，移动机器人履行系统中 AGV 运输货架到拣货台、自动存取系统

（Automated Storage and Retrieval System，AS/RS）中穿梭机运输货箱到拣货台等都属于“货到人”模式的范畴。与 AS/RS 相比，移动机器人履行系统的成本更低、布局更灵活且应用范围更广。近年来，亚马逊、菜鸟、顺丰、京东等一些大型企业开始探索在拣货环节引入 AGV，通过 AGV 搬运货架的方式来完成拣货作业。当 AGV 接到订单指令后，从车场出发，行驶到相应货架的底部，然后抬升货架，将货架送往相应的拣货台，再由拣货人员完成拣货。最后，AGV 再将货架送回存储区。在“货到人”模式下，每到一批订单，将订单分配给各个拣货台后，需要对 AGV 进行调度，为 AGV 规划出合理的路线，以提高拣货环节的效率，降低配送中心作业成本。

本章针对“货到人”模式，提出订单分配和 AGV 调度联合优化问题（Integrated Order Allocation and Robot Scheduling Problem，IOARSP），该问题考虑了 AGV 在拣货台的排队等待，将订单分配决策与 AGV 调度决策相结合，研究订单如何分配给拣货台、如何调度 AGV 搬运货架满足拣货台需求，使得一批订单拣选的完成时间最短，从而提高系统运行效率。同时，本章建立了 IOARSP 的数学模型，并设计了一种变邻域搜索算法进行求解。

6.2 移动机器人履行系统

6.2.1 概述

移动机器人履行系统（Robotic Mobile Fulfillment Systems，RMFS）是 AGV 在仓库中的应用，也是本章研究的订单拣选系统，该系统最初由 Kiva System、Swisslog 等公司研发并推向市场，首个系统于 2006 年投入使用。

RMFS 包含了可移动式货架、AGV 与车场、拣货台、补货台、订单打包区等多个要素。RMFS 的典型布局如图 6-1 所示。

1. 可移动式货架

货架是用于储存商品的一种单元。如图 6-2 所示，RMFS 中的可移动式货架一般是直立式货架，所有货架规格相同，以 3×2、5×2 或是其他规模聚集成块放置在仓库中。货架的底部留有一定空间，正好能够容纳 AGV 进入货架下方并顶起货架行走，或是在货架下方穿梭走行。每个货架上的商品种类数可能是不一样的。

2. AGV 与车场

AGV 是 RMFS 中的关键角色，是货架移动的载体，也被称为移动机器人。以 Kiva

AGV 为例，其最大加速度为 0.75m/s²，最大行驶速度可达 1.5m/s，最大载重为 1362kg。AGV 的尺寸一般在 1m² 左右，通常根据仓库地面的二维码定位导航行驶。在 AGV 的中间部位有一个升降装置用于顶起和放下货架。有的 RMFS 的中转箱是依靠传送带或人工来运输的，还有的 RMFS 的中转箱是依靠 AGV 来运输的，实现方式是将多个中转箱放在一个可移动中转架上，AGV 顶起中转架送往订单打包区，空箱的回送也是如此。车场是 AGV 停放和充电的场所，以 Kiva AGV 为例，AGV 在满电状态下能够运行数小时，回到充电站充电 5 分钟后即可出发执行货架任务。

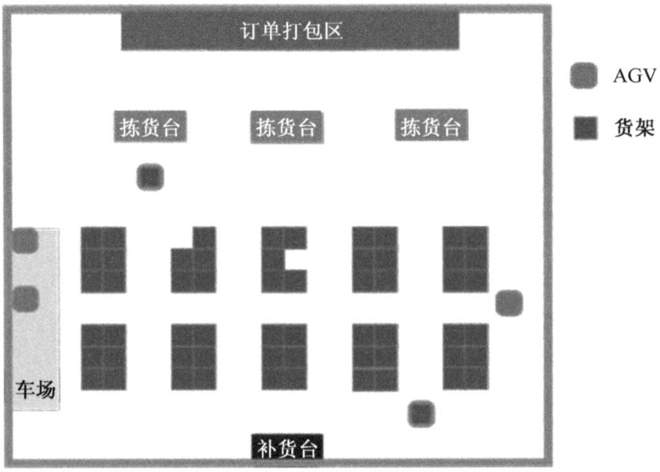

图 6-1　RMFS 的典型布局

图 6-2　RMFS 中的可移动式货架

3. 拣货台

拣货台是拣货员从货架上拣取商品的场所，如图 6-3 所示。一般来说，一个拣货台配置一个拣货员。当 AGV 携带货架来到拣货台进行访问时，拣货员根据系统提示从货架上拣取相应商品投入对应的中转箱中，并借助扫描器记录商品的拣取情况。通常情况下，一个中转箱对应一个订单，而拣货台的中转箱数量受空间限制，因此拣货员能同时处理的订单数量是有限的。此外，拣货员一次只能从一个货架上拣取商品。一个货架访问拣货台结束后，会换入下一个正在排队等候的货架，这个过程需要的时间大约是 6s。

图 6-3 拣货台

4. 补货台

为维持仓库商品库存水平、满足订单需求，货架上的商品需要及时补货，补货台就是货架补充商品的场所。一般来说，补货台的数量会比拣货台少一些，并且其所在位置与拣货台所在位置不同侧，可以在一定程度上避免通道内 AGV 拥堵，从而提高拣选效率。

5. 订单打包区

中转箱被传送带、AGV 或人工送到订单打包区后，工作人员将中转箱中的货物取出，选择合适的包装材料，并按照系统指示打包订单、封箱贴条，完成订单出库前的最后一步工作。

6.2.2 订单拣选方式

在"人到货"模式下，有两种不同的订单拣选方式，即摘果式拣选和播种式拣选。摘果式拣选指的是工作人员在仓库中走行一趟只拣取一个订单并独立装箱，拣取完成后可直接送至订单打包区。播种式拣选指的是工作人员走行一趟拣选多个订单的商品并集中装箱，拣取完成后还需按单个订单的需求进行二次分拣，然后才能送往订单打包区。

这两种模式适用的场景不同，摘果式适用于订单总量小、订单中商品种类少、单个商品需求量大的仓库，而播种式适用于订单总量大、订单包含商品种类少、单个商品需求量小的仓库。

在“货到人”模式下，同样也有两种不同的订单拣选方式，即订单可拆分和订单不可拆分。

1. 订单可拆分

订单可以被拆分为多个包含不同商品的子订单，并分到不同的拣货台，当一批订单拣选完成后，多个拣货台的中转箱被送往二次分拣区，再按单个订单进行拣选、打包等工作。由于单个拣货台拣取的商品种类变少，工作人员操作相对更简单，第一次拣取的速度也就变快了，但二次分拣的时间不可忽视。如果能够平衡好第一次拣取和二次分拣两个流程的订单处理速度，就可能能够达到比较理想的拣选效果。一般来说，仓库分区进行拣选作业时会涉及订单的拆分与二次分拣。

2. 订单不可拆分

订单不可拆分，在拣货台主要有两种处理模式。

一是按订单拣货，在拣货台场地有限且订单数量较多的情况下，在拣货台放置若干个中转箱，每个中转箱对应一个订单，对这若干个订单同时进行拣货。当某个订单完成拣货后，再换成拟拣订单的中转箱。如果只允许放一个订单的中转箱，那就相当于摘果式拣货。该模式适用于单个订单中商品种类较多且单个产品需求量大的情况。

二是将该拣货台的所有订单视为一个批量，按批量订单拣货。主要包括两种子模式：①在拣货台场地比较充足且订单数量较少的情况下，可以将所有订单的中转箱摆开，对所有订单同时进行拣货；②当受拣货台场地所限不能将所有订单的中转箱摆开时，可以边拣货边根据所拣商品情况对订单进行播种，或者待全部拣完后再播种，由于场地只能摆放少量中转箱，当一个订单完成拣货后，须再换成拟拣订单的中转箱。无论采用哪种子模式，完成拣选后，均须将中转箱送往打包区打包、出库。由于拣货台处理商品种类较多，并且还要进行分装，这对拣货员的要求更高，处理速度相对较慢，可能需要安排更多的拣货台和拣货员，但是不需要投入时间和人力在二次分拣上。该模式适用于单个订单中商品种类较少且单个产品需求量小的情况。

拣选方式应该根据仓库和订单的特点等来决定。无论采取哪一种拣选方式，最重要的是不同环节的作业要做到有效衔接。如果二次分拣区的订单处理压力过大，或者订单打包区的工作人员空闲时间较长，对于成本和拣选效率都会有较大的影响。本节研究的问题采用订单不可拆分、独立装箱，并且按批量订单拣货这种订单处理模式，这也是RMFS中常见的订单拣选方式。

6.3 研究综述

在 RMFS 的运营中，需要解决的问题主要是订单处理问题和 AGV 调度问题。订单处理问题涉及订单的拣选方式和订单如何分配给拣货台，而 AGV 调度问题涉及 AGV 对货架和拣货台的选择决策和访问顺序。

6.3.1 AGV 调度问题

AGV 主要应用于制造业、运输物流业和服务业等领域，其调度问题一直是国内外研究热点。AGV 调度对于提高系统效率和降低成本具有重要作用，同时 AGV 调度也是十分复杂的组合优化问题。AGV 调度问题主要包括 AGV 静态调度、AGV 动态调度，以及 AGV 与其他资源联合调度三类问题。

1. AGV 静态调度

AGV 静态调度问题指的是系统某一时刻的 AGV 任务指派和排序问题。Amir 等人建立了单 AGV 在仓库中执行货架任务的移动时间模型，进而提出考虑货架访问拣货台后可以被放置在多个位置的变体问题。Li 等人建立了 AGV 调度的多目标数学模型，该模型包含三个目标值的最小化，即 AGV 的总行驶距离、AGV 工作量的标准差、任务的最晚交付时间与预测时间之差的标准差。李昆鹏等人采用两阶段优化算法研究"货到人"拣选系统的调度优化问题，首先按照基于货架优先级的任务分配算法得到 AGV 的货架搬运任务序列，其次根据 AGV 行驶规则生成初始路径，检测碰撞并调整，最后在实际案例中表现出不错的效果。

Weidinger 等人考虑了在 Kiva 仓库中的移动机器人与货架的分配问题，研究了在履行订单期间，当货架在拣货台和货位之间移动时，将货架分配给哪个拣货台，然后将货架分配问题转化为一个特殊的时间间隔调度问题，以货架的行驶距离最短为目标，采用自适应大邻域搜索算法的框架，结合标准求解器对问题进行求解，在几种基于规则分配的商品存储策略中进行试验，结果表明，在不同的存储策略中，该算法产生的优化效果有明显差别。Weidinger 等人的研究只关注 Kiva 仓库中货架从货位到拣货台之间的去程路径，而忽略了 AGV 的空载路径和货架的回程路径，同时该研究也假设一个货架也只能访问一个拣货台。本章内容全面考虑了 AGV 拣货路径上的各种距离，这种方式更加符合实际情况。

2. AGV 动态调度

AGV 动态调度指的是考虑任务变更、路径冲突等动态情况下的 AGV 任务指派和排序问题。AGV 动态调度问题一般借助仿真软件，通过设置模型参数，制定 AGV 行为规则来进行研究。Jin 等人应用 AlphabetSoup 软件来模拟仓库环境，并使用了多种货架选择规则和任务指派规则，在不同仓库大小和机器人数量的条件下进行了仿真实验。Zou 等人研究 RMFS 中的 AGV 任务指派问题，首先考虑根据拣货台的拣货速度来分配拣货任务，认为任务应当优先分给拣货速度快的拣货台，其次他们设计了邻域搜索算法来求得近似最优解，最后应用仿真的方法验证实例。

3. AGV 与其他资源联合调度

AGV 与其他资源联合调度指的是将 AGV 与其他资源如机床、岸桥或拣货台等联合调度的 AGV 任务指派和排序问题，本质上是复杂的 NP 叠加问题。在 RMFS 场景下，这方面的研究较少。本章研究的问题涉及 AGV 与其他资源联合调度，与考虑 AGV 运输的作业车间调度问题（Job Shop Problem，JSP）有一些相似之处，如拣货台和机床都有服务能力限制，货架与工件都需要 AGV 运输且任务不能中断，以及 AGV 的走行、排队等行为等。二者的不同之处在于工件加工的任务是确定的，但如果拣货台需求不确定，货架任务也是不确定的。

Abdelmaguid 等人以制造时间最短为目标，将启发式编码方案和遗传算法结合，用于求解柔性制造系统中机器和 AGV 的同时调度问题。朱琳等人研究车间 AGV 的调度问题，以 AGV 给车间配料区补料搬运时间最短为目标建立数学模型，设计了一种改进的遗传算法进行任务分配和排序优化。Mehrabad 等人同时考虑车间作业调度和无冲突 AGV 路径，以完工时间最短为目标建立混合整数规划模型，并采用两阶段蚁群算法进行求解。本章在建立数学模型时，借鉴了 JSP 问题中关于机床服务能力受限和工件排队加工约束建立的思路。

Zhang 等人将 RMFS 中任务分配问题看作资源受限项目调度问题，研究的场景为多拣货台，每个拣货台有一个待访问的货架序列，货架必须按照这个顺序访问拣货台。若货架提前到达，则须排队等待，并且排队有队长限制。AGV 按一定的顺序顶起货架访问拣货台，一个货架可能会被顶起多次或访问同一个拣货台多次。随后，建立以系统运行时间最短为目标的整数规划模型。在本章研究的问题中，货架任务不是给定的，需要根据订单分配方案确定拣货台的需求并选择货架访问，同时货架任务的到达顺序也是灵活的，更具有 RMFS 的特点。

6.3.2 RMFS 订单处理问题

在 RMFS 中，订单处理活动是拣选作业的一部分，是订单履行过程中的重要环节，其结果会影响后续调度 AGV 满足订单需求的效率。另外，对于订单处理的研究不是独立的，一般是在特定的拣选模式下进行。过去的研究主要集中在静态订单处理和动态订单处理两个场景下。

1. 静态订单处理

静态订单处理指的是拣货台按照批次计划处理订单，一批订单的处理是同时进行的，不允许单个订单的换入和换出。基于这个场景的文献，大都假设各批次的拣选过程是独立的且互不影响，主要研究订单分批与组合、货架选择问题。Xie 等人假设订单可拆分，研究订单分批问题，建立了相应的整数规划模型。该模型的目标函数进一步考虑了货架访问拣货台的任务数量和拣货台剩余访问能力。随后，设计了启发式算法，在订单不可拆分和可拆分的情况下分别进行试验，结果表明在可拆分订单情况下拣货台的吞吐量更大，处理效率更高。不可忽略的是，订单拆分拣选意味着订单中商品的打包需要额外花费人力和时间。李晓杰针对 RMFS 中的储位分配和订单分批问题，分别设计了相似度函数和建立聚类模型，然后在此基础上提出了一种 RMFS 的策略评估模型，不过该模型局限于同种货物只放在同一货架上的情况。在试验阶段设计了六类不同储位分配和订单分批组合而成的策略，结果表明关联储存和订单分批组合策略效果是最佳的，以及分批拣选订单往往比不分批的效率要高。

Xiang 等人研究了 RMFS 中的商品储位分配和订单分批问题，以货架的访问次数最少为目标函数建立了混合整数规划模型，并提出一种求解订单分批问题的算法。首先利用 CPLEX 求解商品储位分配问题，其次以最大化订单关联程度或最小化订单异化程度得到订单分批的初始解，最后设计了基于变邻域搜索的启发式算法寻找更好的解。李珍萍等人在数学模型的目标函数中增加了拣选商品的时间成本，与商品种类数量成正比，综合考虑了货架访问次数和服务时间，但同时也限制了一种商品只能存放在一个货架上，进而联合商品品项和货架信息两个维度定义订单关联程度、订单与批次的关联程度，设计了改进的 K-means 聚类算法来求解。本章将货架访问拣货台服务时间分为固定时间和变动时间两部分，借鉴了李珍萍等人的论文中计算货架服务时间的方法，不过本章问题的目标是缩短系统完工时间，而李珍萍等人的论文关注的是批次的服务时间，并且不考虑 AGV 的走行、排队等行为。

2. 动态订单处理

动态订单处理指的是一批订单要按照某种顺序进行拣选，拣货台同时处理的订单数量有限，一个订单拣选完成后换入下一顺位的订单。基于这个场景的文献主要研究订单排序和货架排序问题。Boysen 等人研究的场景为货架重复有序的访问拣货台，拣货员按一定顺序拣选订单。一个拣货台同时可以拣选的订单数量有限，并且货架可在拣货台等待订单的换入和换出，局限性在于只考虑了单拣货台的情况。然后，建立了以最小化货架访问次数为目标函数的混合整数规划模型，提出了两种动态规划算法分别求解订单排序和货架排序，再用模拟退火算法将它们结合起来。实验结果表明，经过优化的订单拣选可以减少一半以上的机器人数量。朱子欣的研究也是基于同样的场景，但他使用变邻域搜索算法来求解该问题，分别设计了 VNS-OS 算法和 VNS-RS 算法求解订单处理顺序和货架访问顺序，并且提出了交替这两个算法同时优化订单、货架排序的 AH 算法。Yang 等人认为订单的换入和换出需要时间，货架不会等待。基于这个假设重新建立了混合整数规划模型，并且设计了两阶段算法进行求解。实验结果表明，相较于只进行货架排序优化和订单排序优化的算法，该算法的效率分别提升了 50.8%和 32.0%。Valle 和 Beasley 在假设一个货架只能访问一个拣货台的条件下，研究多个拣货台的订单分配问题，并且建立以选择货架数量最小化为目标函数的混合整数规划模型，进而在此基础上进行订单排序和货架排序的优化，然后，设计了结合数学规划方法的启发式算法对模型进行求解，在货架可重复访问和不可重复访问的算例中分别进行实验，结果表明货架可重复访问的场景下访问次数更少，原因是订单分配和排序可以有更多的组合，该研究相较之前的研究，更进一步考虑了订单分配给拣货台的问题，但实际上是分成两个阶段进行求解。

Zhuang 等人考虑了多个拣货台的订单处理排序和货架访问排序，并且货架可以访问多个拣货台。通过设置货架访问拣货台的时间，约束货架不能同时服务多个拣货台，然后建立了以货架访问次数最少为目标函数的混合整数规划模型，进而设计了自适应大规模邻域搜索算法求解模型，在实际案例验证中减少了 62%的货架移动次数。本章与该论文的相似之处在于都要进行订单分配，并且订单分配只是问题的一部分，另外货架可以访问不同拣货台并且要避免冲突。不同之处在于该论文关注的是有序拣选订单的作业过程，忽略了 AGV 这一要素，而本章关注的是 AGV 执行货架任务的走行和排队过程。

总之，在现有的关于 RMFS 订单处理问题的相关文献中，基本没有考虑 AGV 调度，默认采用货架访问次数来代替 AGV 的行驶路径成本和时间成本，以简化问题着重关注订单批次与货架的供需匹配。在 AGV 调度问题的相关文献中，假设条件中均包含拣货台需求已确定或访问货架已确定。但实际情况是，订单的需求需要货架来满足，而货架的移动则依赖 AGV，三者密不可分。在多拣货台的场景下订单的分配势必影响着 AGV 的调度，因此本章将两者同时考虑、联合优化。

6.4 问题描述和模型建立

6.4.1 问题描述与基本假设

IOARSP 问题可以描述为：在一个使用 RMFS 的物流仓库中，有一定数量的货架、拣货台和 AGV 小车，以及一批待拣选的订单。已知订单包含的商品种类和数量，以及货架上储存商品的种类和数量，将订单分配给拣货台，并且指派 AGV 有序搬运能够满足订单需求的货架访问拣货台以进行拣选。一个货架可以连续访问多个拣货台，每个拣货台在调度期内能处理的订单数量有限。每个拣货台是一个单服务台排队系统，在任意时刻只允许一个货架访问，并且服务不可中断，携带货架的 AGV 按照先到先服务（FIFO）的原则排队访问拣货台。所有的 AGV 均从车场出发，执行完所有任务后均回到车场。当所有的 AGV 回到车场时，就表示这一批订单的拣选结束，以最后一个回到车场的 AGV 的到达时间作为系统完工时间。IOARSP 问题的优化目标是系统完工时间最短。

图 6-4 举例说明了订单分配方案和 AGV 调度方案的生成：现有一批订单需要拣选，编号 1～9，图中给出了一种分配方案，即把订单 1、5、6 分给拣货台 A，订单 2、3、9 分配给拣货台 B，订单 4、7、8 分配给拣货台 C。然后，将订单需求汇总，得到每个拣货台的商品拣选需求，在此基础上从货架群中选取货架访问拣货台。每个拣货台下方的方框内给出了一个满足其拣货需求的货架访问集合，即 61、53、44 号货架访问拣货台 A，50、44 号货架访问拣货台 B，47、50、55 号货架访问拣货台 C。最后，根据上述的货架访问拣货台方案，将搬运货架的任务指派给 AGV 并确定执行顺序，形成 AGV 任务序列。

根据 AGV 任务序列，AGV 有序执行货架任务，一个 AGV 最多只能携带一个货架。图 6-5 给出了 1 号 AGV 执行货架任务（47，C）和（50，C）的部分过程，以及 2 号 AGV 执行货架任务（44，A）和（44，B）的完整过程。1 号 AGV 携带 47 号货架访问完拣货台 C 以后，将货架放回原处，然后空驶至 50 号货架所在位置，携带其访问拣货台 C。2 号 AGV 从车场出发，空驶至 44 号货架所在位置，携带其连续访问拣货台 A 和拣货台 B。以上动作完成后，2 号 AGV 将 44 货架放回至原位置，此时它已经执行完了所有货架任务，然后空驶回到车场，表示该 AGV 的本次任务结束。

拣货台任意时刻只允许一个货架访问，并且在货架在访问期间，服务不可中断。货架访问拣货台的顺序取决于携带货架的 AGV 到达拣货台的顺序，即先到先服务，当

AGV 携带货架到达拣货台时，如果拣货台处于空闲状态，货架直接访问拣货台开始服务；如果拣货台正在服务其他货架，AGV 按照先到先服务的原则排队依次访问。因此，AGV 的工作时间除行驶时间和服务时间外，还有等待时间。

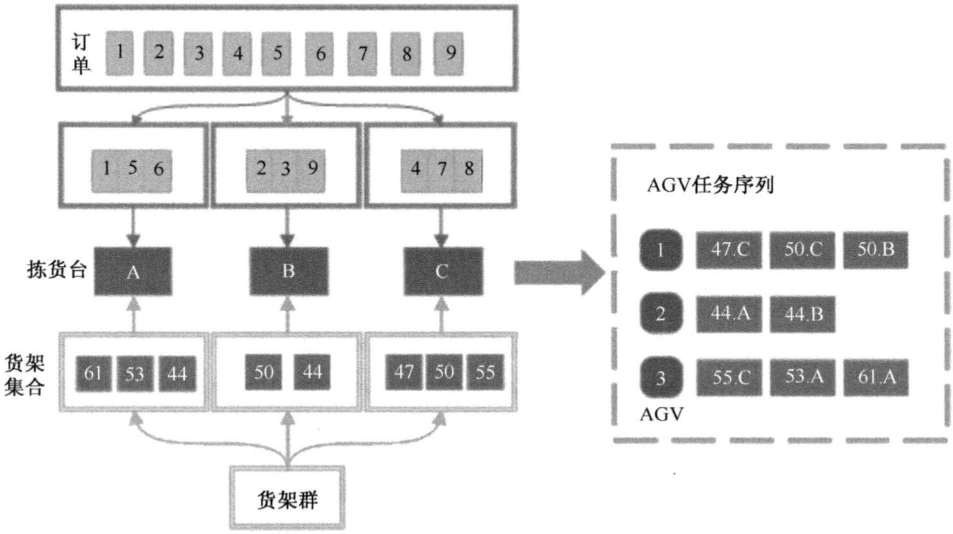

图 6-4　订单分配方案和 AGV 调度方案

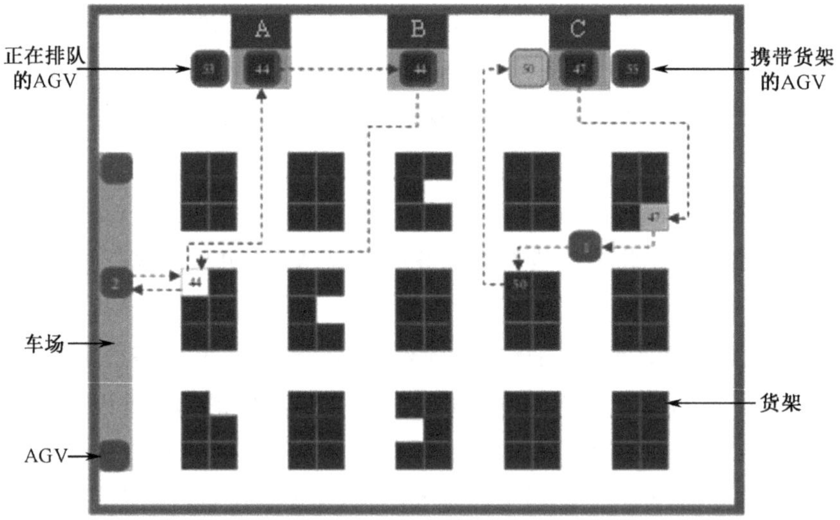

图 6-5　AGV 执行任务过程

对于一个拣货台来说，满足其拣选需求的货架访问集合指的是，集合中所有货架储存的各商品数量之和能够满足拣货台的商品拣选需求。

基本假设如下。

（1）假设仓库采取分散储存策略，即同一个 SKU 分散储存在多个货架上，这种策略增加了单个货架上的商品种类，可以满足更多样的需求，并且在多个拣货台对单个商品的需求同时发生时，可以通过指派多个储存该商品的货架去访问拣货台，能够更迅速地完成拣选。

（2）假设一批订单中所有商品的需求量小于仓库中商品的储存量，不考虑缺货的情况。需要明确的是，单个货架可能不能满足拣货台对某种商品的需求，但至少会有一个可行的货架访问集合。

（3）假设 AGV 以恒定速度行驶，路网中每个通道均设置双向两车道。不考虑 AGV 在仓库中移动时在交叉口或拥堵路段的等待时间。在 RMFS 中，多个 AGV 在仓库中走行时会自动避让，这就会产生等待时间。本章的研究侧重于订单分配和调度，不考虑多个 AGV 的无碰撞路径规划。

（4）一批订单的拣选持续时间一般都较短，而 AGV 在充满电的情况下能连续运转数小时，因此不考虑 AGV 的充电问题。未来将模型拓展到多批订单、动态拣选的情况，则需要考虑 AGV 的充电问题。

（5）假设在一批订单的拣选过程中，一个货架只会被一个 AGV 搬运一次，访问一个或多个拣货台。当有多个拣货台需要访问同一个货架时，采用一个 AGV 搬运该货架连续访问多个拣货台，AGV 行驶距离更短，更符合仓库的实际情况。

（6）假设拣货员从货架上拣选商品所花费的时间由固定时间和可变时间组成，固定时间描述的是拣货员操作货架换入换出的时间，可变时间描述的是拣取 n 种商品的时间，由 n 乘以一个常数得到。

6.4.2 模型建立

本节建立以系统完工时间最小为目标的 IOARSP 问题的数学模型。

AGV 在仓库中的行驶分为两种情况，即不携带货架的空载行驶和携带货架的载重行驶。当 AGV 处于空载状态时，可以在通道内和货架下方行驶；当 AGV 处于负载状态时，只能在通道内行驶。

AGV 的行驶速度、提升货架时间和放下货架时间是固定的。用 AGV 走行距离除以走行速度得到移动时间，再加上 AGV 执行特定动作需要花费的时间，就可以得到 AGV 的走行时间。

用 m 表示货架，s 表示拣货台，o 和 d 表示车场，$(m,s),(m',s')$ 表示任务，(o,o) 表示离开车场的起点任务，(d,d) 表示返回车场的终点任务，L_{ij} 表示从节点 i 到节点 j 的距离，v_0 表示 AGV 空载行驶速度，v 表示 AGV 载重行驶速度，t_{lp} 表示 AGV 提升货架所需时间，t_{dp}表示 AGV 放下货架所需时间。

起点任务到货架任务：AGV 从车场出发，执行第一个货架任务，AGV 走到货架位置提升货架，并搬运其访问拣货台。走行时间的计算公式如下：

$$T_{ooms}=\frac{L_{om}}{v_0}+t_{lp}+\frac{L_{ms}}{v} \tag{6-1}$$

货架任务到货架任务分为两种情形：一是 AGV 携带货架访问完拣货台后，执行下一个货架任务，即访问下一个拣货台；二是先将携带的货架回到原位置，放下货架，再去往下一个任务的目标货架位置，提升货架，并搬运其访问拣货台。走行时间的计算公式如下：

$$T_{msm's'}=\begin{cases}\dfrac{L_{sm}+L_{m's'}}{v}+t_{dp}+\dfrac{L_{mm'}}{v_0}+t_{lp}, m\neq m'\\ \dfrac{L_{ss'}}{v}, m=m'\end{cases} \tag{6-2}$$

货架任务到终点任务，走行时间的计算公式如下：

$$T_{msdd}=\frac{L_{sm}}{v}+t_{dp}+\frac{L_{md}}{v_0} \tag{6-3}$$

模型的集合、参数和决策变量分别如表 6-1、表 6-2 和表 6-3 所示。

表 6-1　模型的集合

集合	描述
P	订单集合
I	商品品类集合
M	货架集合
S	拣货台集合
K	AGV 小车集合
N	货架任务集合 $\{(m,s)\mid m\in M,s\in S\}$
ON	起点任务集合 $\{(m,s)\mid m=o,s=o\}$
DN	终点任务集合 $\{(m,s)\mid m=d,s=d\}$

表 6-2　模型的参数

参数	描述	单位
D_{pi}	订单 p 中商品 i 的需求量，其中 $p\in P,i\in I$	个
C_{mi}	货架 m 上商品 i 的储存量，其中 $m\in M,i\in I$	个
E	拣货台能同时处理的最大订单数量	个
L	AGV 任务数量限制	个
a	货架拣选固定时间	秒
b	拣选一种商品的时间	秒
$T_{msm's'}$	任务之间的走行时间，其中 $(m,s),(m',s')\in(\mathrm{ON}\cup\mathrm{DN}\cup N),(m,s)\neq(m',s')$	秒
G	一个足够大的正数	—

表 6-3　模型的决策变量

决策变量	描述
x_{ps}	0-1 变量，订单 p 被分配到拣货台 s，其中 $p \in P, s \in S$
y_{ms}	0-1 变量，货架 m 需要访问拣货台 s，其中 $m \in M, s \in S$
z_{msi}	非负整数变量，货架 m 访问拣货台 s 时供应 i 商品的数量，其中 $m \in M, s \in S, i \in I$
f_{kms}	0-1 变量，AGV 小车 k 顶起货架 m 访问拣货台 s，其中 $k \in K, m \in M, s \in S$
$w_{kmsm's'}$	0-1 变量，AGV 小车 k 先执行 (m,s) 任务，紧接着再执行 (m',s') 任务，其中 $k \in K$，$(m,s),(m',s') \in (\mathrm{ON} \cup \mathrm{DN} \cup N), (m,s) \neq (m',s')$
$q_{mm's}$	0-1 变量，货架 m 先于货架 m' 访问拣货台 s，其中 $s \in S, m, m' \in M, m \neq m'$
g_{ms}	非负实数变量，任务 (m,s) 到达拣货台的时间，其中 $m \in M, s \in S$
t_{ms}	非负实数变量，任务 (m,s) 在拣货台开始拣选的时间，其中 $m \in M, s \in S$
e_{ms}	非负实数变量，任务 (m,s) 拣货结束的时间，其中 $m \in M, s \in S$
u_k	非负实数变量，AGV 小车 k 执行完所有任务回到车场的时间，其中 $k \in K$
U	非负实数变量，系统完工时间

其中，起点任务的到达时间 g_{oo}、开始时间 t_{oo}、结束时间 e_{oo} 的值为常数 0。$q_{mm's}$ 是一个分离变量，用于显式建模货架访问拣货台的冲突避免。

IOARSP 问题的目标是最小化系统完工时间，其目标函数为

$$\text{Minimize } U \tag{6-4}$$

模型包括四类约束条件：拣货台订单分配约束、货架与拣货台商品供需约束、AGV 执行货架任务约束及时间约束。

（1）拣货台订单分配约束。订单需要分配到拣货台，按照订单商品需求进行拣选。

$$\sum_{s \in S} x_{ps} = 1, p \in P \tag{6-5}$$

$$\sum_{p \in P} x_{ps} \leqslant E, s \in S \tag{6-6}$$

式（6-5）表示每个订单都只被分配到一个拣货台。式（6-6）表示每个拣货台处理的订单数量有限制。

（2）货架与拣货台商品供需约束。货架访问拣货台进行拣选时，商品的供应与需求需要平衡。

$$y_{ms} \leqslant \sum_{i \in I} z_{msi} \leqslant y_{ms} G, m \in M, s \in S \tag{6-7}$$

$$\sum_{s \in S} Z_{msi} \leqslant C_{mi}, m \in M, i \in I \tag{6-8}$$

$$\sum_{m \in M} Z_{msi} = \sum_{p \in P} \left(x_{ps} D_{pi} \right), s \in S, i \in I \tag{6-9}$$

式（6-7）表示货架访问拣货台就会供应商品，如果不供应商品，货架就不访问拣货台。式（6-8）表示任一货架供应所有拣货台的任一商品的数量不能超过其库存量。式（6-9）表示所有货架供应任一拣货台的任一商品的数量之和正好等于其需求量，其

中 $\sum_{p\in P}(x_{ps}D_{pi})$ 表示分配到拣货台 s 的所有订单中商品 i 的需求量之和。

（3）AGV 执行货架任务约束。货架任务需要分配给 AGV，AGV 执行货架任务需要按顺序进行。

$$\sum_{k\in K} f_{kms}=y_{ms},\forall m\in M,s\in S \tag{6-10}$$

$$\sum_{m\in M}\sum_{s\in S} f_{kms}\leqslant L,\quad \forall k\in K \tag{6-11}$$

$$f_{kms}+f_{k'ms'}\leqslant 1,\forall (m,s),(m,s')\in N,k,k'\in K,k\neq k' \tag{6-12}$$

$$\sum_{m\in M}\sum_{s\in S} w_{kooms}=\min\left\{1,\sum_{m\in M}\sum_{s\in S} f_{kms}\right\},\forall k\in K,(o,o)\in \mathrm{ON} \tag{6-13}$$

$$\sum_{m\in M}\sum_{s\in S} w_{kmsdd}=\sum_{m\in M}\sum_{s\in S} w_{kooms},\forall k\in K,(d,d)\in \mathrm{DN} \tag{6-14}$$

$$\sum_{m'\in M}\sum_{s'\in S} w_{kmsm's'}=f_{kms},\forall k\in K,(m,s)\in N,(m',s')\in (\mathrm{DN}\cup N) \tag{6-15}$$

$$\sum_{m'\in M}\sum_{s'\in S} w_{km's'ms}=f_{kms},\forall k\in K,(m,s)\in N,(m',s')\in (\mathrm{ON}\cup N) \tag{6-16}$$

式（6-10）表示每个货架访问拣货台的任务都需要一台 AGV 完成且仅能由一台 AGV 完成。式（6-11）表示每个 AGV 执行的任务数量有限制。式（6-12）表示搬运同一货架的不同任务不能被分配给不同的 AGV，只能分配给同一台 AGV。式（6-13）和式（6-14）表示分配到任务的 AGV 都从车场出发去执行任务，执行完任务后都要回到车场，没有任务的 AGV 则一直待在车场。式（6-15）和式（6-16）表示分配到 AGV 的每个任务都有前序任务和后序任务，前序任务包含离开车场任务，后序任务包含回到车场任务。由于后面建立了时间约束，AGV 执行任务顺序中不会出现子回路，无须建立破除子回路的相关约束。

（4）时间约束。时间约束包括货架任务相关时间和 AGV 返回车场时间的约束。

$$\sum_{k\in K}\sum_{s\in S}\sum_{s'\in S} w_{kmsms'}=\max\left\{\sum_{s\in S} y_{ms}-1,0\right\},\forall m\in M \tag{6-17}$$

$$e_{ms}=t_{ms}+a\sum_{i\in I}\min\{z_{msi},1\}+by_{ms},\forall (m,s)\in N \tag{6-18}$$

$$t_{ms}\geqslant g_{ms},\forall (m,s)\in N \tag{6-19}$$

$$g_{ms}\geqslant (w_{km's'ms}-1)G+e_{m's'}+T_{m's'ms},\forall k\in K,(m,s),(m',s')\in (\mathrm{ON}\cup N) \tag{6-20}$$

$$q_{mm's}\leqslant \max\{(g_{ms}-g_{m's})*G,0\},\forall s\in S,m,m'\in M,m\neq m' \tag{6-21}$$

$$q_{mm's}\geqslant \min\{g_{ms}-g_{m's},1\},s\in S,m,m'\in M,m\neq m' \tag{6-22}$$

$$q_{mm's}+q_{m'ms}=1,\forall s\in S,m,m'\in M,m\neq m' \tag{6-23}$$

$$t_{m's}-e_{ms}\geqslant (q_{mm's}-1)G,\forall s\in S,m,m'\in M,m\neq m' \tag{6-24}$$

$$g_{ms}+t_{ms}+e_{ms}\leqslant y_{ms}G,\forall (m,s)\in N \tag{6-25}$$

$$u_k\geqslant (w_{kmsdd}-1)G+e_{ms}+T_{msdd},k\in K,\forall (m,s)\in N,(d,d)\in \mathrm{DN} \tag{6-26}$$

$$U\geqslant u_k,\forall k\in K \tag{6-27}$$

式（6-17）表示搬运同一货架的不同任务是连续的。式（6-18）表示货架任务在拣货台的拣货结束时间为拣货开始时间加上拣货时间，其中拣货时间由固定拣货时间 b 和固定拣取一种商品的时间 a 与货架供应商品种类的乘积组成。式（6-19）表示货架到达拣货台之后才能开始拣货。式（6-20）表示货架到达拣货台的时间点要大于搬运该货架的 AGV 上一任务的结束时间与两任务之间的走行时间之和。式（6-21）和式（6-22）表示先到达拣货台的货架任务先服务。式（6-23）保证了货架访问顺序的唯一性。式（6-24）表示拣货台不能同时处理多个货架任务且每个货架任务的处理是连续、不可中断的，并且先服务的货架任务先离开。式（6-25）表示当货架不访问拣货台时，此货架任务的到达时间、开始服务时间、结束时间均为 0。式（6-26）表示每个 AGV 回到车场的时间点大于该 AGV 上一任务的结束时间与两任务之间的走行时间之和。式（6-27）表示系统完工时间大于任意一个 AGV 回到车场的时间。

6.5 变邻域搜索算法设计

本章设计的 VNS-II 算法在基本变邻域搜索算法的基础上，结合 IOARSP 问题的特点，基于 VND 框架对邻域变换规则进行了一定的改进，设计了 5 种局部优化邻域对当前解进行优化，同时设计了两种扰动邻域对当前解进行扰动。VNS-II 算法流程图如图 6-6 所示，其中 N 为迭代次数，具体步骤如下。

（1）初始化参数。输入订单数据 D_{pi}、货架库存数据 C_{mi}、拣货台订单处理上限 E、AGV 任务数量上限 L、拣选时间计算参数、任务之间的走行时间 $T_{msm's'}$、邻域算子输入常数、扰动次数 k、最大迭代次数 $N_{\max}$。

（2）生成初始解，令迭代次数 $N=0$。将初始解同时赋给当前最优解 Obj 和全局最优解 $\mathrm{Obj}_{\max}$。

（3）变换邻域搜索局部最优解。以 Obj 作为输入，依次在货架供应商品种类减少、货架任务删除、货架任务重新分配、货架任务交换和货架替换 5 个邻域中进行局部搜索，不断地改进当前最优解 Obj。当在货架替换邻域搜索中找不到更优的解时，转入下一步。

（4）判断 Obj 是否优于 $\mathrm{Obj}_{\max}$，若优于 $\mathrm{Obj}_{\max}$，则令 $\mathrm{Obj}_{\max}=\mathrm{Obj}$，转入下一步；否则，直接转入下一步。

（5）判断迭代次数 N 是否等于 $N_{\max}$，若等于 $N_{\max}$，则输出 $\mathrm{Obj}_{\max}$，算法终止；否则，令 $N=N+1$，转入下一步。

（6）在邻域内扰动生成新的解，以扩大搜索空间。首先在 $1\sim E$ 随机生成一个整数赋给扰动次数 k，其次随机选择一个扰动邻域，以 $\mathrm{Obj}_{\max}$ 作为输入，执行邻域算子 k 次，生成新解并赋给 Obj，转入步骤（3）。

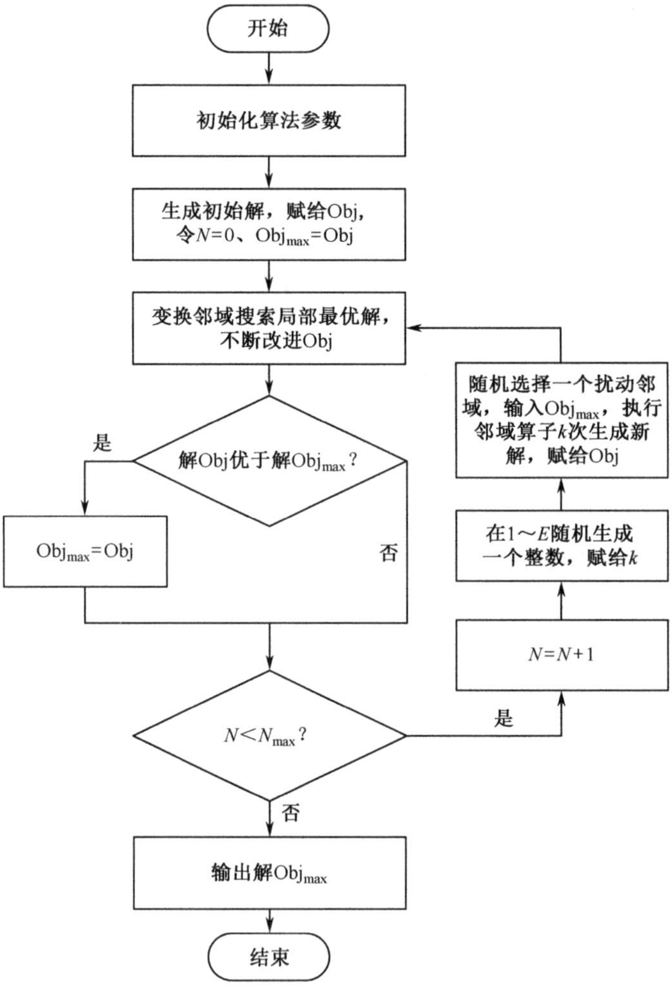

图 6-6　VNS-II 算法流程图

下面将阐述该算法的初始解生成、目标函数计算、邻域结构设计、邻域搜索策略、邻域变换规则及顺序。

6.5.1　初始解生成

变邻域搜索算法从一个初始解出发，迭代寻优，为了得到问题的初始解，需要设计相应的初始化算法。初始化算法由 4 个部分组成，即订单分批、货架选择、订单批次指派和 AGV 任务分配。算法设计的整体思路是先将相似度高的订单打包成批次，选取较少的货架满足批次，随后在考虑货架到拣货台距离的基础上将批次分配到拣货台，最后随机将货架搬运任务分配给 AGV，得到初始解。图 6-7 为初始化算法流程图，具体步骤如下。

（1）订单分批算法。以拣货台数量为批次数量，将订单分批打包。

（2）货架选择算法。为每一个批次确定需要哪些货架来访问。

（3）订单批次指派算法。以货架到拣货台的距离为参考，将批次一一对应地分给拣货台。

（4）AGV 任务分配算法。将货架访问拣货台的任务分配给 AGV。

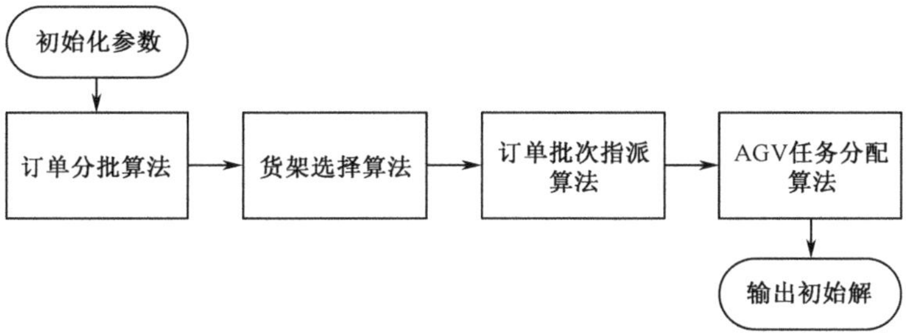

图 6-7　初始化算法流程图

6.5.2　目标函数计算

IOARSP 问题的目标函数值是系统完工时间，即最后一个 AGV 回到车场的时间。AGV 在执行任务的过程中会遇到在拣货台排队等待访问的情况，等待时间受到访问相同拣货台的前序任务影响，同时任务到达拣货台的时间受到相同 AGV 的前序任务的影响，因此 AGV 的工作时间并不能通过简单的加法计算得出。

AGV 执行任务的过程可以通过有向网络来表达。离开车场的任务是有向网络的起点，回到车场的任务是有向网络的终点，货架访问拣货台的任务是有向网络的中间节点。网络的边表示两个任务由同一台 AGV 执行，方向表示任务执行顺序，从任务分配方案里可以直接得到。每个节点都有一个权值 T，表示货架访问拣货台时的拣选时间；每条边也有一个权值 L，表示两个任务之间的走行时间。如图 6-8 所示，有 3 台 AGV 搬运货架访问两个拣货台，节点内的数字分别表示货架、拣货台，以及拣选时间 T。

此外，还需要建立队列记录货架到达拣货台的顺序，因为队列不能直接从 AGV 任务分配方案中得到。假设拣货台任务访问队列如图 6-9 所示，拣货台 1 的队列表示货架 11 先于货架 15 到达拣货台 1。结合图 6-8 和图 6-9 可知，货架任务（15，1）的开始服务时间既受到 AGV 任务网络中前序任务（3，2）的限制，又受到拣货台任务访问队列前序任务（11，1）的限制。

每一个货架访问拣货台任务都有 3 个需要计算的参数：货架到达拣货台时间 g、开

始拣选时间 t 和离开拣货台时间 e。这三个参数的计算公式分别为

$$g = \text{AGV执行任务网络中上一节点}e + L \tag{6-28}$$

$$t = \max\{g, \text{拣货台任务队列中上一任务的}e\} \tag{6-29}$$

$$e = t + T \tag{6-30}$$

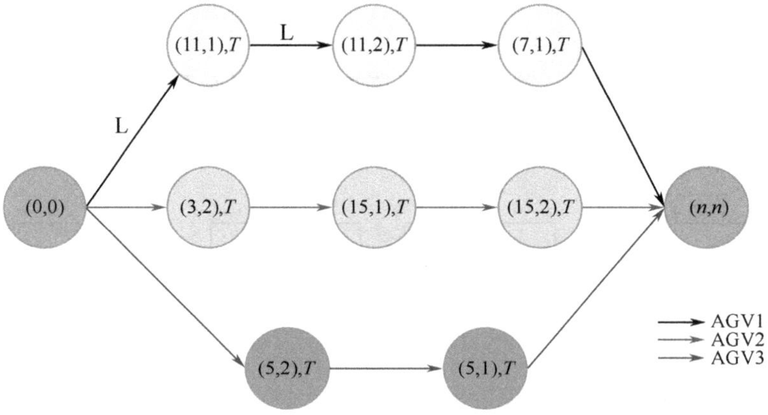

图 6-8　AGV 执行任务网络

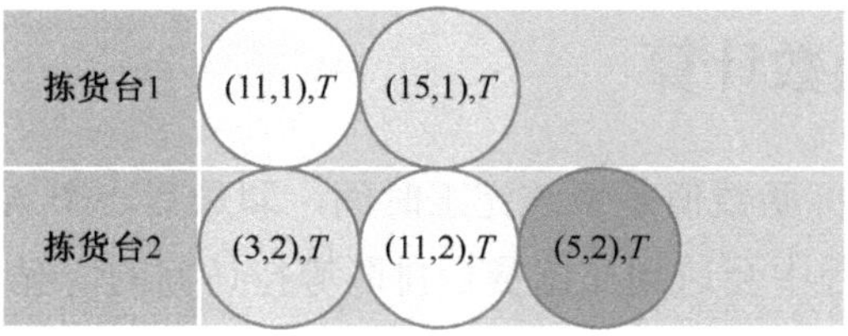

图 6-9　拣货台任务访问队列

本章设计了一种算法来确定 AGV 访问拣货台的顺序和开始服务时间，并计算目标函数值。算法的具体步骤如下。

步骤 1：将每个 AGV 的第一个任务设置为当前任务，并计算它们的 g 值。

步骤 2：比较每个 AGV 当前任务的 g 值，找到 g 值最小的任务 $T(m,s)$ 和对应的小车 k，将任务 T 添加到拣货台 s 的访问队列中，更新任务 T 的开始拣选时间 t 和离开拣货台时间 e。

步骤 3：判断小车 k 的下一任务是否为终点任务，若为否，则将小车 k 的下一任务更新为当前任务，并计算其 g 值，转到步骤 2；若为是，则计算终点任务的 g 值，删除小车 k，并判断是否所有任务都已完成，如果所有任务都已完成，执行步骤 4，否则转到步骤 2。

步骤 4：所有 AGV 都已回到车场，最后一个 AGV 回到车场的时间（g 值），即为问题的目标函数值。

6.5.3 邻域结构设计

变邻域搜索算法中的邻域变换是为了扩大搜索空间，以搜索到更优解。在扰动阶段和局部搜索阶段，都会用到邻域，这两个阶段的邻域可以是相同的，也可以是不同的。VNS-II 包含两个用于扰动的邻域和五个用于局部搜索的邻域。

1. 扰动阶段邻域设计

扰动阶段主要是调整订单分配到拣货台的方案，更改订单所属的拣货台。为此设计了拣货台订单交换和拣货台订单重新分配两个邻域。

1）拣货台订单交换

首先，针对已有的订单分配方案，随机选择两个不属于同一拣货台的订单，交换它们所属的拣货台，形成新的订单分配方案。其次，重新计算这两个拣货台的商品需求，因为拣货台的商品需求发生了改变，所以需要先剔除多余的货架。再次，判断现有的货架序列能否满足商品需求，若不能满足，则加入新货架；若能够满足，则不再加入新货架。最后，将新的货架访问拣货台任务插入到现有的 AGV 任务分配方案中，形成一个新的解。

2）拣货台订单重新分配

首先，针对已有的订单分配方案，随机选择两个拣货台，将其中一个拣货台的任一订单从该拣货台中移除，再分配到另外一个拣货台。其次，重新计算这两个拣货台的商品需求，对于订单数减少的拣货台，剔除多余的货架；对于有新增订单的拣货台，判断已有货架方案是否能满足拣货台需求，若可以满足，则无须加入其他货架，若不能满足，则需要选择合适的货架加入访问序列。最后，更新 AGV 任务分配方案，形成一个新的解。

2. 局部搜索阶段邻域设计

局部搜索阶段主要是在固定的订单分配方案下，通过改变访问拣货台的货架、AGV 任务分配方案来找出该订单分配方案下的局部最优解。为此设计了以下五种邻域。

1）货架供应商品种类减少

基于当前的货架访问拣货台方案，随机选择 N 个货架任务形成任务集合，从集合中逐个取出货架任务，进行一次如下操作：删除任务中任意一种商品的供应量，分由其他访问相同拣货台的货架来供应，得到一个候选解，如果不能剔除任务中任何一种商品的供应量，那么跳过该任务，最后将候选解与当前解比较，更新当前解。

该邻域算子一般不改变货架任务，只改变货架供应商品种类数量，减少货架供应拣货台的商品种类数可以缩短任务服务时间，让后续任务更早开始。

2）货架任务交换

基于当前的AGV任务分配方案，随机选择N个不重复的AGV任务对（两个任务可以是由同一个AGV执行，也可以是由不同AGV执行）构成集合，从集合中逐个取出任务对，进行如下操作：将两任务的位置交换一次，生成候选解，最后将多个候选解与当前解进行比较，更新当前解。选中的货架任务的目标货架可能不止访问一个拣货台，为了满足一个货架的访问任务只能由一个AGV连续执行的条件，须将相同货架的任务打包后进行交换。如图6-10所示，左侧部分表示原有的AGV任务分配方案，右侧部分表示的是交换两个货架任务后的AGV任务分配方案。

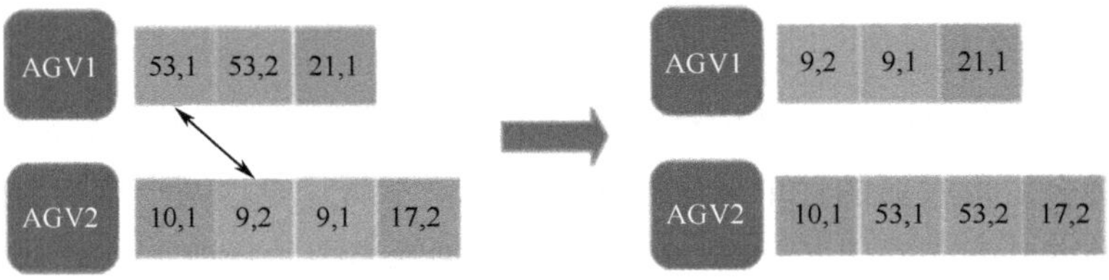

图6-10　货架任务交换示例

3）货架任务重新分配

基于当前的AGV任务分配方案，随机选择N个AGV任务构成集合，从集合中逐个取出任务，进行如下操作：将任务重新分配给另一个AGV，生成候选解，最后将多个候选解与当前解进行比较，更新当前解。为满足相同货架任务只能由一个AGV连续执行的条件，重新分配的时候同样需要先找出相同货架序列。如图6-11所示，左侧部分表示原有的AGV任务分配方案，右侧部分表示的是将53号货架的货架任务序列调整给AGV2后的新方案。

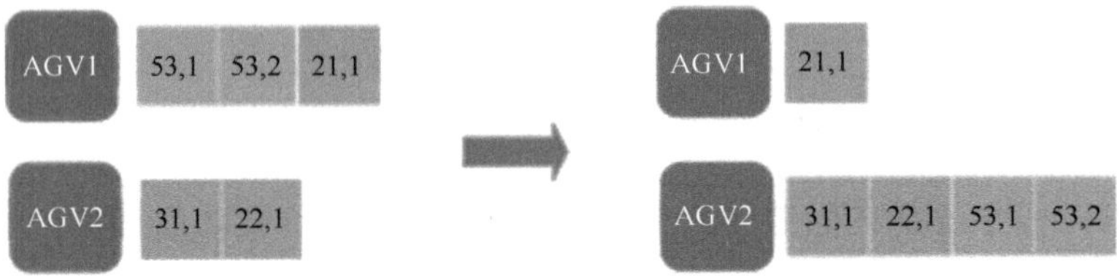

图6-11　货架任务重新分配示例

4）货架任务删除

基于当前的货架访问拣货台方案，随机选择N个货架任务构成集合，从集合中逐个取出任务，进行如下操作：在不添加其他货架任务也能够满足拣货台的商品需求的前提下，删除该任务，更新AGV执行方案，生成候选解，最后将多个候选解与当前解进行比较，更新当前解。如图6-12所示，左侧部分是原始的货架访问、AGV执行方案，右侧部分是去掉10号货架的货架任务后的新方案。

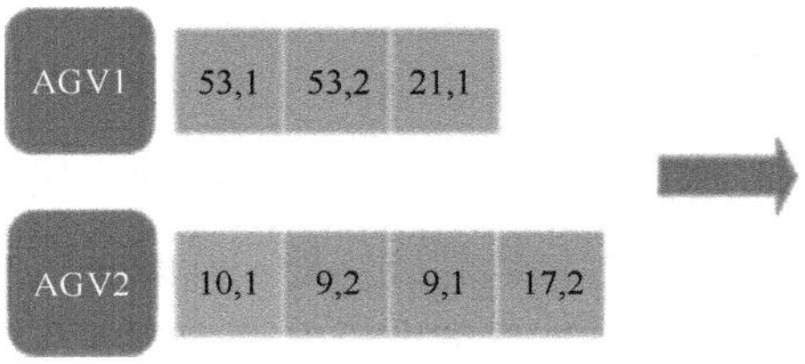

图 6-12　货架任务删除示例

5）货架替换

对于已有货架访问拣货台方案，随机选择 N 个货架任务构成集合，从集合中逐个取出任务，进行如下操作：用一个货架替换该任务中的目标货架，形成新的货架访问拣货台方案，生成候选解，最后将多个候选解与当前解进行比较，更新当前解。货架换入时需要考虑这一新的货架访问序列能否满足拣货台的商品需求，还要更新货架任务和 AGV 任务分配方案。如图 6-13 所示，左侧部分是原有的货架访问、AGV 执行方案，右侧部分是用 22 号货架替换掉 9 号货架后访问 2 号拣货台的货架访问、AGV 执行方案。

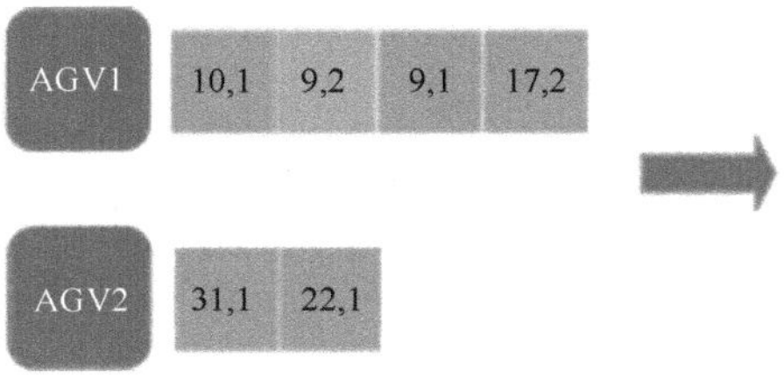

图 6-13　货架替换示例

6.5.4　邻域搜索策略

领域搜索策略分为全局搜索和随机搜索。全局搜索可以充分搜索解空间，优化当前解的概率比较大，但搜索时间较长，容易陷入局部最优；随机搜索无法充分搜索解空间，优化当前解的概率比较小，但搜索时间较短，不容易陷入局部最优。

本章在扰动邻域内采用随机搜索策略，避免陷入局部最优，并采用多次执行同一个扰动邻域算子的方法以达到更好的扰动效果。对于 IOARSP 问题来说，每次调整解方案后都需要重新计算目标函数，计算目标函数的算法时间复杂度为 $O(n \times m)$，其中 n 为货架任务数量，m 为 AGV 数量，同时每个局部搜索邻域的搜索空间也较大。如果采用全局搜索策略，求解时间过长。为了保证算法的效率，在局部搜索邻域内也采用随机搜索策略，但不是随机搜索一次，而是随机搜索多次得到多个候选解。

6.5.5 邻域变换规则及顺序

VNS-II 算法的邻域变换规则以 VND 框架为基础，并增加了扰动阶段。邻域变换规则如下：按顺序在每个邻域内进行局部搜索，一旦找到更优解，就返回第一个邻域继续搜索，否则跳转到下一个邻域搜索。若在最后一个邻域内没有搜索到更优解，并且没有到达终止条件，则记录下当前解，进入到扰动邻域扰动生成新解，然后回到第一个邻域继续搜索。

在变换邻域搜索的过程中，搜索顺序靠前的邻域被搜索的次数更多，先搜索空间较小的邻域有助于减少搜索时间。另外，应该将改进解可能性更大的邻域排在前面，可以避免不必要的搜索。对于本章研究的问题，在同一货架访问方案下有多种货架供应拣货台商品的方案，以及多种 AGV 任务分配方案。先进行改变货架供应商品种类和 AGV 任务分配的邻域搜索，有助于在该货架访问方案下充分搜索出更优解，且货架供应商品种类减少邻域的搜索空间较小。综上所述，邻域访问顺序的设置是货架供应商品种类减少、货架任务删除、货架任务重新分配、货架任务交换和货架替换。邻域变换过程如图 6-14 所示。

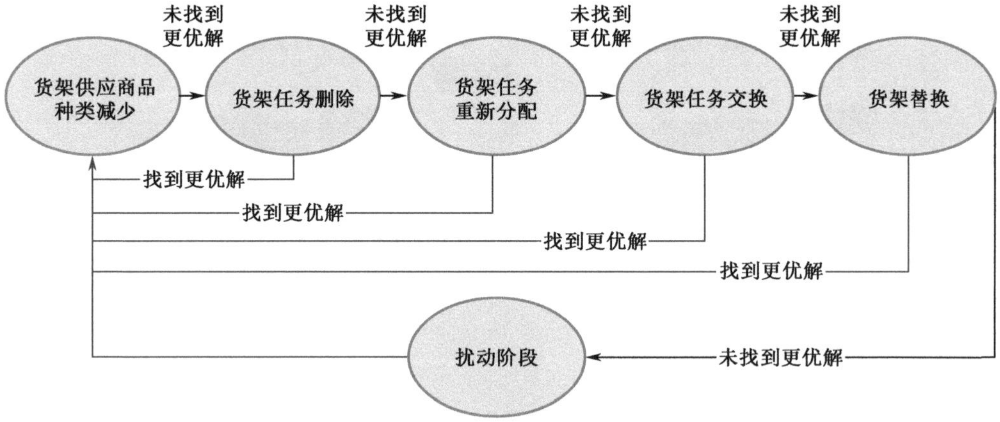

图 6-14　邻域变换过程

6.6 实验分析

本节开展两类实验。第一类实验为小规模算例实验和大规模算例实验，用于验证 VNS-II 算法的可行性和有效性，以及 VNS-II 算法所包含的邻域的有效性。第二类实验用于探究订单分配对 AGV 调度优化的影响，验证联合订单分配进行 AGV 调度优化的必要性和优越性。

本节设计的相关实验参数如表 6-4 所示。此外，在五个局部搜索邻域中输入的 N 都为 10。

表 6-4 实验参数

参数	描述	设置值
v_0	AGV 空载行驶速度	1.5m/s
v	AGV 载重行驶速度	1m/s
t_{lp}	AGV 提升货架所需时间	1s
t_{dp}	AGV 放下货架所需时间	1s
a	货架拣选的固定时间	6s
b	拣选一种商品的时间	3s
N_max	最大迭代次数	100 次

本节的实验环境如下：

（1）CPU：频率为 1.6GHz 的 i5-10210U；

（2）运行内存：16G；

（3）操作系统：Windows10。

变邻域搜索算法采用 Python 语言编程实现，编程环境为 PyCharm。IOARSP 混合整数规划模型采用 CPLEX12.10 进行求解。

6.6.1 算例构建

为验证本节所提出的 VNS-II 算法的性能，根据某仓库 RMFS 系统的实际参数，结合拣货台布局策略、拣货台数量、AGV 数量等多种因素构建了算例集。其中，小规模算例 15 个，大规模算例 27 个。

在大规模算例中，本节考虑了 3 种拣货台布局方式，分别是 I 型布局、L 型布局和 U 型布局，并结合不同的拣货台数量、AGV 数量形成了不同类型的算例。由于小规模算例拣货台数量较少，均设置为I型布局。所有算例的商品储存策略都是随机储存策略。每个货架上储存的商品种类数为 1～5 的随机数。每个订单包含的商品种类数为 1 或 2，商品数量为 1～3 的随机数。部分算例编号和具体参数如表 6-5 所示，其中，S 表示拣货台数量，R 表示货架数量，P 表示商品种类数量，N 表示 AGV 小车数量，O 表示订单数量，LS 表示拣货台能同时处理的最大订单数，LK 表示 AGV 的任务数量上限，Layout 表示拣货台布局方式，Num 表示每个类型算例的数量。

表 6-5 部分算例编号和具体参数

算例集	算例编号	S/个	R/个	P/种	N/辆	O/个	LS/个	LK/个	Layout	Num/个
小规模算例	S03	2	3	5	2	6	4	3	I	3
	S04	2	4	5	2	8	5	4	I	3
	S05	2	5	7	2	8	5	5	I	3
	S06	2	6	8	2	10	6	5	I	3
	S07	3	7	9	3	10	4	6	I	3
大规模算例	LI1	9	180	300	12	100	12	10	I	3
	LI2	12	180	300	15	100	9	10	I	3
	LI3	15	180	300	20	100	7	10	I	3
	LL1	9	180	300	12	100	12	10	L	3
	LL2	12	180	300	15	100	9	10	L	3
	LL3	15	180	300	20	100	7	10	L	3
	LU1	9	180	300	12	100	12	10	U	3
	LU2	12	180	300	15	100	9	10	U	3
	LU3	15	180	300	20	100	7	10	U	3

6.6.2 小规模算例实验分析

对 15 个小规模算例进行测试。应用 CPLEX 建立 IOARSP 问题的数学模型，求解小规模算例。CPLEX 对每个算例运行 1 次，求得的解记为 Obj_c。VNS-II 算法对每个算例运行 10 次，10 次所求得的解的平均值记为 Obj_II，标准差记为 SV。对二者所求得的解进行比较，以验证算法的有效性。实验结果如表 6-6 所示，其中 ARG 表示 VNS-II 算法求得的解相对 CPLEX 求得解的相对误差，计算公式为

$$\text{ARG} = \left(\text{Obj}_\text{II} - \text{Obj}_\text{c}\right)/\text{Obj}_\text{c} \tag{6-31}$$

表 6-6 小规模算例 VNS-II 算法与 CPLEX 对比

算例	CPLEX		VNS-II			ARG/%
	Obj_c	t/s	Obj_II	t/s	SV	
S031	44.60	0.69	44.60	0.18	0.00	0.00
S032	52.70	0.75	53.90	0.17	0.67	2.30
S033	55.70	0.31	55.70	0.16	0.00	0.00
S041	48.40	6.89	48.40	0.16	0.00	0.00
S042	55.40	5.51	55.60	0.20	0.63	0.40
S043	60.30	5.80	60.40	0.29	0.04	0.20
S051	57.40	305.56	57.40	0.26	0.00	0.00
S052	59.00	119.03	61.30	0.39	2.76	3.90
S053	62.00	135.53	64.10	0.34	2.92	3.40
S061	49.00	82.11	49.00	0.23	0.00	0.00

续表

算例	CPLEX		VNS-II			ARG/%
	Obj_c	t/s	Obj_{II}	t/s	SV	
S062	63.00	1176.00	67.20	0.30	2.89	6.70
S063	70.70	456.03	71.70	0.36	0.94	1.40
S071	71.30	3600.00	69.30	0.46	1.89	−2.80
S072	82.70	3600.00	72.50	0.62	3.94	−12.30
S073	85.30	3600.00	84.90	0.79	2.19	−0.50
平均值	61.80	872.96	61.10	0.33	1.26	−1.00

由表 6-6 可知，除 S071、S072、S073 算例外，CPLEX 均能够在短时间内求出精确解，其中有 5 个算例的 VNS-II 算法也得到了精确解。对于 S071、S072、S073 算例，CPLEX 无法在 3600s 内找到精确解，Obj_c 记录的是上界，VNS-II 算法求得的平均解都比上界更优。VNS-II 算法求得解的平均标准差为 1.26，并且与 CPLEX 的解的平均相对差值为−0.1%。上述实验结果说明了 IOARSP 模型的正确性，以及 VNS-II 算法的有效性与稳定性。此外，CPLEX 的求解时间对算例规模比较敏感，当算例规模增大时求解时间会很长，平均求解时间为 872.96s，而 VNS-II 算法的求解时间均在 1s 以内，平均求解时间为 0.33s，表现出明显的优势。

6.6.3 大规模算例实验分析

对 27 个大规模算例进行测试。算例参数中货架数量为 180，商品种类数量为 300，订单数量为 100，拣货台数量为 9、12、15，对应的 AGV 数量为 12、15、20。

货架任务删除邻域是结合 IOARSP 问题的特点设计的，对于这个邻域的优化效果进行实验验证。分别采用不包含 LS-II 邻域的 VNS-I 算法与包含 LS-II 邻域的 VNS-II 算法运行大规模算例。针对每个算例，两种算法均运行 10 次，10 次的平均解分别记为 Obj_I 和 Obj_{II}。

VNS-I 算法的平均运行时间为 239.6s，VNS-II 算法的平均运行时间为 271.0s。表 6-7 所示的实验结果中 INIT 表示初始解，ARG 表示 VNS-I 算法求得的解相对 VNS-II 算法求得解的相对误差。AIR 为 VNS-I 算法或 VNS-II 算法对初始解的改进率，计算公式为

$$AIR = \left(Obj_i - Obj_{init}\right) / Obj_{init} \tag{6-32}$$

式（6-32）中，Obj_{init} 表示初始解的目标函数值。

表 6-7　大规模算例 VNS-I 算法与 VNS-II 算法对比

算例	INIT	VNS-I		VNS-II		ARG/%
	Obj_{init}	Obj_{I}	AIR_{I}/%	Obj_{II}	AIR_{II}/%	
LI11	904.5	606.9	32.9	591.9	34.6	2.5
LI12	820.1	611.7	25.4	578.9	29.4	5.7
LI13	904.8	618.4	31.7	617.3	31.8	0.2
LI21	752.1	533.4	29.1	505.2	32.8	5.6
LI22	757.4	533.6	29.5	520.7	31.3	2.5
LI23	804.2	548.2	31.8	543.9	32.4	0.8
LI31	703.4	449.3	36.1	436.9	37.9	2.8
LI32	623.2	470.5	24.5	432.9	30.5	8.7
LI33	755.3	451.6	40.2	442.8	41.4	2.0
LL11	1011.9	655.6	35.2	646.3	36.1	1.4
LL12	893.6	665.2	25.6	659.6	26.2	0.8
LL13	1116.5	697.9	37.5	697.5	37.5	0.1
LL21	870.1	550.1	36.8	546.8	37.2	0.6
LL22	915.0	578.2	36.8	573.3	37.3	0.9
LL23	854.5	571.7	33.1	567.4	33.6	0.8
LL31	846.4	512.6	39.4	491.8	41.9	4.2
LL32	808.9	521.5	35.5	519.6	35.8	0.4
LL33	850.0	504.8	40.6	498.1	41.4	1.3
LU11	1041.5	681.5	34.6	678.7	34.8	0.4
LU12	1003.5	675.7	32.7	654.6	34.8	3.2
LU13	1125.2	715.0	36.5	708.4	37.0	0.9
LU21	1016.1	643.6	36.7	630.0	38.0	2.2
LU22	876.2	623.2	28.9	612.2	30.1	1.8
LU23	970.5	617.2	36.4	616.4	36.5	0.1
LU31	817.9	526.8	35.6	481.1	41.2	9.5
LU32	865.0	512.5	40.8	508.4	41.2	0.8
LU33	917.1	536.3	41.5	533.7	41.8	0.5
平均值	882.4	578.3	34.3	566.5	35.7	2.2

由表 6-7 可知，与初始解相比，VNS-II 算法和 VNS-I 算法的平均改进率都达到了30%以上。无论拣货台布局、AGV 数量和拣货台数量如何，VNS-II 算法均比 VNS-I 算法求得的解更好。总体来看，VNS-I 算法要比 VNS-II 算法差 2.2%，从而验证了货架任务删除邻域的有效性。

图 6-15 展示了 VNS-II 算法求解 LI13 算例的迭代和收敛过程。每次迭代结束时，得到局部优化值，并更新迄今为止的最优值，再进行扰动得到扰动值，然后进入下一次迭代。第一次迭代的扰动值是初始解的值。从图 6-15 中可以看出：①在大部分迭代中，扰动后，产生了比当前最优解更差的解；②对扰动后的解进行局部优化后，能够大幅度降低成本；③最优值不断下降，表明扰动阶段可以跳出局部最优，以及局部优化是有效的。

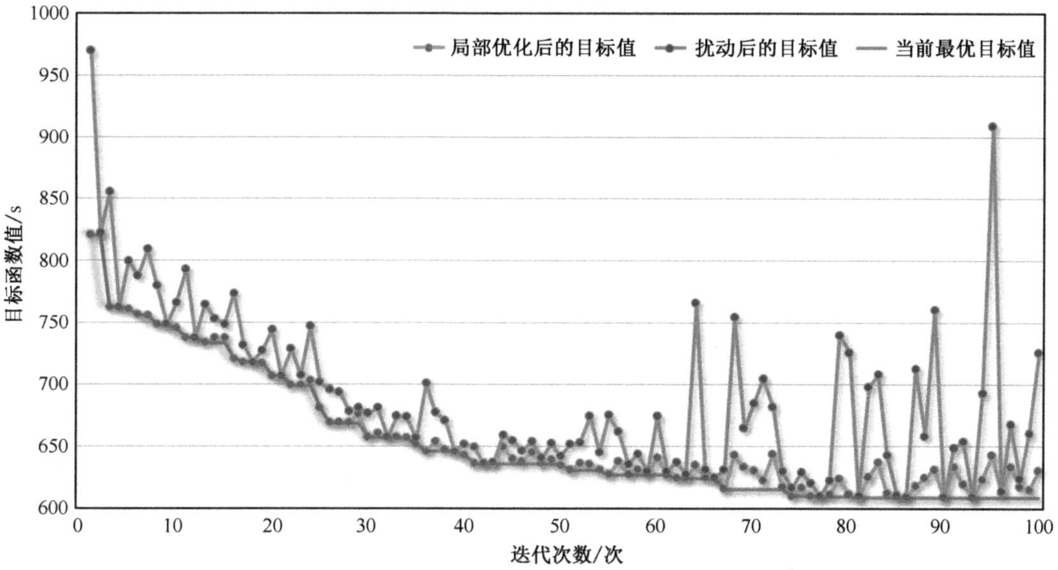

图 6-15 VNS-II 算法求解 LI13 算例的迭代和收敛过程

图 6-16 给出了 VNS-II 算法求解 LI11 算例得到的 AGV 调度计划甘特图，其中 A1～A12 表示 AGV，S1～S9 表示拣货台，0 表示车场，其他数字表示货架。为了更直观地展示 AGV 搬运货架连续访问拣货台的过程，将 AGV 在拣货台与拣货台之间的移动，用不同于其他行驶情况的颜色进行标记。

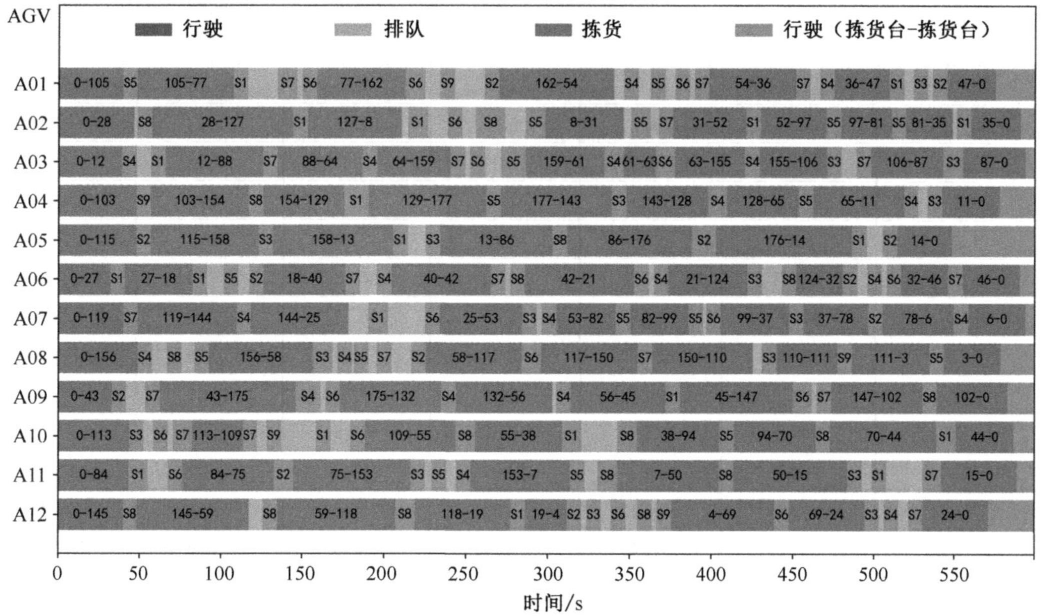

图 6-16 VNS-II 算法求解 LI11 算例得到的 AGV 调度计划甘特图

6.6.4 订单分配的影响分析

为了探究订单分配对于AGV调度的影响，采用初始解生成得到的订单方案作为固定分配方案，在不进行扰动（不改变订单分配）的情况下进行局部搜索邻域变换、迭代寻优，该算法记为VNS-AS。该算法运行10次，平均解记为Obj_{AS}。然后与VNS-II算法的求解结果进行比较，统计每类算例的运行结果取平均值，结果如表6-8所示。其中，ARG表示VNS-II算法相对VNS-AS求得解的相对误差。

由表6-8可知：①VNS-AS相较于初始解的改进率平均为17.12%，其中对于小规模算例和大规模算例的改进率分别为23.97%、13.31%，这表明仅优化AGV调度方案也能够在一定程度上提高拣选效率，但是，随着订单规模的增加，改进率大幅下降；②在所有算例中，VNS-II算法求得的解均比VNS-AS求得的解更好，拣选时间平均缩短了20.24%，并且对于小规模和大规模算例的改进率分别为31.38%、35.86%。这表明将订单分配和AGV调度进行联合优化能够带来更好的解，并且订单规模越大，联合优化的效果越好。

表6-8 VNS-AS算法与VNS-II算法对比

算例类型	INIT	VNS-AS		VNS-II		ARG/%
	Obj_{init}	Obj_{AS}	AIR_{AS} /%	Obj_{II}	AIR_{II} /%	
S03	65.5	52.2	20.31	51.4	21.53	−1.53
S04	77.4	59.6	23.00	54.8	29.20	−8.05
S05	85.6	70.6	17.52	60.9	28.86	−13.74
S06	96.4	69.7	27.70	62.6	35.06	−10.19
S07	130.9	89.9	31.32	75.6	42.25	−15.91
平均值1	91.2	68.4	23.97	61.06	31.38	−9.88
LI1	876.5	788.5	10.04	596	32.00	−24.41
LI2	771.3	694.5	9.96	523.3	32.15	−24.65
LI3	694	597.2	13.95	437.5	36.96	−26.74
LL1	1007.3	839.5	16.66	667.8	33.70	−20.45
LL2	879.9	759.8	13.65	562.5	36.07	−25.97
LL3	835.1	684.8	18.00	503.2	39.74	−26.52
LU1	1056.7	917.7	13.15	680.6	35.59	−25.84
LU2	954.3	845.7	11.38	619.5	35.08	−26.75
LU3	866.7	754.1	12.99	507.7	41.42	−32.67
平均值2	882.4	764.6	13.31	566.5	35.86	−26.00
总平均值	599.8	516.0	17.12	386.0	34.26	−20.24%

6.7 小结

本章从 RMFS 订单拣选作业的现实需求出发，提出了订单分配和 AGV 调度联合优化问题。该问题将订单分配决策与 AGV 调度决策相结合，研究订单如何分配给拣货台、如何调度 AGV 搬运货架满足拣货台需求，使一批订单拣选的完成时间最短，从而提高系统运行效率。建立了以最小化系统完工时间为目标的混合整数规划模型。结合 IOARSP 问题的特点，设计了变邻域搜索算法 VNS-II，该算法具有 7 种邻域，分别是针对订单分配优化设计的两种扰动邻域，以及针对 AGV 调度优化设计的五种局部搜索邻域，并设计了计算 IOARSP 问题目标函数的算法。

考虑不同的仓库规模、不同的拣货台布局设置大小规模算例共 42 个。首先开展了小规模算例和大规模算例实验，用于验证 VNS-II 算法的可行性和有效性，以及 VNS-II 算法所包含的邻域的有效性。其次研究订单分配对 AGV 调度优化的影响，验证了订单分配和 AGV 调度联合优化的优越性。

参考文献

[1] 付建林，张恒志，张剑，等. 自动导引车调度优化研究综述[J]. 系统仿真学报，2020，32（9）：1664-1675.

[2] Gharehgozli A, Zaerpour N. Robot scheduling for pod retrieval in a robotic mobile fulfillment system[J]. Transportation Research Part E, 2020(142): 102087.

[3] Li G M, Li X Y, Gao L, et al. Tasks assigning and sequencing of multiple AGVs based on an improved harmony search algorithm[J]. Journal of Ambient Intelligence and Humanized Computing, 2019(10): 4533-4546.

[4] 李昆鹏，刘腾博，贺冰倩，等. “货到人”拣选系统中 AGV 路径规划与调度研究[J]. 中国管理科学，2022，30（4）：240-251.

[5] Jin X, Zhong M, Quan X, et al. Dynamic scheduling of mobile-robotic warehouse logistics system[C]//2016 35th Chinese Control Conference (CCC). IEEE, 2016, 2860-2865.

[6] Zou B, Gong Y, Xu X, et al. Assignment rules in robotic mobile fulfilment systems for online retailers[J]. International Journal of Production Research, 2017, 55(19-20): 6175-6192.

[7] Abdelmaguid T F, Nassef A O, Kamal B A, et al. A hybrid GA/heuristic approach to the simultaneous scheduling of machines and automated guided vehicles[J]. International Journal of Production Research, 2004(42): 267-281.

[8] 朱琳，范秀敏，何其昌. 柔性生产系统配料区多自动导航小车调度优化[J]. 计算机集成制造系统，2012，18（6）：1168-1175.

[9] Saidi-Mehrabad M, Dehnavi-Arani S, Evazabadian F, et al. An Ant Colony Algorithm (ACA) for solving the new integrated model of job shop scheduling and conflict-free routing of AGVs[J]. Computers & Industrial Engineering, 2015, 86(8): 2-13.

[10] Zhang J, Yang F, Weng X. A Building-Block-Based genetic algorithm for solving the robots allocation problem in a robotic mobile fulfilment system[J]. Mathematical Problems in Engineering, 2019(2019): 1-15.

[11] 冯爱兰，杨腾，孔继利. 移动机器人履行系统的订单处理研究[J]. 计算机工程与应用，2020，56（20）：243-250.

[12] Xie L, Thieme N, Krenzler R, et al. Introducing split orders and optimizing operational policies in robotic mobile fulfillment systems[J]. European Journal of Operational Research, 2019, 288(1): 80-97.

[13] 李晓杰. 移动货架仓库系统中货位分配和订单分批联合优化研究[D]. 北京：清华大学，2016.

[14] Xiang X, Liu C C, Miao L X. Storage assignment and order batching problem in Kiva mobile fulfilment system[J]. Engineering Optimization, 2018, 50(11): 1941-1962.

[15] 李珍萍，田宇璇，卜晓奇，等. 无人仓系统订单分批问题及 K-max 聚类算法[J]. 计算机集成制造系统，2021，27（5）：1506-1517.

[16] Boysen N, Briskorn D, Emde S. Parts-to-picker based order processing in a rack-moving mobile robots environment[J]. European Journal of Operational Research, 2017, 262(2): 550-562.

[17] 朱子欣. 基于货到人模式的拣选台订单处理优化研究[D]. 北京：清华大学，2019.

[18] Yang X Y, Hua G W, Hu L Y, et al. Joint optimization of order sequencing and rack scheduling in the robotic mobile fulfilment system[J]. Computers & Operations Research, 2021(135): 54-67.

[19] Valle C A, Beasley J E. Order allocation, rack allocation and rack sequencing for pickers in a mobile rack environment[J]. Computers & Operations Research, 2021, (125): 105090.

[20] Zhuang Y Y, Zhou Y, Yuan Y F, et al. Order picking optimization with rack-moving mobile robots and multiple workstations[J]. European Journal of Operational Research, 2022, 300(2): 527-544.

第 7 章

基于骑手与无人车的外卖配送动态调度问题

7.1 引言

外卖不仅方便了人们的生活，促进了餐饮产业的线上线下融合，在新冠疫情期间更是在保民生、保供给、促就业等方面发挥了积极作用。虽然新冠疫情对各行业的发展都产生了不同程度的影响，但是外卖行业却迎来了新的发展机遇。首先，“隔离经济”加速发展。线下餐饮在疫情期间近乎停滞，大批餐饮企业纷纷向线上转型，新零售、外卖、社区团购等成为各餐饮企业的新业务。其次，“万物到家”理念逐渐兴起。早期，外卖配送的对象主要是餐饮，如今，随着用户需求的多样化，“到家”产品的类型变得更加广泛、多元，包含了日用品、医疗用品、工艺品等产品。最后，“无接触配送”模式得到大力推广。“无接触配送”指的是骑手将商品放在指定位置，由用户自行前往取货点收取，避免用户与骑手面对面接触，保障双方在取餐环节的安全。

2021 年 6 月，我国外卖用户规模达 4.69 亿人，较 2020 年 12 月增长 4976 万人，外卖使用率为 46.4%，较 2020 年 12 月增长 4.1 个百分点。随着用户规模的不断扩大，外卖已成为目前最热门的餐饮模式，大量第三方企业和网站加入外卖服务行业，开始搭建订餐平台或提供餐饮配送服务。国内外知名的外卖企业有 Uber Eats、GrubHub、DoorDash、美团、饿了么等。截至 2021 年年底，中国餐饮外卖及相关企业数量达 52.2 万家，较 2020 年的 16.3 万家增长了 2.2 倍。外卖行业涉及平台企业、配送企业、商家、顾客 4 个主体，有的企业同时经营平台和配送业务，如美团、饿了么、肯德基宅急送等；有的只有经营平台，如大众点评、口碑等；有的只经营配送业务，如达达、闪达、快跑者等。

受新冠疫情影响，《网络餐饮服务餐饮安全管理规范》指出，在餐饮配送过程中宜采用“无接触配送”方式。2020 年，美团外卖发布的《无接触配送报告》显示，2020 年度有 80%以上的订单采用“无接触配送”，而且有超过 60%的外卖用户每单外卖都使用“无接触配送”。与此同时，我国发布并实施国内首个无接触配送领域的团体标准《商品无接触配送服务规范》，为“无接触配送”提供了具体的操作规范。各大外卖平台相继推出新的外卖配送方式，使用电动无人车或无人机对园区、校园、封闭楼宇进行外卖配送，此举在很大程度上避免了取送餐过程中骑手与顾客的接触，避免交叉感染。2020 年年初，美团无人车“魔袋 20”在北京顺义落地，负责买菜业务中的生鲜配送。截至 2021 年 5 月，“魔袋 20”在顺义已完成 3.5 万多单的配送任务，累计行驶近 30 万千米。饿了么无人车“小蛮驴”在全国 22 个省（直辖市、自治区）落地，累计已完成 100 多万单的配送任务。可以看出，无人车配送的新模式正在不断兴起，并且随着无人驾驶技术和应用的不断深化，无人车势必成为未来城市配送的重要力量。

然而，外卖配送领域的及时性要求高，许多顾客要求送货上门，而无人车配送需要客户自行到车辆停留处取餐，因此，很多场景如商场、住宅、开放楼宇内的配送，大多仍需要通过人工完成，而对于封闭的校园或小区、开放的低密度住宅区、开放的工业园区，则可以由无人车进行配送。此外，在无人车配送的过程中，外卖骑手还可以对无人车进行换电、维修、保养等运营工作。由此可以预见，骑手与无人车联合配送将成为外卖配送行业未来的发展趋势。

外卖调度依然是各外卖平台最大的难题之一，配送效率和服务质量是外卖平台的核心竞争力，为此，各平台以不断提高配送效率为主要目标，优化各种调度算法。本章针对骑手与无人车联合配送这一外卖配送模式，提出带软时间窗的混合车队动态取送货车辆路径问题（Dynamic Pickup and Delivery Problem with Mixed Fleet，DPDPMF），建立该问题的数学模型并设计求解算法，从而为外卖平台提供合理的车辆调度方案。

7.2 骑手与无人车联合服务的运作模式

随着外卖市场的不断扩大、外卖需求日益增长，外卖的配送形式也在互联网和信息技术的支持下不断更新迭代。同时，由于自动驾驶等先进技术快速发展，无人车在不远的将来也必将应用于外卖配送领域。顾客对外卖产品及配送车辆也将有更大的个性化选择空间。

7.2.1 无人配送车

无人配送车（Unmanned Delivery Vehicles）是指具有自动驾驶功能，能够在特定区域内的道路上自动、安全行驶，并进行货物配送的无人驾驶车辆。室内无人配送车主要应用在餐饮、酒店、办公、医疗等场景，能够在复杂的室内环境下躲避障碍物并自动规划行进路线，为用户提供上菜、递物、引导等服务；室外无人配送车属于中型配送车辆，其定位是解决半开放道路场景下的长距离无人配送服务，自动驾驶技术和性能更为成熟稳定，能感知 150 米外的障碍物并自动减速，城市道路续航里程达到 80 千米，可 24 小时运营。美团、菜鸟、京东纷纷推出了各自的无人配送车，如图 7-1 所示。

（a）美团无人配送车

（b）菜鸟无人配送车

图 7-1　部分企业的无人配送车

（c）京东无人配送车

图 7-1　部分企业的无人配送车（续）

本节研究的是外卖配送场景下的室外无人配送车，市面上此类无人配送车的特点包括多尺寸、低速行驶、近百千米续航、多类容积和换电。部分室外无人配送车的主要参数如表 7-1 所示。

表 7-1　部分室外无人配送车的主要参数

产品名称	行驶速度/km/h	续航里程/km	容积	电量/kW・h	能源补给方式
魔袋 20	20	120	540L	11.2	换电
小蛮驴	20	102	50 件	11.2	换电
大白	15	80	30 件	11.2	换电/充电
蜗必达	15	40	100 件	7.5	充电
Newton	32	97	32 件	20	充电

从表 7-1 的数据可以看出，国内无人车除低速行驶（安全限制）和充电/换电式补能是共性特征外，在续航里程、容积等配置方面，目前市场上并没有统一标准。随着自动驾驶技术的发展，基于应用场景的特点，无人车的整车尺寸、最大负载、电量、续航、餐格布局、餐格温控等技术参数必定是个性定制化的。本节的研究是考虑到外卖食物对温度的要求，提出带可变温度餐格的无人配送车。

7.2.2　运作模式

当前，无论国内还是国外，外卖基本采用骑手进行配送。当无人车应用于外卖配送领域后，将在一定程度上替代骑手。无人车为四轮电动汽车，配有较大的车厢，适合为一些开放的园区、校园或别墅区提供送货上门服务，也可以为封闭的楼宇或校园提供非上门配送服务，尤其适合无接触配送及大批量集体订餐的配送。但对于有些场景，如开放的高层楼宇，如果顾客要求送货上门，那么仍需要采用骑手来配送。因此，本节提出采用骑手与无人车进行混合车队的外卖配送。

无人车采用类似丰巢智能快递柜的智能车厢，内设许多餐格，顾客（商家）可扫码取餐（放餐）。与普通快递柜不同的是，无人车的智能车厢具有制冷和辅热功能，每个餐格的温度均可变，根据外卖食物对温度的要求，可调为常温、热温、制冷三种温区。

上述混合车队的特点是：顾客下单时，平台根据顾客及订单的情况给出合适的车辆类型（骑手、无人车，或二者均可），顾客再对车辆类型进行修改或确认。无人车具有可变温度的餐格，能保证食物在配送环节保持风味，而骑手的外卖箱只有常温区，不具备辅热或制冷功能。在混合车队模式下，顾客的外卖选择将变得更加丰富，尤其是距离在 3～5 千米范围的生鲜、热饮（如咖啡）、冷饮（如冰激凌）等外卖，在此模式下可以有效保证食品质量。

骑手与无人车进行外卖配送的具体流程如下。

（1）顾客在外卖平台选好商品并下单，同时选择或确认配送车辆类型，如果车辆类型为骑手则直接跳转到支付页面，如果是无人车或所有车型均可，则需要选择取餐点。

（2）商家接单并确认最早取餐时间。

（3）外卖平台生成最晚送达时间和配送调度计划，并分配相应的骑手或车辆为顾客提供配送服务。

（4）骑手或车辆接到配送任务和路线安排，去往商家取餐。

（5）商家将餐食放在指定位置待骑手取餐或者扫码放入无人车的餐格中，并设置相应的温区。

（6）骑手服务的订单将由骑手联系顾客并直接送餐上门。无人车服务的订单将由平台发送取餐信息给顾客，顾客凭信息到取餐点扫码打开对应的餐格取餐。

7.2.3 模式的特点

该模式的特点包括按需提供配送车型、配送过程温度可控、灵活高效。

1. 按需提供配送车型

在该模式中，顾客对于送餐车型有骑手、无人车及二者均可三种选项，可以按需进行选择。一般在小区或开放楼宇的顾客可以选择骑手，而在园区、校园、封闭楼宇的顾客可以选择无人车。如果没有车型要求，平台会根据运力为顾客分配车辆。考虑到新冠疫情及食品安全和卫生，越来越多消费者倾向于“无接触配送”，此时无人车提供了减少面对面接触的机会，也保障送餐环节食品的安全。但是，外卖可以上门这一最大便利，依然是顾客所需要的，所以在该模式下，顾客可以根据偏好指定配送车型。

2. 配送过程温度可控

随着用户需求的多样化，外卖食物的品类也越来越丰富，不仅局限于普通的饭菜，也会有对温度要求严格的生鲜、热饮、冷饮等，要求“夏天冰不能化，冬天菜不能凉”。本节提出的混合车队配送模式能够满足这一要求。无人车的智能车厢具有制冷和辅热功能。每个餐格可根据外卖食物对温度的要求，调为常温、热温、制冷三种温区，并且实施“分单分格”，即将不同的订单放置于不同的餐格，量较大的订单可以分置于多个餐格，以便顾客和商家取放。

需要强调的是，如果顾客的订单是热温或冷冻，而骑手的外卖箱不能保温，那么平台会默认推荐无人车配送。但如果顾客只接受上门服务，并且由于无人车对该顾客无法提供上门服务，那么该顾客可以选择骑手进行配送。

3. 灵活高效

无人车能够提供更大的运力，尤其适合点对点的大批量订单，能够减少人力的投入，并且无人车与骑手可以相互补充、弥补短板。无人车可以在电量允许的条件下持续运行，可以承担更多夜间配送的工作，骑手则可以处理一些场景较为复杂的工作，更为灵活。骑手与无人车可以发挥各自优势，提升配送效率，优化用户体验。

7.3 国内外研究现状

7.3.1 外卖配送问题研究现状

随着外卖业务的逐渐普及，学者越来越重视外卖相关领域的研究，主要聚焦于外卖配送环节，对外卖配送路径优化、新型外卖配送模式等方面展开探索。Reyes 等人将外卖配送路径问题定义为 MDRP（Meal Delivery Routing Problem），指出 MDRP 的主要特点是：多取送货点、动态需求生成、车辆可以同时取送多个订单，其中忽略配送员拒绝接单和空闲时间的自由移动，采用滚动时域算法（Receding Horizon Control，RHC）来解决动态车辆路径和离线分配问题。Yildiz 和 Savelsbergh 在 Reyes 的模型基础上，将送达的订单、配送员起始位置、配送员终点位置、开始工作时间、结束工作时间放入一个工作包内，通过列和行生成算法（Column and Row Generation）进行求解。

部分学者关注外卖问题中的动态过程，并提出了不同角度的目标函数。Li 等人考虑了动态需求的交付问题，以新订单固定成本、额外配送成本和时间惩罚成本增量之和最小为目标，使用随机模拟算法生成测试实例，通过 R 语言验证了方法的有效性。Chen 和 Hang 在传统 PDPTW 的基础上，以顾客满意度最大化为目标，建立 O2O 餐饮配送模型，并通过遗传算法进行求解。然而，这些模型只关注顾客的时间满意度，忽略了餐厅和配送员的要求。Liao 等人提出了一个多目标调度模型，以最大限度地提高顾客满意度和平衡骑手利用率，并最小化碳排放为目标，在第一阶段采用非支配排序遗传算法Ⅱ（NSGA-Ⅱ）确定初始骑手数，在第二阶段确定最优顾客数和最终配送路线。

由于外卖过程涉及的主体较多，存在着诸多的不确定情况。Hadi 等人考虑配送员拒单和配送员送完订单后无须回到车场的情况，通过合并商家、顾客和车场的地理位置，建立马尔可夫决策模型，并使用深度强化学习作为解决方法。Steever 等人考虑顾客在多家餐厅下单的情况，定义虚拟食品配送问题（The Virtual Food Court Delivery Problem，VFCDP），并建立了一个混合整数线性规划模型。

近年来，部分学者着眼于外卖行业中无人技术的发展，提出新型交通工具的外卖配送规划。Robert 等人面向未来提出了基于无人机的外卖配送问题，考虑了顾客和餐厅的位置、顾客愿意等待的最长时间，以及每个顾客可以选择的餐厅数量的较低阈值，并对无人机充电站进行选址规划。

与本章研究比较相近的是 Liu 的文献，他研究了动态需求下将无人机应用于取餐和送餐的实时路径问题，该问题具有以下特点：订单动态生成、考虑订单类型（冷、热）、无人机速度、电池消耗和载重量的关系等。本章与 Liu 的研究区别主要体现在以下 3 个方面。

（1）在研究问题上，本章的 DPDPMF 问题同样考虑了订单动态生成、订单分温区、车辆中途换电等，但是 DPDPMF 问题相较 Liu 所研究的问题更为复杂。在车型方面，Liu 的文献仅考虑无人机一种车型，而本章提出了骑手与无人车混合车队的外卖配送模式，因为涉及骑手和无人车两种车型，所以允许顾客指定车型配送，并且定义了 3 种顾客类型：只能由骑手服务、只能由无人车服务、既可以由骑手又可以由无人车服务。在能耗方面，Liu 的文献仅允许同一架无人机配送相同类型的订单，并且忽略了不同类型订单能耗的区别，而本章使用了带可变温区餐格的无人车，故无人车能同时装载不同类型的订单，能耗也因此不同。

（2）在模型构建方面，Liu 提出了静态和动态的混合整数规划模型，该模型考虑了相应业务场景的诸多因素，如可同时装卸多个订单、订单优先级、飞行偏移惩罚、只有位于目标节点高度限制和距离内才能装卸等。在动态模型中，引入对上一未完成订单的状态约束。笔者针对本章的业务场景，在节点、订单、电量等约束上有一定创新。本章在动态 VRP 问题的基础上，考虑了初始时刻骑手、无人车、订单的状态，将订单分为锁定订单和非锁定订单，锁定订单指的是已经取货，但还没有送达的订单；非锁定订单指的是尚未取货的订单及新订单。其中对于锁定订单，维持其所属车辆不变，仍旧由其车辆进行配送，但配送顺序可能发生变化。在电量约束中，Liu 提出电池消耗量与当时的总重量（无人机重量和订单餐食重量）成正比，忽略了订单装载时间，而本章考虑了不同类型订单耗电量的区别，并且计算了配送过程中的耗电量。

（3）在算法方面，Liu 提出了一种在线调度的渐进算法。具体而言，在迭代开始时，若发现无人机正处于某个订单任务途中，则继续完成该订单，并且将前 M 个周期的决策变量作为下一次迭代的输入。本章研究的问题对初始时刻未完成的订单进行同样操作，即继续由同一台车辆完成该订单，并设计具有启发式信息的 ALNS 算法对问题进行求解。

7.3.2　无人车配送研究现状

无人车不仅应用于外卖行业，也应用于城市其他的配送领域。近年来，国外越来越多的学者对无人车配送路径规划问题进行研究，主要在模型算法上提供了一些见解。Yu 和 Lamays 提出无人车物流系统（Autonomous Vehicles Logistic System，AVLS）的概念，来满足智慧城市的物流需求。考虑无人车充电的配送路径规划，设计了分布式方法求解该问题，并且通过仿真方法验证了无人车物流系统的性能。在后续的研究中，Yu 以需求是否被满足、车辆是否在路径上和是否充电作为决策变量，并考虑实际交通状况，建立了一个混合整数非线性规划模型，为无人车路径规划模型的建立提供了新的思路。Zhang 等人考虑道路禁行的因素，构建考虑路径中断的具有时间窗 AVRPTW（Automated Vehicle Routing Problem with Time Windows）模型，设计了一种改进的粒子群优化算法来解决该问题。Fanlei 提出了考虑配送时间满意度的无人车路径问题，并设计改进的蚁群算法求解该问题。Moncef 等人解决了在不确定交通条件下，无人驾驶货车的路径优化和行驶速度优化问题，建立两阶段随机规划模型并进行仿真实验，证明了随机建模相对于确定性方法能带来一定的价值和速度优化。Cai 等人考虑了每个时间段和每种道路类型的限速差异，建立了一个非线性混合整数规划模型，并采用外近似法对模型进行线性优化，提出了一种混合粒子群优化算法来解决这一问题。

7.3.3　研究评述

对外卖配送问题的现有研究主要集中在考虑配送场景的路径规划、配送模型构建、算法选择 3 个方面。

在考虑配送场景的路径规划方面，国内外的研究与实际配送情况尚有偏差。首先，多数文献要求骑手从车场出发，完成配送后回到车场，而在实际外卖场景中，骑手的位置一般是没有限制的，尤其是在动态调度中，在初始时刻骑手可能处于任意位置，所以本章假设每个车辆都有自己的起始位置和终点位置。其次，在商家与顾客的对应关系上，多数文献假设商家与顾客是一对一的关系，忽略了在真实情况下，一个商家可以服务多个顾客，一个顾客也会在多个商家下单的情况。本章考虑了商家与顾客之间的多对多关系。再次，在顾客偏好方面，现有文献只提出了与配送时间相关的顾客满意度，未考虑顾客对配送车辆的要求（车型依赖），并且大多为单一车型配送，本章采用骑手和无人车混合车队进行配送，考虑了车型依赖。最后，在订单类型方面，现有文献较少考虑订单的温度，并且一台配送车辆只允许配送一种温度的订单，而本章考虑了常温、热温和制冷3种温区的订单，并且提出了带可变温区餐格的无人车，可以满足多种温度的订单。

在配送模型构建方面，本章分别从不同的角度构建了目标函数，如外卖平台总成本最低、配送总距离最短、总延误时间最短、平均每单完成时间最短、订单累积工作效率最大等。

在算法选择方面，主要使用启发式算法，如遗传算法、局部迭代搜索算法、蚁群算法等，也有部分应用机器学习中强化学习的思想。本章所研究问题的目标函数是配送总成本，尽量使其最小，并采用自适应大规模邻域搜索算法进行求解。

7.4 问题描述和模型建立

7.4.1 问题描述

外卖业务的典型过程为，顾客通过App下单，商家对订单进行确认后开始备餐，平台生成订单的取餐时间及最晚送达时间。然后，平台根据配送车辆的状态，将订单分派给各个车辆。车辆接到订单后进行配送，并向平台实时反馈订单的取餐和送达信息。在实践中，外卖平台会不断收到新的订单，实时掌握所有正在履行的订单和车辆状态信息，不断进行滚动调度。本章利用滚动时域机制（Receding Horizon Control，RHC）处理动态问题，基本思想是把时间分段，将每个时间段作为一个调度期。在每个调度期初，获取正在履行的订单和车辆状态信息，将上一调度期新接到的订单及当前正在履行的订单进行优化调度，将订单分派给此时刻可用的车辆，并重新规划车辆路线。每次调度优化时，系统中的订单由新订单和正在履行的订单组成。正在履行的订单有两种状态：一是已经取货，但还没有送达的订单，称为锁定订单；二是尚未取货的订单，将其和新订单一起称为非锁定订单。对于锁定订单，其餐食已经位于车辆中，因而不得将该订单重新指派给其他车辆。对于非锁定订单，即使它们在上一个调度期被分配给了某个车辆，在本次调度也允许将其指派给其他车辆，并将其和锁定订单一起，确定配送顺序。

以图 7-2 为例，在时段 1，顾客下达了订单 1 和订单 2，在该时段末（T_1 时刻），平台对两个订单进行优化调度，并将其分派给相关车辆。在时段 2，产生了订单 3 和订单 4，并且订单 1 在时刻 t_2 完成了取餐，而订单 2 尚未取餐，因此在该时段末（T_2 时刻），平台对订单 1～订单 4 进行优化调度，其中，订单 1 为锁定订单，不能改变其车辆，而订单 2、订单 3、订单 4 均为非锁定订单。在时段 3，产生了订单 5，订单 2 和订单 3 完成了取餐，而订单 1 在时刻 t_3 送达客户，因此在该时段末（T_3 时刻），平台对订单 2～订单 5 进行优化调度，其中，订单 2、订单 3 为锁定订单，而订单 4、订单 5 为非锁定订单。

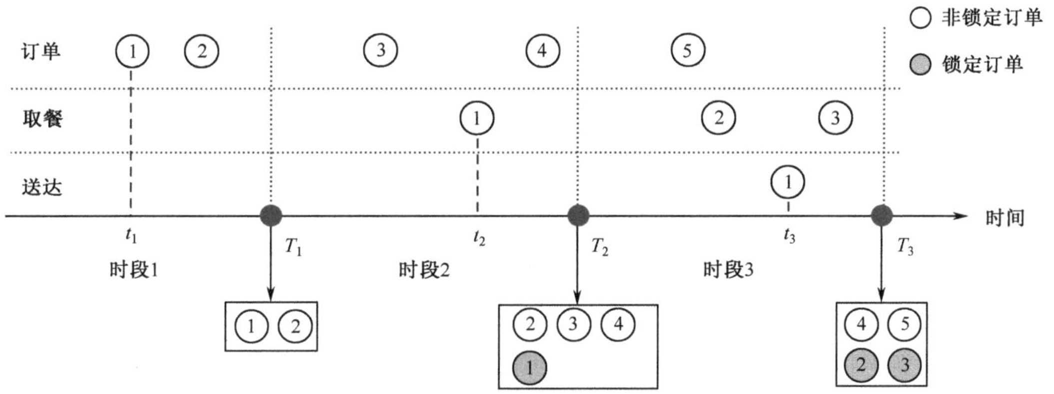

图 7-2 滚动时域机制示意图

本章采用骑手和无人车混合车队来进行外卖的配送。无人车为四轮电动汽车，能够在道路上自动驾驶，由于车辆体积比较小、行驶速度比较慢（15～20 km/h），在中国允许在非机动车道上行驶，因而受交通拥堵影响程度较轻。无人车设有智能车厢，内设有多个餐格，每个餐格所能容纳的餐盒数已知。顾客（商家）可扫码取餐（放餐），每个餐格均具有独立的制冷和辅热功能。无人车适合配送的订单主要有：①大容量订单；②同一送餐点的大批量订单（如学校）；③有制冷和辅热要求的订单；④要求无接触配送的订单。对于无人车，商家需要扫码后将餐食放入无人车的餐格中，并设置相应的温区，并且一般不能提供上门服务，需要顾客凭取货信息到取餐点，扫码打开对应的餐格取餐。对于某些场景，如开放的高层楼宇，如果顾客要求送货上门，那么仍需要采用骑手来配送。骑手的车载容量比较小，只能配送容量比较小的常温订单。此外，某些地方的顾客，如低密度居民区（别墅区）的居民，采用骑手或无人车配送均可以。骑手的车辆和无人车均为纯电动车辆，当电力不足时，可去往换电站更换电池，换电时长固定且已知。在调度初期，每台车辆当前所在位置为该车辆的起始点。骑手和无人车的起始点、车载容量、电量已知。

根据顾客所在的场所及订单的特点，不同的订单可服务车辆的类型不尽相同，有的订单只允许由骑手配送，有的订单只允许由无人车配送，而有的订单既可由骑手也可由无人车配送。考虑到外卖食物既有热的饭菜，也有生鲜和冷饮，因此需要设置多个温区，并且每个订单只属于一个温区。一个顾客可以在多个商家下单，一个商家也可以服务多个顾客。商家在接到顾客的订单后，平台会与商家确认一个取餐时间，并向顾客给出最晚送达时间。订单中商品的数量通过标准餐盒来体现。每个订单的商家、顾客、送餐点、需求量（餐盒数）、温区、取餐时间、最晚送达时间、配送车辆类型、订单状态均已知。

要求对混合车队进行调度，满足订单配送的需要，使骑手与无人车的固定成本、骑手配送费、无人车能耗成本、订单超时惩罚成本之和最小。

其他假设如下。

（1）每个订单中的餐盒数均不超过能为其提供服务的最大车型的容量。订单不能分拆，只能由一台车辆一次配送完成。

（2）订单均有取餐时间、最晚送达时间要求。车辆若早于取餐时间到达商家，则需要等待；若晚于订单最晚送达时间送至顾客，则会产生惩罚成本。

（3）无人车车厢的餐格数量已知，每个餐格的容量相同。一个餐格只允许服务一个订单。当一个订单的餐盒数量超过一个餐格的容量时，可由多个餐格满足。

（4）无人车设置常温、热温、制冷三个温区，每个餐格的温度均可调，即每个餐格可以装载任意温区的订单。餐格在各温区下的单位时间能耗已知。若采用骑手模式，则只设常温温区，不产生额外的制冷或辅热成本。

（5）由于是动态调度，车辆从各自的起始点出发，完成配送任务后，不需要回到起始点。

（6）无人车在调度期初的剩余电量已知，车辆运行途中允许到换电站换电，换电时长固定，每次驶离换电站时均为满电。

（7）任意两个地点之间的距离，以及骑手和无人车的行驶时间已知。无人车和骑手的取餐和送餐时长均已知。

（8）无人车仅在行驶过程中进行辅热或制冷。

7.4.2 模型建立

在 DPDPMF 问题中，车辆从各自起始点出发，不断完成各个订单的取送任务，中途可以在换电站进行换电，完成所有任务后停止在顾客处或换电站节点。为便于建模，设置一个虚拟终点，每台车辆完成配送任务后返回虚拟终点。建模如下。

用有向图 $G=(V,E)$ 表示一个由点集和边集构成的外卖配送网络。V 表示顶点集合，$V=S\cup P\cup F\cup O\cup D$。$S=\{1,\cdots,n\}$ 表示订单集合，以及订单的送餐节点，共有 n 个订单，$S=S_1\cup S_2$。$S_1=S_{11}\cdots\cup S_{1k}\cdots\cup S_{1d}$ 表示锁定订单集合，S_{1k} 表示车辆 k 的锁定订单

集合，其余订单称为非锁定订单，用集合 S_2 表示。订单的取餐节点为商家，一个订单只有一个商家，但一个商家可能供应多个订单，为保证模型中每个节点只被访问一次，将商家复制多份，使得任意一个商家节点均只服务一个订单。因此，商家集合记为 $P=\{n+1,\cdots,2n\}$，订单 i 的商家节点为 $n+i$。在区域中有多个换电站，将每个换电站复制多份，以确保每个换电站节点只被访问一次，共有 l 个换电站，$F=\{2n+1,\cdots,2n+l\}$ 表示换电站集合。E 表示边集，$E=\{(i,j)|i,j\in V,i\neq j\}$。每台车的起始点不尽相同，$O=\{O_k|k\in K\}=\{2n+l+1,\cdots,2n+l+k,\cdots,2n+l+m\}$ 表示车辆起始点集合，共有 m 台车辆，其中车辆 k 的起始点为 $O_k=2n+l+k$。车辆在完成任务后，返回虚拟终点 $D=\{2n+l+m+1\}$，虚拟终点至任意节点的距离为 0。

1. 时间窗计算

在参数中，$[e_i,l_i]$ 为节点 i 的服务时间窗，本模型考虑节点 i 分别属于商家、订单、换电站的 3 种情况：

$$[e_i,l_i]=\begin{cases}\text{商家时间窗}[e_i,l_i],\forall i\in P\\ \text{订单时间窗}[0,l_i],\forall i\in S\\ \text{换电站时间窗}[0,l_i],\forall i\in F\end{cases} \tag{7-1}$$

其中，商家的 e_i 指取餐时间，l_i 为商家营业时间；订单更关注最晚送达时间，所以 e_i 为 0，l_i 为订单最晚送达时间；换电站的 e_i 为 0，l_i 为换电站营业时间。

2. 各节点服务时长计算

车辆在不同节点的服务时长 s_i 定义不同：

$$s_i=\begin{cases}\text{取餐时长},i\in P\\ \text{送餐时长},i\in S\\ \text{换电时长},i\in F\end{cases} \tag{7-2}$$

其中，骑手取餐和商家将餐食放入无人车所需要的时间，统称为“取餐时长”，骑手送餐上门和无人车在取餐点等待顾客取餐的时长，统称为“送餐时长”。当 $i\in P_1\cup O$ 时，$s_i=0$。

3. 各节点餐盒量计算

不同节点的餐盒量 q_i 定义不同：

$$q_i=\begin{cases}-w_j, & i\in P\\ w_j, & i\in S\\ 0, & i\in F\end{cases} \tag{7-3}$$

其中，w_j 表示订单 j 的餐盒量。当节点 i 是订单节点时，q_i 为订单的餐盒量 w_j；当节

点 i 是商家节点时，q_i 为它所对应订单的餐盒量的相反数 $-w_j$；当节点 i 是换电站时，餐盒量是 0。当 $i \in O$ 时，$q_i = 0$。

相关集合如表 7-2 所示，相关参数如表 7-3 所示，相关决策变量如表 7-4 所示。

表 7-2 相关集合

集合	定义
S	订单集合，$S=\{1,\cdots,n\}$，$S=C_1 \cup C_2 \cup C_3$，$S=S_1 \cup S_2$
C_1	只允许骑手配送的订单集合，$C_1=\{1,\cdots,n_1\}$
C_2	只允许无人车配送的订单集合，$C_2=\{n_1+1,\cdots,n_1+n_2\}$
C_3	骑手与无人车均可配送的订单集合，$C_3=\{n_1+n_2+1,\cdots,n\}$
S_1	锁定订单集合，$S_1=S_{11},\cdots \cup S_{1k},\cdots \cup S_{1d}$
S_2	非锁定订单集合，$S_2=S-S_1$
P	商家集合，$P=\{n+1,\cdots,2n\}$
P_1	锁定订单的商家集合，$P_1 \subset P$
F	换电站集合，$F=\{2n+1,\cdots,2n+l\}$
O	$O=\{O_k \mid k \in K\}=\{2n+l+1,\cdots,2n+l+m\}$，表示车辆起始点集合
D	$D=\{2n+l+m+1\}$，表示车辆的终点
V_1	订单与商家集合，$V_1=S \cup P$
V_2	订单、商家与换电站集合，$V_2=S \cup P \cup F$
V_3	除终点外的所有节点集合，$V_3=O \cup S \cup P \cup F$
V	所有节点集合，$V=S \cup P \cup F \cup O \cup D$
K	车辆集合，$K=\{1,\cdots,m\}=K_1 \cup K_2$
K_1	骑手集合，$K_1=\{1,\cdots,m_1\}$
K_2	无人车集合，$K_2=\{m_1+1,\cdots,m\}$
M	温区集合，$M=\{1,2,3\}$，分别表示常温、热温、制冷 3 个温区

表 7-3 相关参数

参数	定义	单位
d_{ij}	节点 i 到节点 j 的行驶距离，$i,j \in V$	km
v_k	车辆 k 行驶速度，$k \in K$	km/h
e_i, l_i	节点 i 的服务时间窗，$i \in V_2$	—
s_i	节点 i 服务时长，$i \in V_3$	min
w_i	订单 i 的餐盒量，$i \in S$	—
q_i	节点 i 的餐盒量，$i \in V_3$	盒
Q_k^a	骑手车辆最大装载餐盒量，$k \in K_1$	盒
Q_k^b	无人车餐格数，$k \in K_2$	个
φ	无人车每个餐格的容量，即所能装载的最大餐盒量	盒
R_1	骑手电动车电池容量	kW·h
R_2	无人车电池容量	kW·h

续表

参数	定义	单位
F_k	调度期初无人车 k 的电量	kW · h
f_k^a	调度期初无人车 k 的已占用的餐格数，$k \in K_2$	个
f_k^b	调度期初骑手 k 的装载量，$k \in K_1$	盒
θ_r	无人车的一个餐格在 r 温区时的单位时间辅热或制冷耗电量，$r \in M$	kW · h/h
α_k	车辆 k 的固定成本，$k \in K$	元/辆
β	电价	元/ kW · h
λ	骑手的单位配送费	元/单
δ_k	车辆每千米行驶的耗电量，即动力耗电量（电子设备耗电量忽略不计），不包括辅热或制冷耗电量，$k \in K$	kW · h/km
γ	单位时间延误的惩罚成本	元/min
p_{ir}	订单 i 是否属于温区 r，属于则为 1，否则为 0，$r \in M$, $i \in S$	—

表 7-4　相关决策变量

决策变量	定义	单位
u_{ik}^a	骑手 k 到达节点 i 时车辆中的餐盒量，$i \in V_3$，$k \in K_1$，$u_{O_k k}^b = f_k^b$	盒
u_{ik}^b	无人车 k 到达节点 i 时车辆已占用的餐格数，$i \in V_3$，$k \in K_2$，$u_{O_k k}^b = f_k^b$	个
h_{irk}	无人车 k 到达节点 i 时已占用的 r 温区的餐格数，$i \in V_3$，$r \in M$，$k \in K_2$，$h_{O_k rk}$ 已知，且 $\sum_r h_{O_k rk} = f_k^b$	个
c_{ik}	无人车 k 到达节点 i 时辅热和制冷的累计耗电量，$i \in V_3$，$k \in K_2$，$c_{O_k k} = 0$	kW · h
t_{ik}	车辆 k 在节点 i 的服务开始时刻，$i \in V$，$k \in K$，当 $i \in P_1 \cup O$ 时，$t_{ik} = 0$	min
t_{ik}^+	车辆 k 到达节点 i 的时刻，$i \in V$，$k \in K$	min
g_{ik}	车辆 k 到达节点 i 的剩余电量，$i \in V$，$k \in K$，$g_{O_k k} = F_k$	kW · h
z_k	0-1 变量，车辆 k 是否使用，是为 1，否则为 0，$k \in K$	—
x_{ijk}	0-1 变量，$k \in K$，当车辆 k 经历边 $(i,j) \in E$ 时，$x_{ijk} = 1$，否则，$x_{ijk} = 0$	—
y_{ik}	0-1 变量，$i \in S, k \in K$，订单 i 由车辆 k 来完成时，$y_{ik} = 1$，否则，$y_{ik} = 0$。对于车辆 k 的锁定订单 $i \in S_{1k}$，有 $y_{ik} = 1$	—

7.4.3　目标函数

外卖平台企业外卖业务的收入来源主要有两部分，一是平台与商家的分成，二是配送费。成本方面包括：①车辆固定成本，即需要支付给骑手的底薪和无人车的固定成本；②骑手配送费，即骑手每配送一单，平台须支付给骑手固定的配送费；③无人车能耗成本，包括动力能耗和制冷辅热能耗，骑手的能耗成本由骑手自己承担；④超时惩罚成本，即订单实际送餐时间超过最晚送达时间时，所产生的惩罚成本。从外卖平台企业运营成本角度出发，建立以总成本最小为目标的目标函数。总成本 F 由车辆固定成本 F_1、骑手配送费 F_2、无人车能耗成本 F_3、超时惩罚成本 F_4 组成：

$$F = F_1 + F_2 + F_3 + F_4 \tag{7-4}$$

1. 车辆固定成本

车辆固定成本主要由骑手的底薪和无人车的固定成本组成：

$$F_1 = \sum_{k \in K} \alpha_k z_k \tag{7-5}$$

2. 骑手配送费

骑手每配送一单，平台须支付给骑手固定的配送费。对于集合 C_3 内的订单，既可由骑手配送，也可以由无人车配送。如果由骑手配送，平台须支付给骑手每单配送费，而若由无人车配送，则无须支付该项费用。因此，为减少平台企业成本，应尽量将 C_3 内的订单交由无人车配送。对于集合 C_1 内的订单，所有订单均由骑手配送，平台支付给骑手的总配送费是固定的，因此在目标函数中无须考虑这部分费用。综上所述，骑手配送费 F_2 计算如下：

$$F_2 = \sum_{i \in C_3} \sum_{k \in K_1} \lambda y_{ik} \tag{7-6}$$

3. 无人车能耗成本

无人车能耗成本由车辆行驶动力能耗成本 F_{3a} 和无人车制冷或辅热的耗电成本 F_{3b} 组成。无人车的餐格可根据订单的温区进行设置，制冷和辅热时需消耗电能。故无人车能耗成本 F_3 计算如下：

$$F_3 = F_{3a} + F_{3b} \tag{7-7}$$

其中，行驶动力能耗成本：

$$F_{3a} = \beta \sum_{i \in V_3} \sum_{j \in V_2} \sum_{k \in K_2} \delta_k d_{ij} x_{ijk} \tag{7-8}$$

制冷或辅热耗电成本：

$$F_{3b} = \beta \sum_{k \in K_2} \mathrm{c}_{2n+l+m+1,k} \tag{7-9}$$

4. 超时惩罚成本

为体现顾客对外卖产品的时效性要求，订单的送达时间晚于最晚送达时间时会产生较大惩罚。超时惩罚成本 F_4 计算如下：

$$F_4 = \gamma \sum_{i \in S} \sum_{k \in K} \max\{t_{ik}^{+} - l_i, 0\} \tag{7-10}$$

7.4.4 约束条件

1. 节点访问约束

本章模型涉及车辆起始点、商家节点、订单节点和换电站节点 4 种不同类型的节点。不同类型节点的访问约束如下：

$$\sum_{i\in V_2} x_{O_k ik} = \sum_{i\in V_2} x_{i,2n+l+m+1,k} = z_k, \forall k \in K \tag{7-11}$$

$$\sum_{k\in K} x_{O_k ik} = 0, \forall i \in S_2 \tag{7-12}$$

$$\sum_{i\in V_3}\sum_{k\in K} x_{ijk} = 1, \forall j \in V_2 / P_1 \tag{7-13}$$

$$\sum_{j\in V_2\cup D}\sum_{k\in K} x_{ijk} = 1, \forall i \in V_2 / P_1 \tag{7-14}$$

在式（7-14）中，i 不能取起始点，因为有的车辆不一定会启用起始点。

$$\sum_{i\in V_3} x_{ijk} = \sum_{i\in V_2\cup D} x_{jik}, \forall j \in V_2, k \in K \tag{7-15}$$

$$\sum_{i\in V_3}\sum_{k\in K} x_{ijk} = 0, \forall j \in P_1 \tag{7-16}$$

式（7-11）表示车辆从各自的起始点出发，最终到达终点（虚拟终点，包括顾客节点和换电站节点），式（7-12）表示车辆从起始点开始不允许将非锁定订单的顾客节点作为第一个访问节点，式（7-13）和式（7-14）表示每一个节点（锁定订单的商家节点除外）只被一台车辆服务一次，式（7-15）表示进出平衡约束，即车辆在节点完成取送餐后需要离开节点，式（7-16）确保车辆不会访问锁定订单的商家节点。

2. 时间约束

时间约束主要包括外卖问题中的取送餐顺序约束（取餐必须发生在送餐之前）、节点的时间窗约束（订单的最早取餐时间和最晚送达时间，早到需要等待，允许车辆超时到达），以及车辆访问节点的时间关系。时间约束由式（7-17）～式（7-19）表示：

$$t_{(n+i),k} + s_{n+i} \leqslant t_{ik}^{+}, \forall i \in S, k \in K \tag{7-17}$$

当 i 为锁定订单时，$t_{(n+i),k} + s_{n+i} = 0$，则

$$t_{ik} = \max\{t_{ik}^{+}, e_i\}, \forall i \in V_2 / P_1, k \in K \tag{7-18}$$

$$t_{ik} + (d_{ij} / v_k + s_i)x_{ijk} - U\left(1 - x_{ijk}\right) \leqslant t_{jk}^{+}, \forall i \in V_2 \cup \{O_k\}, j \in V_2 / P_1, k \in K \tag{7-19}$$

式（7-17）表示每个订单先取餐再进行送餐，式（7-18）表示 t_{ik} 的计算，式（7-19）表示车辆连续访问两个节点之间的时间关系。

3. 订单约束

在 DPDPMF 问题中，订单对配送车辆类型是有要求的，并且对于已经取餐的锁定订单，y_{ik} 已知，不得重新分配车辆。订单约束如下：

$$\sum_{k\in K} y_{ik} = 1, \forall i \in S \tag{7-20}$$

$$\sum_{k\in K_1}\sum_{i\in V} x_{ijk} = 1, \forall j \in C_1 \tag{7-21}$$

$$\sum_{k \in K_2} \sum_{i \in V} x_{ijk} = 1, \forall j \in C_2 \tag{7-22}$$

式（7-20）表示一个订单只能被车辆服务一次，式（7-21）和式（7-22）表示C_1中的订单只能由骑手配送、C_2中的订单只能由无人车配送。

4. 容量约束

每台车辆带有容量限制，故在整个配送过程中，在任意节点的装载量均不允许超过车辆最大装载餐盒量。容量约束如下：

$$u_{ik}^{a} \leqslant Q_{k}^{a}, \forall i \in V / P_1, k \in K_1 \tag{7-23}$$

$$u_{ik}^{b} \leqslant Q_{k}^{b}, \forall i \in V / P_1, k \in K_2 \tag{7-24}$$

$$0 \leqslant u_{jk}^{a} \leqslant u_{ik}^{a} - q_i x_{ijk} + Q_k^a \left(1 - x_{ijk}\right), \forall i \in V_2 \cup \{O_k\} / P_1, j \in V_2 / P_1, k \in K_1 \tag{7-25}$$

$$0 \leqslant u_{jk}^{b} \leqslant u_{ik}^{b} - \left\lceil \frac{q_i}{\varphi} \right\rceil x_{ijk} + Q_k^b \left(1 - x_{ijk}\right), \forall i \in V_2 \cup \{O_k\} / P_1, j \in V_2 / P_1, k \in K_2 \tag{7-26}$$

式（7-23）和式（7-24）分别保证骑手和无人车到达任何节点i的装载量都不超过车辆容量，式（7-25）和式（7-26）用于跟踪骑手和无人车在访问节点过程中的装载量变化，其中运算符“⌈ ⌉”表示向上取整。

5. 电量约束

骑手和无人车的电池容量均有限，骑手仅考虑与距离有关的行驶动力能耗，而无人车还需要考虑制冷和辅热消耗的电能。车辆在运行过程中，剩余电量应始终非负。电量约束如下：

$$0 \leqslant g_{jk} \leqslant F_k - \delta_k d_{ij} x_{ijk} + R_1 \left(1 - x_{ijk}\right), \forall i \in \{O_k\}, j \in V_2, k \in K_1 \tag{7-27}$$

$$0 \leqslant g_{jk} \leqslant R_1 - \delta_k d_{ij} x_{ijk} + R_1 \left(1 - x_{ijk}\right), \forall i \in F, j \in V_1 \cup D, k \in K_1 \tag{7-28}$$

$$0 \leqslant g_{jk} \leqslant g_{ik} - \delta_k d_{ij} x_{ijk} + R_1 \left(1 - x_{ijk}\right), \forall i \in V_1, j \in V_2 \cup D, k \in K_1 \tag{7-29}$$

$$0 \leqslant g_{jk} \leqslant F_k - \left(\delta_k d_{ij} x_{ijk} + \sum_{r \in M} \theta_r h_{irk} d_{ij} / v_k\right) + R_2 \left(1 - x_{ijk}\right), \forall i \in \{O_k\}, j \in V_2, k \in K_2 \tag{7-30}$$

$$0 \leqslant g_{jk} \leqslant R_2 - \left(\delta_k d_{ij} x_{ijk} + \frac{\sum_{r \in M} \theta_r h_{irk} d_{ij}}{v_k}\right) + R_2 \left(1 - x_{ijk}\right), \forall i \in F, j \in V_1 \cup D, k \in K_2 \tag{7-31}$$

$$0 \leqslant g_{jk} \leqslant g_{ik} - \left(\delta_k d_{ij} x_{ijk} + \frac{\sum_{r \in M} \theta_r \left(h_{irk} - \frac{q_i}{\varphi} p_{ir} x_{ijk}\right) d_{ij}}{v_k}\right) + U \left(1 - x_{ijk}\right), \forall i \in V_1, j \in V_2 \cup D, k \in K_2 \tag{7-32}$$

$$0\leqslant h_{jrk}\leqslant h_{irk}-\frac{q_i}{\varphi}p_{ir}x_{ijk}+Q_k^b\left(1-x_{ijk}\right),\forall i\in V_2\cup\{O_k\},j\in V_2\cup D,r\in M,k\in K_2 \quad (7\text{-}33)$$

$$c_{jk}\geqslant c_{ik}+\sum_{r\in M}\frac{\theta_r h_{jrk}d_{ij}}{v_k}-R_2\left(1-x_{ijk}\right),\forall i\in V_2\cup\{O_k\},j\in V_2\cup D,k\in K_2 \quad (7\text{-}34)$$

式（7-27）～式（7-29）分别表示骑手从起始点、换电站、商家/订单节点出发到其他节点时，剩余电量之间的关系式。式（7-30）～式（7-32）分别表示无人车从起始点、换电站、商家/订单节点出发到其他节点时，剩余电量之间的关系式。

式（7-33）用于追踪无人车访问节点时的辅热或制冷餐格数。式（7-34）用于追踪无人车在配送过程中因辅热和制冷所消耗的电能。

6. 其他约束条件

$$z_k=\begin{cases}1, & \text{if}\sum_{i\in S}y_{ik}\geqslant 1\\ 0, & \text{else}\end{cases},\forall k\in K \quad (7\text{-}35)$$

$$\sum_{i\in V}x_{ijk}=y_{jk},\forall j\in S,k\in K \quad (7\text{-}36)$$

式（7-35）、式（7-36）表示决策变量间的关系。

7.5 自适应大规模邻域搜索算法设计

7.5.1 概述

自适应大规模邻域搜索（Adaptive Large Neighborhood Search，ALNS）算法，是Ropke 与 Pisinge 提出的一种启发式方法，该算法在邻域搜索的基础上增加了对算子历史表现的衡量，使算法能在下一次迭代时选择较好的算子对解空间进行破坏和修复，从而有一定概率获得更好的解。

具体而言，ALNS 是基于 Shaw 提出的大规模邻域搜索算法（Large Neighborhood Search，LNS）拓展而来，LNS 仅采用一个移除算子和一个插入算子，而 ALNS 设计了一组移除算子和一组插入算子来竞争改进的机会。每次迭代都从一组移除算子和插入算子中选择一个算子，以破坏和修复当前解，不同算子被选择的概率根据其历史表现和使用次数确定。获得邻域解后，ALNS 采用模拟退火等接受准则来更新当前解。

ALNS 算法特点如下。

（1）不依赖特定的问题结构。在 ALNS 算法中，可以根据具体的研究内容，设计相应的移除和插入算子，而不同算子的邻域操作可以实现不同的搜索策略，从而有针对性地解决问题。

（2）框架容易拓展。ALNS 算法的框架更为灵活，可以在其基础上根据研究问题的特点设计和组合新的移除算子和插入算子，提供类似模块化的组合方案。

（3）避免陷入局部最优。在邻域搜索算法中，大部分算法只使用单一邻域，如模拟退火算法、禁忌搜索算法，因此只搜索解空间的一小部分，较难找到全局最优解。ALNS 则对当前解的多个邻域进行搜索，搜索范围更广，在一定程度上有效避免陷入局部最优。

（4）启发式引导。邻域搜索算法中的变邻域搜索算法也形成了多个邻域，但对每个邻域的搜索较为盲目，缺少启发式信息的指导。ALNS 算法弥补了这一不足，在算子选择上，考虑其历史迭代中的累积得分和使用次数，引导算子间相互竞争，从而较大概率能够找到更好的解。

ALNS 算法常用来求解车辆路径问题。Ropke 等人用其解决了带有回程的车辆路径问题，并将 ALNS 算法拓展成可以求解带时间窗（VRPTW）、带容量约束（CVRP）、多配送中心（MDVRP）、节点依赖（SDVRP）和开放性（OVRP）5 种车辆路径问题的通用算法框架，使得 ALNS 算法在求解 VRP 问题上被广泛应用。

近年来，ALNS 算法所解决的 VRP 变体问题越来越多，并且在求解时间和求解质量上都有更优的效果。Labdiad 等人采用 ALNS 算法求解带灵活时间窗的车辆路径问题（Vehicle Routing Problem With Flexible Time Windows，VRPFlexTW）。Liao 等人在外卖订单分配与配送路径优化问题中，使用了 ALNS 算法确定最佳的骑手数量和最终的配送路线，并与禁忌搜索（TS）和遗传算法（GA）的求解结果进行比较，能有效优化骑手数量，并获得更短的配送路径。Keskin 提出允许部分充电的带时间窗电动车辆问题，并改进了传统的 ALNS 算法，考虑以下充电站相关移除方式：同时移除客户节点前或节点后的充电站，只移除充电站前后的客户节点且不移除任何充电站。ALNS 算法同样适用于对多种车型问题进行求解。Rp 等人考虑车辆容量、时间窗、多种产品、车队规模和道路上的车队规模限制的车辆路径问题（VRPTWFS），并使用粒子群优化算法和 ALNS 算法混合算法求解。Sacramento 等人利用 ALNS 算法解决了每辆卡车与一台无人机协作运输的问题，并说明此做法与仅使用单一卡车的情况相比，配送成本大幅下降。

部分学者在算法整体流程中进行了改进。Hemmelmayr 等人设计并开发了用于分层车辆路径问题的客户节点移除和插入算子，其中考虑中转站关闭、开启一个中转站或交换两个距离相近的中转站，并将与其相关的顾客节点移除。研究结果表明，Hemmelmayr 等人所使用的算法优于现有传统的常用求解算法。Guo 等人将 ALNS 算法应用到自动驾驶与传统车辆运输的协同配送问题中，并提出加入启发式的破坏和修复过程，通过汽车企业的真实数据证明了该算法的有效性。Mehdi 等人提出使用 Drake 提出的修正选择函数（Modified Choice function，MCF）作为选择算子的算法，而不是“轮盘赌”选择，并与经典 ALNS 算法比较，通过改进选择机制得到了更优的解。Santini 等人比较了可用于 ALNS 算法的接受准则，其中包括爬山（HC）、随机游走（RW）、后验收爬山（LAHC）、阈值接受（TA）、模拟退火（SA）、洪范式（GD）、非线性洪范式（NLGD）、记录更新法（RRT）、更差接受（WA），其中，SA、TA 和 RRT 的效果较好。

现有研究表明，ALNS 算法具有较强的适应性，可以在较短时间内得到高质量的解，因此本节针对 DPDPMF 问题的特点，设计适应的移除算子和插入算子，对 DPDPMF 问题进行求解。

7.5.2　算法总体框架

ALNS 算法总共运行 L 个阶段，每个阶段内运行 N 次迭代。首先，算法生成一个初始解，并将初始解作为当前解，进行邻域操作；其次，在每次迭代中按概率选择移除算子和插入算子对当前解进行调整，生成新的解；再次，将新解与当前解以及迄今为止的最优解进行比较，并根据比较情况，更新各个算子的累积得分，以及对当前解和最优解进行更新；然后，在每个阶段末期，对各个算子的选择概率进行更新；最后，算子得到的解的质量越好，则累积分数越高，从而权重越高，在下一阶段的迭代中被选择的概率也越高。

求解 DPDPMF 问题的 ALNS 算法框架如下。其中，S_0 为初始解，T_0 为初始温度，c 为冷却速度，R 为移除算子集合，I 为插入算子集合，ρ^- 为移除算子权重集合，ρ^+ 为插入算子权重集合，S_1 为锁定订单集合，S_2 为非锁定订单集合，S_{best} 为最优解，S_{cur} 为当前解。ϕ_i 为算子 i 在本阶段期间累积的分数。$\sigma_1 \sim \sigma_4$ 为分数。

ALNS 算法的伪代码如下。

S_0：初始解；T_0：初始温度；c：冷却速度；R：移除算子集合；

Input　I：插入算子集合；ρ^-：移除算子权重集合；ρ^+：插入算子权重集合

Output　S_{best}：最优解

$S_{best} \leftarrow S_0$；$T \leftarrow T_0$；Iteration $\leftarrow 1$；Segment $\leftarrow 1$；$S_1 \leftarrow$ 锁定订单集合；$S_2 \leftarrow$ 非锁定订单集合

　While Segment $\leqslant S$ //总共运行 S 个阶段

　　While Iteration $\leqslant N$ //每个阶段里面迭代 N 次

　　　$S_{cur} \leftarrow S_0$

　　　$q \in [a,b] * n$ //随机产生需要移除的订单数，n 指订单数

　　　采用“轮盘赌”的方法选择一对算子 $r \in R, i \in I$

　　　$S_{cur} = \xi(S_{cur}, r, i, q)$ // $\xi()$ 表示一次邻域操作

　　　对 S_{cur} 中的换电站进行优化，更新 S_{cur}

　　　If $f(S_{cur}) < f(S_{best})$

$S_{best} \leftarrow S_{cur}$， $\phi_r \leftarrow \phi_r + \sigma_1$， $\phi_i \leftarrow \phi_i + \sigma_1$

Else if $f(S_{cur}) < f(S_0)$

$S_0 \leftarrow S_{cur}$， $\phi_r \leftarrow \phi_r + \sigma_2$， $\phi_i \leftarrow \phi_i + \sigma_2$

Else if $f(S_{cur}) \geqslant f(S_0)$，且 S_{cur} 被接受（使用 SA 准则）

$S_0 \leftarrow S_{cur}$， $\phi_r \leftarrow \phi_r + \sigma_3$， $\phi_i \leftarrow \phi_i + \sigma_3$

Else if $f(S_{cur}) \geqslant f(S_0)$，且 S_{cur} 未被接受（使用 SA 准则）

S_0 不变， $\phi_r \leftarrow \phi_r + \sigma_4$， $\phi_i \leftarrow \phi_i + \sigma_4$

End if

更新模拟退火温度 $T \leftarrow T_0 * c$

$\text{Iteration} \leftarrow \text{Iteration} + 1$

End while

$\text{Iteration} \leftarrow 0$

更新 ρ^- 和 ρ^+， $\phi_r \leftarrow 0$， $r \in R \cup I$

$\text{Segment} \leftarrow \text{Segment} + 1$

End while

7.5.3 构造初始解

在 DPDPMF 问题中，一个商家可能会服务多个订单，一个顾客也可能会下多个订单。本章为每个订单设置一个唯一的取餐节点和送餐节点。因此，当一个商家或顾客有多个订单时，生成多个商家或顾客虚拟节点，使得每个订单有一组唯一的取送节点。同时，必须遵从先取餐再配送且对锁定订单不得改变其车辆的原则。初始解生成过程如下。

（1）从锁定订单集合 S_1 中随机取一个订单，将其商家节点和顾客节点随机插入到所属车辆的路径中（要求商家节点必须在顾客节点之前），直至所有锁定订单处理完毕。

（2）从非锁定订单集合 S_2 随机取一个订单。根据订单的车型和温区要求，从车辆集合 K 中随机选择一台符合要求的车辆，使用贪婪算法将订单插入到路径中合适的位置：首先，针对该订单的商家节点，遍历路径中的所有符合车辆容量约束的位置，选择里程增加最少的位置将其插入；其次，针对订单的顾客节点，遍历路径中该订单的商家节点之后的所有位置，选择里程增加最少的位置将其插入。直到所有非锁定订单均被分派。

（3）若生成的路径不满足电量约束，则需要在路径中插入换电站。找到违反电量约束的节点 i，选择使得车辆行驶距离增加最少的换电站插入到该节点和其前续节点 $i-1$ 之间，若仍不能满足电量约束，则逆着行驶方向，采用同样方式将换电站插入到节点 $i-2$ 和 $i-1$ 之间。直到满足所有节点的电量非负为止。

7.5.4　移除算子

考虑订单“取、送”节点地理位置、时间、配送车辆等因素，对订单进行移除和插入操作。需要强调的是，订单的移除和插入操作均是针对该订单的取餐和送餐两个节点的。共设计了 12 种移除算子和 7 种插入算子，以及换电站的调整策略，并采用自适应选择机制及模拟退火框架，提升 ALNS 算法搜索的性能。

定义 q 为移除订单的数量，随机取值范围为 $na \leqslant q \leqslant nb$，其中 $0<a<b<1$。本章根据问题特性设计了 12 种移除算子，其中 4 种移除算子（间断访问移除算子、取餐等待移除算子和两种拼车移除算子），是针对本文研究的问题设计的新移除算子。

1. 随机订单移除（Random Order Removal，ROR）

引用由 Ropke 和 Pisinger 提出 ALNS 算法中的随机移除（RR）算子，该算子从车辆路径中随机移除集合 A 中的 q 个订单（包括商家节点和顾客节点）。

2. 随机路径移除（Random Route Removal，RRR）

每台使用的车辆均会生成一条路径。在 DPDPMF 问题中，所使用的车辆会产生较高的车辆固定成本。RRR 算子用于随机移除一条路径，减少一台车的使用，从而减少车辆固定成本。对于锁定订单，不允许改变其配送车辆，因此，凡是含锁定订单的车辆路径均不能被移除。

3. 相似移除（Shaw Removal，SR）

相似移除又称 Shaw 移除，其计算思想由 Shaw 提出。在 DPDPMF 问题中，考虑订单之间的相关性，计算订单之间的相似度，移除相似度高的订单。

从距离、时间、订单量、配送车型四个方面来衡量订单 i 和订单 j 之间的相似度 $R(i,j)$，计算公式如下：

$$\begin{aligned}
R(i,j) &= a_1(d_{i+n,j+n}+d_{ij})/\left(\max_{i,j\in P}(d_{ij})+\max_{i,j\in S}(d_{ij})\right)+\\
&a_2\left(\left|e_{i+n}-e_{j+n}\right|+\left|l_i-l_j\right|\right)/\left(\max_{i\in P}(e_i)-\min_{i\in P}(e_i)+\max_{i\in S}(l_i)-\min_{i\in S}(l_i)\right)+\\
&a_3\left|q_i-q_j\right|/\left(\max_{i\in S}(q_i)-\min_{i\in S}(q_i)\right)+a_4 S_{ij}
\end{aligned} \tag{7-37}$$

其中，a_1,a_2,a_3,a_4 分别表示各子项权重，q_i 表示订单 i 的餐盒量，S_{ij} 表示订单 i 与订单 j 的服务车辆类型是否相同，相同则为 1，不相同则为 0。$R(i,j)$ 的数值越小，表示订单 i 和订单 j 的相似度越高。

该算子选择将相似度高的订单进行移除，总共移除 q 个订单。具体地，首先随机选择一个订单，放入已移除订单集；其次，在每次迭代中，从已移除订单集中随机选择一个订单i；最后计算各个未移除订单 j 的$R(i,j)$，选择相似度最高的订单进行移除。

4. 最差移除（WCR）

引用 Ropke 和 Pisinger 提出的最差移除（WR）算子，该算子通过计算移除订单后目标函数的改变量大小，将对目标函数影响最大的订单进行移除，然后尝试把该订单分配给其他车辆，以期望获得更优的解。定义移除订单i后的目标函数值变化为$\tilde{f}(i)$，计算移除每一个订单的$\tilde{f}(i)$值，并对其进行降序排序，移除$\tilde{f}(i)$值较高的前q个订单。

5. 最差距离移除（WDR）

最差距离移除算子由 WCR 算子改进而来，该算子仅考虑距离因素，尽可能地减少车辆行驶总距离。定义订单i的距离如下：

$$d\left(i,S_{\text{cur}}\right)=d\left(S_{\text{cur}}\right)-d_{-i}\left(S_{\text{cur}}\right) \tag{7-38}$$

其中，$d\left(S_{\text{cur}}\right)$表示当前解$S_{\text{cur}}$的行驶距离，$d_{-i}\left(S_{\text{cur}}\right)$表示从当前解$S_{\text{cur}}$中移除订单$i$后的行驶距离。

计算当前解中各订单的距离$d(i,S_{\text{cur}})$，并进行降序排序。移除前q个订单。

6. 间断访问移除（IRR）

在 DPDPMF 问题中，多个顾客会选择同一商家下单，同一顾客也可能在多个商家下单。对于有多个订单的商家或顾客而言，应尽量减少车辆的访问次数，从而减少行驶里程。具体地，本章对每个订单均设置了唯一的取节点和送节点，这使得多个订单的商家或顾客可能会被同一辆车多次访问。应尽量使车辆连续访问地理意义上相同的商家节点或顾客节点。

如图 7-3 所示，其中，方形为商家节点，圆形为顾客节点，节点中的第一位数字表示订单编号，字母表示商家编号，第三位数字表示顾客编号。1 号订单的商家为 A，2、4 号订单的商家均为 C。可以看出，商家 C 被该车辆断续访问了两次，并且车辆在两次访问之间，车辆去了商家 B 取餐，相对车辆连续访问商家 C 而言，这显然增加了车辆的行驶里程。

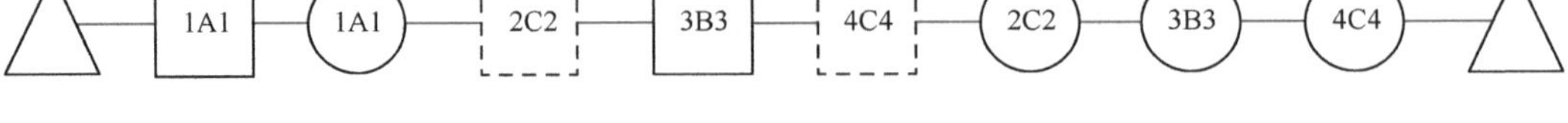

图 7-3　间断访问移除示意图

间断访问移除算子指的是移除路径中车辆间断访问同一商家或顾客的订单。首先选出所有间断访问的订单，其次从中随机选择q个订单进行移除，若间断访问订单数量不足q，则全部移除。

7. 超时移除（TOR）

若订单送达顾客超时，则要产生较高的超时惩罚成本。超时移除算子指的是移除送达超时的订单，以降低超时惩罚成本。先计算每个订单的超时时间，再移除超时时间最长的前 q 个订单。

8. 取餐等待移除（POR）

每个订单在商家均有一个取餐时间，车辆如果早到需要等待，会浪费运力资源。因此，设计取餐等待移除算子，先计算每个订单的取餐等待时间，再移除等待时间最长的前 q 个订单。

9. 拼车相关移除算子

在配送过程中，应尽量使同一商家或同一顾客的多个订单由同一台车辆来配送，从而提高车队的运行效率。因此，设计两个拼车相关移除算子，移除由不同车辆配送的同商家或同顾客的订单，分别称为由不同车辆配送的同商家订单移除（SRR）、由不同车辆配送的同顾客订单移除（SCR）。

如图 7-4 所示，在两条路径中，2 号和 4 号订单均由商家 B 供应，但由不同车辆配送，属于由不同车辆配送的同商家订单。3 号和 6 号订单均为顾客 3 下的订单，但由不同车辆配送，属于由不同车辆配送的同顾客订单。SRR 算子或 SCR 算子先找出所有这类订单，然后从中随机选择 q 个订单，并将它们从路径中移除。

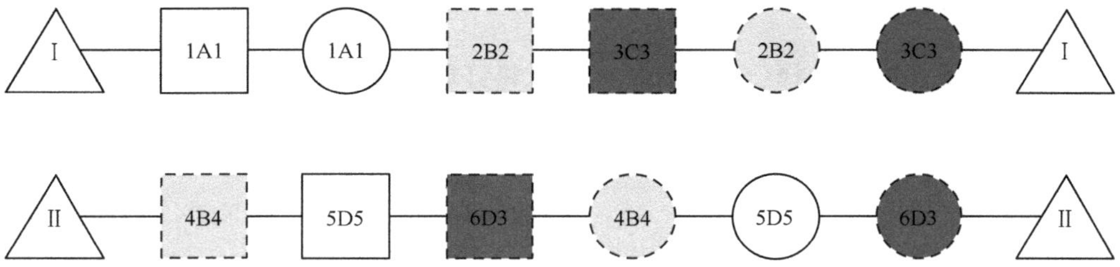

图 7-4　不同车辆配送的同商家订单

10. 换电站相关移除

车辆在取送餐中途允许前往换电站换电，因此设计两种与换电站相关的订单移除算子，包括换电站后序订单移除（RBR）、换电站前序订单移除（WBR）。在实际的 DPDPMF 问题中，在一个调度期内，一台车辆最多只会换电一次，而且只有少量车需要换电。

RBR 算子类似 Keskin 的 Remove Customer with Preceding Station（RCwPS）算子。随机选择一条路径上的一个换电站，将该换电站连同后续的 q 个订单进行移除。若后续订单不足 q 个，则全部移除。

WBR 算子类似 Keskin 的 Remove Customer with Succeeding Station（RCwSS）算子。随机选择一条路径上的一个换电站，将该换电站连同前续的 q 个订单进行移除。若前续订单不足 q 个，则全部移除。

7.5.5 插入算子

在 DPDPMF 问题中，订单具有常温、热温、制冷等特性，并且顾客对配送车辆类型有要求，所以选择插入路径时，首先要考虑该路径的车辆是否符合顾客和订单的要求。本章订单有锁定和非锁定两种状态，对于锁定订单，由于不能改变其服务的车辆，只能插入到该订单的原路径中。

插入算子的算法基本步骤如下。

步骤 1：从插入算子集合 I 中选择一个插入算子 i 。

步骤 2：将移除的订单存入待插入订单集合 F 中。从 F 中随机选择一个订单 j 。对于锁定订单，选择其原有路径；对于非锁定订单，从解的路径中随机选择一条符合订单 j 的车辆要求的路径。

步骤 3：忽略车辆的电量约束，在满足车辆容量约束下，使用插入算子 i 将订单 j 的商家节点和顾客节点插入路径 L_k 中。

步骤 4：重复步骤 2 和步骤 3，直到 F 中的所有订单都被插入为止。

本节涉及 7 种插入算子，具体如下。

1. 随机插入（ROI）

随机插入算子随机选择一个可行插入位置将订单插入，从而避免每次均选择最优插入位置造成算法陷入局部最优。

2. 贪婪插入（GCI）

将订单插入到当前路线中，会引起当前解总成本的变化，即骑手配送费、无人车能耗成本和超时惩罚成本的变化。贪婪插入的思想是，遍历订单 i 的可行插入位置，将其插入到使总成本增加最小的位置。

3. 距离贪婪插入（GDI）

距离贪婪插入算子类似于贪婪插入算子，将插入订单 i 后的总距离增加量作为依据，将订单插入到使路径总距离增加最小的位置。

4. 时间贪婪插入（GTI）

时间贪婪插入算子与贪婪插入算子类似，将订单插入到总用时（各车辆完成各自配送任务的时间之和）增加最小的位置。

5. 同商家插入（SRI）

同商家插入算子的思想是，为减少同一商家的取餐次数，从而减少行驶里程，应尽量安排属于同一商家的订单由同一台车辆同时取餐。如图 7-5 所示，3 号与 2 号订单的商家均为 B，因此在满足容量约束条件下，将 3 号订单插入到路径中，使得 3 号订单的商家节点紧挨 2 号订单的商家节点。

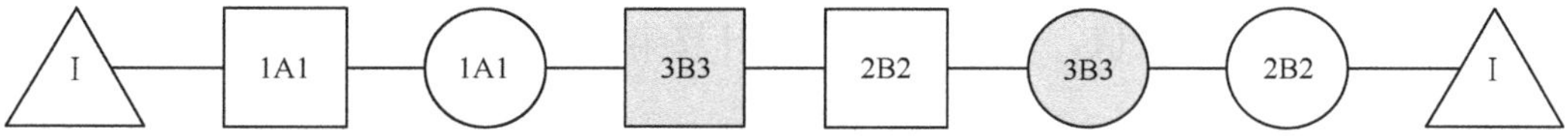

图 7-5　同商家插入

同商家插入算子的执行步骤如下。

步骤 1：从订单集合 F 中随机取出一个订单 j。

步骤 2：对于非锁定订单，先判断解的所有路径中，是否存在与订单 j 相同商家的路径。若有，则随机选择一条有同商家的路径 L_k，在满足车辆容量约束下，选择 $\text{Distance}(p_j, p_i)=0$ 的节点 p_j，将 p_i 插在 p_j 节点的前或后（当 $t_i > t_j$ 时，p_i 插在 p_j 后面，否则插在前面）。当有多个满足上述条件的 p_j 时，则选择与 p_i 的取餐时间最接近的 p_j，最后将订单 i 的顾客节点插入到使总成本增加最小位置；若所有路径中均没有该商家，则随机选择一个路径，并随机选择一个可行插入位置将订单插入。对于锁定订单，选择其原有路径 L_k。若该路径上有同商家节点，则采用上述方法将订单插入到路径中；否则，随机选择一个可行插入位置将订单插入。

步骤 3：重复上述过程，直到 F 中的所有订单都被插入为止。

6. 同顾客插入（SCI）

对于下多个订单的顾客而言，较少的送餐次数以及订单较早地送达，会带来更好的配送体验，同顾客插入算子与同商家插入算子类似，尽量安排属于同一顾客的订单由同一台车辆一次性配送，减少顾客的取餐次数。如图 7-6 所示，2 号和 3 号订单均来自 2 号顾客。将 3 号订单插入到路径中，使其顾客节点紧挨 2 号订单的顾客节点。

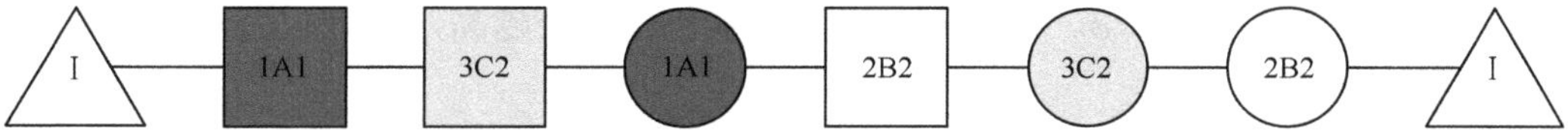

图 7-6　同顾客插入

7. *K* 阶后悔插入（RKI）

插入算子要将订单集合 F 中的订单逐个插入解中。前述插入算子每次均从集合 F

中随机选择一个订单进行插入操作。然而，订单选择的顺序会对解的质量（总成本）产生影响。每个订单的最佳插入位置（即使得总成本增加最小的位置）与次优（或第 K 次优）插入位置，二者的成本有偏差。K 阶后悔插入算子的思想是，偏差越大的订单，越应优先处理。因此，针对每个订单，计算订单插入各个位置所带来的成本增量，并将增量从小到大排序，排名第 K 的增量记为 Δf_i^K。定义待插入订单 i 满足

$$i = \underset{i \in F}{\operatorname{argmax}} \left\{ \Delta f_i^K - \Delta f_i^1 \right\} \tag{7-39}$$

K 阶后悔插入算子执行步骤如下。

步骤 1：确定 K 的取值，一般取 2 或 3，计算集合 F 中订单 i 的各个成本增量 Δf_i^K（$k = 1, \cdots, K$）。

步骤 2：从集合 F 中选择满足式（7-39）的订单 i 执行插入操作，将其插入到使总成本增加最小的位置。

步骤 3：从集合 F 中删除订单 i。

步骤 4：重复步骤 2 和步骤 3，直到所有待插入订单插入到路径中为止。

7.5.6 换电站优化

插入操作忽略了电量约束，因而所生成的解不一定满足电量约束。同时，即使满足电量约束，路径中换电站的位置也不一定是最优的。因此，需要对该解的换电站进行优化调整，使解可行化，并且降低总成本。它的步骤为，首先将各路径中的换电站移除，其次针对各条不满足电量约束的路径，采用最佳换电站插入算子将换电站插入。最佳换电站插入算子的思路为，从第一个不满足电量约束的节点开始，逆着车辆行驶方向，对每条边尝试插入最近的换电站，将总成本增加最小的位置作为换电站插入的位置。

7.5.7 算子的权重

ALNS 算法采用多个移除算子和插入算子，每个算子被选择的概率取决于它在之前迭代中的表现。为了计算算子的选择概率，给每个算子设置一个自适应权重（Weight）w 和一个累积分数（Score）ϕ。算子表现越好，累积分数会越高，权重越高，在下一次迭代中被选择的概率也越高。

初始时，各算子的权重和累积分数均为 0。在一次迭代（Iteration）中，当一个算子被使用后，根据得到的新解的类型给予不同的分值，如表 7-5 所示，并将该分值进行累积。将算法整个迭代过程分为 L 个阶段（Segment），每个阶段包含 N 次迭代。在阶段 s 结束时，对算子 d 的权重进行更新，公式为

$$w_d^{s+1}=\begin{cases}(1-\rho)w_d^s, & \text{if } u_d=0\\(1-\rho)w_d^s+\dfrac{\rho\phi_d}{u_d}, & \text{if } u_d>0\end{cases} \tag{7-40}$$

其中，w_d^s 为算子 d 在阶段 s 的期初权重，ϕ_d 为算子 d 在阶段 s 期间累积的分数，u_d 为算子 d 在阶段 s 被选中的次数，ρ 为取值 $[0,1]$ 的系数。

算子的权重越高，在 $s+1$ 阶段被使用的概率越大。$s+1$ 阶段各算子被使用的概率为 $P_d^{s+1}=w_d^{s+1}/\Sigma_l w_l^{s+1}$。

表 7-5 分值表

分数	新解的类型
σ_1	新解优于当前最优解
σ_2	新解优于当前解，劣于当前最优解
σ_3	新解劣于当前解，但符合模拟退火接受准则而接受
σ_4	新解劣于当前解且不被接受，或不可行

7.5.8 模拟退火接受准则

为了避免陷入局部收敛，ALNS 算法采用基于模拟退火的接受准则，除了接受改进的新解，算法还以一定的概率接受较差的新解。该概率取决于新解和当前解的目标值差异和冷却温度：

$$p=\mathrm{e}^{\frac{-f(x_{\text{new}})-f(x_{\text{cur}})}{T}} \tag{7-41}$$

其中，p 表示接受新解的概率，$f(x_{\text{new}})$ 表示新解的总成本，$f(x_{\text{cur}})$ 表示当前解的总成本。$T(T>0)$ 为当前冷却温度。若新解的值小于当前解，则新解一定被接受，否则被接受的概率取决于上述公式。

在算法初始阶段，设置温度 T 的初始值 T_0 随着算法的迭代，以 $T=cT$ 的方式更新，其中 c 为模拟退火参数，$c\in[0,1]$。这表示，T 的值随着迭代逐渐减小，对于劣质解的接受概率不断降低，从而保证算法的收敛。T_0 的设置方式如下：

$$T_0=-\frac{\tau}{\ln\theta}f(x_0) \tag{7-42}$$

其中，τ 表示新解比初始解 x_0 差 τ，θ 为新解的接受概率。

7.6 实验分析

测试算例改编于 Li & LimPDPTW 问题的基准算例库，其中小规模算例 12 个，每个算例均包括 10 个订单、3 个商家、2 个换电站、4 个骑手、4 辆无人车；中规模算例 10 个，每个算例均包括 100 个订单、10 个商家、5 个换电站、20 个骑手、20 辆无人车，形成适用于 DPDPMF 问题的基准算例集。分别针对两种规模算例集，开展 ALNS、基本 ALNS（ALNS-Ⅰ）和 CPLEX 的比较实验，以验证算法的性能。

7.6.1 算法参数设置

本节所设计算法使用 MATLAB 编程实现，算例测试环境如下：

（1）CPU：Intel Core i7-6700，3.4GHz；

（2）运行内存：16G；

（3）操作系统：Windows10。

订单规模在 100 个左右的算例，迭代次数取 1000 次较为合适。移除订单数 q 的最佳取值范围为[0.1,0.2]。其他 ALNS 算法参数参照 Ropke 进行设置，最终确定的各项参数参照值如表 7-6 所示。

表 7-6 算法参数参照值

参数	描述	数值
q	移除订单数	[0.1,0.2]
α	距离相关系数	0.65
β_1	时间相关系数	0.25
γ_1	订单相关系数	0.10
p	订单选择参数	3
ρ	算子权重系数	0.10
σ_1	算子得分 1	1
σ_2	算子得分 2	0.40
σ_3	算子得分 3	0.25
σ_4	算子得分 4	0
T_0	初始温度/℃	1000
c	冷却速度	0.85
τ	初始温度控制参数	0.07
θ	新可行解的可接受概率	0.50

考虑实际使用情况，本节分别选择 60V20Ah 骑手电动车和 48V150Ah 无人车，并结合 M 公司外卖平台骑手底薪、无人车造价及使用年限等相关数据，DPDPMF 问题的相关参数如表 7-7 所示。

表 7-7 DPDPMF 问题的相关参数

参数	描述	数值	单位
v_{K1}	骑手行驶速度	10	km/h
v_{K2}	无人车行驶速度	20	km/h
s_P	取餐时长	3	min
s_S	送餐时长	6	min
s_F	换电时长	3	min
Q_{K1}	骑手最大装载餐盒数	8	盒
Q_{K2}	无人车最大装载餐盒数	20	盒
R_1	骑手电动车电池最大电量	1.5	kW·h
R_2	无人车电池最大电量	11.2	kW·h
h_2	无人车辅热温区单位行驶时间耗电量	0.12	kW·h/h·个
h_3	无人车制冷温区单位行驶耗电量	0.015	kW·h/h·个
a_{K1}	骑手的固定成本	100	元/人
a_{K2}	无人车的固定成本	54	元/辆
β	电价	1.5	元/kW·h
λ	单位配送费	2	元/单
δ_{K1}	骑手每千米耗电量	0.03	kW·h/km
δ_{K2}	无人车每千米耗电量	0.09	kW·h/km
γ	单位时间延误的惩罚成本	2	元/min
φ	无人车每个餐格的容量	3	盒

7.6.2 小规模算例实验分析

1. 算例构造

小规模算例均由 10 个订单、3 个商家、8～10 个顾客、2 个换电站、4 个骑手、4 辆无人车组成，各节点坐标和取送餐时间窗均改编于 Li & LimPDPTW 问题的基准算例集。在 DPDPMF 问题中，同一商家可服务不同顾客，而同一顾客也可以在多个商家下单，因此小规模算例中设置了少量由同一顾客下的订单。每个订单随机生成 1～4 盒和一种温度（常温、热温、制冷）的餐食，并随机生成其对应商家。每个订单可以指定配送的车辆类型，其中骑手只能配送常温的订单，而无人车可配送所有温度订单。

小规模算例共 12 个，每个小规模算例中分别设置若干订单指定骑手配送、无人车配送和二者均可配送，并设置一辆在途车辆。每个小规模算例集中均包含 LC、LR 和 LRC 3 类不同分布类型的顾客节点，其中，LC 类代表顾客位置是聚类生成的，即顾客被分成若干组，每组内部的各节点位置很接近，商家分布于顾客组外；LR 类中顾客位置随机分布在商家四周；LRC 类算例集中一部分顾客位置为随机分布，另一部分位置为聚类分布。换电站和车辆初始节点均在区域中随机分布。

以算例 LRC205_10 为例，给出订单的详细数据，如表 7-8 所示。假设当前时刻为上午 10 时整，即本次调度的初始时刻为 600min。在温区列中，1 表示常温订单，2 表示热温订单，3 表示制冷订单；在指定车型列中，1 表示只允许骑手配送，2 表示只允许无人车配送，3 表示二者均可配送；在订单状态列中，0 表示该订单为非锁定订单。7 号订单为骑手 R_4 的锁定订单，表示在初始时刻，骑手 R_4 已完成该订单的取餐，但尚未送达。

表 7-8 LRC205_10 算例订单数据

订单	最早取餐时间/min	最晚送达时间/min	顾客 x	顾客 y	商家 x	商家 y	餐盒数/盒	温区	指定车型	订单状态
1	704	742	2	40	2	45	4	H	V	0
2	698	747	2	40	88	30	1	N	R	0
3	706	753	44	5	2	45	3	H	V	0
4	699	729	42	10	88	30	2	N	F	0
5	683	722	40	15	88	30	4	C	V	0
6	731	789	38	5	45	30	2	C	V	0
7	609	662	38	15	45	30	1	N	F	R_4
8	821	880	35	5	2	45	1	C	V	0
9	738	769	95	35	2	45	3	N	F	0
10	678	721	92	30	2	45	1	N	F	0

DPDPMF 问题考虑了订单的动态生成，所以在算法的初始时刻，有的车辆会处于取单或送单的途中，图 7-7 展示了算例 LRC205_10 在初始时刻的状态。10 个订单的顾客和商家节点通过灰色虚线相连，每条线表示一个订单的一对取送（取餐和送餐），不同颜色的三角形表示订单所属的温区。在 8 台车辆中，7 台车辆当日尚未启用，位于各自的起始点（浅色圆圈处）。骑手 R_4 已启用，正在取送货途中，位于深色圆圈处，订单 7 在该车上。

2. 实验结果

1）算法性能

为了检验 DPDPMF 模型的正确性及 ALNS 算法的性能，采用 CPLEX（12.9）和 ALNS 算法对小规模算例进行求解，CPLEX 最大运行时间设为 7200 s，每个算例运行 1 次，ALNS 算法迭代 500 次，每个算例运行 10 次，取最优解和平均解，小规模算例求解结果如表 7-9 所示。其中，Gap 为 ALNS 所得到的解相对于 CPLEX 的改进率。

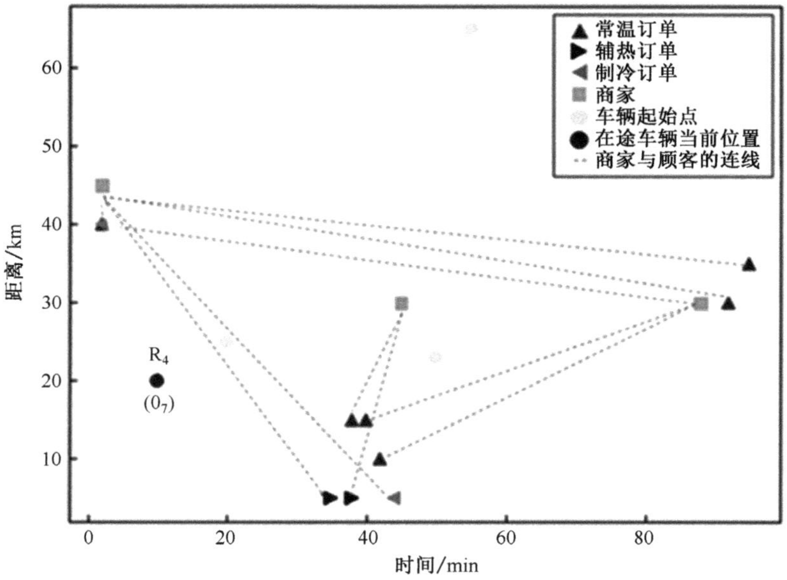

图 7-7　LRC205_10 在初始时刻的状态

表 7-9　小规模算例求解结果

算例	CPLEX		ALNS			Gap/%
	最优解	算法运行时间/s	最优解	平均解	算法运行时间/s	
LC101_10	156.20	41.34	156.20	156.26	2.17	0.00
LC105_10	255.61	48.95	255.61	256.96	1.67	0.00
LC203_10	213.45	34.13	213.45	213.48	2.52	0.00
LC208_10	159.54	78.58	159.54	159.82	2.65	0.00
LR102_10	213.27	13.17	213.27	213.45	2.48	0.00
LR106_10	211.26	12.13	211.26	211.29	2.16	0.00
LR204_10	160.36	72.53	160.36	174.64	2.63	0.00
LR211_10	174.01	13.01	174.01	211.45	2.18	0.00
LRC104_10	189.12	62.95	189.12	194.17	2.59	0.00
LRC107_10	159.98	11.34	159.98	160.09	2.51	0.00
LRC201_10	177.65	54.39	177.65	177.65	2.57	0.00
LRC205_10	316.70	12.81	316.70	316.72	1.90	0.00
平均值	198.93	32.25	198.93	203.50	2.34	0.00

从表 7-9 中可以看到，ALNS 算法求解结果与 CPLEX 求解结果一致，这说明在小规模算例中，ALNS 和 CPLEX 均能得到最优解，同时也说明 DPDPMF 模型的正确性。从求解时间上来看，ALNS 的平均运行速度仅为 2.34 秒，求解时间远小于 CPLEX，说明本章所提出的 ALNS 算法能求解 DPDPMF 问题小规模算例，算法在运行时间上也更适合实际外卖调度的应用。

2）调度方案

算例 LRC205_10 的最优解调度方案如图 7-8 所示。不同颜色的矩形代表订单的商家，矩形上的第一个数字代表订单号，第二个数字代表车辆所在的节点的取送类型，1 为取餐，2 为送餐。空白区域表示车辆在行驶途中或位于初始节点等待任务的分配。

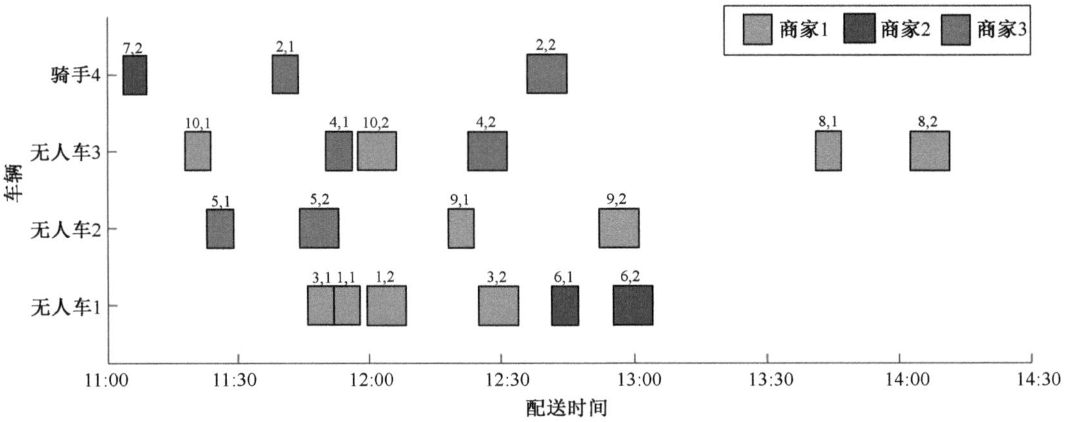

图 7-8　算例 LRC205_10 的最优解调度方案

从图 7-8 中可以看出，每个订单均有一台车辆负责配送。在车型分配上，此方案中除指定骑手配送的订单外，其他订单均分配给了无人车配送，这是因为在保证配送时效性的前提下，启用无人车比启用骑手的成本要低得多。在订单分配上，1 号和 3 号订单属于同一商家，1 号和 2 号订单属于同一顾客，此方案中安排了同一商家或同一顾客的订单由同一台车辆配送，省去了往返的取送环节。具体调度方案如下。

无人车 1：(3,1,1)→(1,1,1)→(1,1,2)→(3,1,2)→(6,2,1)→(6,2,2)；

无人车 2：(5,3,1)→(5,3,2)→(9,1,1)→(9,1,2)；

无人车 3：(10,1,1)→(4,3,1)→(10,1,2)→(4,3,2)；

骑手 4：(7,2,2)→(2,3,1)→(2,3,2)。

其中，在无人车 2 的路径中，（5,3,1）表示车辆到 3 号商家取了 5 号订单，1 表示取餐。

7.6.3　大规模算例实验分析

1. 算例构造

大规模算例均由 100 个订单、10 个商家、90～100 个顾客、5 个换电站、20 个骑手、20 辆无人车组成，各节点坐标和取送餐时间窗均改编于 PDPTW 问题的基准算例集，其他信息生成规则与小规模算例类似。大规模算例共 10 个，每个算例均设置了对车型指定的若干订单和 2～3 台在途车辆。

2. 算法性能分析

为进一步验证算法性能，将 ALNS 算法应用于求解大规模算例，其性能可以从三个方面进行检验。首先，ALNS 算法中涉及多个移除算子和插入算子，其中有些算子源自文献，有些为本章针对 DPDPMF 问题设计的。在 12 个移除算子中，IRR、POR、SRR、SCR 为本章所设计；在 7 个插入算子中，SRI 和 SCI 为本章所设计。将上述非本章设计的算子组成的算法，记为 ALNS-Ⅰ算法。然后，分别采用 ALNS 算法和 ALNS-Ⅰ算法求解大规模算例。

为避免单次实验的偶然性，将每个算例运行 10 次，算法迭代 1000 次。实验结果如表 7-10 所示。其中，Time 为最好解的算法运行时间，Gap 为 ALNS 算法相对于 ALNS-Ⅰ算法的改进率，计算方法如下：

$$\text{Gap} = (\text{ALNS-Ⅰ\_Best} - \text{ALNS\_Best}) / \text{ALNS-Ⅰ\_Best} \tag{7-43}$$

表 7-10　大规模算例求解结果

算例	ALNS-Ⅰ			ALNS			Gap/%
	最优解	平均解	时间/s	最优解	平均解	时间/s	
LC102_100	2009.31	2088.06	163.89	1993.92	2082.77	120.36	0.77
LC107_100	1022.05	1054.05	315.55	996.04	1046.57	198.90	2.55
LC206_100	1431.13	1466.37	247.94	1405.73	1458.76	152.22	1.77
LR101_100	1793.11	1915.35	197.82	1768.33	1896.96	118.27	1.38
LR102_100	1382.50	1420.40	261.82	1366.81	1419.24	156.01	1.13
LR207_100	1496.54	1544.07	292.45	1407.61	1502.65	199.67	5.94
LRC105_100	1646.56	1717.91	300.25	1529.03	1641.49	195.46	7.14
LRC108_100	1985.87	2092.09	254.93	2003.21	2084.79	125.10	−0.87
LRC204_100	1384.35	1439.43	268.83	1377.57	1438.13	145.16	0.49
LRC208_100	1267.90	1380.93	257.89	1246.93	1379.02	168.83	1.65
平均值	1541.93	1611.87	256.14	1509.52	1595.04	158.00	2.10

1）解的质量分析

由表 7-10 可以看出，ALNS-Ⅰ算法和 ALNS 算法均可对大规模算例进行求解，从各算例对应的 Gap 值可以看出，ALNS 算法在 9 个算例（共 10 个算例）中均得到了比 ALNS-Ⅰ算法更优的解，最优解的改进率多数在 1%以上，平均改进率为 2.10%，其中最大的改进率为 7.14%，这表明本章针对 DPDPMF 问题特点所设计的算子能有效提升算法的搜索能力。虽然平均改进能力可观，但与最大改进率仍有较大差距，其原因在于，所有算例中订单的取送餐时间窗、餐盒数、温区等条件均是在合理范围内随机生成，算例中会存在差异，并且 ALNS 算法考虑了多个与外卖问题相关的移除算子和插入算子，所以在不同参数规模的算例中，不同类型算子能实现更加适配的搜索策略。

2）运行时间分析

在大规模算例中，ALNS-Ⅰ算法的平均运行时间为 256.14s，而 ALNS 算法的平均运行时间仅为 158s，并且每次运行时间均在 200s 内。这是因为 ALNS 算法在搜索过程中能够自适应地选择合适的算子，对于不同类型的数据均有比较鲁棒的求解效果，而且新设计的同商家或同顾客订单移除插入算子（SRR、SCR、SRI、SCI）无须遍历整个路径再进行判断，而是找到符合条件的情况直接进行操作，这样有效缩短了搜索时间，这也是 ALNS 算法相较于 ALNS-Ⅰ算法运行速度快的直接原因。DPDPMF 问题具有较高的时效性要求，算法效率尤为关键。

3）算子分析

为进一步验证 ALNS 算法的性能，对该算法中的移除算子和插入算子进行分析。ALNS 算法中算子的选择机制是根据每一个算子在上一迭代阶段的表现，并通过“轮盘赌”方式选择而来。该算子被选中的次数反映了其历史表现，说明该算子所对应的邻域操作对解的改进有一定效果，所以根据算子在 1000 次迭代中被选择的次数及其每次迭代的权重可以评估该算子的优劣。ALNS 算法中移除算子和插入算子的权重变化曲线分别如图 7-9 和图 7-10 所示。

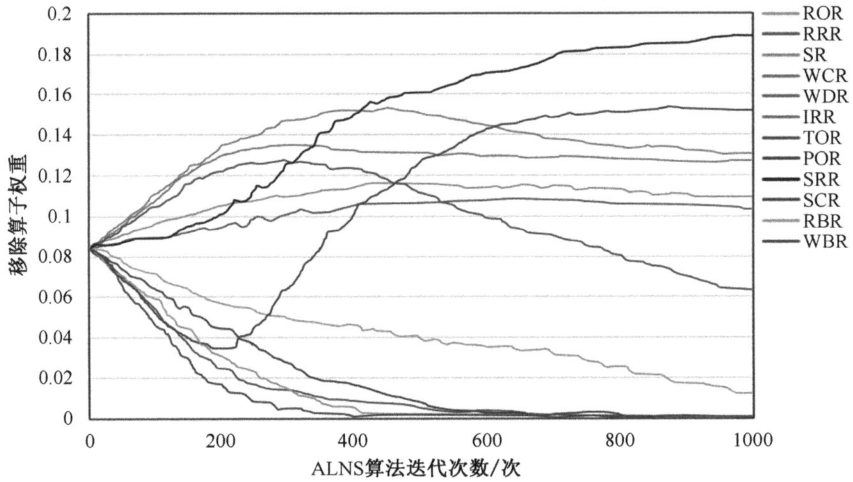

图 7-9　移除算子权重变化曲线

图 7-9 和图 7-10 展示了每个算子在每次迭代的权重变化，权重越大表示该算子在下一次迭代被选择的概率越高。在移除算子中，WCR 和 IRR 被使用的次数最多，在整体上贡献较大，但该算子的性能随着迭代次数的增加而下降，后续被 SRR 和 SCR 超越，说明移除较多的同商家或同顾客订单，能有效优化解。在插入算子中，GCI 和 SRI 的表现始终优于其他插入算子，并且 SRI 随着迭代次数的增加，权重逐渐高于 GCI 算子，

说明算法后期更倾向同商家订单的插入规则，也直接反映了该算子的性能更优。

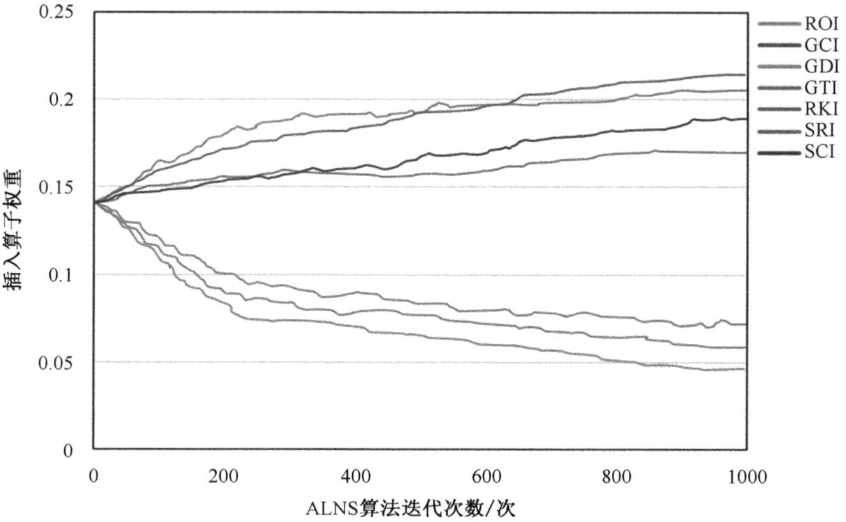

图 7-10　插入算子权重变化曲线

综上，SRR 和 SRI 是一对效果较好的移除和插入算子，在中规模算例中，有大量属于同商家的订单，这一对算子使得同商家的订单能被安排在一起配送，减少了多次上门取餐的时间，更贴近实际配送场景。

7.6.4　调度方案

以 LRC105_100 为例展示其调度方案，结果如图 7-11 所示。

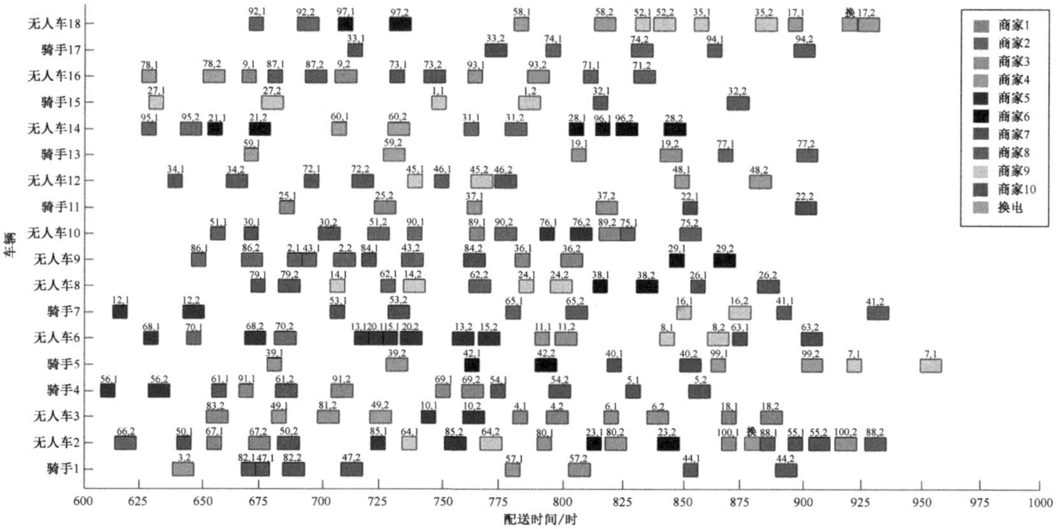

图 7-11　LRC105_100 调度方案

在途车辆的具体调度方案如下：

骑手 1：**(3,4,2)**→(82,10,1)→(47,10,1)→(82,10,2)→(47,10,2)→(57,3,1)→(57,3,2)→(44,8,1)→(44,8,2)；

无人车 2：**(66,2,2)**→(50,7,1)→(67,1,1)→(67,1,2)→(50,7,2)→(85,5,1)→(64,9,1)→(85,5,2)→(64,9,2)→(80,3,1)→(23,6,1)→(80,3,2)→(23,6,2)→(100,3,1)→换电→(88,8,1)→(55,10,1)→(55,10,2)→(100,3,2)→(88,8,2)；

无人车 3：**(83,1,2)**→(49,4,1)→**(81,3,2)**→(49,4,2)→(10,5,1)→(10,5,2)→(4,4,1)→(4,1,2)→(6,3,1)→(6,3,2)→(18,1,1)→(18,1,2)。

该方案共启用了 8 个骑手和 10 辆无人车进行外卖配送，其中骑手 1、无人车 2 和无人车 3 为在途车辆，在分别完成 3 号、66 号、83 号订单（均为在途锁定订单）的配送后，再去配送其他订单，上述加粗数字为锁定订单任务，此类订单中已取锁定订单（81,3,2）配送次序与非锁定订单共同规划，以上均满足了该问题中不打断车辆执行在途锁定订单这一约束。

图 7-11 中不同颜色矩形代表不同商家，可以看出，每台车辆大多执行了不多于 5 个商家的外卖订单，任务相对集中，并且无人车 6 在集中取了商家 5 的外卖订单（13，20，15）后，再去执行配送任务，这样大大缩短了车辆行驶距离。以上主要由于 ALNS 算法中 SRI 和 SCI 插入算子发挥了作用，尽量安排同一台车辆执行同商家或同顾客的订单任务。可以发现，图 7-11 中很少看到有颜色相同且属于不同订单的矩形被间隔开，这是因为 IRR 移除算子对这些订单进行了操作，将间断的任务移出了路径，避免了间断访问产生的距离成本。

值得注意的是，LRC105_100 中有 43 单 C_3 订单，即骑手和无人车均可配送订单，其中，11 单分配给骑手，占 C_3 订单的 25.58%，32 单分配给无人车，占 C_3 订单的 74.42%。这是因为此类订单中的配送费有不同的分配规则，若由骑手配送，则平台需要支付一定的配送费给骑手，若由无人车配送，则平台将直接获得所有配送费。故为使外卖平台利益最大化，调度方案倾向将这类订单分配给无人车。

因为以上车辆均为电动车，所以会出现电量不足的情况，图 7-11 中无人车 2 和无人车 18 执行了换电操作。

7.7 小结

本章结合我国外卖配送模式和外卖行业发展态势，提出了基于骑手与无人车混合车队的外卖配送模式，分析了模式的特点并设计了业务流程。考虑取送餐顺序、订单的车辆类型、容量、电量等约束条件，提出了带软时间窗的混合车队动态取送货车辆路径问题（DPDPMF）。建立了以车辆固定成本、骑手配送费、无人车能耗成本、超时惩罚成本之和最小为目标的数学规划模型。设计了自适应大规模邻域搜索算法（ALNS），设计了间断访问订单移除、同商家订单移除、同顾客订单移除等 19 个算子。构建了 DPDPMF 问题的基准算例集，采用不同规模基准算例集对 ALNS 算法的性能进行检验，验证了算法的有效性。

参考文献

[1] Reyes D, Erera A, Savelsbergh M, et al. The meal delivery routing problem[J]. Optimization Online, 2018, 6571.

[2] Yildiz B, Savelsbergh M. Provably high-quality solutions for the meal delivery routing problem[J]. Transportation Science, 2019, 53(5): 1372-1388.

[3] Li TY, Lyu XN, Li F, et al. Routing optimization model and algorithm for takeout distribution with multiple fuzzy variables under dynamics demand[J]. Control and Decision, 2019, 34(2): 406-413.

[4] Chen P, Hang L I, School B, et al. Optimization model and algorithm based on time satisfaction for O2O food delivery[J]. Chinese Journal of Management Science, 2016.

[5] Liao W, Zhang L, Wei Z. Multi-objective green meal delivery routing problem based on a two-stage solution strategy[J]. Journal of Cleaner Production, 2020, 258 (120627): 1-21.

[6] Jahanshahi H, Bozanta A, Cevik M, et al. A deep reinforcement learning approach for the meal delivery problem[J]. Knowledge-Based Systems, 2021(243): 108489.

[7] Steever Z, Karwan M, Murray C. Dynamic courier routing for a food delivery service[J]. Computers & Operations Research, 2019, 107: 173-188.

[8] Roberto P, Michela Z, Alexandra L, et al. A network design model for a meal delivery service using drones[J]. International Journal of Logistics, 2020, 23(4): 354-374.

[9] Liu Y. An optimization-driven dynamic vehicle routing algorithm for on-demand meal delivery using drones[J]. Computers & Operations Research, 2019(111): 1-20.

[10] Yu J J Q, Lam A Y S. Autonomous vehicle logistic system: joint routing and charging strategy[J]. IEEE Transactions on Intelligent Transportation Systems, 2017, 19(7): 2175-2187.

[11] James J Q. Two-stage request scheduling for autonomous vehicle logistic system[J]. IEEE Transactions on Intelligent Transportation Systems, 2018, 20(5): 1-13.

[12] Zhang Y, Shi L, Chen J, et al. Analysis of an automated vehicle routing problem in logistics considering path interruption[J]. Journal of Advanced Transportation, 2017: 1-10.

[13] Yan F. Autonomous vehicle routing problem solution based on artificial potential field with parallel ant colony optimization (ACO) algorithm[J]. Pattern Recognition Letters, 2018(116): 195-199.

[14] Nasri M I, Bektaş T, Laporte G. Route and speed optimization for autonomous trucks[J]. Computers and Operations Research, 2018(100): 89-101.

[15] Cai L, Lv W, Xiao L, et al. Total carbon emissions minimization in connected and automated vehicle routing problem with speed variables[J]. Expert Systems with Applications, 2020(165): 113910.

[16] Ropke S, Pisinger D. An adaptive large neighborhood search heuristic for the pickup and delivery problem with time windows[J]. Transportation Science, 2006, 40(4): 455-472.

[17] Shaw P. A new local search algorithm providing high quality solutions to vehicle routing problems[J]. CiteSeer, 1997: 46.

[18] Keskin M, Catay B. Partial recharge strategies for the electric vehicle routing problem with time windows[J]. Transportation Research Part C Emerging Technologies, 2016, 65(5): 111-127.

[19] Li H, Lim A. A metaheuristic for the pickup and delivery problem with time windows[J]. International Journal on Artificial Intelligence Tools, 2008, 12(2): 173-186.

第 8 章 快递的多运输方式组合路径优化问题

8.1 引言

世界上早期快递运输一直以公路运输为主。在 20 世纪 70 年代以后，民航快递逐渐兴起并迅速占领快递市场。截至 2020 年 1 月，UPS 机队共有 265 架飞机，800 多个目的地，覆盖 220 个国家和地区；FedEx 机队共有 670 架飞机，375 个目的地。此外，国外高铁快递在 20 世纪末和 21 世纪初开始逐渐进入市场。2005 年，法国邮政和法国高铁公司合作成立物流公司，开展高铁快递业务；德国铁路在 1991 年通过高铁套跑的方式开行城际特快货物列车。我国快递业务的起步阶段是 20 世纪 70 年代到 90 年代。1979 年，成立中国对外贸易公司，20 世纪 80 年代中国邮政提供的特快邮政服务（EMS），之后 FedEx、UPS、DHL 等国际快递企业纷纷进入中国市场。

国内快递业近些年伴随着电子商务和移动互联的迅速发展而不断壮大，在物流业中所占的份额越来越高，已经成为促进国民经济增长、服务国民生活生产的重要业务。2018 年，全国快递业务量为 507.1 亿件，同比增长 26.6%，业务收入累计完成 6038.4 亿元，同比增长 21.8%。进入 21 世纪，我国民航和高铁迅速发展，为快递业提供了运输基础。为了追求快递的时效性，提高自身快递服务水平，EMS、顺丰等快递企业逐渐开始使用航空运输，大大提高了快递配送速度，同时也丰富了快递运输方式的多样性。顺丰目前全货机数量为 57 架，并且正在湖北鄂州建立货运机场。2014 年，中铁快运将作为“中国名片”的高铁应用于快递运输，开通高铁快递业务，现已实现 154 个城市开办高铁快递业务。2018 年，顺丰和中铁快运成立合资公司，进一步扩大国内高铁快递业务。2014 年我国快递物流市场将进一步向外资企业开放，国家给予外资快递企业更多的政策优惠，推动内外资企业公平竞争。UPS、FedEx 等国际快递巨头将深入国内市场，从而带来更加激烈的竞争。

快递物流的迅速发展在给人们生活带来极大便利的同时，也带来了资源浪费和污染物高排放等问题。目前，占整个快递市场80%的道路快递运输对环境的污染最为严重，机动车污染是大气污染的重要原因，一辆货车产生的尾气污染与200多辆小轿车的相同；铁路运输特别是高铁运输相对来说更加节能环保。国家近几年实施“公转铁”战略意在分流部分道路运输，增加铁路运输比例，从而实现快递物流行业节能减排的目的。2015年10月，国务院印发《关于促进快递业发展的若干意见》，提出到2020年基本建成普惠城乡、技术先进、服务优质、安全高效、绿色节能的快递服务体系；2017年2月，国家邮政局发布《快递业发展“十三五”规划》，提出资源消耗、碳排放总量得到有效控制；2018年1月，国务院发布《关于推进电子商务与快递物流协同发展的意见》，指出要发展绿色生态链；2019年2月，国家发展和改革委员会印发《关于推动物流高质量发展促进形成强大国内市场的意见》，强调要加快绿色物流发展，带动上下游企业发展绿色供应链。

随着高铁、民航的快速发展，在快递运输中使用多运输方式组合，即将公路、铁路、高铁、航空等有机联系起来，可以充分发挥每种运输方式特有的优势，是我国快递物流发展的主要方向。在快递公司的物流网络中，大量的包裹在不同城市之间进行运输与递送，这些包裹有着各自的服务水平，即运到期限。城市之间有着特定的运输方式和运输能力。快递公司需要在一定的运输能力条件和客户服务要求下，通过合理权衡服务水平、运输成本与绿色生态，为所有包裹制定科学合理的运输方案和运输路线，以降低总体成本。

按照运到期限不同，我们将一对城市之间的包裹整合形成若干订单，每个运到期限对应一个订单。上述问题就转换为多起点多终点的多运输方式组合路径优化问题。该问题以运输成本、转运成本、碳排放成本之和最小为目标，在考虑时限约束和运输能力约束条件下，为各个快递订单寻求合理的联运方案和运输路线。显然，该问题本质上是一类多起点多终点的带约束最短路问题（Multiple Origin Multiple Destination Constrained Shortest Path Problem，MOMDCSP）。

8.2 国内外研究现状

国内外对多运输方式组合路径优化问题和多起点多终点的带约束最短路问题开展了诸多研究。在多运输方式组合路径优化问题方面，现有文献一般仅针对一票货物（一个订单），不考虑路径容量约束，优化其从起点到终点的最短路径。订单所经过的城市节点顺序分为固定、不固定。Ziliaskopoulo提出了一种用于多式联运网络的时变多式联运最短路径算法，该算法考虑了模式和弧切换点处的延迟。Chang研究了具有时间窗和凹面成本的多目标多商品多运输方式的国际多式联运路径优化问题，运用一种基于拉格朗日松弛和分解技术的启发式求解方法。Bauer 等人将温室气体排放成本加入运输总成本中，建立了一种多商品多运输方式网络模型。Garcia 等人针对西班牙物流公司的集装箱多式联运问题，实现针对每种服务的不同提货和交货请求的最佳运输路径选择。Ghane-Ezabadi 设计了具有不同规模的多个多式联运网络，构建在时间约束下以枢纽建设成本和配送成本为目标函数的整数规划模型，以得到优化的路径和合理的枢纽站位置。熊桂武建立了带时间窗的多代理人多目标多式联运优化模型，开发了一个具有 35 个节点的多式联运网络，并通过遗传算法求解。

MOMDCSP 常见于城市交通、运输与物流、通信路由、电路板布线，以及应急疏散等领域，其与传统最短路径问题的区别一方面在于多个点对，需要求得每个点对之间的最短路径，另一方面在于根据实际需求，常具有若干约束条件或者多个目标。目前，关于 MOMDCSP 的文献还很少。由于应用场景不同，各文献所研究的 MOMDCSP 的目标与约束条件各异。Hoang 针对网络路由领域，考虑网络中共存的多个连接之间的相互干扰，基于网络流模型，解决有容量限制的最小费用路径规划问题。Bonvicini 以实际应用为背景，研究了多起点的多货品危货运输路线优化问题，在每个路段上赋予一个风险容量约束，要求得到成本最低的路线方案。Yu 等人研究了城市道路交通领域的多起点多终点最短路径问题。在已知多台车辆的起点后，考虑道路的行驶速度受交通流量影响，同时对多台车辆的静态路线进行优化，使得总行驶时长最短。

本章将多运输方式组合运输应用于 MOMDCSP，在其中考虑了每个订单的时限约束及城市之间各种运输方式的运输能力约束，并将碳排放成本加入目标函数。

8.3 多运输方式组合模型

8.3.1 固定节点顺序的运输模型

路网各节点已知，订单任务为货物从起始节点必须按顺序依次经过所有节点才能到达终点，每两个相邻的节点间有两种或两种以上运输方式。需要注意的是，不相邻节点不存在运输路径。

针对此问题建立运输模型一般有两种方法。

（1）根据城市之间的运输方式，直接在节点之间设置多条边。每条边代表一种运输方式。求解方法有动态规划法。

（2）将网络中的城市按不同运输方式分为多个节点，如图 8-1 所示，P_{11}、P_{12}、P_{13} 代表节点 P_1 的三种运输方式。

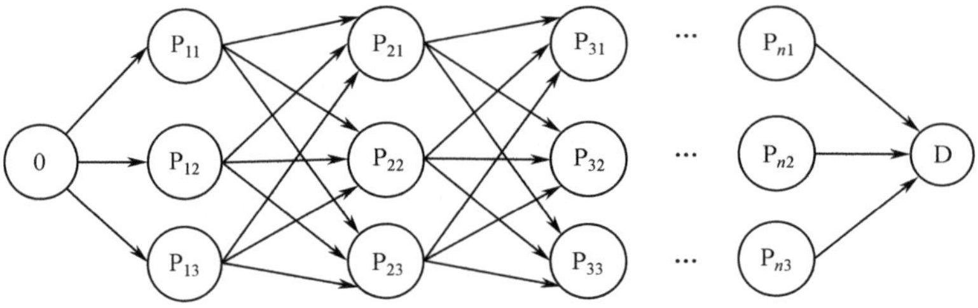

图 8-1 固定节点顺序多运输方式组合网络图

其数学模型介绍如下。

目标函数为

$$\min Z = \sum\nolimits_{i\in I,j\in J}(X_{i,i+1}^{k}C_{i,i+1}^{k}) + \sum\nolimits_{i\in I,j\in J}(Y_i^{kl}\times C_i^{kl}) \tag{8-1}$$

约束条件为

$$\sum\nolimits_{k\in J}X_{i,i+1}^{k} = 1, i\in I \tag{8-2}$$

$$\sum\nolimits_{k\in J,l\in J}Y_i^{kl} = 1, i\in I \tag{8-3}$$

$$X_{i-1,i}^{k} + X_{i,i+1}^{l} \gg 2Y_i^{kl}, i\in I, k\in I, l\in J \tag{8-4}$$

决策变量为

$$X_{i,i+1}^{k} = \begin{cases}1，以第k种运输方式在城市i到城市\ i+1之间运输\\0，其他方式\end{cases} \tag{8-5}$$

$$Y_i^{kl} = \begin{cases}1，在节点i以第k种运输方式中转为第1\ 种运输方式\\0，其他方式\end{cases} \tag{8-6}$$

其中，$C_{i,i+1}^{k}$ 代表快递以第 k 种运输方式从节点 i 到节点 $i+1$ 的成本；C_i^{kl} 代表快递在节点 i 时从第 k 种运输方式到第 l 种运输方式的转运成本；J 表示运输方式集合；I 表示经历节点集合。式（8-1）表示运输总成本最小；式（8-2）表示相邻节点只可选择一种运输方式；式（8-3）表示节点 i 处有一次转运；式（8-4）表示运输的连续性。

求解方法为启发式方法。求解此问题性能较好的启发式算法主要有遗传算法、蚁群算法、禁忌搜索算法等。

8.3.2 不固定节点顺序的运输模型

路网各节点已知，但货物从起点不必依次经过所有节点到达终点，非相邻节点也可能存在路径，更符合现实运输中的实际情况。如图 8-2 所示，1，2，3，…，12 代表 12 个节点，三种线段分别代表三种不同的运输方式。

目标函数为

$$\min Z = \sum\nolimits_{i\in N,j\in N,k\in M}(q_{i,j}d_{i,j}^{k}C_{i,j}^{k}x_{i,j}^{k}) + \sum\nolimits_{i\in N,j\in N,k\in M,l\in M}(q_{i,j}y_i^{kl}C_i^{kl}) \tag{8-7}$$

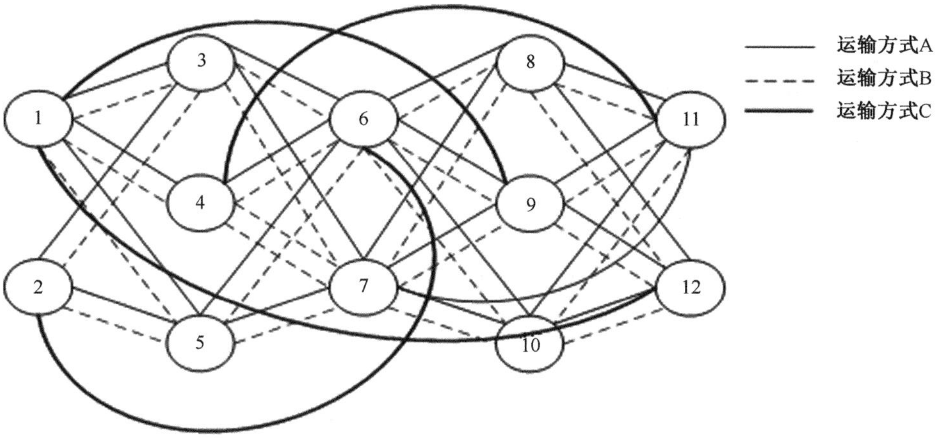

图 8-2　不固定节点顺序多运输方式组合网络图

约束条件为

$$\sum\nolimits_{i\in N,k\in M} x_{i,j}^{k} = 1, j \in N \tag{8-8}$$

$$\sum\nolimits_{j\in N,k\in M} x_{i,j}^{k} = 1, i \in N \tag{8-9}$$

$$\sum\nolimits_{k\in N,l\in M} y_{i}^{kl} = 1, i \in N \tag{8-10}$$

$$\sum\nolimits_{i\in N} q_{i,j} = \sum\nolimits_{j\in N} q_{i,j} = 1, i \in N, j \in N \tag{8-11}$$

$$\sum\nolimits_{m\in N} x_{m,i}^{k} + \sum\nolimits_{j\in N} x_{i,j}^{l} \gg 2y_{i}^{kl}, i \in N, k \in M, l \in M \tag{8-12}$$

决策变量为

$$x_{i,j}^{k} = \begin{cases} 1，以第k种运输方式在节点i到节点j之间运输 \\ 0，其他方式 \end{cases} \tag{8-13}$$

$$y_{i}^{kl} = \begin{cases} 1，在节点i以第k种运输方式中转为第1种运输方式 \\ 0，其他方式 \end{cases} \tag{8-14}$$

其中，$C_{i,j}^{k}$ 表示以第 k 种运输方式在节点 i 与节点 j 之间运输的单位成本；$q_{i,j}$ 表示节点 i 与节点 j 之间的货物运输量；$d_{i,j}^{k}$ 表示以第 k 种运输方式在节点 i 与节点 j 之间的运输距离；C_{i}^{kl} 表示在节点 i 将第 k 种运输方式转变成第 l 种运输方式的中转单位成本。式(8-7)表示运输总成本最小；式(8-8)表示快递有且仅有一个节点一种运输方式运到 j 点；式（8-9）表示快递有且仅有一个节点一种运输方式由 i 点输出；式（8-10）表示快递在一个节点只能转换一种运输方式；式(8-11)表示运量唯一；式(8-12)表示运输的连续性。

求解方法使用启发式方法。求解此问题性能较好的启发式算法主要有遗传算法、蚁群算法、禁忌搜索算法、邻域搜索等。

MOMDCSP 问题是一个不固定节点顺序的多运输方式路径组合优化问题。

8.4 问题描述和模型建立

8.4.1 问题描述

在一个物流快递网络中，存在多个城市节点，有许多订单分别从各自的城市快递到另一个城市，每两个城市节点之间最多有公路、高铁、航空三种运输方式。相邻城市间每种运输方式具有运输时间、运输距离、运输成本、容量约束等权值。每个订单具有各自的运到期限约束。在运输过程中，订单不允许拆分成多个订单，只能作为一个整体进行运输。每个城市均可以作为转换节点提供运输方式转换服务，但需要一定的时间与费用。系统成本包括运输成本、转运成本和碳排放成本。要求在满足时间约束和路径容量约束的前提下，为每个订单选择合适的运输路线和运输方式，使总成本最低。

基本假设如下。

（1）快递物流网络中各城市节点的地理位置已知。

（2）快递物流网络中各节点既是城市节点又是中转节点。

（3）快递物流网络中各运输方式的路径容量约束已知。

（4）快递物流网络中各城市节点不考虑出发及到达时刻。

（5）若两城市节点间存在运输路径，则只能选择一种运输方式，不考虑多种运输方式分担运输的情况。

（6）货物快递时各个运输方式的运输成本、中转成本、平均速度已知且恒定。

（7）运输中转过程中不考虑由中转节点储存货物。

8.4.2 模型建立

假设存在一个有向图$G=(V,E)$，V表示城市节点集，E表示连接城市的边集，每组城市之间可以有多个边，每条边代表一种运输方式。W表示边的权值集，包括运输时间、运输距离、运输成本、容量约束等非负权值。K表示运输方式集，包括公路、高铁、航空三种运输方式。N表示订单集合，订单n表示为$\left\{O_n,D_n,T^n\right\}$，其中$O_n,D_n \in V$分别表示订单$n$的起点城市和终点城市，$T^n$表示运到期限，即服务水平。

1. 参数和决策变量

为便于建立模型，须设定相关的参数和决策变量。参数符号及含义如表 8-1 所示。

表 8-1　参数符号及含义

符号	描述	单位
Q^n	订单 n 的重量	t
$d_{i,j}^k$	运输方式 k 从节点 i 到 j 的距离	km
T_{kij}	运输方式 k 从节点 i 到 j 的运输时间	h
c_{kij}	以运输方式 k 从节点 i 到 j 的单位运输成本	元/t
M_{kij}	运输方式 k 在节点 i 到 j 的运输容量	t
$CT_{ikk'}$	在节点 i 从运输方式 k 转换至 k' 的中转时间	h
$h_{ikk'}$	在节点 i 处从运输方式 k 转换至 k' 的中转单位成本	元/t
T^n	订单 n 运到时限	h
ω	单位碳税费用	元/t
E_k	以运输方式 k 运输的单位碳排量	kg/t • km
$e_{ikk'}$	在节点 i 处运输方式 k 转为 k' 的单位碳排量	kg/t • km

决策变量符号及含义如表 8-2 所示。

表 8-2　决策变量符号及含义

符号	描述	单位
W_{kij}^n	订单 n 是否以运输方式 k 从节点 i 运至 j	—
$X_{ikk'}^n$	订单 n 是否在节点 i 处从运输方式 k 转换为 k'	—

2. 目标函数

在多订单多运输方式组合运输路径优化问题中，以所有订单的快递运输总成本 Z 最小为目标函数，具体包括运输成本 Z_1、转运成本 Z_2、碳排放成本 Z_3 和中转碳排放成本 Z_4。

（1）运输成本。作为总成本的主要组成部分，运输成本指货物从起点城市到终点城市运输所产生的成本。每种运输方式所产生的运输成本各不相同，在本章建模中用 Z_1 表示。

$$Z_1 = \sum\nolimits_{n\in N, i\in N, j\in V, k\in K} W_{kij}^n Q^n c_{kij} \tag{8-15}$$

（2）转运成本。在快递运输过程中需要转换运输方式时，会产生相应的转运成本，公路转高铁、公路转航空和高铁转航空所产生的转运费用各不相同，在本章建模中用 Z_2 表示。

$$Z_2 = \sum\nolimits_{n\in N, i\in V, k\in K, k'\in K} X_{ikk'}^n Q^n h_{ikk'} \tag{8-16}$$

（3）碳排放成本。在快递运输的整个过程中，无论采用哪种运输方式都会产生二氧化碳。目前低碳绿色、节能高效的运输方式已经成为快递行业发展的趋势，在运输过程中货物运载重量、运输方式、运输距离的不同都会影响碳排放成本。碳排放成本在本章

建模中用 Z_3 表示。

$$Z_3=\omega(\sum_{n\in N,i\in V,j\in K,k\in K}Q^nE_kW_{kij}^n) \tag{8-17}$$

（4）中转碳排放成本。在快递运输过程中需要转化运输方式时，会产生相应的中转碳排放成本，公路转高铁、公路转航空和高铁转航空所产生的中转碳排放成本各不相同，在本章建模中用 Z_4 表示。

$$Z_4=\omega(\sum_{n\in N,i\in V,k\in K,k'\in K}X_{ikk'}^nQ^ne_{ikk'}) \tag{8-18}$$

本章的 MOMDCSP 问题的数学模型为

$$\min Z=\sum Z_i \tag{8-19}$$

3. 约束条件

约束条件为

$$\sum_{k\in K,i\in V}W_{kij}^n-\sum_{k\in K,i\in V}W_{kji}^n=\begin{cases}-1,j=O_n,n\in N\\0,j\neq O_n,D_n,n\in N\\1,j=D_n,n\in N\end{cases} \tag{8-20}$$

$$\sum_{k\in K}X_{ikk'}^n=\sum_{j\in V}W_{k'ij}^n\leqslant 1,\forall i\in V,n\in N,k'\in K \tag{8-21}$$

$$\sum_{i\in V}W_{kij}^n=\sum_{k'\in K}X_{jkk'}^n\leqslant 1,\forall j\in V,j\neq D_n,n\in N,k\in K \tag{8-22}$$

$$\sum_{k'\in K,k\in K,i\in V}X_{ikk'}^nCT_{ikk'}+\sum_{k\in K,i\in N,j\in V}W_{kij}^nT_{kij}\leqslant T^n,\forall n\in N \tag{8-23}$$

$$\sum_{n\in N}W_{kij}^nQ^n\leqslant M_{kij},\forall i\in V,j\in V,k\in K \tag{8-24}$$

$$W_{kij}^n,X_{ikk'}^n=\{0,1\} \tag{8-25}$$

式（8-20）表示节点 i 运出货物等于运入货物；式（8-21）表示订单在节点转换为某运输方式后，将以该运输方式运至下一节点；式（8-22）表示订单运至节点后，在该节点可以转换为其他运输方式；式（8-23）表示该订单到达终点的时间不晚于该订单的运到期限；式（8-24）表示通过该边的运输总量不大于该边的运量容量。式（8-25）定义决策变量的取值范围。

8.5 混合蚁群算法

8.5.1 算法介绍

上述数学模型是一个 0-1 整数规划模型，本质上是一个带约束的最短路问题（CSP）。CSP 是一个 NP-Hard 难题，MOMDCSP 较 CSP 复杂得多，当节点规模较大时，只能借助启发式算法求解。本节分别设计蚁群算法和排序调整更新算法求解 MOMDCSP 问题。

蚁群算法是解决大规模组合优化问题的一种常见元启发式算法，它由意大利学者 Dorigo 在 1996 年首次提出。受自然界中蚂蚁智能行为的启示，有关学者汲取蚂蚁群体的多样性和内部存在的正反馈机制，开发了具有搜索能力强、收敛速度快等特点的蚁群算法。在多式联运路径优化方面，佟璐等人使用蚁群算法对多式联运问题进行求解验证。李帅帅等人设计了多个蚁群来解决多式联运问题。

多订单 CSP 问题与单订单 CSP 问题的主要区别在于，单订单 CSP 问题是在一个固定的有向图中去寻找一条符合约束条件的最短路径，而多订单 CSP 问题是由多个单订单 CSP 问题按照一定顺序组成的，前面执行的订单会占用相关路段的容量，从而对后续的订单求解产生影响。因此，订单之间不是独立的，一个订单执行后，需要更新有向图中边的容量约束，下一个订单只能在此动态更新后的有向图中寻找最短路径。

本节设计了一种混合蚁群算法求解 MOMDCSP 问题，多订单多运输方式组合蚁群算法流程如图 8-3 所示。

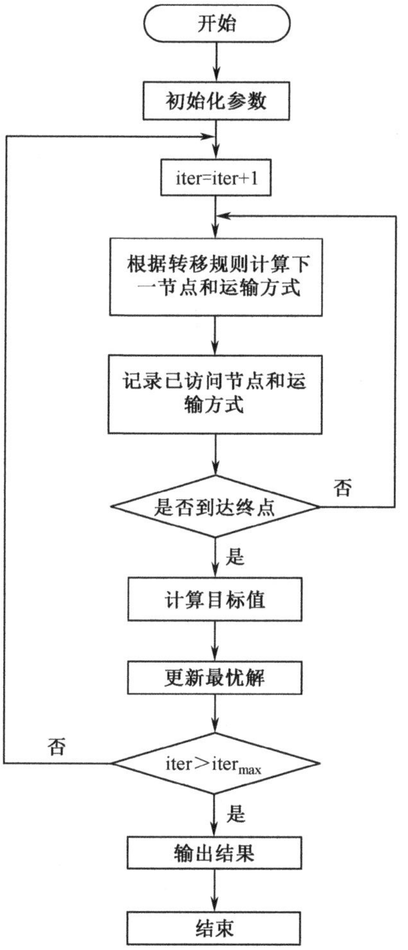

图 8-3 多订单多运输方式组合蚁群算法流程

8.5.2 路径构造过程

将 N 个订单随机排序。在初始时刻，S 个蚂蚁均放置于第一个订单的初始节点 O_1 上。在每次迭代中，逐个处理每只蚂蚁。每个蚂蚁均从第一个订单开始，逐个生成各个订单的运输路线，直到蚂蚁完成最后一个订单的运输路线为止，因此每个蚂蚁均会生成一个解。在进行信息更新后，进入下一次迭代，重复上述过程，直至达到最大迭代次数，算法终止。

用 tabu_{sn} 表示蚂蚁 s 针对订单 n 已经访问过的城市节点集，$\overline{\text{tabu}_{sn}}$ 表示蚂蚁 s 针对订单 n 未访问过的城市节点集。当蚂蚁转移时，将 $\overline{\text{tabu}_{sn}}$ 中同时满足订单动态路段容量约束、运到时限约束的节点取出，形成可行点集 allowed_{sn} 。具体操作如下。

（1）动态路段容量约束：蚂蚁 s 之前已经完成了前 $n-1$ 个订单。其中，以第 k 种运输方式经过边 (i,j) 的订单运量之和为 $\sum_{r=1}^{n-1} W_{kij}^{r} Q^{r}$ 。当代表订单 n 的蚂蚁 s 从城市 i 转移至 j 时，须满足如下约束：

$$\sum_{r=1}^{n-1} W_{kij}^{r} Q^{r} + Q^{n} \leqslant M_{kij} \tag{8-26}$$

（2）运到时限约束：需要确保代表订单 n 的蚂蚁 s 转移至城市 j 后，能够在该订单的运到时限内抵达终点城市 D_n 。首先，找到城市 j 到 D_n 的一条满足路径容量约束的路线，即对有向图 G ，排除所有不满足订单 n 的容量约束的边后，运用 Dijkstra 算法得到订单 n 从城市 j 至 D_n 的最短路径；其次判断该路径是否存在且在运到时限内抵达，若是则城市 j 点满足运到时限约束。

将所有符合动态路段容量约束和运到时限约束并与节点 i 相连的节点放入 allowed_s 中，从节点 i 转移至集合 allowed_s 中节点 j 的概率为

$$P_{nij} = \frac{\xi_{nij}}{\sum \text{allowed}_s \xi_{nij}}, j \in \text{allowed}_s \tag{8-27}$$

$$\xi_{nij} = \left[\eta_{nij}\right]^{\alpha} \left[\tau_{nij}\right]^{\beta} \left[\pi_{nij}\right] \tag{8-28}$$

其中，ξ_{nij} 表示订单 n 中节点 j 对节点 i 的吸引值，η_{nij} 表示订单 n 以第 k 种运输方式在节点 i 到节点 j 的运输成本的倒数，τ_{nij} 表示订单 n 在路径 ij 之间留下的信息素量，α 、β 为相关系数。为了减少蚂蚁在转移时出现南辕北辙现象，在蚂蚁按转移规则选择下一节点 j 时，对于夹角处于一定范围内的候选点给予更高的选择概率，即小夹角转移策略，公式如下：

$$\tau_{nij} = \begin{cases} 1, \angle D_n O_n j > 90^{\circ} \\ 2, 45^{\circ} < \angle D_n O_n j \leqslant 90^{\circ} \\ 3, \angle D_n O_n j \leqslant 45^{\circ} \end{cases} \tag{8-29}$$

此外，为了提高搜索效率，缩小蚂蚁转移时的范围，减少无用的转移搜索，对 allowed_{sn} 里的候选点数量进行限制，即 Bell 提出的小窗口策略。

在此基础上，采用“轮盘赌”的方法从 allowed_s 中随机选择一个节点作为蚂蚁 s 转移的下一个节点，并将该节点放入 tabu_{sn} 。

8.5.3 信息素更新策略

1. 信息素初始化策略

单订单的 CSP 问题可采用 B-Dijkstra 算法求解。为了提升算法的搜索性能，采用 B-Dijkstra 算法分别独立求出每个订单的最短路线，再提升最短路线上各个边的信息素初始浓度。将该信息素初始化策略记为 CI。

2. 信息素更新规则

蚁群算法的信息素更新策略分为局部更新策略和全局更新策略，本节仅采用全局更新策略，即在所有节点间设定初始信息素浓度，当蚂蚁构造好一个完整的路径后，需要对路径中的信息素进行更新。具体地，采用精英蚂蚁策略，即仅对精英解施放信息素，精英解也就是每次迭代的若干个最优解以及迄今为止的最优解。同时，为了有效避免因信息素过大或者过小导致的蚂蚁搜索停滞，采用最大最小蚂蚁系统（Max-Min Ant System，MMAS），即规定每个边上的信息素浓度在区间 $[\tau_{\min},\tau_{\max}]$ 内。

8.5.4 局部优化算子

蚁群算法具有强稳健性、搜索速度快的优点，但也容易陷入停滞状态，一般可采用局部优化算子改进搜索的性能。针对 MOMDCSP 问题的特点，本节设计了 7 种局部优化算子，具体如下。

（1）局部优化算子 1（记为 LS1），即小窗口策略。蚂蚁位于节点 i，通过算法转移规则判断符合条件的节点 j 后，以一定比例缩减候选节点，将缩减后的节点确定放入 allowed_s 中，等待“轮盘赌”选择。对于多订单多运输方式组合快递配送问题，特别是存在大量订单的多节点大规模算例，其代码运行时间会相对较长，通过小窗口策略可以缩短代码运行时间。

（2）局部优化算子 2（记为 LS2）。对于多订单多运输方式组合快递配送问题，其起点和终点已知，即可知其运输的目标方位，但在蚁群算法中，其蚂蚁没有此种判断行为，难免会出现部分蚂蚁南辕北辙的搜索现象，为有效减少此类问题导致的路径优化结果不明显、优化时间过长问题，本节考虑在蚂蚁按转移规则选择下一节点 j 时，设置选择倾向性，即在所有 allowed_s 中符合条件的备选 j 点用“轮盘赌”随机选择时，筛选出备选 j 点和终点城市夹角在 a(a 的取值范围为 $0°\sim180°$) 外（前一节点和备选节点连线与前一节点和终止节点连线的夹角）的 j 点，将这部分备选 j 点在原来的选择概率基础上

乘以 b（b 的取值范围为0～100%）。

（3）局部优化算子 3（记为 LS3）。在蚂蚁生成可行路径（a—b—c—d—e—f—g—…—r）之后，依次选择除起点和终点外的其他节点，若开始选择节点 b，则判断节点 a 和节点 c 是否存在路径直连（三种运输方式都可以），若直连则移除节点 b，然后继续判断选择节点 d；若节点 a 和节点 c 无法直连，则选择判断节点 c。按此种准则依次判断。这种局部移除策略在路径大顺序不改变的基础上每次移除 1 个节点，每次移除节点成功即更新其订单总成本，若小于原路径成本则更新为新路径。

（4）局部优化算子 4（记为 LS4）。在蚂蚁生成可行路径（a—b—c—d—e—f—g—…—r）之后，依次选择除起点和终点外的其他节点，若开始选择节点 b 和节点 c，则判断节点 a 和节点 d 是否存在路径直连（三种运输方式都可以），若直连则移除节点 b 和节点 c，然后继续判断选择节点 e 和节点 f；若节点 a 和节点 d 无法直连，则选择判断节点 d 和节点 e。按此种准则依次判断。这种局部优移除策略在路径大顺序不改变的基础上每次移除相邻的 2 个节点，每次移除节点成功即更新其订单总成本，若小于原路径成本则更新为新路径。

（5）局部优化算子 5（记为 LS5）。在蚂蚁生成可行路径（a—b—c—d—e—f—g—…—r）之后，依次选择除起点和终点外的其他节点，如开始选择节点 b、c 和 d，判断节点 a 和节点 e 是否存在路径直连（三种运输方式都可以），若直连则移除节点 b、c、d，然后继续判断选择节点 f、g、h；若节点 a 和节点 e 无法直连，则选择判断节点 e、f、g。按此种准则依次判断。这种局部移除策略在路径大顺序不改变的基础上每次移除相邻的 3 个节点，每次移除节点成功即更新其订单总成本，若小于原路径成本则更新为新路径。

（6）局部优化算子 6（记为 LS6）。在蚂蚁生成可行路径（a—b—c—d—e—f—g—…—r）之后，依次选择除起点和终点外的其他节点，若开始选择节点 b 和节点 c，则寻找与节点 b 和节点 c 距离不超过 200km 的一个节点，备选节点需与终点城市夹角在 45° 内（前一节点和备选节点连线与前一节点和终止节点连线的夹角），并且备选节点与节点 a 和节点 d 相连，若存在则将新节点替换掉节点 b 和节点 c，然后继续判断节点 e 和节点 f；若不存在则选择判断节点 d 和节点 e。按此种准则依次判断。这种局部替换策略在路径大顺序不改变的基础上每次替换相邻的 2 个节点，每次移除节点成功即更新其订单总成本，若小于原路径成本则更新为新路径。

（7）局部优化算子 7（记为 LS7）。在蚂蚁生成可行路径（a—b—c—d—e—f—g—…—r）之后，依次选择除起点和终点外的其他节点，若开始选择节点 b、c 和 d，则寻找与节点 b、c、d 距离不超过 200km 的一个节点，备选节点需和终点城市夹角在 45° 内（前一节点和备选节点连线与前一节点和终止节点连线的夹角），并且备选节点与节点 a 和节点 e 相连，若存在则将新节点替换掉节点 b、c、d，然后继续判断节点 f、g、h；

若不存在则选择判断节点 e、f、g。按此种准则依次判断。这种局部替换策略在路径大顺序不改变的基础上每次替换相邻的 3 个节点，每次移除节点成功即更新其订单总成本，若小于原路径成本则更新为新路径。

8.6 MSAU 算法设计

1. 算法介绍

排序调整更新（Sorting-Adjusting-Updating，SAU）算法是由 Yu 等人针对城市道路交通领域提出的。在已知多台车辆的起点和终点后，考虑道路的行驶速度受交通流量影响，同时对多台车辆的静态路线进行优化，使总行驶时长最短。此算法主要是在考虑道路交通流量的情况下，针对多个明确 OD 点的请求，给出每个 OD 点请求的优化路径方案。该问题的本质是一个多起止点对的最短路径问题（MOMDCSP）。SAU 算法是将以排序、调整、更新为主要特点的算法，主要是在 Dijkstra 算法的基础上，对于多个车辆的处理顺序做出排序，再按该顺序逐个求解相应车辆的最短路径，每求解一个车辆的最短路径后，对相应路段的流量信息进行调整与更新。

本节基于上述算法的基本原理，改进为适用于带约束的最短路径问题。带约束的最短路径问题求解算法采用 B-Dijkstra 算法，将该算法嵌入 SAU 的框架，形成 MOMDCSP 问题的改进 SAU 法，即 MSAU 法。

2. 算法步骤

步骤 1：初始化参数，输入节点距离参数、路径容量参数、所有订单信息参数。

步骤 2：将订单按货物量从大到小排序，若货物量相同则随机排序。

步骤 3：标记第一个订单的起始节点 s_1，设置 $d_{s_1}=0$，创建空路径。

步骤 4：依次确认每一条边能否承载此订单的货量，将不能承载的边视作不通路，不通路的成本视为无穷大。

步骤 5：采用 B-Dijkstra 算法求解满足边容量（负载）约束和时长约束的最小成本及路径，更新该最短路径上各个边的负载。

步骤 6：判断更新边负载后的每一条边能否承载下一订单的货量，将不能承载的边视为不通路，不通路的成本视为无穷大。

步骤 7：重复步骤 5、步骤 6，直至所有订单全部得到处理。

步骤 8：计算总成本，至此，生成一次包含所有订单的解。

步骤 9：循环以上步骤 N 次，记录其最优解。图 8-4 为针对多订单多运输方式组合问题的 MSAU 算法流程图。

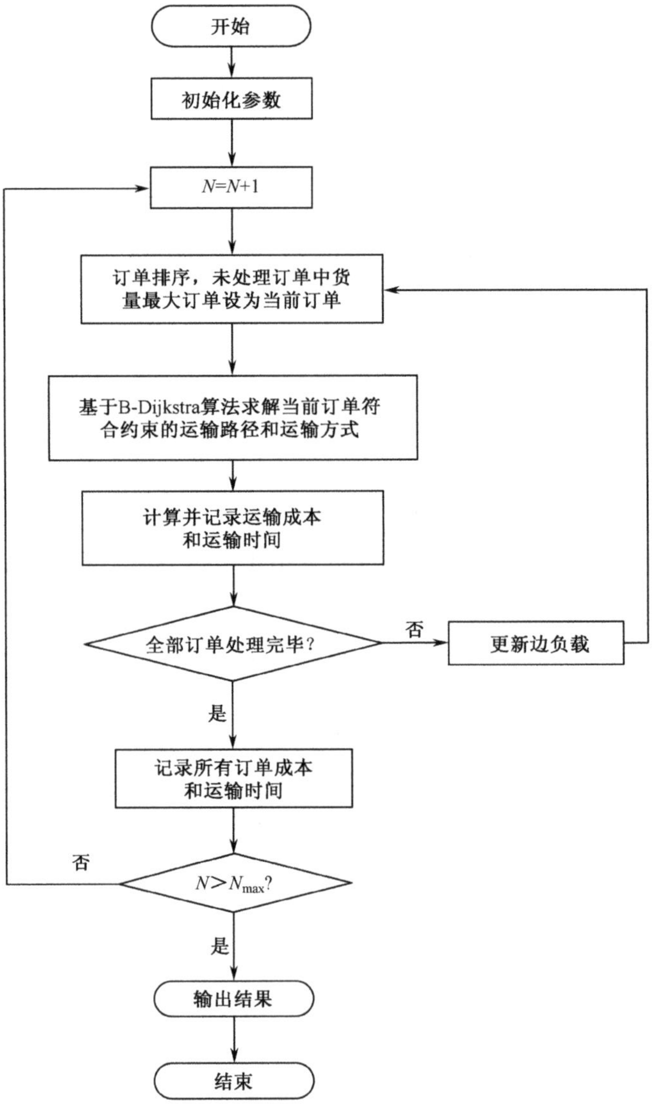

图 8-4　MSAU 算法流程图

8.7　实验分析

8.7.1　算例设置

针对多订单多运输方式组合运输路径优化问题的特点，本节设计了满足要求的算例。其中，算例分为 10 个城市节点、20 个城市节点、50 个城市节点、80 个城市节点和 100 个城市节点 5 种规模的快递物流网络。

10 个城市节点的快递物流网络设置 2 个订单、4 个订单、6 个订单、8 个订单及 10 个订单；20 个城市节点的快递物流网络设置 4 个订单、8 个订单、12 个订单、16 个订单、20 个订单、24 个订单、28 个订单、32 个订单、36 个订单及 40 个订单；50 个城市节点的快递物流网络设置 10 个订单、20 个订单、30 个订单、40 个订单、50 个订单、60 个订单、70 个订单、80 个订单、90 个订单及 100 个订单；80 个城市节点的快递物流网络设置 12 个订单、24 个订单、36 个订单、48 个订单、60 个订单、72 个订单、84 个订单、96 个订单、108 个订单、120 个订单、132 个订单及 144 个订单；100 个城市节点的快递物流网络设置 15 个订单、30 个订单、45 个订单、60 个订单、75 个订单、90 个订单、105 个订单、120 个订单、135 个订单及 150 个订单。

本节一共设置大小规模不同、订单数量不同的算例 47 个，基本满足快递物流运输的各种情况。各算例的节点间不同运输方式的运输距离、路径容量约束、运输费用、运输速度、碳排放成本均已知。

实验环境如下：

（1）CPU：Intel Core i7-8550U；

（2）频率：3.4GHz；

（3）编程语言：Java。

算法相关参数如表 8-3 所示。

表 8-3　算法相关参数

参数	描述	取值	单位
s_ Antnum	蚂蚁数量	150	只
s_Maxiter	迭代次数	200	次
a	优先夹角度数	45	度（°）
b	夹角外概率	0.3	—
ρ	信息素残留系数	0.8	—
α	运输成本因子系数	1	—
β	信息素因子系数	1	—
τ_{max}	信息素残留上限	12	—
τ_{min}	信息素残留下限	0.0005	—

8.7.2　实验结果

ACO 表示单纯 ACO 算法，它不包括信息素初始化策略 CI，HACO 表示 ACO+CI+所有局部优化算子。将每个算例运行 10 次并记录。S 表示订单规模，Z 表示总成本，ΔZ 表示相较于 ACO 算法的成本改进率。不同数量城市节点的实验结果如表 8-4～表 8-8 所示。

表 8-4　10 个城市节点的实验结果

订单数量	ACO		HACO		
S	*Z*	*t*/s	*Z*	Δ*Z*/%	*t*/s
2	2807	1.3	2807	0.00	1
4	6726.59	1.9	6726.59	0.00	1.9
6	11329.19	2.9	10398.75	8.21	2.7
8	15916.32	4	14223.4	10.64	3.7
10	19790.76	6	17178.24	13.20	4.2
平均值	—	—	—	6.41	—

表 8-5　20 个城市节点的实验结果

订单数量	ACO		HACO		
S	*Z*	*t*/s	*Z*	Δ*Z*/%	*t*/s
4	15418.4	3.7	10306.94	33.15	3.4
8	33312.4	8.1	16926.17	49.19	8.2
12	38896.88	11	29699.37	23.65	9.7
16	51066.36	12.8	31241.37	38.82	13
20	62101.55	17.1	36334.19	41.49	16
24	74725.38	20.4	45453.91	39.17	20
28	88564.44	23	52804.45	40.38	22
32	98844.93	26.8	57976.59	41.35	26
36	116038.7	30	68200.93	41.23	30
40	119582.3	33.2	76187.74	36.29	33
平均值	—	—	—	38.47	—

表 8-6　50 个城市节点的实验结果

订单数量	ACO		MSAU			HACO		
S	*Z*	*t*/s	*Z*	Δ*Z*/%	*t*/s	*Z*	Δ*Z*/%	*t*/s
10	21008.69	48	11008.7	47.60	28	11008.7	47.60	46.8
20	75742.35	148	45377.69	40.09	66	46974.85	37.98	142
30	104756.8	188	68552.88	34.56	100	68929.22	34.20	199
40	154942.9	255.9	138246.8	10.78	162	121160	21.80	245
50	222019.3	322	180773.0	18.58	200	159945.8	27.96	336
60	310176.7	408	254235.9	18.04	242	231819.3	25.26	276
70	421989.3	495	270347.2	35.94	276	279596.2	33.74	491
80	419102.8	545	310148.3	26.00	294	244198.7	41.73	435
90	465194.2	608	308191.4	33.75	310	245611.1	47.20	457
100	515161.1	654	387818.3	24.72	378	297211.5	42.31	537
平均值	—	—	—	29.00	—	—	35.98	—

表 8-7 80 个城市节点的实验结果

订单数量	ACO		MSAU			HACO		
S	Z	t/s	Z	ΔZ/%	t/s	Z	ΔZ/%	t/s
12	39315.82	206	24215.08	38.41	35.7	16334.68	58.45	142
24	101058.3	489	60429.55	40.20	74.7	59378.5	41.24	419
36	194977.3	685	119567.8	38.68	168	103948.1	46.69	679
48	231989.9	890	158292.7	31.77	213	132964.6	42.69	721
60	343448	1240	208048.1	39.42	261	204828.8	40.36	1110
72	431115.2	1485	274517.6	36.32	294	279275.9	35.22	1248
84	481099.2	1691	308786.1	35.82	334	337142.7	29.92	1496
96	606046.6	1438	402832.1	33.53	355	354975.2	41.43	1097
108	659476.7	1521	424621.3	35.61	381	410130.9	37.81	1254
120	765160.8	1512	513492.5	32.89	441	521550.8	31.84	1420
132	850338.1	1762	570610.8	32.90	489	606820.8	28.64	1642
144	1057138	1889	733804.8	30.59	513	816925.9	22.72	2251
平均值	—	—	—	35.51	—	—	38.08	—

表 8-8 100 个城市节点的实验结果

订单数量	ACO		MSAU			HACO		
S	Z	t/s	Z	ΔZ/%	t/s	Z	ΔZ/%	t/s
15	55446.98	272	34573.91	37.65	164	25758.02	53.54	225
30	172219.1	415	96345.43	44.06	185	72556.9	57.87	519
45	243383.6	893	131578.3	45.94	365	127011.1	47.81	720
60	380035.4	1239	237125.1	37.60	500	200421	47.26	997
75	497858.7	1541	327652.6	34.19	610	267262.3	46.32	1260
90	574080.7	1853	355512.4	38.07	715	300076.8	47.73	1503
105	690733	2110	469282.3	32.06	790	356540.9	48.38	1697
120	768031	2416	502286.3	34.60	855	464174.3	39.56	2057
135	892094.3	2720	572956.9	35.77	990	533111	40.24	2268
150	1003442	2523	712116.2	29.03	1055	578433.5	42.36	2546
平均值	—	—	—	36.90	—	—	47.11	—

如表 8-4～表 8-8 所示，在 10 个和 20 个城市节点的算例不同订单数量下，HACO 的平均改进率为 6.41%、38.47%；50 个城市节点的算例不同订单数量下 MSAU 和 HACO 平均改进率为 29.00%、35.98%；80 个城市节点的算例不同订单数量下 MSAU 和 HACO 平均改进率为 35.51%、38.08%；100 个城市节点的算例不同订单数量下 MSAU 和各 HACO 为 36.90%、47.11%。混合蚁群算法会随着算例规模的增大和订单数量的增加而优化效果明显。

在运行时间方面，城市节点规模越大、订单数量越高，程序耗费时间越长。当城市节点规模为 100 个，订单数量为 150 个时，程序运行时间达到 2500 秒左右。其原因主要在于，在 ACO 算法中，蚂蚁每次转移时，都要应用 Dijkstra 算法逐个对剩余节点计算其到达终点的最短用时，以筛选形成转移的可行节点，因此在一定程度上增加了运算时间。

8.8 小结

将多种运输方式应用于快递领域，以发挥各运输方式自身优势。在考虑硬时间窗约束、运输能力约束的基础上，本章提出了多订单多运输方式组合路径优化问题，构建了数学规划模型，并设计了混合蚁群算法以及 MSAU 算法分别求解此问题。本章还构建了不同节点和订单规模的算例集，通过实验比较了各算法的性能。结果表明，混合蚁群算法采用了 B-Dijkstra 算法初始化信息素浓度，并结合局部优化算子，能够显著提升 ACO 算法的性能，混合蚁群算法的优化效果要远好于 MSAU 算法，算例规模越大，订单数量越多，混合蚁群算法优化效果越明显。

参考文献

[1] 刘杰，何世伟，宋瑞，等. 基于运输方式备选集的多式联运动态路径优化研究[J]. 铁道学报，2011，33（10）：1-6.

[2] 卢欣，雷强，王其才. 有时间限制的多式联运路径优化模型研究[J]. 铁道运输与经济，2012，34（10）：52-55.

[3] 成耀荣，谭维. 考虑碳排放多任务的多式联运路径优化模型与算法[J]. 工业技术经济，2019，38（6）：3-9.

[4] 李达. 时间窗约束下多商品流多式联运路径优化研究[D]. 大连：大连理工大学，2019.

[5] Ziliaskopoulos A, Wardell W. An intermodal optimum path algorithm for multimodal networks with dynamic arc travel times and switching delays[J]. European Journal of Operational Research, 2000(125): 486-502.

[6] Chang T S. Best routes selection in international intermodal networks[J]. Computers Operations Research, 2008(35): 2877-2891.

[7] Bauer J, Bektas T, Crainic T G. Minimizing greenhouse gas emissions in intermodal freight transport: an application to rail service design[J]. Journal of the Operational Research Society, 2010, 61: 530-542.

[8] Garcia J, Florez J E, Torralba A, et al. Combining linear programming and automated planning to solve-intermodal transportation problems[J]. European Journal of Operational Research, 2013, 227(1): 216-226.

[9] Ghane-Ezabadi M, Vergara H A. Decomposition approach for integrated intermodal logistics network design[J]. Transportation Research Part E, 2016, (89): 53-69.

[10] 熊桂武. 带时间窗的多式联运运输优化研究[D]. 重庆：重庆大学，2014.

[11] Wang Y, Mabu S, Yue C, et al. Global optimal routing for traffic systems with multiple ODs using genetic algorithm[C]//2009 ICCAS-SICE. IEEE, 2009: 3731-3737.

[12] Hoang X T, Lee Y. Minimum Cost Routing for Multiple Source-Destination Pairs in Random Access Wireless Multi-hop Networks[C]. Advanced Communication Technology, The 9th International Conference on. IEEE, 2007.

第 9 章 多周期随机库存运输联合优化问题

9.1 引言

9.1.1 问题的提出

ILS 中的运输和存储活动分别解决了供给者与需求者之间场所和时间的分离问题，分别是物流创造场所价值和时间价值的主要功能因素，是 ILS 中最重要的两个环节，占物流费用支出的绝大部分。与之相对应的运输问题和库存问题则是运筹学中两个重要的研究领域，但对它们的优化和控制，长期以来一直是分别对待。因此，将 ILS 中联系如此紧密又如此重要的两个环节集中起来研究，不仅具有重要的理论价值，也具有极大的实际意义。

随着先进信息技术的广泛应用和人们对物流一体化管理的重视，卖方管理库存（Vendor-Managed Inventory，VMI）的思想在现代物流管理中逐渐被接受。这一思想反映在配送系统中，就是物流管理者不仅要关心配送时产生的运输费用，同时还要考虑客户的库存费用和缺货损失。决策的目标就是在一定的客户满意度水平下，整个物流系统的运营费用最少。这实际上就是一种将库存问题和运输问题进行统一考虑的库存运输问题（JITP）。在实际生活中，不同行业不同领域的配送系统（One-Many 或 Many-Many 系统、确定性需求或随机性需求、R-System 或 DR-System 等），不同的决策层次（作业层面的决策问题或中长期战略层面的决策问题），会使 JITP 问题的形式和复杂程度均有所不同。尤其是当客户的需求随机时，多个周期决策之间相互的联系和影响都是动态的，从而使这类问题变得更加复杂和难以求解。

本章首先构造在当今物流实践活动中比较常见的具有多品种多周期随机需求特征的复杂库存运输问题。其次分析 FPP 方法的不足，在此基础上，提出一种新的求解库存运输问题的方法——运输费用分解法（Transportation Cost Partition Policies，TCPP），并且研究了该方法的特点和适用范围，并应用该方法对前述库存运输问题进行求解，构造了求解该问题的启发式算法。最后用两个算例进行了实证研究，并对客户服务水平和算法参数的影响进行了分析。

9.1.2 问题的描述

考虑一个配送中心的区域配送系统，该系统由一个配送中心和多个零售商组成。各零售商保有各种货物的库存，采用 VMI 的库存管理模式，各零售商的库存交由配送中心管理，不考虑配送中心的库存，并且供应能力无限。零售商对各种货物的需求是随机的，服从某种概率分布。允许缺货，但要付出一定的缺货损失。各零售商需要补充货物时，由配送中心集中对需要补充货物的零售商组织配送。由于零售商的货物是一个不断销售、不断订购的过程，并且每次订购不是独立的，而是相互联系的，即上一次订购货物的盈余会决定下一次的订购量（配送量），因此这是一个多周期的问题。配送中心拥有同车型载重能力已知的多辆配送车辆。要求确定各零售商货物的具体存储策略及每个阶段送货的运输方案，以使系统的总成本最低。配送系统网络拓扑结构如图 9-1 所示。

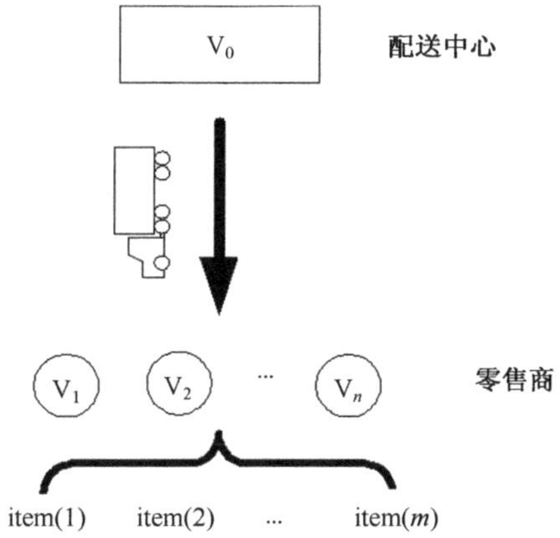

图 9-1 配送系统网络拓扑结构

具体地，该问题的基本假设如下。

（1）系统由一个配送中心和多个零售商组成，即 One-Many 系统。

（2）考虑多种货物，每个零售商需求所有品种的货物，并且各货物的需求随机，相互独立，服从某种概率分布。

（3）不考虑配送中心的库存，仅考虑零售商的库存，即该问题是一个 R-System 问题。

（4）零售商 i 的第 m 种货物的库存采取无订货点定期盘点策略 (T_{im}, R_{im})，货物订购延迟时间为 L_{im}。对不同零售商处的同种货物按不同种货物处理，这样能够便于问题的求解，并且对问题本身并不产生影响。

（5）各种货物的订购周期是不一样的，为便于问题的求解，有的学者对它们加以 2 的指数倍约束（Power-of-Two，PT），即各种货物的订购周期之间的关系要么相等，要么满足倍数关系，即 $T_{im}=2^k T_{pq}$（k 为大于等于 0 的整数）。本章采取的策略是，对周期加以基本周期整数倍约束，即假设 T_B 为基本订购周期，各货物的订购周期 T_{im} 满足条件 $T_{im}=k_{im}T_B$（k_{im} 是自然数），周期为 T_B 的货物称为基本货物，配送中心每次组织配送时都会包含这些基本货物。显然，采取这种策略所得到问题的解相对 PT 策略来说要更优一些。

（6）车场在配送中心，车型单一，载重量已知。送货时，车辆从配送中心出发，由于在每个阶段配送中心可能需要满足多个客户的货物需求，为节约运输成本，提高车辆满载率，可以由一个车辆服务多个零售商。每个阶段零售商所订购的货物总量不大于车辆的载重量，即在每个阶段对每个零售商最多只访问一次。由于有车辆容量约束，此运输问题为第 4 章所研究的一般 VRP 问题。

该问题的目标就是确定该配送系统长期的存储策略 (T_{im},R_{im}) 和每次送货的具体运输方案，即每种货物的配送频率和最大库存水平，以及每个阶段送货车辆的行驶路线。

9.2 国内外研究现状

Federgruen 和 Zipkin 在 1984 年称他们的研究是首次用一个模型同时表述这两个问题。实际上，关于此类问题的论述最早出现在 20 世纪 70 年代，如 Herron 在 1979 年曾论述过同时优化库存和运输问题的重要性和由之所带来的经济效益，但并没有提出具体的解决办法。可以说对于库存运输问题的广泛研究是从 20 世纪 80 年代开始的。

将库存问题和运输问题同时考虑的库存运输问题（Joint Inventory and Transportation Problem，JITP）一般可以定义为，在同时考虑库存和运输的相应要素的前提下，研究如何有效而经济地管理和组织配送活动，在有限（或无限）周期内，将一种（或多种）货物从一个（或多个）供货点配送给一个（或多个）客户，或其相反过程。

JITP 思想强调将库存控制和运输调度两个具有“效益悖反”特点的问题纳入同一个系统框架下进行统筹考虑，因此，当确定运输方案时，不能过分追求大批量运输所带来的批量折扣，因为这样势必会增加整个系统的库存费用，而在确定库存策略时，也不可以将运输费用简单地作为一项固定费用来处理，而应作为直接影响配送频率和库存分配的可变费用。此外，在平衡运输和库存相关要素的同时，也需要应用和拓展这两类问题的原有研究成果。

JITP 问题所追求的目标是在综合平衡运输费用和库存费用的前提下来优化物流系统，确定系统范围下的运输方案和存储策略。这类问题的研究对象是由供货方（工厂、仓库或配送中心）和需求方（零售商、其他工厂或配送中心）组成的系统。但由于研究的侧重点不同，可将其进一步分为三种情况，即 R-System、DR-System 和 D-System。这三个系统在运输优化方面基本相同，但在库存方面不同。R-System 是基于这样一种假设，即所有的需求方由一个决策者（或组织）管理，属于集中型决策，不考虑供货方的库存保管费用和订货费用，或供货方不保有库存，此时决策者需要研究的是货物如何在需求点间分配（库存分配）和如何将货物运送到需求方（运输优化）。DR-System 是在 R-System 的基础上，考虑供货方的库存保管费用和订货费用，而其再订货点也往往是一个决策变量，决策者一般管理由供需双方组成的整个系统。D-System 则是仅考虑供货方的库存费用，需求方的库存费用由需求方自己承担，决策者往往以保证所有需求方不出现缺货为前提，以供货方的库存费用和为所有需求方运货的运输费用整体最小或系统的运营效益最大为目标，来设计运作计划。由供货方、需求方所形成的网络结构可能是单一单、单一多、多一单或多一多，其中前者指供货方的数量，后者指需求方的数量。同时在供需方流动的货物也可能有多种，当处理多种类货物时，一般也是先对每种货物单独处理。

正如前面已经提到过的，存储和运输是物流系统中的两个非常重要的环节，无论是战略层的物流系统设计，还是操作层的物流系统运营管理；无论是生产物流，还是供应物流或销售物流，都必然要面对、必须要合理优化这两个环节。在实践中，这两个环节的联系又是如此紧密，用系统观点来联合考虑这两个环节一定会极大地改进物流系统的性能，但如果要给出一个量化的，而又适合所有应用背景的效益提高方案，是不可能的。实际中将这种联合优化思想用到产业界的成功案例，到目前为止还不多，不过，还是有些成功的案例可以说明整合优化库存和运输问题所带来的效益。例如，Golden 等通过一个模拟模型来分析库存和运输的主要因素，为一大型液化甲烷生产企业设计了配送作业计划，据报道在运营费用方面每年大约可以节省 200 万美元。Bell 等在为一液化氧和液化氮生产企业优化配送作业流程时，采用了库存运输联合优化的思想和相应的算法，使该企业的配送费用节省 6%～10%。Blumenfeld 等基于库存运输联合优化思想对通用汽车公司的供应网络进行了设计，该供应网络由 2500 多个供应商、130 个零部件生产厂和 30 个装配厂组成，涉及 13000 多个零部件，通过对该网络的库存和运输进行联合优化，可以为通用汽车公司每年节约运营费用 26%以上。通过对一组模拟数据的计算和分析，Federgruen 和 Zipkin 得出的结论是，联合优化库存和运输比单独优化运输在运营费用上可多节省大约 6%。Ballou 认为将库存问题和运输问题统一考虑能够使物流总费用降低 50%，甚至可以达到约 66%。

在目前人们所构造的用于求解 JITP 问题的众多启发式算法当中，基于固定划分原则（Fixed Partition Policies，FPP）的算法无疑是其中应用最为广泛的一个，许多 JITP 问题尤其是含 TSP 或 VRP 问题的复杂 JITP 问题均可以采用该算法进行解决，因而 FPP

成为目前许多学者讨论的重点。所谓 FPP 原则，就是预先将客户划分到不同区域中，形成策略集 φ。在考虑车辆运载能力的前提下，φ 中的最优策略是指具有最小的平均总库存和运输费用的策略。采用基于 FPP 的方法求解库存运输问题的过程一般可分为三个阶段：①对研究区域的所有客户进行划分，形成一组包含某些客户的子区域，划分的标准可以是距离等；②对每一子区域，采用某种求解 TSP 问题的算法确定最优的车辆行驶路线及路线长度；③将运费看作固定费用，求解变形库存问题确定每一子区域的最优配送量和配送频率。从 FPP 方法的求解过程可以看出，FPP 方法的思路是：划分—求运输问题—求库存问题，这样做的优点是通过将库存问题和运输问题分离开，充分利用存储论和运输问题的现有研究成果，从而实现较复杂的 JITP 问题的解决。此外，FPP 方法的适用范围也比较广泛，只要库存问题模型中包含固定费用项，就可以采用该方法。例如，Anily 等用 FPP 方法研究了一个单物品从单源点到多汇点的配送问题，他们设计了在 φ 集中渐近最优的启发式算法。该算法首先是对所有零售商的总需求点进行分组，以距离和库存保管费用的比值而非仅用客户的地理分布特征作为标准，其次将每组划分为不同的子区域，研究目标是得到使系统长期运行的平均运费和库存费最小的运输策略和库存策略。另外，Anily 还研究了需求确定、无限时间长度的多级库存运输问题，他将客户划分到不同的区域，每个区域中的客户其周期均相同，并且区域内的年度总需求不得超过某一定义好的上限值。区域划分后，对每个区域求解 TSP 问题，并将 TSP 成本视为固定成本，通过求解库存问题得到每个区域的配送频率和配送量。当客户到供货方的距离具有独立同分布的特性，并且需求点的总数足够大时，所设计的算法是渐近最优的。Bramel 也采用 FPP 方法对库存运输问题进行了研究，在研究中考虑的费用因素包括客户的库存保管费和与走行距离相对应的可变运费，客户需求恒定，库存能力无限，供货方的供应能力无限，他设计了一个基于选址问题的算法用来确定区域的划分。Jaeheon Jung 研究了需求确定、无限时间长度的多级库存运输问题，首先采用贪婪启发式算法确定策略集及各个子区域中客户订购周期的大小序列（各周期的关系采用 Power of two 策略），其次利用策略集及其订购周期大小序列确定各客户以及配送中心的订购周期。Chan 研究了三级库存配送系统，该系统由一个供应商、一定数量的配送中心，以及许多地理位置随机分布的零售店组成，配送中心不保有库存，各零售店具有相同的确定需求，由同一个配送中心进行配送的零售店的配送周期相同，总成本由供应商的库存成本、零售商的库存成本，以及运输成本构成，不考虑缺货成本，要求确定系统的存储策略及运输策略，以使系统的长期运营成本尽可能小，该设计的启发式算法的思路是先将零售店分配给各个仓库，再对属于同一仓库的零售店进行分组，每组由同一个车辆进行配送（TSP 问题）。Larson 在节约算法的基础上构造了一个称为 SIRSA（Strategic Inventory/Routing Saving Algorithm）的启发式算法，用于帮助美国纽约市环卫局规划其所拥有的港口配货所需的接驳船数量，目标是希望用最少的船来完成所有送货任务。他的处理过程是先将所有的港口进行分组，然后为每一组港口指派一艘船并确定该船的最优行驶路线。在 Larson 的研究基础上，Webb 和 Larson 提出了一种周期和阶段客户补货方法，将为客户送货的周期和阶段作为附加的决策变量，设计的算法也是基于节约法的启发式算法，为了验证该算法，他们对 60 组模拟数据进行了测试，其中有 58 组取得了很好的优化效果。

虽然 FPP 方法在库存运输问题中得到了比较广泛的应用，取得了一定的成果，但是经研究发现其仍存在一些不足之处，主要体现在以下 3 个方面。

（1）确定ϕ集是一个 NP 难题，尤其在多周期环境下，该问题会变得更加复杂，因此ϕ集中可能不含有最优策略，而 FPP 方法需要在ϕ集中寻找最优策略，可见采用此种方法可能得不到最优解或较优解。

（2）FPP 方法将所有客户的总需求量抽象为 N 个需求点并对它们进行划分形成策略集ϕ。一个客户可能有多个需求点，这会导致一个客户可能同时存在于多个子区域中，但 FPP 方法并不能保证对这种客户进行协调服务。

（3）FPP 可以应用于多周期领域，但在确定ϕ集时，通常是将问题简化成单周期来处理，在ϕ集确定后，再确定ϕ集各子区域中各客户的配送周期。这样处理会导致车辆空载率过高，从而使运输成本增加，影响解的满意度。例如，有些学者将不同订购周期的客户划分到同一子区域中，并且该区域由同一辆具有容量约束的车辆进行配送。这样划分虽然会有助于问题的求解，但由于各客户订购周期的不统一，在一些时段，由于某些客户不需要配送，车辆空载率会过高。例如，将 3 个客户划分到同一个子区域，由同一辆车进行配送，各客户的订货周期分别为 T、2T 和 4T，在 $t=4\text{T}$ 的时刻，需要对区域内所有客户进行配送，此时车辆满载率最高（实际上，各客户就是以 $t=4\text{T}$ 时刻为原则进行区域划分的）。但在 $t=\text{T}$ 、2T 或 3T 等时刻，由于不是对区域内所有的客户进行配送，车辆满载率会比较低，从而影响系统的总体效益。

鉴于 FPP 方法存在上述不足，可以通过对 FPP 方法加以改进或者吸收 FPP 的思想来构造出更为有效、性能更优的启发式算法。本章采取后一种思路，通过吸收 FPP 方法中将运输费用当作固定费用放入库存问题中进行求解的思想，提出了一种性能更好的启发式算法—运输费用分解法（Transportation Cost Partition Policies，TCPP），以便更有效地求解复杂的库存运输问题。

9.3　模型建立及分析

9.3.1　符号说明

顶点 $v_1, v_2, \cdots, v_N$ 表示零售商，v_0 表示配送中心，拥有 P 辆相同型号的车辆，车辆的容量为 q 。M 表示配送中心拥有的货物品种数，h_{im} 表示零售商 i 的第 m 种货物，形成货物品种集$H=\{h_{im},i=1,2,\cdots,N;m=1,2,\cdots,M\}$，$d_{oi}$表示零售商$i$到配送中心的距离。每种货物的需求随机且相互独立，分布函数$F_{im}(x)$已知，$f_{im}(x)$为相应的分布密度，u_{im}为期望。T_B为基本订购周期，T_{im}为货物h_{im}的订购周期（满足$T_{im}=k_{im}T_B$，其中k_{im}为自然数），R_{im}表示货物h_{im}的最大库存水平，L_{im}表示货物h_{im}的订购延误时间。记K为所有k_{im}的最小公倍数，则在大周期KT_B内，所有货物均订购 1 次以上（包括 1 次）。φ_{imj}表示第j阶段是否订购货物h_{im}，若是则取 1，否则取 0。显然，当$\text{mod}(k_{im}/j)=0$时，$\varphi_{imj}=1$，否则$\varphi_{imj}=0$。记H_j为第j个阶段需要订购的货物品种集，则显然有

$$H_j=\{\ h_{im}|h_{im}\in \text{H},\text{mod}(k_{im}/j)=0,i=1,2,\cdots,N;m=1,2,\cdots,M\}$$

第j阶段的运输成本C_{Tj}由固定运输成本和可变运输成本C_{Tj}^{VRP}组成。固定运输成本又包括车辆固定运输成本C_{Tj}^{V}和车辆停留固定成本C_{Tj}^{S}。设车辆每出车一次所花费的固定费用为δ，设第j阶段使用的车辆数为P_j，则车辆固定运输成本为

$$C_{Tj}^{V}=\delta\times P_j \tag{9-1}$$

车辆停留固定成本C_{Tj}^{S}指该阶段所有车辆在所访问的各零售商停留所花费的总成本，设在零售商i处的停留成本为β_i，在假设每个阶段对每个零售商最多只访问一次，即零售商所订购的货物总量，$\sum_{m=1}^{M}W_{imj}\leqslant q$的前提下（$W_{imj}$表示第$j$阶段货物$h_{im}$的配送量，当$k_{im}$不能整除$j$时，该值为零），有

$$C_{Tj}^{S}=\sum_{i=1}^{N}\left(\beta_i\sum_{m=1}^{M}\phi_{imj}\right) \tag{9-2}$$

可变运输成本C_{Tj}^{VRP}指车辆的运输距离G_j^{VRP}与单位距离运输费用ξ的乘积，即

$$C_{Tj}^{\text{VRP}}=\xi\times G_j^{\text{VRP}} \tag{9-3}$$

货物的订购成本由两部分组成，一部分是联合固定订购成本，只与订购频率有关，记为O，在$k_{im}T_B$周期内，总固定订购成本为$k_{im}O$；另一部分是可变订购成本，与具体的货物有关，只要有该货物的订购，就要付出该项成本，记为o_{im}。a_{im}^{+}为单位时间货物h_{im}的库存成本，a_{im}^{-}为单位货物h_{im}的缺货损失费用。ρ_{impj}是逻辑变量，表示第j阶段货物h_{im}是否由车辆g_p运输。b_{ij}表示第j阶段零售商i订购货物的种数，该值取决于k_{im}。决策变量为货物的存储策略(T_B,T_{im},R_{im})以及每个阶段具体的运输方案(P_j,ρ_{impj})。

9.3.2 库存问题的模型及求解方法

库存问题一直是运筹学与管理科学中的一个活跃的研究领域，并且有着广泛的应用潜力。库存问题主要由以下 7 个要素组成。

1. 需求

需求是库存系统的输出。一定的时间内的需求量可以通过对历史数据的统计处理获得，或者基于对市场销售量的调查与分析来获得。需求量可以是一个常量，也可以是非平稳的，还可以是随机的。对需求量特征的掌握是制订合理库存计划的重要前提。

2. 补充

货物的不断补充是库存系统能够运行的保障，它可以通过订货或安排生产来进行。影响库存系统运行的一个因素是订货与到货之间的时间延误，理想化的情形是瞬时交货，通常把延误时间考虑成常数或非负随机变量。订货延误现象使得库存问题变得更加复杂。

3. 缺货

需求或供货延误时间可能具有随机性，因此缺货是可能发生的。对缺货现象采取如下两种方式处理：对未能完全满足的需求，其不足部分在订货到达后立即补充；对未能完全满足的需求，其不足部分“损失掉”，即在订货到达后不再补充供应。

4. 盘点方式

为了掌握库存量，需要对系统进行盘点。一类是连续盘点，另一类是以某一周期进行定期盘点。不同的盘点方式会影响库存决策。

5. 存储策略

存储策略给出何时补充库存，以及补充数量。常用的存储策略有如下 5 种。

（1）(r,Q)系统：连续盘点，一旦库存水平小于r，立即发起订货，其订货数量为Q；若库存水平大于r，则不订货。r称为订货水平。

（2）(r,R)系统：连续盘点，一旦库存水平小于r，立即发起订货，其订货量使得订货时刻的库存水平达到R，否则就不订货。

（3）(T,r,Q)系统：定期盘点，以周期T进行盘点，其他操作同(r,Q)系统。

（4）(T,r,R)系统：定期盘点，以周期T进行盘点，其他操作同(r,R)系统。

（5）(T,R)系统：定期盘点，以周期T进行盘点，在盘点时发起订货，其订货量使得盘点时刻的库存水平达到最大库存水平R。显然，该系统与(T,r,R)系统的区别在于其没有设定订货点，在盘点时不管库存水平是多少，均发起订货。因此，本章将这种方式称为无订货点的定期盘点策略。

6. 费用

库存系统的费用通常包括订货费、存储费、缺货费。订货费包括可变订货费（与订货量正相关）及每订购一次货所需的固定费用（如手续费、最小起运费等）。存储费主要包括存储的租金成本、仓库搬运成本、资金占用成本等。缺货费是用来衡量因缺货而带来的损失的。

7. 目标函数

目标函数是选择最优策略的准则。最优策略应使费用最小或利润最大。

综上所述，对库存问题的完整描述要知道需求、供货延误时间、缺货处理方式、费用结构、目标函数，以及所采用的存储策略。决策者通过何时订货、订货量来对系统实施控制。若采用周期盘点，则周期长度也是一个决策变量。

由于库存模型由许多要素组成，不同的组合方式使得库存模型五花八门。大体上可按以下几个方面分类：确定性需求和随机性需求；单品种货物和多品种货物；单周期和多周期；单级库存和多级库存；参数平稳型和参数非平稳型；不允许缺货和允许缺货；缺货不补充和缺货补充；瞬时补货和有供货延误时间；连续盘点型和定期盘点型，等等。

下面建立无订货点定期盘点库存问题的模型并对其求解策略进行分析。

定期盘点模型是在计划期内按一定时间对库存量进行定期盘点，然后根据盘点的情况确定库存水平和订购量。定期盘点模型主要分为两类。一是考虑订货点的情况，每隔一定的时间检查库存量，当库存量低于订货点 r 时，发起订货，订购量 Q 为最大库存水平 R 与当时库存量之差；当库存量高于订货点时，不订货，显然该存储策略为 (T, r, R)。二是不考虑订货点的情况，在检查时，只要在检查间隔时间内有需求，就提出订购。订购量为最大库存水平与盘点时库存量之差，即把库存提高到最大库存水平，该存储策略记为 (T, R)。本章采用第二种策略作为配送系统的存储策略。下面详细介绍 (T, R) 策略并对其求解方法进行分析。

设订购延误时间 L 已知，L 内的需求分布的密度函数为 $f(X_L)$，最大库存水平为 R，两次检查间隔时间为 T，$E(X)$ 为计划期内的期望需求量，$E(X_L)$ 为 L 内的期望需求量。各项费用分析如下。

（1）订购费用。设计划周期为单位时间，则总盘点周期数为 $1/T$，设 c_1 为单次订购费用，则计划期内总订购费用为 c_1/T。

（2）存储费用。先确定计划期内的平均库存量，如图 9-2 所示，图中 A、C 两点为订货点，B 点为货物到达点。在 A 点发起订货后，经过时间 L，在 B 点收到所订购的货物，此时库存量为 $R-E(X_L)$。计划期内的期望需求量为 $E(X)$，则在 T 内期望需求量为 $E(X)T$，故在 T 时段内最末时刻 D 点的库存量为 $R-E(X_L)-E(X)T$。于是得到计划期内的平均库存量为

$$S = R - E(X_L) - \frac{1}{2}E(X)T \tag{9-4}$$

相应的存储费用为

$$C_H = a^+\left[R - E(X_L) - \frac{1}{2}E(X)T\right] \tag{9-5}$$

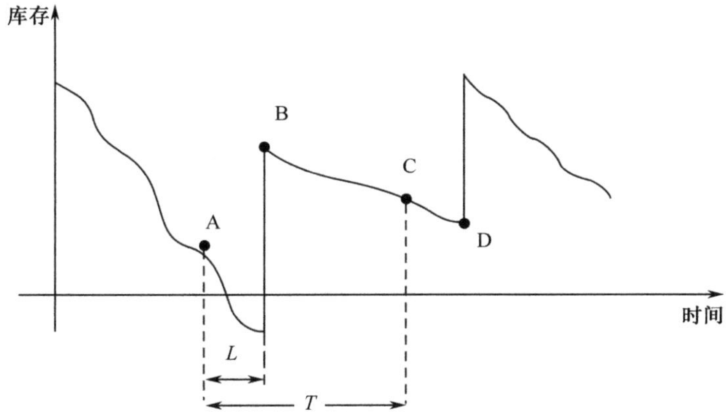

图 9-2 （T, R）存储策略示意图

（3）缺货费用。在图 9-2 中的第一个周期有缺货的情况发生。在周期性盘点时，T 内可能会因为需求大于库存而产生缺货，L 内也可能因为不能立即补充继续脱销，因此要考虑时段 $T+L$ 内的缺货情况。在 $T+L$ 内，若需求 $x<R$，则不会缺货；若 $x>R$，则会出现缺货，定义 $f(x,T+L)$ 为 $T+L$ 内需求量的密度函数，则周期内的期望缺货数量为

$$E(L) = \int_R^{+\infty}(x-R)f(x,T+L)\mathrm{d}x \tag{9-6}$$

相应的计划期内的期望缺货费为

$$C_L = \frac{a^-}{T}\int_R^{+\infty}(x-R)f(x,T+L)\mathrm{d}x \tag{9-7}$$

将上述三种费用相加，便可得到计划期内的总费用

$$C = \frac{c_1}{T} + a^+\left[R - E(X_L) - \frac{1}{2}E(X)T\right] + \frac{a^-}{T}\int_R^{+\infty}(x-R)f(x,T+L)\mathrm{d}x \tag{9-8}$$

理论上，用 C 分别对 T 和 R 求偏导数并令其等于零，可以求出使 C 达到最小的 T 和 R。但由于 $f(x,T+L)$ 是一个与 T 有关的函数，在用 C 对 T 求偏导时，$\frac{a^-}{T}\int_R^{+\infty}(x-R)f(x,T+L)\mathrm{d}x$ 项会比较复杂，尤其是在 $T+L$ 内的需求满足诸如 $\mathrm{N}(\mu(T+L),\sigma^2(T+L))$ 正态分布等分布函数比较复杂的情况下。因此，一般根据问题的具体背景进行简化求解。一种可以简化求解的情况是，如果从问题的背景中能够确定 T，则只需使

$$\frac{\mathrm{d}C}{\mathrm{d}R} = a^+ + \frac{a^-}{T}\int_R^{+\infty} f(x,T+L)\mathrm{d}x = 0 \tag{9-9}$$

解得

$$\int_{R}^{+\infty} f(x,T+L)\mathrm{d}x = \frac{a^{+}T}{a^{-}} \tag{9-10}$$

以正态分布为例。设计划期内需求满足正态分布 $\mathrm{N}(\mu(t),\sigma^2(t))$。$T+L$ 内的需求满足 $\mathrm{N}(\mu(T+L),\sigma^2(T+L))$。代入式（9-10）可得

$$\int_{R}^{+\infty} \frac{1}{\sqrt{2\pi}\sigma(T+L)} \mathrm{e}^{-\frac{(x-\mu(T+L))^2}{2\sigma^2(T+L)}} \mathrm{d}x = \frac{a^{+}T}{a^{-}} \tag{9-11}$$

$$\Rightarrow \varphi\left(\frac{R-\mu(T+L)}{\sigma^2(T+L)}\right) = \frac{a^{+}T}{a^{-}} \tag{9-12}$$

在T已确定的情况下，查询标准正态分布表就可以确定最大库存水平R。

第二种情况是，在T未知的情况下，如果T的搜索范围比较小，可利用设定的若干个T值代入上式，从而求出对应的R值，然后分别计算每组的T和R的期望费用，使计划期内的费用达到最小的T和R即为最佳盘点间隔时间和最佳库存量水平。

若T的搜索范围比较大，则采用上述方式会导致计算时间过长。在这种情况下，只能采用解析法或借助启发式搜索算法等方法求解。

本章配送系统的计划期设定为一年，最小单位时间为一天。因此，T的最大搜索范围为 365，并且在小批量、多频率配送条件下，这个搜索范围还可以大大缩小。因此，可以采用第二种方法对库存问题进行求解。

9.3.3 系统模型的建立及分析

系统的总成本由订购成本、库存成本、缺货损失及运输成本四个部分组成。由于系统配送的周期性，仅考虑大周期K内的各项成本。

1. 订购成本

大周期K内总的订购成本由各周期的联合固定成本O以及各货物的固定订购成本$\varphi_{imj}o_{im}$组成，即

$$C_O = \sum_{j=1}^{K}\left(C(\mathrm{JFC}) + C_{OM}\right) = \sum_{j=1}^{K}\left(O + \sum_{i=1}^{N}\sum_{m=1}^{M}\phi_{imj}o_{im}\right) \tag{9-13}$$

其中，JFC 指联合固定成本（Joint Fixed Cost）。从而得到平均订购成本为

$$\bar{C}_O = \sum_{j=1}^{K}\left(O + \sum_{i=1}^{N}\sum_{m=1}^{M}\phi_{imj}o_{im}\right)\Big/ KT_B \tag{9-14}$$

2. 库存成本

由前述可知，采用(T,R)策略时，所有货物的平均库存成本为

$$\overline{C}_H=\sum_{i=1}^{N}\sum_{m=1}^{M}a_{im}^{+}\left(R_{im}-E_{im}(r_L)-\frac{1}{2}E_{im}(r)T_{im}\right)$$
$$=\sum_{i=1}^{N}\sum_{m=1}^{M}a_{im}^{+}\left(R_{im}-\mu_{im}L_{im}-\frac{1}{2}\mu_{im}T_{im}\right)\tag{9-15}$$

3. 缺货损失

货物 h_{im} 在周期 $k_{im}T_B$ 内的缺货损失为

$$C_{Lim}=a_{im}^{-}\int_{R_{im}}^{+\infty}(x_{im}-R_{im})f(x_{im},L_{im}+T_{im})\mathrm{d}x_{im}\tag{9-16}$$

于是得到货物 h_{im} 的平均缺货损失为

$$\overline{C}_{Lim}=a_{im}^{-}\int_{R_{im}}^{+\infty}(x_{im}-R_{im})f(x_{im},L_{im}+T_{im})\mathrm{d}x_{im}/T_{im}\tag{9-17}$$

所有货物平均缺货损失为

$$\overline{C}_L=\sum_{i=1}^{N}\sum_{m=1}^{M}\overline{C}_{Lim}=\sum_{i=1}^{N}\sum_{m=1}^{M}\left(\frac{a_{im}^{-}}{T_{im}}\int_{R_{im}}^{+\infty}(x_{im}-R_{im})f(x_{im},L_{im}+T_{im})\mathrm{d}x_{im}\right)\tag{9-18}$$

4. 运输成本

第 j 阶段的运输成本 C_{Tj} 由该阶段的固定运输成本和可变运输成本 C_{Tj}^{VRP} 组成。固定运输成本又包括车辆固定运输成本 C_{Tj}^{V} 和车辆停留固定成本 C_{Tj}^{S}。于是有

$$C_{Tj}=C_{Tj}^{\mathrm{VRP}}+C_{Tj}^{S}+C_{Tj}^{V}\tag{9-19}$$

其中，C_{Tj}^{VRP} 可由式（9-3）确定，C_{Tj}^{V} 由式（9-1）确定，C_{Tj}^{S} 由式（9-2）确定。

若 k_{im} 及 T_{im} 已知，则可以知道第 j 阶段需要配送的货物以及相应的零售商。在随机需求的条件下，各货物的补充量实际上是随机的，因此运输距离 G_j^{VRP} 的求取实际上是随机车辆路径问题（Stochastic VRP，SVRP），但由于求解 SVRP 问题比较复杂，这里将随机需求近似转化为确定需求（$\mu_{im}T_{im}$），这样本章实际涉及的是确定型 VRP 问题。但如果 k_{im} 及 T_B 未知，就无法构造出第 j 阶段的 VRP 问题，也无法求出车辆行驶的总距离。因此，第 j 阶段的运输距离的求取事实上是以 k_{im} 和 T_B 为前提的，故将 G_j^{VRP} 记为 $G_j^{\mathrm{VRP}}(k_{im},T_B)$。

KT_B 内运输总成本为

$$C_T=\sum_{j=1}^{K}C_{Tj}\tag{9-20}$$

从而得到平均运输成本为

$$\overline{C}_T=C_T/KT_B=\sum_{j=1}^{K}C_{Tj}/KT_B=\sum_{j=1}^{K}(C_{Tj}^{\mathrm{VRP}}+C_{Tj}^{S}+C_{Tj}^{V})/KT_B\tag{9-21}$$

综合上述各项成本，得到 KT_B 内平均总成本为

$$C=\overline{C}_T+\overline{C}_L+\overline{C}_H+\overline{C}_O \tag{9-22}$$

目标是寻找恰当的存储策略和运输方案，使该值最小。于是建立该问题的模型 M1 如下。

目标函数为

$$\begin{aligned}\min C &= \overline{C}_T+\overline{C}_H+\overline{C}_O+\overline{C}_L \\ &= \sum_{j=1}^{K}\left(\xi\times G_j^{\text{VRP}}(k_{im},T_B)+\sum_{i=1}^{N}\left(\beta_i\sum_{m=1}^{M}\varphi_{imj}\right)+\delta\times P_j\right)\bigg/KT_B+ \\ &\sum_{i=1}^{N}\sum_{m=1}^{M}a_{im}^{+}\left(R_{im}-\mu_{im}L_{im}-\frac{1}{2}\mu_{im}T_{im}\right)+\sum_{j=1}^{K}\left(O+\sum_{i=1}^{N}\sum_{m=1}^{M}(\varphi_{imj}\times o_{im})\right)\bigg/KT_B+ \\ &\sum_{i=1}^{N}\sum_{m=1}^{M}\left(a_{im}^{-}\int_{R_{im}}^{+\infty}(x_{im}-R_{im})f(x_{im},L_{im}+T_{im})\mathrm{d}x_{im}\right)\bigg/T_{im}\end{aligned} \tag{9-23}$$

约束条件为

$$\varphi_{imj}=\begin{cases}1, & \text{if } \operatorname{mod}(k_{im}/j)=0\\ 0, & \text{else}\end{cases}$$

$$k_{im},P_j\in N,R_{im}\geqslant 0,T_B>0$$

$$1\leqslant i\leqslant N,1\leqslant j\leqslant K,1\leqslant m\leqslant M$$

$$a_{im}^{+},a_{im}^{-},\xi,\beta_i,\delta>0$$

$$T_{im}=k_{im}T_B$$

K 是 $k_{im}(i=1,2,\cdots,N;m=1,2,\cdots,M)$ 的最小公倍数。

9.4 算法设计

9.4.1 运输费用分解法的提出

在 9.3.2 节中曾对库存运输问题的求解方法进行过综述。FPP 算法是其中一种比较常用的启发式算法，在一些复杂的 JITP 问题求解中取得了较好的效果。但正如第二章所指出的，FPP 算法同时也存在ϕ集难以求解、客户之间难以协调，以及不太适合多周期问题等不足，为此许多专家和学者在算法改进方面进行了一些研究，但仍旧难以根除问题的“痼疾”，这些研究效果普遍不是很理想。因此，寻找一种更为有效、更优良的算法用以求解复杂的库存运输问题就成为当今一个新的研究热点。

受 FPP 算法中将运输费用作为固定成本求解库存问题这一思路的启发，本节提出运输费用分解（Transportation Cost Partition Policies，TCPP）算法，用于求解复杂的库存运输问题。所谓运输费用分解算法，就是在求解库存运输问题时，将系统产生的运输费用按一定规则分配给各个货物或客户，然后将运输费用作为固定费用求解各货物或客户的库存问题。运输费用分解算法一般步骤为：①求解各货物（客户）的库存问题，得到订购频率和订购量；②综合利用各货物（客户）的订购频率和订购量求解每个阶段的运输问题，得到该阶段的运输费用；③将各个阶段的运输费用分配给所配送的货物（客户），从而得到各货物（客户）的长期平均运输费用；④将长期平均运输费用作为固定费用，求解各货物（客户）的库存问题，得到该货物（客户）的订购频率和订购量，转入步骤②，直到符合某一终止条件（如订购频率不再发生变化）。

由 TCPP 算法的一般步骤可以看出，该算法的一个关键问题就是如何将运输费用合理地分配给各个货物（客户），可行的分配标准有客户的地理分布特征（即距离）、配送量等。

由上述分析可以看出，TCPP 算法的思想清晰明了，不用确定本身就是 NP 难题的 Φ 集，也不用将客户抽象成多个需求点，同时也不存在车辆空载率过大的问题，仅需研究解决如何将运输费用合理地分配给各个货物（客户），而且适用范围相当广泛，只要库存问题模型中包含固定费用项，就可以采用该算法，如单周期随机库存运输问题［如 (r, R)+VRP 问题］、多周期确定库存路径问题（如 EOQ+VRP 问题），以及多周期随机库存运输问题［如本章所研究的 (T, R)+VRP 问题］等，尤其是适合求解多品种货物（将运输费用分配给各种货物）或含 VRP 问题的库存运输问题。对于单周期随机库存运输问题，采用 TCPP 算法求解的思路是，先求解 (r, R) 问题确定各客户的配送量，在此基础上确定运输方案，然后将运输费用合理分配给各个客户，再将运输费用作为一项固定费用求解 (r, R) 问题得到更新后的配送量，不断迭代直到各客户的配送量不再发生变化。多周期确定库存运输问题与多周期随机库存运输问题的求解思路类似。由于篇幅所限，这里仅对 TCPP 算法在多周期随机库存路径问题中的应用进行深入研究。下面就采用 TCPP 算法来对本章的多周期随机库存运输问题进行求解。

9.4.2　基于 TCPP 思想的问题求解思路

通过对模型的分析不难看出，系统总成本是由所有货物所共同拥有的运输成本和联合订购成本，以及各种货物所各自拥有的存储成本、缺货损失和可变订购成本所构成的。

前面已经提到，如果各货物订购周期 $k_{im}T_B$ 已知，那么在大周期 KT_B 内任一阶段 j，配送中心需要配送的货物品种集 H_j 是已知的，即 φ_{imj} 已知。若其配送量 X_{imj} 已知的话，则可以构造出 VRP 问题。求解该问题可以得到该阶段的可变运输成本 C_{Tj}^{VRP}，加上固定运输成本（车辆固定运输成本 C_{Tj}^{V} 和停留固定运输成本 C_{Tj}^{S}），可以获取第 j 阶段的运输总成本：

$$C_{Tj}=C_{Tj}^{\text{VRP}}+C_{Tj}^{V}+C_{Tj}^{S} \tag{9-24}$$

从而得到 KT_B 内总运输成本：

$$C_T=\sum_{j=1}^{K}C_{Tj} \tag{9-25}$$

假设能够将 KT_B 周期内共同拥有的运输总成本 C_T 和联合订购成本 O 按一定的规则分配给各种货物，可以得到各种货物各自的运输成本份额和联合订购成本份额。首先对运输成本进行分配。设货物 h_{im} 的运输成本份额为 C_{Tim}，平均运输成本为 $\bar{C}_{Tim}=C_{Tim}/KT_B$，平均每个订购周期 $k_{im}T_B$ 的运输成本为

$$\hat{C}_{Tim}=k_{im}T_B\bar{C}_{Tim}=k_{im}C_{Tim}/K \tag{9-26}$$

并且

$$\bar{C}_T=\sum_{i=1}^{N}\sum_{m=1}^{M}\bar{C}_{Tim} \tag{9-27}$$

将该式代入模型 M1，则模型 M1 转变为模型 M2：

$$\begin{aligned}\min C&=\sum_{i=1}^{N}\sum_{m=1}^{M}\bar{C}_{Tim}+\bar{C}_L+\bar{C}_H+\bar{C}_O\\&=\sum_{i=1}^{N}\sum_{m=1}^{K}(\bar{C}_{Tim}+\bar{C}_{Lim}+\bar{C}_{Him}+\bar{C}_{OM})+O/T_B\\&=\sum_{i=1}^{N}\sum_{m=1}^{M}\left\{a_{im}^{+}\left(R_{im}-\mu_{im}L_{im}-\frac{1}{2}\mu_{im}T_{im}\right)+a_{im}^{-}\int_{R_{im}}^{+\infty}(x_{im}-R_{im})f(x_{im},L_{im}+T_{im})\mathrm{d}x_{im}/T_{im}+\right.\\&\left.(\hat{C}_{Tim}+o_{im})/T_{im}\right\}+O/T_B=\sum_{i=1}^{N}\sum_{m=1}^{M}\bar{C}_{im}+O/T_B\end{aligned} \tag{9-28}$$

由式（9-28）可以看出，在 $\hat{C}_{Tim}$ 已知的条件下，$\bar{C}_{im}$ 是一个典型的定期盘点库存问题，很容易求得存储策略(T_{im},R_{im})。在所有货物的(T_{im},R_{im})已知的条件下，又可以通过求解运输问题求得各货物的运输成本 $\hat{C}_{Tim}$。因此，将原问题分解成两个子问题：库存子问题（PI）和运输子问题（PT）。以运输子问题的输出 $\hat{C}_{Tim}$ 作为库存子问题的已知量输入，又以库存子问题的输出(T_{im},R_{im})作为运输子问题的已知量输入。由于两个问题中均含有相互依赖的未知数，不能一下解出最终结果，这里采用逐步逼近的迭代法求解，这种方法对于离散型随机问题和连续型随机问题的求解都是有效的。

9.4.3 库存子问题模型及求解

1. 联合固定订购成本的处理

在模型 M2 中，联合固定订购成本 O 还未分配给各种货物。分配的方法有多种，如平均分配的方法（将该成本平均分配给各种货物，$O_i=O/N$）。由于 O 只与配送中心的送货频率有关，该方法认为只有那些订购频率最高的货物才有资格分享这部分成本。显

然，在所有货物中，订购周期为T_B的基本货物拥有最高的订购频率，因此仅将O分配给基本货物。基于此，将所有的货物分成两部分，一部分为订购周期为T_B的基本货物，构成基本货物集h_B：

$$h_B = \{h_{im} \mid h_{im} \in H, k_{im} = 1,\ \ \forall i, m\} \tag{9-29}$$

其他货物构成非基本货物集$\overline{h}_B$：

$$\overline{h}_B = H - h_B \tag{9-30}$$

2. $\overline{h}_B$ 集中货物的库存模型及求解

对于$\overline{h}_B$集中的货物h_{im}，其平均总成本为

$$\begin{aligned}\overline{C}_{im} &= \overline{C}_{Lim} + \overline{C}_{Him} + \overline{C}_{OM} + \overline{C}_{Tim} \\ &= a_{im}^{+}\left(R_{im} - \mu_{im}L_{im} - \frac{1}{2}\mu_{im}T_{im}\right) + \frac{a_{im}^{-}}{T_{im}}\int_{R_{im}}^{+\infty}(x_{im} - R_{im})f(x_{im}, L_{im} + T_{im})\mathrm{d}x_{im} + \\ &\quad (\hat{C}_{Tim} + o_{im})/T_{im}\end{aligned} \tag{9-31}$$

如果平均每次订购的运输成本$\hat{C}_{Tim}$已知，则o_{im}和$\hat{C}_{Tim}$可以作为固定订购成本来处理，于是上述问题就转变成为一个含固定订购成本的（T, R）存储问题（$P_{\overline{h}_B}$），模型为

$$\begin{aligned}\min \overline{C}_{im}(T_{im}, R_{im}) = (\hat{C}_{Tim} + o_{im})/T_{im} + a_{im}^{+}\left(R_{im} - \mu_{im}L_{im} - \frac{1}{2}\mu_{im}T_{im}\right) + \\ a_{im}^{-}\left[\int_{R_{im}}^{+\infty}(x_{im} - R_{im})f(x_{im}, L_{im} + T_{im})\mathrm{d}x_{im}\right]/T_{im}\end{aligned} \tag{9-32}$$

该问题采用前述的方法予以求解。在T_{im}给定的条件下，通过求解

$$\int_{R_{im}}^{+\infty} f_{im}(x, T_{im} + L_{im})\mathrm{d}x = \frac{a_{im}^{+}T_{im}}{a_{im}^{-}} \tag{9-33}$$

得到R_{im}。将T_{im}和R_{im}代入式（9-32）得到$\overline{C}_{im}(T_{im}, R_{im})$。比较不同$T_{im}$下求得的各个$\overline{C}_{im}(T_{im}, R_{im})$值，得到最小的$\overline{C}_{im}(T_{im}, R_{im})$所对应的$T_{im}$及$R_{im}$，此即为该问题的解。

3. h_B 集中货物的库存模型及求解

h_B集中的货物具有相同的订购周期T_B，不同的最大库存水平R_{im}。因此需要对该集中货物进行集中处理，得到变形的(T, R)库存问题(P_{h_B})：

$$\begin{aligned}\min \overline{C}_{h_B}(T_B, R_{im}) = \sum_{i \in h_B}\Bigg\{(\hat{C}_{Tim} + o_{im})/T_B + a_{im}^{+}\left(R_{im} - \mu_{im}L_{im} - \frac{1}{2}\mu_{im}T_B\right) + \\ a_{im}^{-}\left[\int_{R_{im}}^{+\infty}(x_{im} - R_{im})f(x_{im}, L_{im} + T_B)\mathrm{d}x_{im}\right]/T_B\Bigg\} + O/T_B\end{aligned} \tag{9-34}$$

该问题也可以采用前述的方法解得。在T_B给定的条件下，通过逐个求解

$$\int_{R_{im}}^{+\infty} f_{im}(x, T_B + L_{im})\mathrm{d}x = \frac{a_{im}^{+}T_B}{a_{im}^{-}} \qquad \forall i, \forall m \tag{9-35}$$

得到各个 R_{im}，代入式（9-34）得到 $\bar{C}_{h_B}(T_B,R_{im})$。比较不同 T_B 下各个 $\bar{C}_{h_B}(T_B,R_{im})$ 值，得到 $\bar{C}_{h_B}(T_B,R_{im})$ 取最小值时的 T_B 及相应的各个 R_{im}，此即为该问题的解。

4. 库存子问题（PI）的求解

库存子问题的关键在于确定 h_B 集及其补集 $\bar{h}_B$。当确定这两个集合后，就可以通过求解问题 P_{h_B} 及 $P_{\bar{h}_B}$ 来确定最小订购周期 T_B 及各货物的存储策略(T_{im}, R_{im})。

需要强调的是，$P_{\bar{h}_B}$ 求解得到的 T_{im} 不一定能满足 T_B 的倍数的要求，因此需要在求取 T_B 后对 T_{im} 进行修正，使之满足该条件。

确定 h_B 集及 $\bar{h}_B$ 集的步骤如下。

步骤 1：令所有货物均在 $\bar{h}_B$ 集中，求解问题 $P_{\bar{h}_B}$，得到货物存储策略(T_{im}, R_{im})。对所有货物的订购周期从小到大排序，形成序列集 S。

步骤 2：将 T_{im} 最小的货物（一个或多个）从 $\bar{h}_B$ 集取出，放入 h_B 集中，求解问题 P_{h_B}，得到最小订购周期 T_B 及相应的 R_{im}。从 S 中去掉这些货物的 T_{im}。

步骤 3：将 T_B 和 S 中最小的 T_{im}（一个或多个）比较，若 $T_B \geqslant T_{im}$，则将这些货物从 $\bar{h}_B$ 集取出，放入 h_B 集中，求解问题 P_{h_B}，得到最小订购周期 T_B 及相应的 R_{im}。从 S 中去掉这些货物的 T_{im}。

步骤 4：重复步骤 2 和步骤 3，直到 S 中所有的 $T_{im} > T_B$。

步骤 5：由于应用 $P_{\bar{h}_B}$ 求解得到的 $\bar{h}_B$ 集中货物的 T_{im} 不一定能满足 T_B 的倍数条件，需要对这部分 T_{im} 进行修正，使之满足该条件。修正的方法有很多，这里采用比较简单的四舍五入法，从而得到修正后各货物的订购周期 $\hat{T}_{im} = k_{im}T_B$。

步骤 6：将 $\hat{T}_{im}$ 代入式（9-32），重新求解 $P_{\bar{h}_B}$ 问题，得到各货物修正后的最大订购水平 $\hat{R}_{im}$，从而得到 $P_{\bar{h}_B}$ 集中各货物的最优存储策略（$\hat{T}_{im}$, $\hat{R}_{im}$）。

步骤 7：若所有货物的 k_{im} 与上次迭代中的 k_{im} 均相同，则算法终止，并以所有迭代过程中的最优解作为本问题的最终解输出，否则转入步骤 3。当然，需要指出的是，上述方式并非是算法的唯一终止条件，若算法需要很长的计算时间才能实现上述终止条件时，由于在问题求解中以不求精确但求满意为原则，在平衡解的质量和收敛速度的基础上，可以设置最大迭代次数作为算法的终止条件，然后以各次迭代中的最优解作为算法的“满意解”输出。

9.4.4 路径子问题（PT）模型及求解

在存储策略已知的前提下，通过分别求解 C_{Tj}^{VRP}、C_{Tj}^{V}、C_{Tj}^{S}，可以得到各个阶段的运输成本 C_{Tj}。

C_{Tj}^{VRP} 或 $G_j^{\mathrm{VRP}}(k_{im},T_B)$ 是一个一般的 VRP 问题，可以采用上一章所述的 VRP 求解方

法求得。C_{Tj}^{V} 和 C_{Tj}^{S} 可分别应用式（9-1）及式（9-2）求得。

接下来的问题就是如何将运输总成本分配给各个货物，确定各货物的运输成本 C_{Tim}。

设 C_{Timj}^{VRP} 表示第 j 阶段货物 h_{im} 的可变运输成本，则有

$$C_{Tj}^{\text{VRP}} = \sum_{i=1}^{N}\sum_{m=1}^{M}\phi_{imj}C_{Timj}^{\text{VRP}} \tag{9-36}$$

那么 C_{Timj}^{VRP} 占 C_{Tj}^{VRP} 多少比例比较合适呢？显然，对于 φ_{imj} 为 0 的货物，其 C_{Timj}^{VRP} 为 0。对于 $\varphi_{imj}=1$ 的货物，C_{Timj}^{VRP} 应该与零售商到配送中心的距离以及配送量正相关。具体地，C_{Tj}^{VRP} 实际上是由各个车辆的可变运输成本组成的，设车辆 g_p 可变运输成本份额为 C_{Tjp}^{VRP}，显然该值就等于该车辆行驶的路线距离乘以单位距离成本。ρ_{impj} 是逻辑变量，表示第 j 阶段货物 h_{im} 是否由车辆 g_p 运输，该值由求解 VRP 问题确定，则货物 h_{im} 的可变运输成本 C_{Timj}^{VRP} 为

$$C_{Timj}^{\text{VRP}} = \sum_{p=1}^{P_j}\alpha_{impj}C_{Tjp}^{\text{VRP}} \tag{9-37}$$

其中，α_{impj} 表示所占的比例。设车辆 g_p 运输货物 h_{im} 的数量为 W_{impj}，若 $\rho_{impj}=0$，则 $W_{impj}=0$，否则 $W_{impj}=W_{imj}$。于是有

$$\alpha_{impj} = \frac{1}{2}\left(\rho_{impj}d_{io}\Big/\sum_{i=1}^{N}\sum_{m=1}^{M}(\rho_{impj}d_{io}) + w_{impj}\Big/\sum_{i=1}^{N}\sum_{m=1}^{M}w_{impj}\right) \tag{9-38}$$

第 j 阶段货物 h_{im} 的车辆固定运输成本 C_{Timj}^{V} 为

$$C_{Timj}^{V} = \delta w_{impj}\Big/\sum_{i=1}^{N}\sum_{m=1}^{M}w_{impj} \tag{9-39}$$

设 b_{ij} 表示第 j 阶段零售商 i 订购货物的种数，该值取决于 k_{im}，货物 h_{im} 的停留固定运输成本 C_{Timj}^{S} 为

$$C_{Timj}^{S} = \begin{cases}\beta_i/b_{ij}, & b_{ij}\neq 0\\ 0, & \text{else}\end{cases} \tag{9-40}$$

从而得到第 j 阶段货物 h_{im} 的运输成本 $C_{Timj} = C_{Timj}^{S} + C_{Timj}^{V} + C_{Timj}^{\text{VRP}}$。

大周期 KT_B 内货物 h_{im} 的运输总成本为

$$C_{Tim} = \sum_{j=1}^{K}C_{Timj} \tag{9-41}$$

货物 h_{im} 平均每次订购所花费的运输成本 $\hat{C}_{Tim}$ 为

$$\begin{aligned}\hat{C}_{Tim} &= k_{im}C_{Tim}/K\\ &= \frac{k_{im}}{K}\sum_{j=1}^{K}\left\{\left[\sum_{p=1}^{P_j}\frac{1}{2}\left(\frac{\rho_{impj}d_{io}}{\sum_{i=1}^{N}\sum_{m=1}^{M}\rho_{impj}d_{io}} + \frac{w_{impj}}{\sum_{i=1}^{N}\sum_{m=1}^{M}w_{impj}}\right)C_{Tjp}^{\text{VRP}}\right] + \frac{\delta w_{impj}}{\sum_{i=1}^{N}\sum_{m=1}^{M}w_{impj}} + \frac{\beta_i}{b_{ij}}\right\}\end{aligned} \tag{9-42}$$

9.4.5 算法步骤

在将原问题分解为库存子问题和运输子问题并分别给出相应的求解方法后，现在可以进一步阐述解决本章所研究的多周期随机库存运输问题的完整算法，步骤如下。

步骤 1：初始化所有货物的(T_B, k_{im}, R_{im})，求解运输问题（PT），得到初始$\hat{C}_{Tim}$。

步骤 2：应用$\hat{C}_{Tim}$，求解库存子问题（PI），该步骤内容详见 9.4.3 中的“库存子问题（PI）的求解”，其流程如图 9-3 所示。

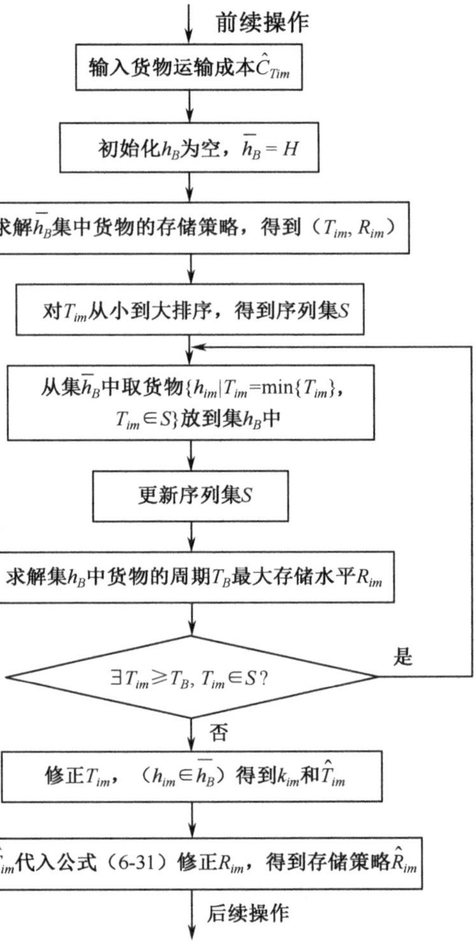

图 9-3　库存子问题算法流程

步骤 3：应用步骤 2 求出的存储策略$\{(T_B, R_{im}), h_{im}\in h_B; (\hat{T}_{im}, \hat{R}_{im}), h_{im}\in\overline{h}_B\}$，求解运输问题（PT），得到各货物平均每次订购所花费的运输成本$\hat{C}_{Tim}$。该步骤的流程如图 9-4 所示。

步骤 3.1 逐阶段求解 VRP 问题，得到C_{Tj}^{VRP}、P_j及C_{Tjp}^{VRP}，$j = 1, 2, \cdots, K$；

步骤 3.2 应用式（9-37）对C_{Tjp}^{VRP}进行分解，得到各货物在每个阶段各自的可变运输

成本 C_{Timj}^{VRP}， $j=1,2,\cdots,K$ ；

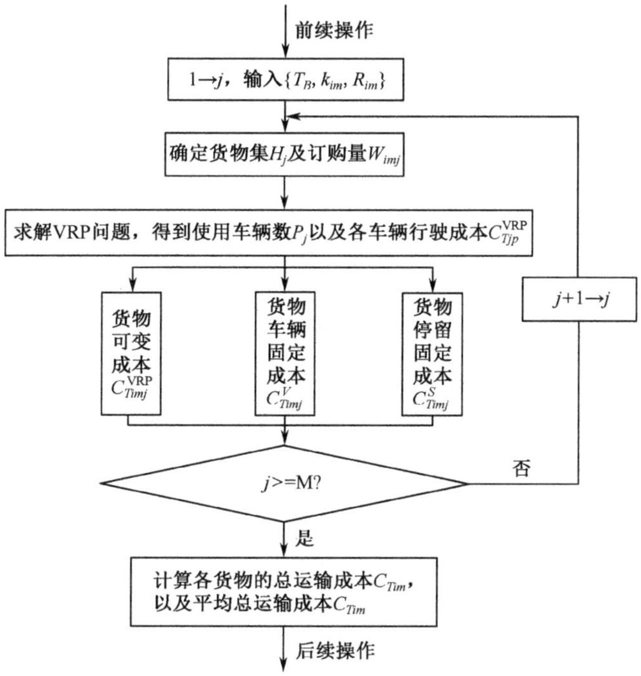

图 9-4　运输子问题算法流程

步骤 3.3 应用式（9-39）和式（9-40）分别求得各货物在每个阶段的车辆停留固定成本 C_{Timj}^{S} 和车辆固定运输成本 C_{Timj}^{V}， $j=1,2,\cdots,K$ ；

步骤 3.4 应用式（9-42）求得 $\hat{C}_{Tim}$， 返回步骤 2。

总体算法流程如图 9-5 所示。

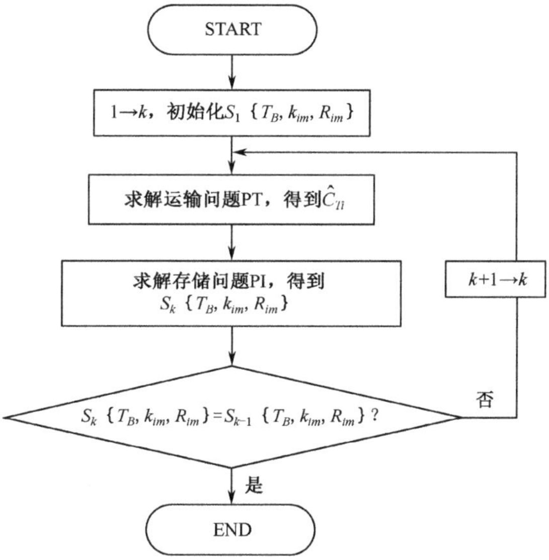

图 9-5　总体算法流程

9.5 实验及分析

9.5.1 实例 1

考虑一个由 1 个配送中心和 4 个客户组成的配送系统，各节点的间距如表 9-1 所示。为简化问题，只考虑一种货物。各客户的年需求均服从指数分布，参数分别为 $\lambda_1 = 15000$，$\lambda_2 = 10000$，$\lambda_3 = 5000$，$\lambda_4 = 8000$，货物的价格为 20 元/件，联合订购成本为 50 元，各客户的库存参数如表 9-2 所示。运输费用为 1 元/千米，车辆固定费用为 50 元/车次，车辆容量为 600 件。试确定该配送系统的长期运营策略。

表 9-1　配送系统各节点的间距　　单位：km

节点	0	1	2	3	4
0	0	40	40	40	40
1	40	0	48	80	64
2	40	48	0	64	80
3	40	80	64	0	6
4	40	64	80	48	0

表 9-2　配送系统各客户的库存参数表

客户序号	1	2	3	4
需求量（件/年）	15000	10000	5000	8000
固定订购成本（元/次）	50	120	60	180
库存成本（元/件・年）	10	6	8	10
缺货成本（元/件）	10	3	3	3
需求期望值（件/天）	41	27	14	22
延迟时间（天）	1	1	1	1

1. 简单问题求解

首先研究一个简单的问题，假设该配送系统仅由配送中心和客户 1 组成。下面对该配送系统的运营策略进行决策。若在决策时仅考虑库存问题，则通过求解库存问题，得到的最优方案为 $T = 3$，即每 3 天订购（配送）一次，年库存费用为 14592.3 元。在此方案下，通过计算得到一年的运输费用为 15730 元，故系统的年度总费用为 30332.3 元。事实上，若在决策时同时考虑库存问题和运输问题，则可以得到最优方案为 $T = 7$，库存费用为 17044.91 元，运输费用为 6760 元，系统的年度总费用仅为 23804.91 元，与单独对库存问题进行决策相比，总费用节省了 21%。该配送系统在不同订购周期下的各项费用变化曲线可用图 9-6 表示。由此例可以看出，决策时，对库存问题和运输问题进行统一考虑，可以为企业带来相当大的经济效益。

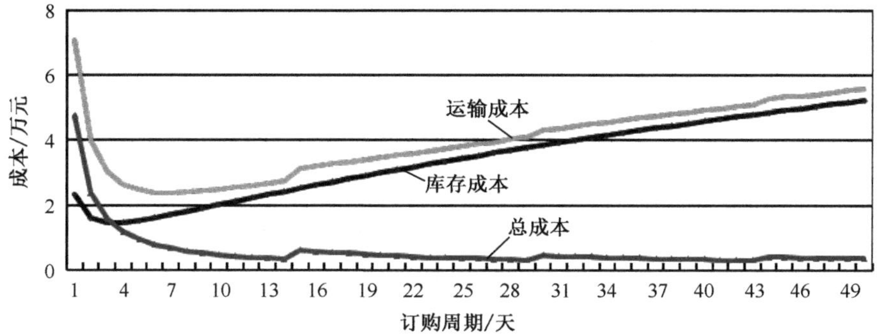

图 9-6　简单系统的物流成本变化曲线

2. 整个问题求解

现在考虑整个配送系统。采用本章设计的算法来求解该 JITP 问题，步骤如下。

（1）初始化。采用 9.4.5 节的算法步骤 1，令运输费用为 0，不考虑联合订购成本，分别求解各客户的最优存储策略，得到方案为（3，11，10，19），即客户 1 的最佳订购周期为 3 天，客户 2 的最佳订购周期为 11 天，客户 3 的最佳订购周期为 10 天，客户 4 的最佳订购周期为 19 天，总库存成本为 39879.56 元。在此方案下，计算得到联合订购成本为 8800 元，运输成本为 26041 元，其中运输成本通过求解 VRP 问题得到。系统年度总费用为 74720.56 元。

（2）对初始方案，考虑联合订购成本，采用 9.4.3 节第 4 小节中的算法步骤 1～4，确定 $T_B=5$。初始方案变为（5，11，10，19）。其库存费用、联合成本、运输费用分别为 40543 元、5750 元、19056 元，总费用减少为 65349.87 元。

（3）对上述方案，采用 9.4.3 节第 4 小节中的算法步骤 5，按 $T_{im}=k_{im}T_B$ 的倍数化要求修正 T_{im}，得到方案（5，10，10，20）。计算该方案的各项费用，得到总费用为 62589.87 元。采用运输子问题算法步骤 3，计算得到各客户的运输费用份额，分别为 $\hat{C}_{T1}=109.5$元，$\hat{C}_{T2}=89$ 元，$\hat{C}_{T3}=130$ 元，$\hat{C}_{T4}=130$ 元。

（4）利用上一步得到的各客户的运输费用份额，并将其作为一项固定成本，求解各自的存储问题。得到运输费用条件下的最优库存方案（6，16，22，27）。经过 T_B 化和倍数化调整后，得到方案（8，16，24，24）。计算该方案的总费用为 60894.0 元，以及各客户的运输费用份额为 $\hat{C}_{T1}=130$ 元，$\hat{C}_{T2}=130$ 元，$\hat{C}_{T3}=89$ 元，$\hat{C}_{T4}=219$ 元。重复该步骤，直到下一个调整后的方案和上一方案相同为止。各迭代步骤的结果如表 9-3 所示。在本例中，最终的方案为（8，16，24，32）。

（5）比较迭代过程中各方案的年度总费用。费用最小的方案即为问题的近似最优解。在本例中，方案（8，16，16，32）的总费用为 59126 元，为所有方案的费用最小值。故问题的解为（8，16，16，32），相应的最大库存水平为（1413，1133，499，1552）。

由该问题可以看出，仅以库存问题来进行系统的运营决策，其结果是每年的总费用为 74720.56 元，而若同时考虑运输问题，则可以将总费用减少到 59126 元，使费用节省 20.8%。

表 9-3　实例 1 求解迭代过程

序号	方案（次/天）	R_{im}（件/次）	库存费（元/年）	联合费（元/年）	总运费（元/年）	$\hat{C}_{Tim}$（元/次）	总费用（元/年）
1	3	789.25	39879.56	8800	26041	—	74720.56
	11	923.46					
	10	394.26					
	19	1169.44					
2	5	1057.92	40543.87	5750	19056	—	65349.87
	11	923.46					
	10	394.26					
	19	1169.44					
	5	1057.92	40580.87	3650	18359	109.5	62589.87
	10	875.2				89	
	10	394.2				130	
	20	1204.3				130	
3	8	1413.05	45031.75	2281.25	13581	130	60894
	16	1133.72				130	
	24	596.24				89	
	24	1333.79				219	
4	8	1413.05	44822.75	2281.25	12022	109.5	**59126**（最优方案）
	16	1133.72				89	
	16	499.87				109.5	
	32	1552.52				219	
5	8	1413.05	45573.75	2281.25	13026	124.5	60881
	16	1133.72				130	
	24	596.24				119.75	
	32	1552.52				226.5	
6	8	1413.05	45573.75	2281.25	13026	124.5	60881
	16	1133.72				130	
	24	596.24				119.75	
	32	1552.52				226.5	

迭代过程中各项费用变化如图 9-7 所示。

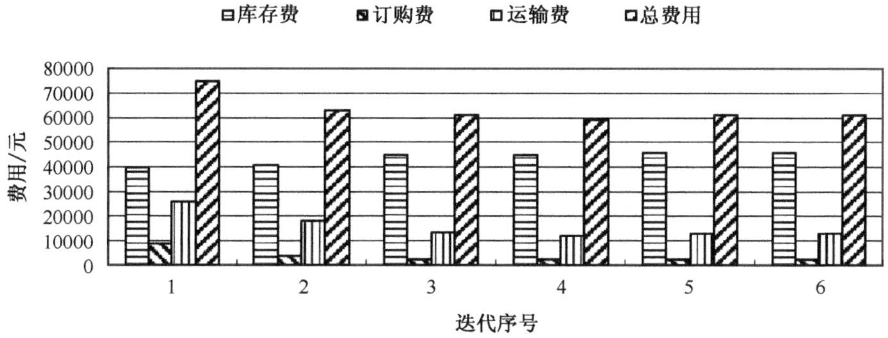

图 9-7　迭代过程中各项费用变化

3. 客户服务水平分析

下面对所求得的最优方案下的客户服务水平进行分析。这里采用无缺货概率指标和满足率指标来衡量客户服务水平。

无缺货概率指标 ζ_1 为

$$\zeta_{1im} = F(R_{im}, L_{im} + T_{im}) \tag{9-43}$$

满足率指标 ζ_2 为

$$\zeta_{2im} = 1 - \frac{1}{\mu_{im}T_{im}}\left\{\int_{R_{im}}^{+\infty}(x_{im} - R_{im})f(x_{im}, L_{im} + T_{im})\mathrm{d}x_{im} - \int_{R_{im}}^{+\infty}(x_{im} - R_{im})f(x_{im}, L_{im})\mathrm{d}x_{im}\right\} \tag{9-44}$$

这两个客户服务水平指标的计算结果如表 9-4 所示。

表 9-4　客户服务水平指标的计算结果

指标	客户			
	1	2	3	4
无缺货概率指标 ζ_1	97.81	91.23	88.31	88.31
满足率指标 ζ_2	97.53	90.68	87.58	87.95

由表 9-4 可以看出，用本节所提出的方法求得的配送系统的运营方案的客户服务水平均在 85%以上，最高的达到 97.81%，客户服务水平较高。

4. 参数影响分析

在本节设计的算法中，联合订购成本 O 是一个具有重要作用的变量，它直接影响基本周期 T_B 的大小，O 不同的取值会导致 T_B 的变化，并且通过整数倍约束还会间接引起其他非基本货物的订购周期的变化。下面对不同的联合订购成本取值做比较分析。

分别取联合订购成本 $O = 50$、100、150、200，参数 K 的影响分析如表 9-5 所示。

表 9-5 参数 K 的影响分析

O	50	100	150	200
库存最优值	74720.56	83520.56	92320.56	101120.56
联合最优值	59126	62471.99	63500.44	65820.63
节约率	20.8%	25.2%	31.2%	34.9%

由表 9-5 可以看出，联合订购成本越大，以库存问题单独进行决策的最优值和库存运输联合优化的最优值都会增加，但是采用联合优化方式所带来的费用节约率会随着 O 值的增加而有所提高，如当 $O=200$ 时，采用 JITP 的方式要比单独库存优化带来 34.9% 的成本节约，比 $O=150$ 时所带来的成本节约率多 3.7 个百分点。究其原因，联合订购成本对单独以库存问题进行决策的影响要比对联合优化的影响大些。因此，在实际生产中，联合订购成本越高，越有必要对库存问题和运输问题进行联合优化。

9.5.2 实例 2

扩大问题的规模，考虑一个由 1 个配送中心和 20 个客户组成的配送系统。系统的基础数据来源于参考文献[16]，车辆容量为 100。采取类似实例 1 的步骤，求得问题的解如表 9-6 所示。

表 9-6 实例 2 的求解结果

客户编号	T_i/天	C_{Ti}/元	R_i/吨	C/元
1	16	55.2	85.3	100375.8[1]
2	32	41.9	183.5	
3	32	25.3	162.1	
4	16	52.7	105.3	
5	32	11.5	154.8	
6	32	27.6	136.7	
7	64	23.1	209.4	
8	16	46.9	142.6	
9	64	18.4	197.5	
10	32	39.2	230.7	
11	16	27.6	146.9	
12	96	10.7	372.0	
13	64	53.9	211.5	
14	32	10.8	152.2	
15	16	57.5	92.4	

1 该值为 20 个客户的总 C 值。

续表

客户编号	T_i/天	C_{Ti}/元	R_i/吨	C/元
16	16	79.4	62.6	100375.8
17	16	38.6	73.2	
18	64	16.1	158.7	
19	64	28.7	256.1	
20	32	33.3	187.7	

对于此问题，若单独以库存问题的最优作为决策准则，则配送系统的总成本为157026.3 元。采用 FPP 算法对该库存运输问题进行了求解，结果为 130407.6 元，比原方案节约成本 16.9%。采用本节设计的算法进行优化后得到的总成本为 100375.8 元，比第一种方式要多节约 36%的成本，而比采用 FPP 算法求解的结果也要多节约 19.1%。由此可见，本节设计的算法在求解多周期随机库存运输问题方面具有比 FPP 算法更优良的性能，能够更大程度地节约物流成本，从而为物流企业带来更大的经济效益。

9.6 小结

运输和存储活动是 ILS 中最重要的两个环节，占物流费用支出的绝大部分。将这两个环节集中起来研究，不仅具有重要的理论价值，也具有极大的实际意义。本章首先构造了一类具有多品种多周期随机需求特征的复杂库存运输问题。其次在分析 FPP 方法不足的基础上，提出了一种新的求解库存运输问题的算法——TCPP 算法，研究了该方法的特点和适应范围，并应用该算法对前述库存运输问题进行求解，构造了求解该问题的启发式算法，最后用两个算例进行了实证研究，并对客户服务水平及算法参数的影响进行了分析。实验结果表明，TCPP 算法能够有效地求解复杂的多周期随机库存运输问题。

参考文献

[1] Federgruen A, Zipkin P. A Combined Vehicle Routing and Inventory Allocation Problem[J]. Operations Research, 1984, 32(5): 1019-1037.

[2] Herron D. Managing Physical Distribution for Profit[J]. Harvard Business Review, 1979, 79: 121-132.

[3] Golden B, Assad A, Dahl R. Analysis of a Large Scale Vehicle Routing Problem with

an Inventory Component[J]. Large Scale System, 1984(7): 181-190.

[4] Bell W, Dilberto L, Firher M. Improving the Distribution of Industrial Gases with an On-line Computerized Routing and Scheduling Optimizer[J]. Interfaces, 1983, 13(l): 4-23.

[5] Blumenfeld D E, Burns L D, Daganzo C F, et al. Reducing Logistics Cost at General Motors[J]. Interfaces Science, 1987(23): 67-76.

[6] Ballou R H. Business Logistics Management (fourth edition)[M]. New Jersey: Prentice Hall, 1999.

[7] Anily S, Federgruen A. Two-echelon Distribution System with Vehicle Routing Costs and Central Inventories[J]. Operations Research, 1993(41): 37-47.

[8] Federgruen J M. Prastacos G, Zipkin P. An Allocation and Distribution Model for Perishable Products[J]. Operations Research, 1986(34): 75-82.

[9] Anily S. The General Multi-Retailer EOQ Problem with Vehicle Routing Costs[J]. European Journal of Operations Research, 1994(79): 451-473.

[10] Anily S, Federgruen A. One Warehouse Multiple Retailer Systems with Vehicle Routing Costs[J]. Management Science, 1990(36): 92-114.

[11] Bramel J, Simchi-Levi D. A Location Based Heuristic for General Routing Problems[J]. Operations Research, 1995(43): 649-660.

[12] Jung J. A Joint Inventory and Routing Problem[M]. Case Western Reserve University, 2001.

[13] Chan L M A, Simchi-Levi D. Probabilistic Analyses and Algorithms for Three-Level Distribution Systems[J]. Management Science, 1998, 44(11): 1562-1576.

[14] Larson R C. Transporting Sludge to the 106-mile Site: an Inventory/Routing Model for Fleet Sizing and Logistics System Design[J]. Transportation Science, 1988, 22(3): 186-198.

[15] Webb I R, Larson R C. Period and Phase of Customer Replenishment: a New Approach to the Strategic Inventory/Routing Problem[J]. European Journal of Operational Research, 1995(85): 132-148.

[16] Hadley G, Whitin T M. Analysis of Inventory Systems[M]. Englewood Cliffs, NJ: Prentice-Hall, 1963.

反侵权盗版声明